EViews 统计分析与应用
（第 3 版）

主　编　马慧慧

副主编　郭庆然　丁翠翠

電子工業出版社·

Publishing House of Electronics Industry

北京·BEIJING

内 容 简 介

EViews（Econometrics Views），是美国 QMS 公司开发的一款运行于 Windows 环境下的经济计量分析统计软件，是进行数据分析、回归分析和预测的实用工具，广泛应用于经济学、金融保险、社会科学、自然科学等众多领域。作为目前最流行的计量经济工具软件之一，EViews 以功能强大、操作简便且具有可视化的操作风格而著称。EViews 拥有强大的命令功能和批处理语言功能，程序语言简单易懂。

本书以 EViews 9.0 为依据，以案例为基础，突出计量分析、实例分析和 EViews 操作的有机结合。在每一章前简明扼要地阐述计量统计方法的基本原理，介绍 EViews 中常用统计方法的操作步骤，并结合实例演示 EViews 的操作与输出结果解读，使读者对计量统计方法的应用与软件的操作有一个全面的了解。

本书共分 20 章，按照数据处理、绘图操作、基本统计分析、回归与建模分析、预测和编程操作顺序编写。内容丰富、结构清晰、语言简练、图文并茂，系统介绍了 EViews 的各种统计分析方法。

本书适用于具备计量统计基础知识和计算机基本技能的在校大中专学生、研究生、企事业单位的相关专业技术人员及研究人员使用与阅读。

未经许可，不得以任何方式复制或抄袭本书之部分或全部内容。
版权所有，侵权必究。

图书在版编目（CIP）数据

EViews 统计分析与应用 / 马慧慧主编．—3 版．—北京：电子工业出版社，2016.4
ISBN 978-7-121-28421-2

Ⅰ．①E… Ⅱ．①马… Ⅲ．①统计分析－应用软件 Ⅳ．①C819

中国版本图书馆 CIP 数据核字（2016）第 057201 号

策划编辑：祁玉芹
责任编辑：张瑞喜
印　　刷：中国电影出版社印刷厂
装　　订：中国电影出版社印刷厂
出版发行：电子工业出版社
　　　　　北京市海淀区万寿路 173 信箱　邮编　100036
开　　本：787×1092　1/16　印张：22　字数：563 千字
版　　次：2011 年 5 月第 1 版
　　　　　2016 年 4 月第 3 版
印　　次：2021 年 9 月第 10 次印刷
定　　价：59.80 元（含光盘 1 张）

凡所购买电子工业出版社图书有缺损问题，请向购买书店调换。若书店售缺，请与本社发行部联系，联系及邮购电话：（010）88254888。

质量投诉请发邮件至 zlts@phei.com.cn，盗版侵权举报请发邮件至 dbqq@phei.com.cn。

服务热线：（010）88258888。

前言
PREFACE

为什么学习EViews

EViews 全称 Econometrics Views，是美国 QMS 公司推出的基于 Windows 平台的专门从事数据分析、回归分析和预测的计算机软件，EViews 是当今世界上最优秀的计量经济工具软件之一，具有操作简便、界面友好、功能强大等特点，在科学数据分析与评价、金融分析、经济预测、销售预测和成本分析等领域具有广泛的应用。

EViews 使用图形交互式用户界面，界面友好且操作简单，可以通过菜单操作和编程两种方式进行分析。EViews 提供了与多种应用软件的接口，用户可以方便地把 Excel、ASCII/Text、SAS、Stata、SPSS、RATS、Html、Access 等格式的数据导入 EViews。

EViews 拥有统计分析、线性回归分析、非线性单方程模型、联立方程模型、动态回归模型、分布滞后模型、VAR 模型、ARCH\GARCH 模型、离散选择模型、时间序列模型、编程与模拟等分析模块，用户通过 EViews 既可以进行基本的统计和回归分析，也可以完成复杂的计量经济建模。

本书简介和主要内容

本书以 EViews 9.0 为依据，以案例为基础，突出计量分析方法、实例分析和 EViews 操作的有机结合。每一章前，先简明扼要地阐述计量统计方法的基本原理，然后介绍 EViews 中常用统计方法的操作步骤，并且结合实例演示 EViews 的操作并对输出结果进行解读，使读者对计量统计方法的应用与软件的操作有一个全面的了解。书中全面系统地介绍 EViews 的计量分析功能，全书共分 20 章，各部分的主要内容如下：

第一部分，EViews 入门。本部分包括第 1 章至第 4 章，主要介绍 EViews 中的一些基本概念、数据文件的基本操作、数据处理、绘图等功能。

第二部分，EViews 回归与建模分析。本部分包括第 5 章到第 13 章，主要介绍基本线性回归模型的 OLS 估计、模型的诊断和修正、几类特殊模型的估计、基本时间序列模型的估计、ARIMA 模型的估计、单位根检验与协整、VAR 与 VEC 的估计及解释、ARCH 与 GARCH 模型的估计、Panel data 模型与混合横截面模型的估计、联立方程模型的估计等内容，该部分涵盖了一般统计分析、回归分析、时间序列分析、面板模型估计、联立方程模型等主要计量统计方法。

第三部分，EViews 预测与编程。本部分包括第 14 章和第 15 章，主要介绍 EViews 预测与编程功能，该部分内容用户可以根据需要进行选择学习。

第四部分，EViews 综合案例操作。本部分包括第 16 章至第 20 章，该部分通过几个行业性的统计分析案例，给读者介绍 Eviews 各种统计分析技术在实际中的应用。

本书实例典型，内容丰富，有很强的针对性。各章不仅详细介绍了实例的具体操作步骤，而且还配有一定数量的练习题供读者学习使用。读者只需按照书中介绍的步骤一步步地实际操作，就能完全掌握本书的内容。

本书有哪些特点

1. 清晰的概念讲解，实用的操作设置

在介绍每一种统计方法的应用之前，本书会先将相应计量方法的相关统计知识和注意事项等进行讲解，使得用户在学习 EViews 的操作之前可以对相关的计量统计知识进行简要的学习，做到"知其然也知其所以然"。对于每一个操作，作者会将所有的参数设置和按钮、对话框的功能进行全面设置，使得读者可以举一反三，全面掌握统计分析的操作方法。

2. 丰富的案例分析和上机练习

在本书中，每一种统计分析方法都会配以案例讲解，案例具有很强的针对性，对案例的具体操作步骤和结果都进行了详细的介绍。每章后都配有相应的上机题供读者学习使用，可以作为对前面知识讲解的深入和补充。通过上机题可以对本章学习的掌握程度进行检验，用户按照视频中的步骤进行操作，很快就能掌握本书的相关知识。

本书适合哪些读者

本书既可作为高校经济学、金融学、管理学和统计学等专业学习 EViews 软件的教材，也可作为相关研究人员和从业人员的参考用书，还可作为相关培训机构的参考教材。

本书由马慧慧、郭庆然、丁翠翠、吴磊、杜小伟、苏明、马晓鑫、赵浩宇、庄君、蒋敏杰、李丽丽、鲁啸、刘娟、李嫣怡、丁维岱、许小荣编写。本书的编写过程中吸收了前人的研究成果，在此一并表示感谢。

由于作者水平有限，书中的缺点甚至错误在所难免，恳请广大读者批评指正。

编者

2016 年 1 月

目录
CONTENTS

第 1 章　EViews 简介

EViews 全称 Econometrics Views，是美国 QMS 公司推出的基于 Windows 平台的专门从事数据分析、回归分析和预测的计算机软件，EViews 是当今世界上最优秀的计量经济工具软件之一，具有操作简便、界面友好、功能强大等特点，在科学数据分析与评价、金融分析、经济预测、销售预测和成本分析等领域中具有广泛的应用。

EViews 使用图形交互式用户界面，界面友好且操作简单，可以通过菜单操作和编程两种方式进行分析。EViews 提供了与多种应用软件的接口，用户可以方便地把 Excel、ASCII/Text、SAS、Stata、SPSS、RATS、Html、Access 等格式的数据导入 EViews 中。

EViews 拥有统计分析、线性回归分析、非线性单方程模型、联立方程模型、动态回归模型、分布滞后模型、VAR 模型、ARCH\GARCH 模型、离散选择模型、时间序列模型、编程与模拟等分析模块，用户通过 EViews 既可以进行基本的统计和回归分析，也可以完成复杂的计量经济建模。

1.1　EViews 9.0 简介

EViews 的前身是 QMS 公司在 1981 年开发的 Micro TSP 统计软件包，自 1994 年推出以来，历经多次改版，最新版本为 EViews 9.0。

1.1.1　EViews 9.0 的新增功能

EViews 9.0 是 EViews 8 系列升级的后续版本，增加了从 EViews 中直接访问 IHS Magellan 数据的功能。

EViews 9.0 有着大量的令人激动的更新和改善。在性能方面，它优化了常规性操作，使得计算更快捷。以下为 EViews 9.0 版本的一些最重要的新特征。

- EViews 界面

通过交互式界面进行命令捕捉；停靠式命令和捕捉窗口界面；数据库和工作文件对象预览。

- 数据处理

增强的导入和数据链接；强大的新的 FRED 数据库界面；直接读取和写入访问存储在云驱动器服务的数据；日期数据表格模板支持保存和导入自定义设置；新的频率转换方法。

- 图形方面

EViews 9.0 支持新的混合图形类型；图形平移和缩放；多图形查看幻灯片；矩形和椭圆绘制；基于数据锚的箭头，矩形和椭圆；表格，图形和线轴现在可以被保存为 LaTeX 格式。

- 编程方面

程序支持记录消息日志；程序文件编辑器支持快速多行注释；程序加强了对字符和文本对象的支持；增加了新的对象数据成员和通用信息函数。

1.1.2 EViews 9.0 对运行环境的要求

运行 EViews9.0 对计算机的要求并不高，一般的硬件配置即可。由于 EViews 的运算涉及大量数据，一般需要用户配置较大的内存。对于较大的数据处理和复杂的统计运算，计算机至少需要 256 MB 内存。

EViews 9.0 对计算机硬件的基本要求如下：

① Pentium 系列或等同性能的处理器。

② 在 Windows 2000/XP 系统下运行，至少需要 185 MB 内存。

③ 至少 32 MB 的剩余硬盘空间。

④ VGA 显示器与 Windows 2000/XP/Vista 兼容的图形适配卡。

⑤ CD-ROM 光盘驱动器，用于安装 EViews 9.0，如果用户通过网络安装 EViews 9.0 则无须此项配置。

1.2 EViews 的启动与退出

EViews 9.0 软件全面支持 Windows 操作系统，其基本操作方式和界面窗口与一般软件相同，十分简便。EViews 9.0 的启动和退出方式与 Windows 操作系统下一般软件完全相同。

1. EViews 9.0 的启动

启动 EViews 9.0，可以双击桌面上的 ![icon] 图标，也可在"开始"菜单中依次选择"程序"|"EViews"|"EViews 9"命令。启动后会出现如图 1-1 所示的启动界面，启动界面给出了 EViews 的版本等信息。

2. EViews 9.0 的退出

在菜单栏中依次选择 File|Exit 命令或者单击数据编辑窗口右上角的 ![button] 按钮，都可以退出 EViews。

图 1-1 EViews 9.0 的启动界面

1.3 EViews 的主窗口

启动 EViews 9.0，系统进入如图 1-2 所示的 EViews 主窗口，如果看到该窗口，表示 EViews 已经成功启动。

1. 标题栏

数据编辑窗口最上方是标题栏.当该窗口被激活时，标题栏呈蓝色；标题栏右侧为窗口控制按钮，第一个按钮是窗口最小化按钮，第二个按钮是窗口最大化按钮，第三个按钮是关闭窗口。

2. 菜单栏

EViews 的菜单栏包括"File"、"Edit"、"Object"、"View"、"Proc"、"Quick"、"Options"、"Add-ins"、"Window"和"Help"10 个菜单，各菜单的具体内容与操作方法在本书以后的

章节将详细介绍，在此不再展开论述。

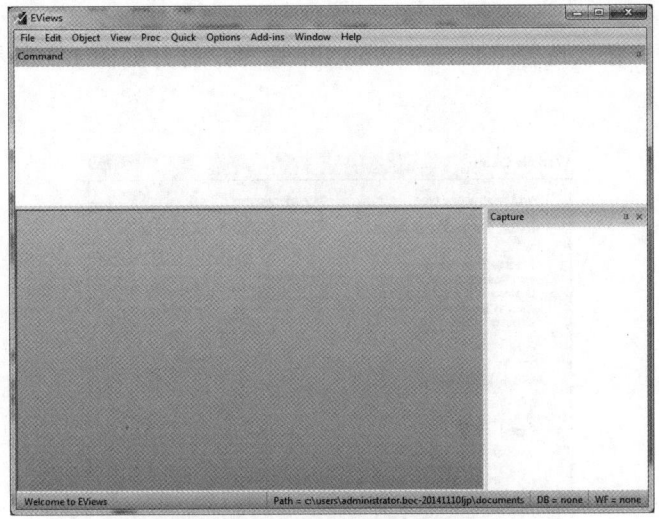

图 1-2　EViews 主窗口

3.　命令窗口

命令窗口用于在命令操作方式下输入相应的命令，用户只需输入相应的命令，按"Enter"键即可执行。此外，命令窗口支持 Windows 下的复制和粘贴功能，用户可在命令窗口和其他窗口间进行相应的文本转换。

4.　工作区域

工作区域用于显示其他的子窗口。当存在多个子窗口时，这些子窗口会相互重叠，当前活动窗口位于最上方。如果用户需要激活其他子窗口，只需要单击子窗口的标题栏或者任何可见部分即可。

5.　状态栏

状态栏用于显示目前 EViews 的工作状态和 EViews 默认的数据文件保存路径等。状态栏的显示分为四个部分：最左侧显示当前 EViews 的工作状态；Path 栏用于显示 EViews 默认的数据文件保存路径；DB 栏用于显示当前数据库的名称；WF 栏用于显示当前活动工作文件名称。

1.4　工作文件的建立与工作文件窗口

EViews 软件进行数据分析和处理需要在工作文件（Workfile）里进行，所以在进行数据录入、分析、处理之前，用户需先建立一个工作文件。本节将具体介绍 EViews 工作文件的建立与工作文件窗口。

1.4.1　工作文件的建立

EViews 提供了 3 种不同类型的工作文件，分别是截面数据类型工作文件、时间序列类型的工作文件和面板数据类型工作文件，下面将对这三种工作文件的建立进行相应的讲解。

1. 工作文件类型的选择

在 EViews 主窗口依次选择 File|New|Workfile 命令，打开如图 1-3 所示的 Workfile Create 对话框。

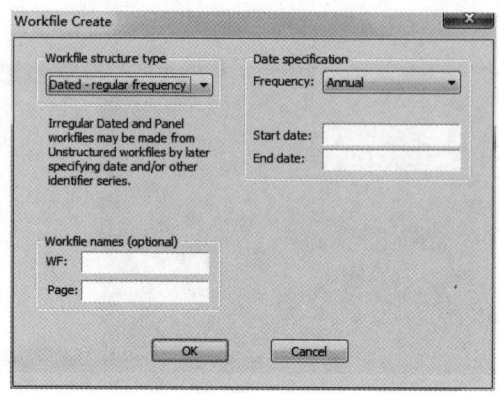

图 1-3　Workfile Create 对话框

● Workfile structure type 下拉列表

Workfile structure type 下拉列表用于选择工作文件的形式，包括 3 种选项，分别是 Unstructured/Undated 选项，表示建立截面数据类型工作文件；Dated-regular frequency 选项，表示建立时间序列类型的工作文件；Balanced Panel 选项，表示建立面板数据类型的工作文件。

● Workfile Names 选项组

该选项组用于对工作文件和页面进行命名，它包含两个输入框：WF 输入框，用于输入工作文件的名称；Page 输入框，用于输入页面名称。

● 设置选项组

该选项组用于进行不同类型工作文件参数的相关设置，该选项组的内容随不同的工作文件类型而变化，包括 Data range、Data specification 和 Panel specification 3 个选项组，分别对应截面数据类型工作文件、时间序列类型的工作文件和面板数据类型工作文件的设置选项，下面将分别展开介绍。

2. 不同工作文件类型的参数设置

（1）截面数据类型工作文件的参数设置

在 Workfile structure type 下拉列表中选择 Unstructured/Undated 选项，打开如图 1-4 所示的 Data range 选项组。

Data range 选项组包含 Observations 输入框，用户只需在该输入框中输入截面数量即可完成截面数据类型工作文件的参数设置。

图 1-4　Data range 选项组

（2）时间序列类型的工作文件的参数设置

在 Workfile structure type 下拉列表中选择 Dated-regular frequency 选项，打开如图 1-5 所示的 Data specification 选项组。

● Frequency 下拉列表

该下拉列表用于设置数据频率。它包括年度（Annual）、半年度（Semi-annual）、季度（Quarterly）、月度（Monthly）、星期（Weekly）、日（Daily-5 day week/Daily 7 day week）和整序数（Integer date）7 种时间频率，用户可以根据需要研究的时间序列进行相应的设置。

● Start date 和 End date 输入框

这两个输入框用于设置时间的跨度，其中 Start date 用于输入时间序列数据的起始点，End date 输入框用于输入时间序列数据的终点。其中：年度数据输入格式为四位数年份；半年度数据输入格式为"四位数年份：半年度"，如输入"2009：1"，代表 2009 年上半年；季度数据输入格式为"四位数年份：季度"，如输入"2009：2"，代表 2009 年 2 季度；月度数据输入格式为"四位数年份：月份"，如输入"2009：3"，代表 2009 年 3 月；星期类型和日类型的起止时间按"月/日/年"的格式输入。

（3）面板数据类型的工作文件的参数设置

在 Workfile structure type 下拉列表中选择 Balanced Panel 选项，打开如图 1-6 所示的 Panel specification 选项组。

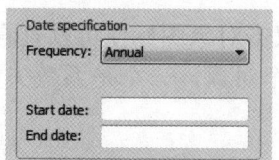

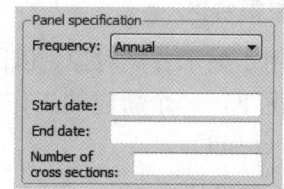

图 1-5　Data specification 选项组　　　　　图 1-6　Panel specification 选项组

Number of cross sections 输入框用于设置截面成员的数量，用户只需在该输入框中输入相应数值即可。Frequency 下拉列表、Start date 和 End date 输入框的含义和设置方式与时间序列数据完全相同，在此不再赘述。

1.4.2　工作文件窗口简介

在完成了 1.4.1 节所述的工作文件的设置后，单击 OK 按钮，打开如图 1-7 所示的 Workfile:UNTITLED 窗口。工作文件窗口是集中显示各种数据的区域，下面将对 Workfile:UNTITLED 窗口的组成进行介绍。

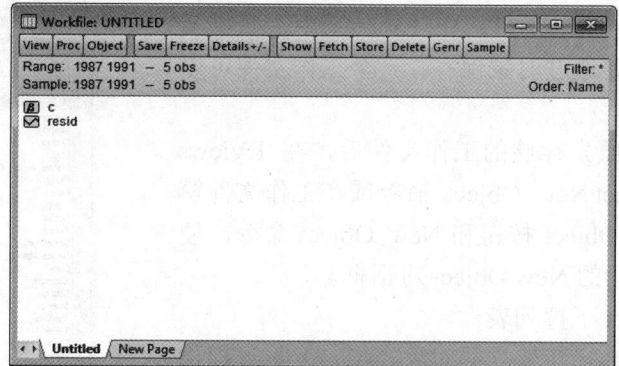

图 1-7　Workfile:UNTITLED 窗口

1. 标题栏

数据编辑窗口最上方是标题栏，显示窗口名称和编辑的数据文件名，没有文件名时显示为"UNTITLED"。

窗口控制按钮在窗口顶部的右上角，第一个按钮是窗口最小化按钮，第二个按钮是窗口最大化按钮，第三个按钮是关闭窗口按钮。

2. 工具栏

工具栏包括"View"、"Proc"、"Object"、"Save"、"Freeze"、"Detials"、"Show"、"Fetch"、"Store"、"Delete"、"Genr"和"Sample"按钮，使用这些按钮可以非常简便地实现许多 EViews 功能操作，各按钮的具体内容与操作方法将在以后的章节详细论述。

3. 信息栏

该部分用于显示数据的基本情况，包括数据范围（Range）、样本范围（Sample）等。信息栏提供了交互功能，用户只需双击标签就可以对相应的内容进行修改。

4. 对象集合区

该区域用于显示各类对象，以图标的形式表述。用户双击对象图标便可以查看它们的值。在默认的情况下，一个新建的工作文件会在此区域显示两个对象，一个是系数矢量（c），另一个是残差（resid）。

5. 页面转换栏

页面转换栏用于在工作文件中的不同页面间进行相应转换，用户只需单击相应的页面标签便可以实现页面之间的切换。

1.5 对象的建立和对象窗口

对象存储了数据及对数据进行操作的信息。使用 EViews 进行数据分析时，数据及相关操作需要在一个对象中进行。因此，在建立了工作文件后，用户还需要建立相应的对象。

1.5.1 对象的建立

对象是实现数据分析的基础，在 EViews 中，数据及相应的分析结果都需要通过对象保存，一个工作文件可以包含多个对象。

新建或者调用了原先存储的工作文件后，在 EViews 主窗口依次选择 Object|New Object 命令或在工作文件窗口工作栏中依次单击 Object 按钮和 New Object 命令，便可以打开如图 1-8 所示的 New Object 对话框。

● Type of object 下拉列表

该下拉列表用于选择新建立的对象类型，EViews 提供了 18 种对象从而完成新对象的建立，表 1-1 给出了各对象类型的名称，对于各对象的含义和使用方法，将会在介绍

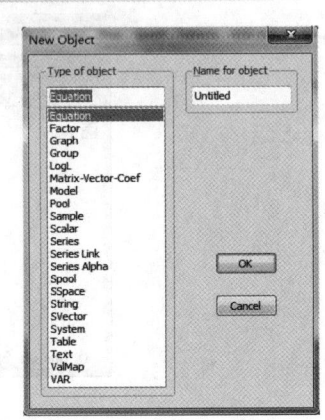

图 1-8　New Object 对话框

相应的模型时进行详细阐述。

表 1-1　EViews 对象名称

对象名称	中文含义	对象名称	中文含义
Equation	方程	Series	序列
Factor	因子	Series Link	序列连接
Graph	图形	Series Alpha	α 序列
Group	序列组	SSpace	状态空间模型
LogL	对数似然函数	System	系统
Matrix-Vector-Coef	矢量系数矩阵	Table	表格
Model	模型	Text	文本
Pool	面板数据	ValMap	数值映射
Sample	样本	VAR	矢量自回归

- Name for object 输入框

该输入框用于输入对象的名称，用户只需输入相应名称即可。需要提醒读者的是，在对对象进行命名时不能使用 EViews 软件的保留字符：ABS、ACOS、AR、ASIN、C、CON、CNORM、COEF、COS、D、DLOG、DNORM、ELSE、ENDIF、EXP、LOG、LOGIT、LPT1、LPT2、MA、NA、NRND、PDL、RESID、RND、SAR、SIN、SMA、SQR 和 THEN，此外对象的命名不区分字母的大小写。

1.5.2　对象窗口简介

在如图 1-7 所示的工作文件的窗口中双击任意对象，便可以打开如图 1-9 所示的对象窗口，对象的查看和许多分析都需要通过对象窗口完成。

1.　标题栏

对象窗口最上方是标题栏，当该窗口被激活时，标题栏呈蓝色。标题栏中显示了对象的类型、名称和工作文件的名称。

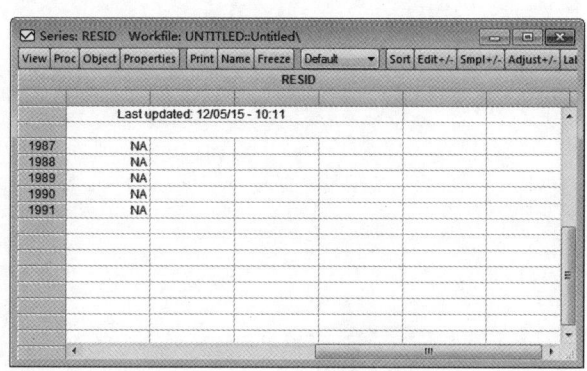

图 1-9　对象窗口

2.　工具栏

工具栏提供了许多对对象进行操作的快捷按钮，包括 "View"、"Proc"、"Object"、"Properties"、"Pri"，使用这些按钮可以非常简便地实现许多 EViews 功能操作，各按钮的具

EViews 统计分析与应用（第 3 版）

体内容与操作方法在以后的章节将详细论述，在此不再展开论述。

3. 数据区域

数据区域用于显示对象的相关数据。该区最左列显示单元序列号，区域上方显示对象名称。数据区域包括两种模式：一是观察模式，在该模式下用户只可以查看数据和数据的相应信息，不能对数据进行修改；二是交互模式，在该模式下用户可以对数据进行录入和相应的修改。两种模式通过工具栏中"Edit"按钮进行切换。

8

第 2 章 EViews 与数据处理

数据是 EViews 软件进行处理和分析的基础。EViews 要求数据的分析处理必须在特定的工作文件中进行，所以在将数据导入 EViews 软件之前，需要先建立并保存工作文件。另外，导入的原始数据由于季节的影响会产生与季节时间相关的规律性变动，所以为更准确地反映客观经济现象的本质，还需要在数据分析之前对其季节变动因素做一定消除和调整。

本章针对后期数据分析的要求主要介绍前期的数据准备操作，包括工作文件的保存、数据的导入和数据的季节调整。

2.1 工作文件的保存

工作文件建立后需要对建立好的工作文件及时进行保存，才能保证以后用户随时调用所需数据。保存 EViews 工作文件的具体操作方法有两种。

1. 通过命令保存

在 EViews 主窗口中依次选择 File|Save 命令或者 File|Save as 命令，弹出如图 2-1 所示的 Save 对话框，要求选择工作文件的保存路径、文件名和保存类型。其中，工作文件的保存类型为*.wfl。勾选对话框中的 Update default directory 选项，可设置当前文件位置为 EViews 默认的文件保存位置。

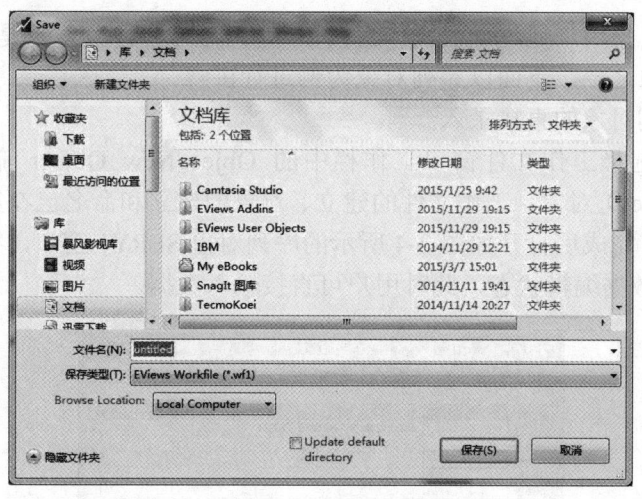

图 2-1 Save 对话框

设置完成后单击"保存"按钮，会弹出如图 2-2 所示的 Workfile Save 对话框。该对话框主要用来设置数据保存的精度，通常使用软件默认设置。勾选 Prompt on each Save 选项，表示每次保存操作均显示此对话框。最后单击 OK 按钮即可完成工作文件的保存。

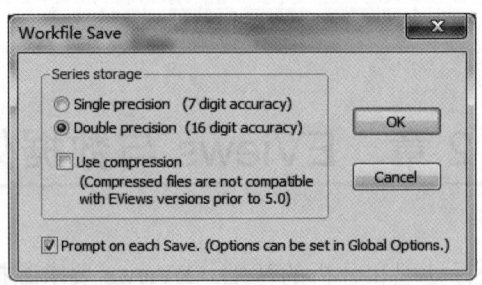

图 2-2　Workfile Save 对话框

2.　通过工具栏 Save 快捷键保存

在 EViews 工作文件窗口工具栏中单击如图 2-3 所示的 Save 按钮，也可以对当前工作文件进行保存。之后的操作步骤与第一种方法相同。

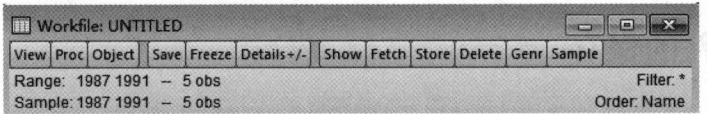

图 2-3　工具栏 Save 按钮

2.2　数据的导入

数据是利用 EViews 进行各项分析的基础。将数据导入 EViews 软件通常有两种方法，即直接录入和外部调入，其中外部调入包括外部导入数据和粘贴导入两种方式。用户可以根据实际情况选择数据的导入方式。

1.　直接录入

直接录入方法是指用户通过键盘操作直接输入所需数据。序列对象是使用 EViews 进行数据分析最常用的对象之一，下面以序列对象为例进行讲解。

（1）　单个序列对象的直接录入

在工作文件中选择工作文件窗口工作栏中的 Object|New Object 命令建立一个名称为 SERY1 的序列（Series）对象。工作文件的建立、对象的建立和命名已在第 1 章进行过详细介绍，在此不再赘述。完成后打开如图 2-4 所示的序列对象 SERY1 窗口，在序列窗口工具栏单击 Edit+/- 按钮进入数据编辑状态，此时用户可直接输入数据。

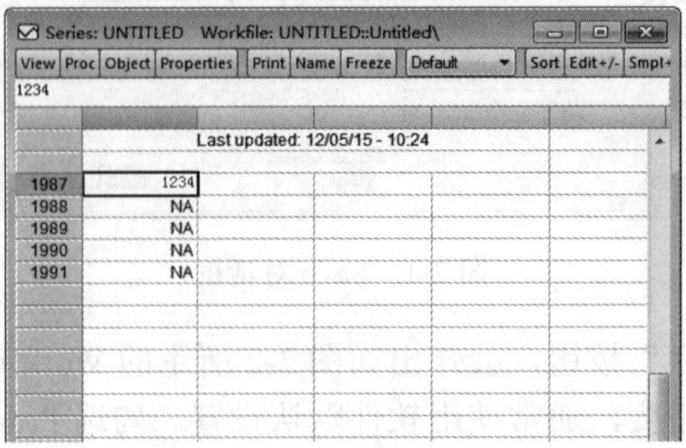

图 2-4　序列数据输入窗口

（2） 多个序列对象（序列组）的直接录入

多个序列对象的数据录入在组（Group）对象中实现，其数据录入方法与单序列输入方法基本相同。首先，在工作文件中选择工作文件窗口工作栏中的 Object|New Object 命令，建立一个名称为 Group1 的组（Group）对象，完成后会打开如图 2-5 所示的组对象窗口。组对象的建立和命名已在第 1 章进行过详细介绍，在此不再赘述。在组对象窗口工具栏单击 Edit+/−按钮进入数据编辑状态，此时用户可直接输入数据。组对象窗口中每一列代表一个序列，并且用 obs 一行来显示序列名称。需要修改序列名时，用户可在序列对应的 obs 行中输入新的序列名并按 Enter 键确认。

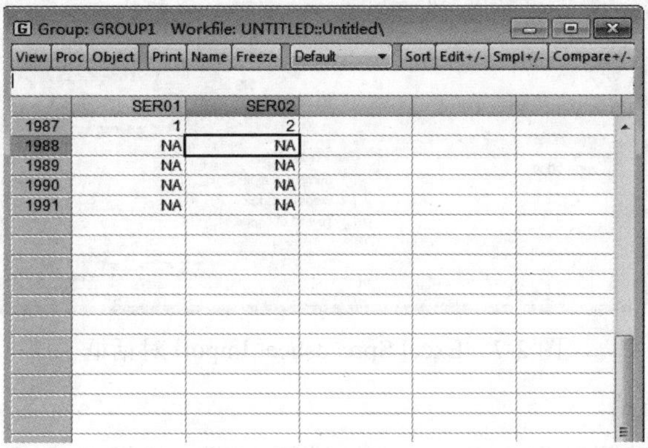

图 2-5 组对象窗口

2. 外部数据文件调入

EViews 软件（3.1 版本以上）允许从外部数据文件中直接调入三种格式的数据：ASCII、Lotus 和 Excel 工作表。下面以导入一个 Excel 工作表为例，讲解外部数据文件的导入过程。如图 2-6 所示的是包含某地 2000 年到 2009 年税收收入（Tax Revenue）与国民生产总值（GDP）数据的 Excel 工作簿，单位为亿元。将此 Excel 工作簿导入 EViews 工作文件的方法如下。

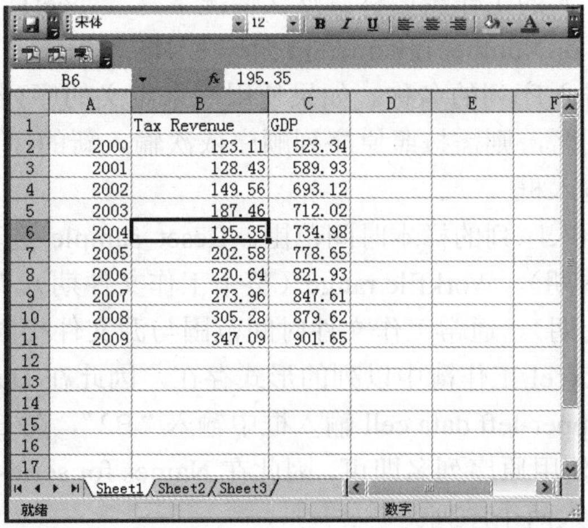

	A	B	C
1		Tax Revenue	GDP
2	2000	123.11	523.34
3	2001	128.43	589.93
4	2002	149.56	693.12
5	2003	187.46	712.02
6	2004	195.35	734.98
7	2005	202.58	778.65
8	2006	220.64	821.93
9	2007	273.96	847.61
10	2008	305.28	879.62
11	2009	347.09	901.65

图 2-6 某地 2000 年至 2009 年税收收入与国民生产总值数据

（1）通过软件导入

新建一个时间序列类型的工作文件，设置时间范围为 2000 年到 2009 年。在新建立的 EViews 工作文件中，选择工具栏中的 Proc|Import|Read Text-Lotus-Excel 命令或者 EViews 主菜单的 File|Import|Read…命令，找到要导入的 Excel 工作簿并双击。此时 EViews 会弹出如图 2-7 所示的 Excel Spreadsheet Import 对话框。

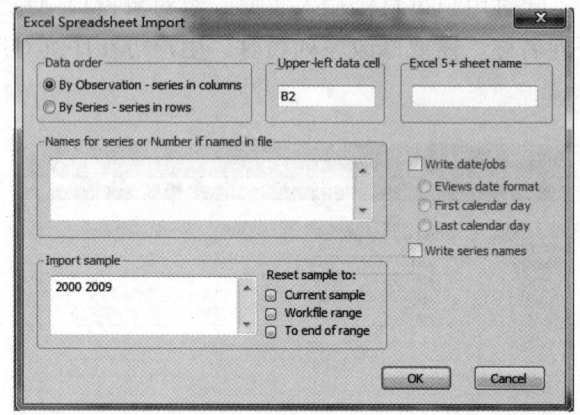

图 2-7　Excel Spreadsheet Import 对话框

- Data order 选项组

该选项组主要用来设置数据在 Excel 中的排列方式，包括 By Observation 和 By Series 两个单选按钮。单选按钮 By Observation 表示每个变量的观测值在不同列上，即 Excel 工作簿中每一列为一个序列。单选按钮 By Series 表示每个变量的观测值在不同的行上，即 Excel 工作簿每一行为一个序列。

- Upper-left data cell 输入框

该选项用来设置读入数据的起始单元格。需要填写 Excel 工作簿中第一个数据的单元格地址。

- Excel 5+ sheet name 输入框

该输入框用来设定读入的工作表名称，默认情况下是 "sheet1"。

- Names for series or Number if named in file 输入框

该输入框用于定义导入序列的名称。如果使用原来定义的序列名，则直接输入序列个数即可。如需定义新的序列名，则需按照原序列顺序依次输入新的序列名。

- Import sample 输入框

该输入框用来设定导入序列的样本时间范围。Reset sample 选项组有 3 个选项，分别是 Current sample（当前样本期）、Workfile range（整个工作文件期）、To end of range（从当前样本起始期到工作文件截止期）。通常工作文件时间范围与源文件相同，所以无须选择。

本案例中的序列在 Excel 工作簿中以列的形式存在，因此在 Data order 选项组中选择 By Observation 单选按钮。Upper-left data cell 输入框中输入 "B2"，在 Excel 5+ sheet name 输入框中输入 "sheet1"，案例中使用原序列名即可，因此在 Names for series or Number if named in file 输入框中输入 2（代表导入两个序列）。

完成上述设定后单击 OK 按钮，工作文件窗口会出现如图 2-8 所示的 Tax Revenue 序列和 GDP 序列的对象图标。

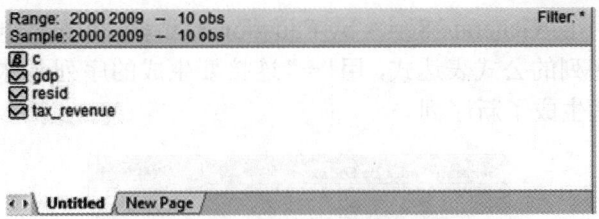

图 2-8　导入序列在工作文件中的显示

（2）　复制粘贴导入

利用复制和粘贴操作导入外部数据是一种较为直接简便的方法。下面介绍通过复制、粘贴方法将上例中的数据文件导入 EViews 中的具体操作。

在如图 2-9 所示的 Excel 工作簿中选定要导入的 Tax Revenue 序列和 GDP 序列，右击快捷命令菜单中的复制命令。

	A	B	C
1		tax_revenue	gdp
2	2000	123.11	523.34
3	2001	128.43	589.93
4	2002	149.56	693.12
5	2003	187.46	712.02
6	2004	195.35	734.98
7	2005	202.58	778.65
8	2006	220.64	821.93
9	2007	273.96	847.61
10	2008	305.28	879.62
11	2009	347.09	901.65

图 2-9　选定工作簿中的相关数据

新建一个时间序列类型的工作文件，设置时间范围为 2000 年至 2009 年。在工作文件中新建一个数据组（Group），进入编辑状态后将光标移到第一个观测值位置，右击选择 Paste（粘贴）命令。图 2-10 显示数据已经导入 EViews 软件。

obs	TAX_REVENUE	GDP		
obs	TAX_REVENUE	GDP		
2000	123.1100	523.3400		
2001	128.4300	589.9300		
2002	149.5600	693.1200		
2003	187.4600	712.0200		
2004	195.3500	734.9800		
2005	202.5800	778.6500		
2006	220.6400	821.9300		
2007	273.9600	847.6100		
2008	305.2800	879.6200		
2009	347.0900	901.6500		

图 2-10　导入数据后的序列组对象窗口

数据导入完成后，单击工具栏中的 Name 按钮，对数据组进行命名保存。数据组保存的同时，其中的序列也已经保存在工作文件中。

2.3　新序列的公式生成

在 EViews 的操作中经常会用到公式。有时需要对现有序列进行变换才能得到需要的序列，此时就需要利用公式对已有序列进行相应的变换。

利用公式生成新序列主要是通过工作文件工具栏中的 Genr 按钮来实现的。单击 Genr 按钮会弹出如图 2-11 所示的 Generate Series by Equation 对话框。在对话框中的 Enter equation 输入框内输入所要生成序列的公式表达式，用"="连接要生成的序列名称及其公式化的表达式。最后单击 OK 按钮，就生成了新序列。

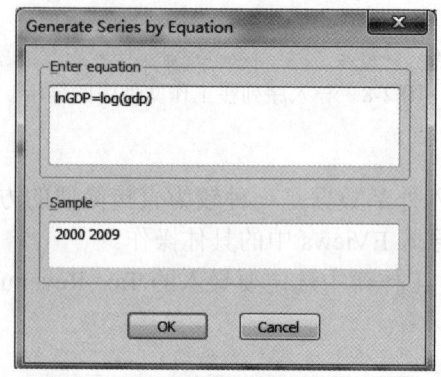

图 2-11　Generate Series by Equation 对话框

例如，需要一个国民生产总值 GDP 的对数序列时，即可在此对话框中输入公式 lnGDP= log（GDP），其中原序列名为 GDP，通过对数公式转换后新生成的序列名为 lnGDP。

利用公式生成新序列时，可以利用数学公式，也可以通过逻辑运算。EViews 中用 1 代表逻辑运算的真（True），用 0 代表逻辑运算的假（False）。

以 2.2 节导入的两个序列 GDP、Tax Revenue 为例，需要获得一个新序列 H。当 GDP 序列中的值小于 500 并且 Tax Revenue 的值大于 300 时，H 赋值为 1，否则为 0。这时在图 2-11 所示的 Enter equation 输入框中输入 H= GDP<500 and Tax Revenue>300 之后，单击 OK 按钮就生成了新序列 H。表 2-1 中列出了运用公式时常用的运算符号及功能。

表 2-1　常用运算符号及功能

运算符号	功　　能
+	加
−	减
×	乘
/	除
^	乘方
>	大于
<	小于
=	等于
<>	不等于
<=	小于等于
>=	大于等于
AND	逻辑运算"与"
OR	逻辑运算"或"
D(Y)	Y 的一阶差分，即 Y−Y(−1)，Y(−1) 表示序列 Y 的滞后一期序列
D(Y, n)	Y 的第 n 次一阶差分
D(Y, n, m)	Y 的第 n 次一阶差分和一次 m 阶差分
LOG(Y)	Y 的自然对数

（续表）

运算符号	功　　能
DLOG(Y)	Y 的自然对数做一阶差分
DLOG(Y,n)	Y 的自然对数做 n 次一阶差分
DLOG(Y,n, m)	Y 的自然对数做 n 次一阶差分和一次 m 阶差分
EXP(Y)	Y 的指数变换
ABS(Y)	Y 的绝对值变换
SQR(Y)	Y 的平方根
SIN(Y)	Y 的正弦变换
COS(Y)	Y 的余弦变换
RND	生成 0～1 之间均匀分布的随机数
NRND	生成均值为 0、方差为 1 的标准正态分布随机数
@ASIN(Y)	Y 的反正弦变换
@ACOS(Y)	Y 的反余弦变换
@PCH(Y)	生成相对变换或增长率序列：$(Y-Y(-1))/Y(-1)$
@INV(Y)	Y 的倒数
@DNORM(Y)	变 Y 为标准正态密度函数
@CNORM(Y)	变 Y 为累计正态分布函数
@LOGIT(Y)	Y 的 Logistic 变换
@FLOOR(Y)	变 Y 为不大于 Y 的最大整数
@CEILING(Y)	变 Y 为不小于 Y 的最小整数

2.4　数据的季节调整

季节的变动会使时间序列产生规律性的变化，这种规律性变化通常称之为季节变动。与气候、日历天数和节假日等有关的季节性因素，或与不同的发展阶段有关的趋势性因素，都会使时间序列产生规律性变化。为更准确地反映客观经济现象的本质，须对季节变动因素做一定消除和调整。

用 EViews 对序列进行季节调整，通过图 2-12 所示序列工具栏 Proc 按钮下的 Seasonal Adjustment 命令实现。其后的 4 个选项代表了 4 种季节调整的方法：Census X12、X11（Historical）、Tramo/Seats、Moving Average Methods。季节调整方法的原理比较复杂，相关内容读者可以参考有关的计量经济学书籍。需要注意的是，季节调整方法只适用于季度和月度序列。

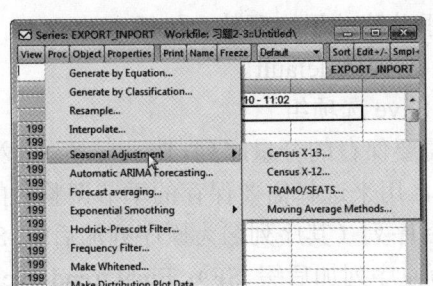

图 2-12　Seasonal Adjustment 菜单

1. Census X12 季节调整方法

Census X12 调整方法通过序列窗口工具栏的 Proc|Seasonal Adjustment|Census X12 命令实现。之后会弹出如图 2-13 所示的 X12 Options 对话框。

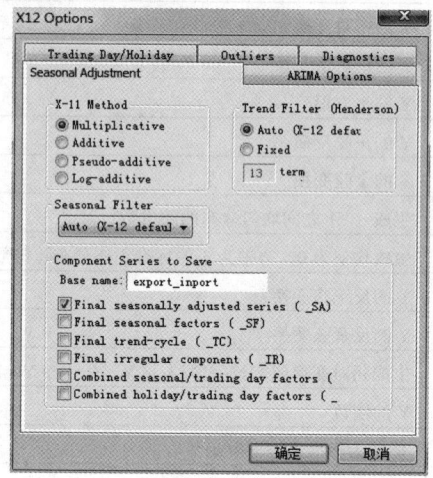

图 2-13　X12 Options 对话框

X12 Options 对话框有 5 个选项卡：Trading Day/Holiday（交易日/节假日）、Outliers（外部影响）、Diagnostics（诊断）、Seasonal Adjustment（季节调整）和 ARIMA Options（ARIMA 模型选项）。

（1）　Seasonal Adjustment（季节调整）选项卡

图 2-13 所示的 X12 Options 对话框首先显示的即为 Seasonal Adjustment（季节调整）选项卡，其中包括：

- X11 Method 选项组

该选项组由 4 个单选按钮组成，主要用来指定季节调整的分解方式。有 Multiplicative（乘法）、Additive（加法）、Pseudo-additive（伪加法）和 Log-additive（对数加法）四种。

- Trend Filter 选项组

该选项组主要用来设置 Henderson 移动平均的项数。默认为 Auto(X12 default)。如需更改设定，选择"Fixed"选项，并在下方输入大于 1 且不大于 101 的奇数数值。

- Seasonal Filter 选项

该选项通过下拉列表用于选择在估计季节因子时的季节移动平均滤波的项数，即季节调整的第二阶段第 3 步使用的季节移动平均项数。包括 Auto(X12 default)、S3×1、S3×3、S3×5、S3×9、S3×15、Stable 及 X11 default。

- Component Series to Save 选项组

该选项组主要用来选择需要保存的分量序列。Base name 输入框用于显示被调整序列的名称。输入框下有 6 个复选框，用来选择需要保存的季节调整后的分量序列：Final seasonally adjusted series 是指季节调整后序列（其序列名为原序列加后缀_SA）；Final seasonal factors 是指最后季节因子（其序列名为原序列加后缀_SF）；Final trend-cycle 是指最后的趋势-循环序列（其序列名为原序列加后缀_TC）；Final irregular component 是指最后不规则要素分量（其序列名为原序列加后缀_IR）；Combined seasonal/trading day factors 是指与季节波动结合的交易日因子（其序列名为原序列加后缀_D16）；Combined holiday/trading day factors 是指节假日结合的交易日因子（其序列名为原序列加后缀_D18）。

（2）　ARIMA Options 选项卡

ARIMA Options 选项卡主要用于在季节调整前建立一个合适的 ARIMA 模型，并在进行季节调整之前除去确定性影响。通过单击图 2-13 所示 X12 Options 对话框中的 ARIMAOptions，可以打开图 2-14 所示的 ARIMA Options 选项卡。

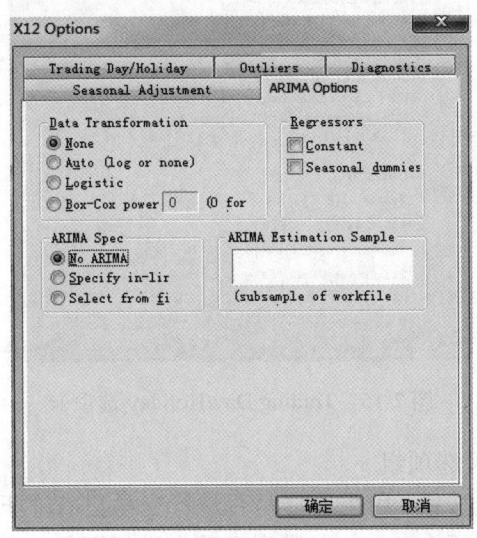

图 2-14　ARIMA Options 选项卡

● Data Transformation 选项组

该选项组包括 4 个单选按钮，主要用来选择对序列数据进行变换的方式。None 表示不变换，Auto（log or none）选项表示根据程序计算出来的 AIC 准则自动确定变换与否，Logistic 选项用来将数值介于 0 和 1 之间的序列 X 变成 log（X/(1-X)），Box-Cox power 表示对序列进行 Box-Cox 幂变换并需要在其后输入参数值。

● Regressors 选项组

该选项组用来选择回归因子，通过事先定义外生回归因子可以测定外生影响，包括 Constant（常数）和 Seasonal dummies（季节虚拟变量）两个选项。

● ARIMA Spec 选项组

该选项组包括 3 个单选按钮，主要用来选择 ARIMA 模型。No ARIMA 表示无 ARIMA 模型。Specify in-line 表示逐步选择 ARIMA 模型，选择后对话框底部出现编辑框要求提供 ARIMA 模型的阶数，即（pdq）（PDQ）。Select from file 表示从文件中选择 ARIMA 模型，选择后对话框会出现 3 个空白编辑框，分别说明文件的路径及选择模型的两种准则：Select best（default is first）表示选择所有模型中预测误差最小的模型，默认时选择第一个模型；Select by out-of-sample-fit（default in-sample error）表示对模型的评价使用样本外预测误差，默认时使用样本内误差。

● ARIMA Estimation Sample 输入框

该输入框用于设定进行 ARIMA 测算的样本。通常使用工作文件的默认样本，无须设置。

（3） Trading Day/Holiday（交易日/节假日）选项卡

Trading Day/Holiday（交易日/节假日）选项卡主要用来对交易日或节假日产生的影响进行调整设定，如图 2-15 所示。

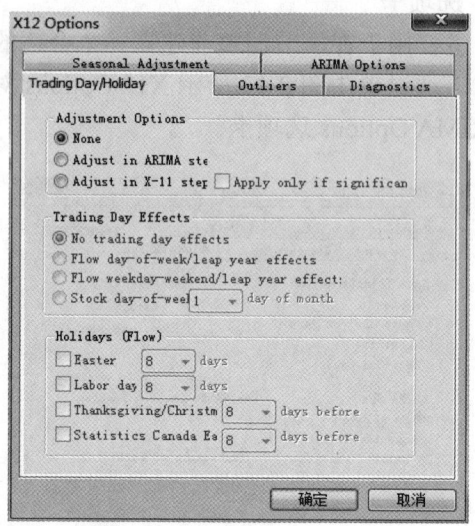

图 2-15　Trading Day/Holiday 选项卡

- Adjustment Options 选项组

该选项组包括 3 个单选按钮，用来选择是否进行交易日/节假日调整。None 表示不进行调整，Adjust in ARIMA step 表示在 ARIMA 模型步骤中进行调整，Adjust in X11 step 表示在 X11 步骤中进行调整。如果选择进行调整，对话框中下部分的 Trading Day Effects 和 Holidays（Flow）将变成可输入状态。

- Trading Day Effects 选项组

该选项组包括 4 个单选按钮，主要用来设置交易日的影响调整。No trading day effects 表示不进行调整，Flow day-of-week/leap year effects 表示对流量序列的周工作日影响进行调整，Flow weekday-weekend/leap year effects 表示仅对流量序列的周日-周末影响进行调整，Stock day-of-week 表示对月度数据的存量序列 Stock 进行调整，同时在后面编辑框内输入被调整序列的 day of month（月天数）。

- Holidays（Flow）选项组

该选项组包括 4 个复选框，用来对流量序列进行节假日调整设置。节日只针对美国，有复活节（Easter day）、劳动节（Labor day）、感恩节（Thanksgiving day）和圣诞节（Christmas day）。

（4） Outliers（外部影响）选项卡

如图 2-16 所示的 Outliers 选项卡主要用来设置调整外部影响。外部影响的调整分为 Outliers in ARIMA step（平滑掉原始数据中的奇异值数据，即 outliers）和 Additive Outliers in X11 step 两个部分。

- Outliers in ARIMA step 选项

单击 Outliers in ARIMA step 右边的 Add 按钮，弹出如图 2-17 所示的 Outlier Dates 对话框。Type 选项组内包括 4 个外部调整方法的单选按钮，分别是 Additive Outlier（附加的外部调整）、Level Shift（水平变化调整）、Temporary Level Change（暂时的水平变化调整）以及 Ramp Effect

（弯道影响调整），同时需要设置产生外部影响的年份和季度。

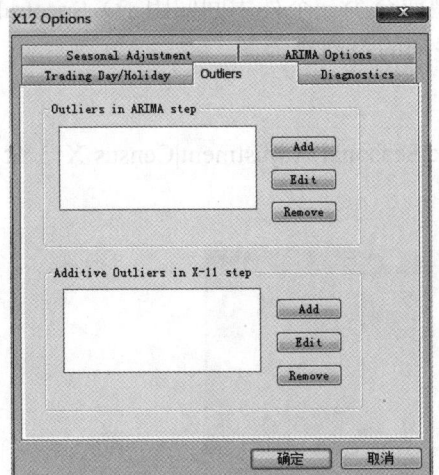

图 2-16 Outliers 选项卡

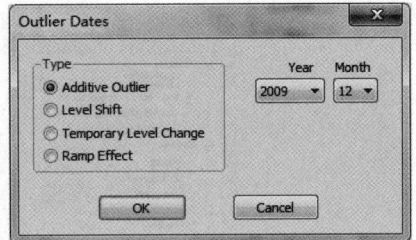

图 2-17 Outlier Dates 对话框

● Additive Outliers in X11 step 选项

该选项主要适用于在 X11 步骤中进行交易日/节假日影响调整的情况。通过 Additive Outliers in X11 step 调整，对附加的外部影响进行调整。

（5）Diagnostics（诊断）选项卡

如图 2-18 所示的 Diagnostics（诊断）选项卡主要用于对季节调整的效果进行诊断和分析。

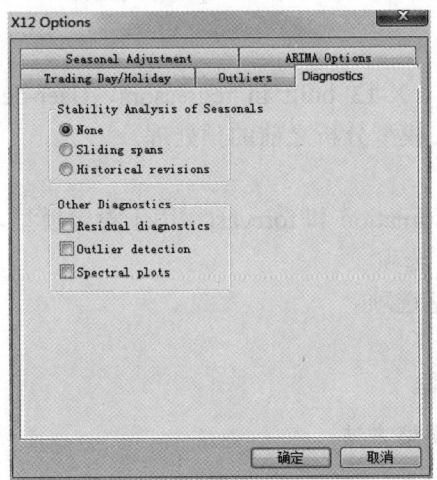

图 2-18 Diagnostics 选项卡

● Stability Analysis of Seasonals 选项组

该选项组包括 3 个单选按钮，主要用来进行季节因素的稳定性分析。None 表示不分析，Sliding spans（移动间距）表示检验被调整序列在固定大小的移动样本上的变化，Historical revisions（历史修正）表示检验被调整序列增加一个新样本时的变化。

● Other Diagnostics 选项组

该选项组包括 3 个复选按钮，主要用来设定其他诊断。Residual diagnostics（残差诊断）

EViews 统计分析与应用（第3版）

用于输出一个标准的残差诊断报告，Outliers detection（外部探测）利用 ARIMA 模型自动检验和报告外部影响（此诊断要求指定一个 ARIMA 模型或至少一个外生回归因子），Spectral plot（频谱图）用于显示被调整序列和修正后的不规则序列的不同频谱图。

2. Census X13 季节调整方法

Census X13 调整方法通过序列窗口工具栏的 Proc|Seasonal Adjustment|Census X13 命令实现。之后会弹出如图 2-19 所示的 X13 Options 对话框。

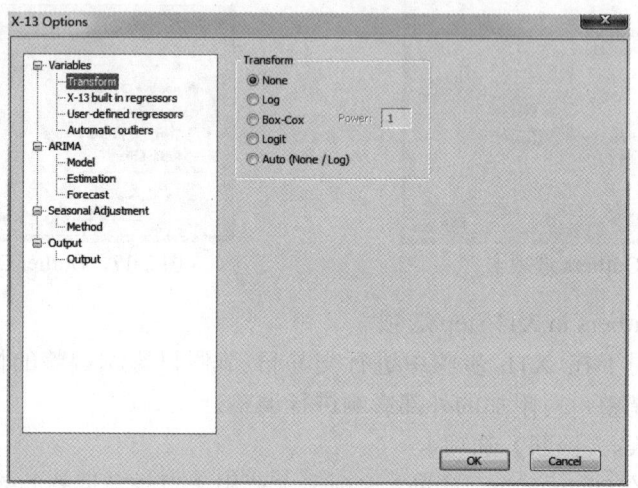

图 2-19　X13 Options 对话框

- variables 选项组

该选项组包括 Transform、X-13 built in regressors、User-defined regressors 和 Automatic outliers，运用于进行 ARIMA 模型分析之前的预处理。

- ARIMA 选项组

该选项组包括 model、estimation 和 forecast，用于设定模型，进行模型估计及模型预测。

- Seasonal Adjustment 选项

该选项用于设定季节调整选项。

- output 选项

该选项用于设定输出结果。

3. Tramo/Seats 季节调整方法

在序列窗口工具栏中选择 Proc|Seasonal Adjustment|Tramo/Seats 选项后，会弹出如图 2-20 所示的包括 Tramo/Seats、Regressors（回归变量）及 Outliers（外部影响）3 个选项卡的 TRAMO/SEATS Options 对话框。

（1）Tramo/Seats 选项卡

图 2-20 所示的 TRAMO/SEATS Options 对话框中，首先显示的即为 Tramo/Seats 选项卡。

- Run mode 选项组

该选项组主要用来设置运行程序模式。Run Seats after Tramo 选项表示在运行完 Tramo 季节调整程序后继续运行 Seats 程序，不选择则仅运行 Tramo 季节调整程序。Forecast 输入框用于设置运行中进行样本外预测的期间长度。

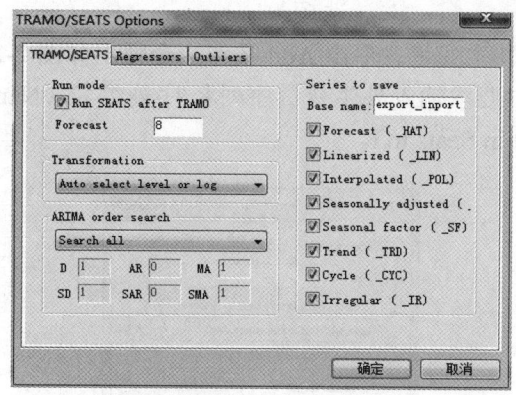

图 2-20 TRAMO/SEATS Options 对话框

- Transformation 选项

该选项通过下拉菜单选择数据变换方式，None 表示不进行变换，Log 表示进行对数变换，Auto Select level or log 表示由 EViews 自动选择进行水平变换（level）或对数变换（log）。

- ARIMA order search 选项组

该选项组主要用来选择 ARIMA 模型阶数，其下拉列表中有 4 个选项，即 Fix order（固定阶数）、Fix only difference orders（仅固定差分阶数）、Search all（搜索所有阶数）和 Search all and unit complex roots（自动搜索所有阶数和单位复根）。

- Series to save 选项组

该选项组包括一个输入框和 8 个复选框，主要用来选择需要保存的序列。Base name 输入框用于输入进行季节调整的序列名。Base name 输入框下的复选框用于勾选需要保存的序列：Forecast（预测序列），序列名为原序列加后缀_HAT；Linearized（线性变换序列），序列名为原序列加后缀_LIN；Interpolated（插值序列），序列名为原序列加后缀_POL；Seasonally adjusted（季节调整后的序列），序列名为原序列加后缀_SA；Seasonal factor（季节因子），序列名为原序列加后缀_SF；Trend（趋势序列），序列名为原序列加后缀_TRD；Cycle（循环序列），序列名为原序列加后缀_CYC；Irregular（不规则序列），序列名为原序列加后缀_IR。

（2） Regressors 选项卡

单击 TRAMO/SEATS Options 对话框中的 Regressors 选项，打开如图 2-21 所示的 Regressors 选项卡。

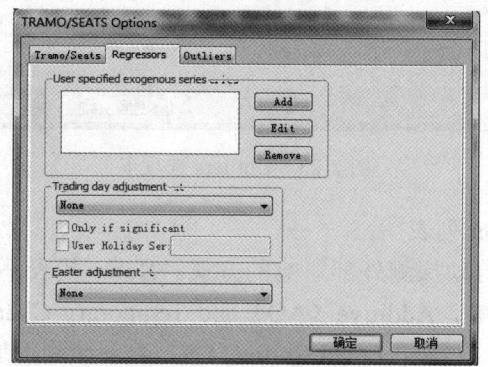

图 2-21 Regressors 选项卡

● User specified exogenous series 选项

该选项主要用于设置外生变量。单击 Add 按钮，会弹出如图 2-22 所示的 User Exogenous Series/Group 对话框，其中要求输入外生变量序列名/序列组名（Name）并指派回归变量影响（Allocate regression effect in Seats to）。

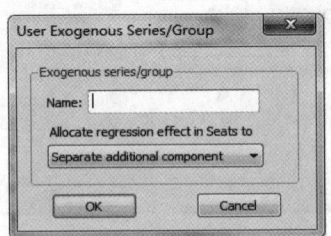

图 2-22　User Exogenous Series/Group 对话框

● Trading day adjustment 选项组

该选项组主要用来设置交易日调整方式，下拉列表中 None 表示不进行调整，Weekday/weekend 表示进行工作日调整，Weekday/weekend and length-of-month 表示进行工作日和月长度调整，5 day effect 表示进行 5 天影响调整，5 day effect and length-of-month 表示进行 5 天和月长度调整。

● Easter adjustment 选项

该选项通过下拉列表选择用来设置复活节影响调整方式。None 表示不调整，Always 表示总进行调整，Only if Significant 表示只在显著时进行调整。

（3）Outliers 选项卡

单击 TRAMO/SEATS Options 对话框中的 Outliers 选项，可打开如图 2-23 所示的 Outliers 选项卡。

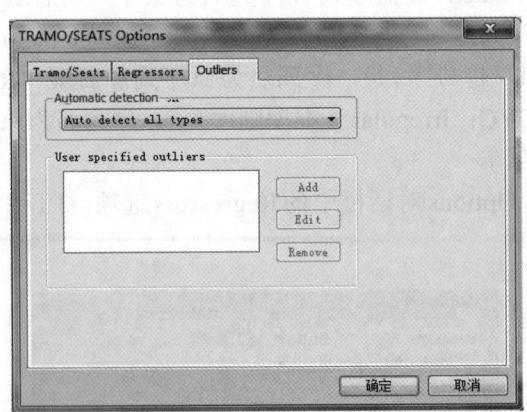

图 2-23　Outliers 选项卡

● Automatic detection 列表

该列表主要用于设置自动探测外部影响的方式。None 代表不进行探测，Auto detect all types 表示探测所有外部影响，Additive（AO）and Temporary Change（TC）代表探测附加的外部影响和暂时变换，AO TC and Level Shifts（LS）表示探测附加的外部影响、暂时变换和水平变换，Additive（AO）and Level Shifts（LS）表示探测附加的外部影响及水平变换。

- **User specified outliers 选项**

该选项主要用于用户对外部影响进行特殊需要的设定。

4. Moving Average Methods（移动平均法）季节调整方法

在序列窗口工具栏中选择 Proc|Seasonal Adjustment|Moving Average Methods 命令，弹出如图 2-24 所示的 Seasonal Adjustment 对话框。

图 2-24　Seasonal Adjustment 对话框

- **Adjustment method 选项组**

该选项组包括两个单选按钮，主要用来设置季节调整的方法。单选按钮 Ratio to moving average-Multiplicative 代表移动平均比率-乘法，单选按钮 Difference from moving average-Additive 代表移动平均差分-加法。

- **Series to calculate 选项组**

该选项组包括两个输入框，主要用来设置季节调整后的序列名称（Adjusted series）和季节因子名称（Factors）。EViews 默认将调整后的序列名设置为原名加 sa。

上机题

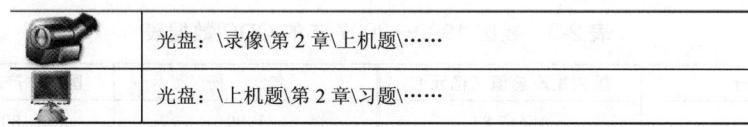

光盘：\录像\第 2 章\上机题\……

光盘：\上机题\第 2 章\习题\……

1. 工作文件的建立和保存、数据的输入和导入是应用 EViews 的基础，通常原始数据以 Excel 工作簿的形式给出。本题给出美国某年各区域结婚（Marriage）和离婚（Divorce）的人数（单位：对），原始数据如表 2-2 所示。

表 2-2　美国某年各区域结婚、离婚人数数据表

地　区	结　婚	离　婚	地　区	结　婚	离　婚
Alabama	49018	26745	Montana	8336	4940
Alaska	5361	3517	Nebraska	14239	6442
Arizona	30223	19908	Nevada	114333	13842
Arkansas	26513	15882	New Hampshire	9251	5254
California	210864	133541	New Jersey	55794	27796

（续表）

地 区	结 婚	离 婚	地 区	结 婚	离 婚
Colorado	34917	18571	New Mexico	16641	10426
Connecticut	26048	13488	New York	144518	61972
Delaware	4437	2313	N. Carolina	46718	28050
Florida	108344	71579	N. Dakota	6094	2142
Georgia	70638	34743	Ohio	99832	58809
Hawaii	11856	4438	Oklahoma	46509	24226
Idaho	13428	6596	Oregon	23004	17762
Illinois	109823	50997	Pennsylvania	93673	34922
Indiana	57853	40006	Rhode Island	7490	3606
Iowa	27474	11854	S. Carolina	53915	13595
Kansas	24847	13410	S. Dakota	8800	2811
Kentucky	32727	16731	Tennessee	59175	30206
Louisiana	43460	18108	Texas	181762	96809
Maine	12040	6205	Utah	16958	7802
Maryland	46278	17494	Vermont	5226	2623
Massachusetts	46273	17873	Virginia	60210	23615
Michigan	86898	45047	Washington	47728	28642
Minnesota	37641	15371	W. Virginia	17391	10273
Mississippi	27908	13846	Wisconsin	41111	17546
Missouri	54625	27595	Wyoming	6868	4003

（1）新建一个符合题目样本的工作文件。

（2）利用 Excel 文档直接导入法将数据文件导入到工作文件中并设定序列名分别为 marriage、divorce。

（3）保存新建立的工作文件，命名为 US_MD。

2. GDP 数据是在经济计量分析中经常用到的数据，而 GDP 的对数序列也是最为经常用到的序列。表 2-3 所示是我国 1990—2007 年的 GDP 数据（单位：亿元）。

表 2-3　我国 1990—2007 年的 GDP 数据表

年　份	国内生产总值（亿元）	年　份	国内生产总值（亿元）
1990	18667.82	1999	89677.05
1991	21781.50	2000	99214.55
1992	26923.48	2001	109655.17
1993	35333.92	2002	120332.69
1994	48197.86	2003	135822.76
1995	60793.73	2004	159878.34
1996	71176.59	2005	183217.40
1997	78973.03	2006	211923.50
1998	84402.28	2007	249529.90

（1）建立一个工作文档并新建一个序列 GDP。

（2）运用手动输入法，将数据输入到序列 GDP 中。

（3）　利用公式生成 GDP 序列的对数序列 LNGDP，即 LNGDP=Ln（GDP）。

3.　我国的进出口总额容易随着月度循环变动，在对其进行分析时需要对序列数据进行季节调整以消除其月度变动掩盖的发展规律。表 2-4 所示是我国 1991—2005 年的月度进出口总额数据（单位：亿美元）。

表 2-4　我国 1991—2005 年的月度进出口总额数据表

时　　间	进出口总额（亿美元）	时　　间	进出口总额（亿美元）	时　　间	进出口总额（亿美元）
1991-01	70.49	1996-01	192.97126	2001-01	324.7148
1991-02	71.83	1996-02	167.91091	2001-02	374.2424
1991-03	102.41	1996-03	215.42159	2001-03	439.1153
1991-04	104.85	1996-04	223.0755	2001-04	446.5146
1991-05	111.11	1996-05	241.65096	2001-05	396.2227
1991-06	111.21	1996-06	231.74458	2001-06	433.3257
1991-07	116.63	1996-07	237.30445	2001-07	438.4319
1991-08	120.78	1996-08	252.7335	2001-08	457.0166
1991-09	118.15	1996-09	237.133	2001-09	458.3997
1991-10	115.24	1996-10	265.27628	2001-10	416.9234
1991-11	123.94	1996-11	252.42647	2001-11	448.4478
1991-12	190.38	1996-12	383.57919	2001-12	468.9268
1992-01	69.99	1997-01	216.69142	2002-01	406.7371
1992-02	97.7	1997-02	175.75612	2002-02	350.5562
1992-03	119	1997-03	251.44515	2002-03	463.0191
1992-04	124.61	1997-04	260.14707	2002-04	524.754
1992-05	129.61	1997-05	267.50723	2002-05	470.7729
1992-06	144.98	1997-06	265.93176	2002-06	491.069
1992-07	134.33	1997-07	283.3681	2002-07	561.9764
1992-08	142.64	1997-08	270.97799	2002-08	566.4234
1992-09	139.06	1997-09	280.43081	2002-09	617.0489
1992-10	148.01	1997-10	306.58245	2002-10	551.4341
1992-11	161.62	1997-11	288.48905	2002-11	599.4379
1992-12	246.66	1997-12	382.68859	2002-12	606.2207
1993-01	65.57	1998-01	213.70305	2003-01	607.9176
1993-02	122.98	1998-02	211.50385	2003-02	482.3524
1993-03	144.87	1998-03	271.79194	2003-03	646.404
1993-04	143.95	1998-04	276.37822	2003-04	702.1828
1993-05	157.13	1998-05	262.17508	2003-05	654.4638
1993-06	143.26	1998-06	274.65102	2003-06	668.1203
1993-07	163.89	1998-07	281.21554	2003-07	746.2327
1993-08	163.88	1998-08	264.36094	2003-08	720.364
1993-09	189.42	1998-09	270.18447	2003-09	835.9303
1993-10	167	1998-10	263.8241	2003-10	761.1841
1993-11	184.96	1998-11	274.73157	2003-11	786.5526
1993-12	315.68	1998-12	376.79866	2003-12	903.9771
1994-01	105.11	1999-01	212.95934	2004-01	714.488
1994-02	115.87	1999-02	197.22296	2004-02	761.8748

（续表）

时　间	进出口总额（亿美元）	时　间	进出口总额（亿美元）	时　间	进出口总额（亿美元）
1994-03	174	1999-03	292.55963	2004-03	922.3576
1994-04	183.5	1999-04	286.41588	2004-04	964.983
1994-05	189.19	1999-05	291.8916	2004-05	876.3292
1994-06	208	1999-06	299.21018	2004-06	991.4901
1994-07	199.61	1999-07	312.60064	2004-07	999.7621
1994-08	202.5	1999-08	317.71807	2004-08	983.1
1994-09	197	1999-09	338.44262	2004-09	1066.14
1994-10	198	1999-10	320.24672	2004-10	979.5745
1994-11	230	1999-11	363.85253	2004-11	1119.552
1994-12	364.46	1999-12	376.61049	2004-12	1164.925
1995-01	156.88719	2000-01	320.5567	2005-01	950.1634
1995-02	160.28346	2000-02	282.03989	2005-02	841.8939
1995-03	231.25509	2000-03	379.6006	2005-03	1160.052
1995-04	222.5656	2000-04	388.61187	2005-04	1197.114
1995-05	243.29911	2000-05	370.71604	2005-05	1078.655
1995-06	249.9549	2000-06	424.94372	2005-06	1222.416
1995-07	234.00996	2000-07	409.70137	2005-07	1206.228
1995-08	241.19323	2000-08	441.16925	2005-08	1262.063
1995-09	237.20715	2000-09	436.88324	2005-09	1328.086
1995-10	233.1927	2000-10	417.16375	2005-10	1241.68
1995-11	242.25681	2000-11	437.95763	2005-11	1339.05
1995-12	357.17293	2000-12	434.00399	2005-12	1398.084

（1）　运用 CensusX12 方法对其进行季节调整。

（2）　运用 Tramo/Seats 方法对其进行季节调整。

（3）　比较以上两种方法季节调整后的结果。

（4）　对调整前和调整后的序列进行对比分析。

第3章 EViews 与绘图

图形对象（Graph）是序列、序列组、方程、模型等对象的视图。将数据通过折线图、条形图、散点图、饼图等图形显示，有利于用户更直接认识数据的变化规律，从而更好更快地对数据进行处理分析等操作。在以后的章节中对模型的异方差、自相关等问题进行判断时，绘制数据相关图也是一种重要的检验方法。

本章主要介绍 EViews 软件中的基本绘图功能，包括图形的生成和图形的改变、冻结、移动与打印等基本操作。

3.1 基于 Graph 的绘图功能

EViews 软件的绘图功能既可以通过主菜单命令实现，也可以用对象窗口命令实现。

3.1.1 由 EViews 主菜单进行绘图操作

1. 选择绘图命令

单击 EViews 主菜单中的 Quick|Graph 命令，在弹出的 Series List 对话框中输入需要绘制图形的序列或序列组名称，单击 OK 按钮。

2. 设置图形图像

输入绘图序列名称后弹出图 3-1 所示的 Graph Options 对话框。Graph Options 对话框由 7 个选项卡组成，其中 Graph Type 选项卡用于设置图像的主要部分，其余几个选项卡是用来设置图像的另一些辅助属性，这里我们介绍主要的 5 个选项设置。

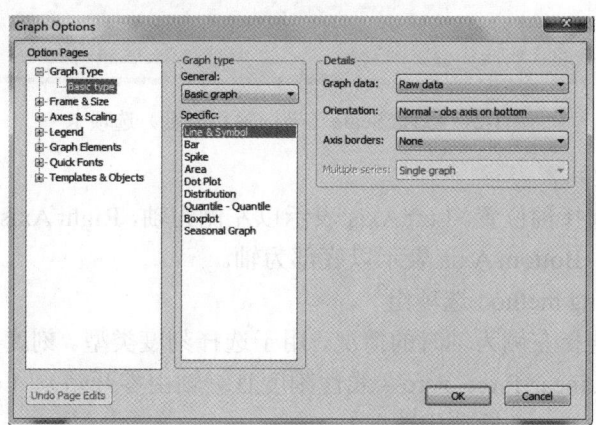

图 3-1　Graph Options 对话框

（1）Graph Type 选项卡

Graph Type 选项卡用于设定图形的基本属性，是图形设定的主要部分。

- Graph Type 选项组

该选项组主要用于对图像类型进行设定。General（基本设定）选项用于选择进行 Basic graph（对单个序列绘图的基本绘图）还是 Categorical graph（对多个序列进行绘图的分类绘图）。Specific 用于选择具体的图形种类，主要包括 Line&Symbol（线点图）、Bar（条形图）、Spike（堆栈图）、Area（面积图）、Dot Plot（点阵图）、Distribution（分布图）、Quantile-Quantile（Q-Q图）、Boxplot（箱线图）等。

- Details 选项组

该选项组用于对绘图数据、坐标轴的设定。Graph 选项用来选择绘图的数据，有 Raw data（原始数据）、Means（均值）等。Orientation 是用来设定时间变量的坐标轴，Normal-obs/ time across bottom 选项表示设定横坐标为时间变量，Rotated-obs/ time down left axis 选项表示设定纵坐标为时间变量。Axis borders 选项用来设置是否在图像上同时输出 Boxplot（箱线图）、Histogram（直方图）及 Kernel density（核密度图）。

（2）Frame&Size 选项卡

Frame&Size 选项卡用于对图形的边框进行设定。Color 选项用于设置图像的颜色及背景填充颜色，Frame border 选项用来设置图像边框颜色，Frame size 选项用来设置图像的长宽。

（3）Axis&Scale（坐标抽和刻度）选项卡

Axis&Scale（坐标轴和刻度）选项卡主要用来设定图形坐标轴的属性，如图 3-2 所示。

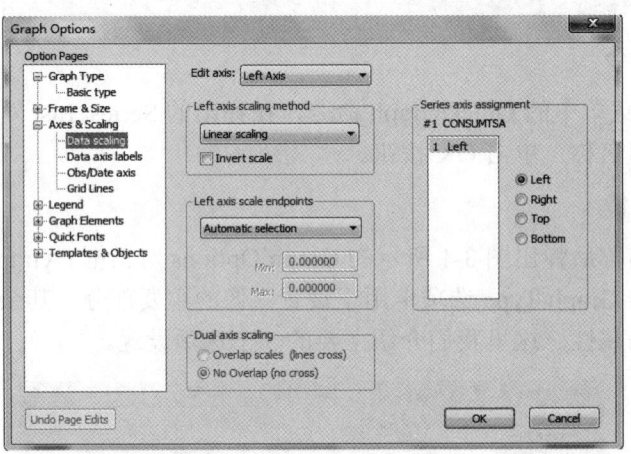

图 3-2　Axis&Scale（坐标轴和刻度）选项卡

- Edit axis 下拉列表

该下拉列表用于选择轴位置。Left Axis 表示以左侧为轴，Right Axis 表示以右侧为轴，Top Axis 表示以顶部为轴，Bottom Axis 表示以底部为轴。

- Left axis scaling method 选项组

该选项组适用于选择左侧为轴时的情况，用于选择刻度类型。刻度类型有 4 种，即 Linear scaling（线性刻度）、Linear-force zero（线性刻度且纵轴由零开始）、Logarithmic scaling（对数刻度）和 Normalized data（标准化数据）。

- Left axis scale endpoints 下拉列表

该列表用于设置画图的轴刻度范围。Automatic selection 表示由计算机自动选择，Data minimum&maximum 表示以数据最大值和最小值为范围画图，User specified 表示用户人工设定。

- Axis ticks & lines 选项组

该选项组用于选择刻度线的位置。Ticks outside axis 表示刻画在图外，Ticks inside axis 表示刻画在图内，Ticks outside & inside axis 表示既刻画在图内也刻画在图外，No ticks 表示不刻画刻度线。

- Series axis assignment 选项

该选项用来设定标度序列的纵轴。

- Vertical axes labels 选项

勾选该选项表示同时标度双侧纵轴。

（4） Legend 选项卡

Legend 选项卡用来设置图标图例的属性。

（5） Graph Elements 选项卡

Graph Elements 选项卡用来对线和点属性进行设定。Attributes 选项中可以对线或点的 Color（颜色）、Pattern（类型）、Width（粗细）及 Symbol（表现符号）等进行选择和设置。

3. 输出图形

设置完成后单击“确定”按钮即可输出图形。单击图形窗口工具栏中的 Name 按钮，可对图形对象进行命名。EViews 将保存命名后的图形对象。

下面以图 3-3 所示的某地 1990—2007 年货运量（HYL）和第三产业增加值（SC）数据为例演示绘图功能。

	HYL	SC
1990	772682.0	5888.400
1991	806048.0	7337.100
1992	860855.0	9357.400
1993	996634.0	11915.70
1994	1092883.	16179.80
1995	1172596.	19978.50
1996	1244722.	23326.20
1997	1326094.	26988.10
1998	1378717.	30580.50
1999	1394413.	33873.40
2000	1358682.	38714.00
2001	1401786.	44361.60
2002	1483446.	49898.90
2003	1564492.	56004.70
2004	1706412.	64561.30
2005	1862066.	73432.90

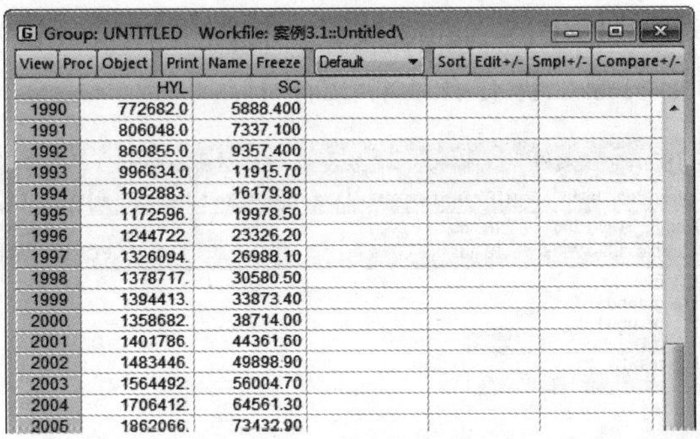

图 3-3 某地 1990—2007 年货运量和第三产业增加值数据图

（1） 将两个序列导入工作文件，分别命名为 hyl 和 sc 序列。单击 EViews 主菜单 Quick 键后选择 Graph 命令，在弹出的如图 3-4 所示的 Series List 对话框中依次输入货运量和第三产业增加值两个序列的序列名 hyl、sc，最后单击 OK 按钮。

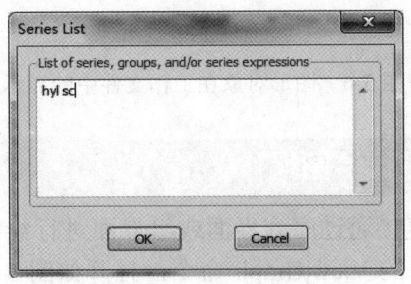

图 3-4 Series List 对话框

（2） 在弹出的表格设置中对图标的具体属性进行设置。这里选择绘制普通的折线图，因此绘图类型中选择 Line & Symbol，其他使用默认设置。

（3） 设置完成单击"确定"按钮，弹出如图 3-5 所示的序列折线图。可以看到两个序列用不同颜色的折线在一张图内显示，也可以清楚地看到序列观测值随着时间的变化情况。

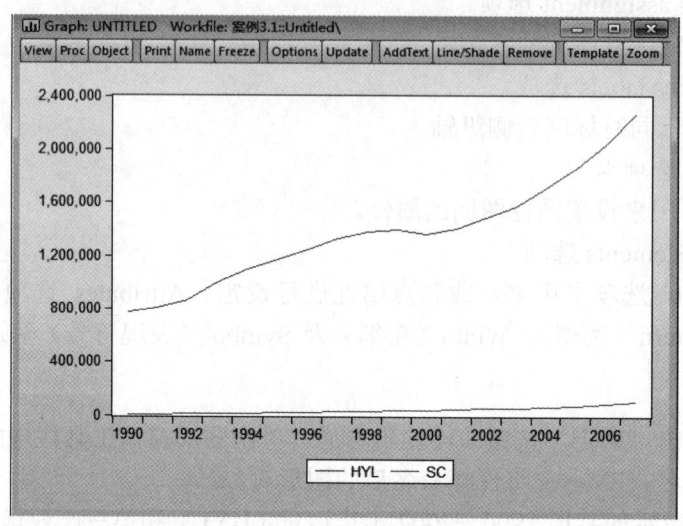

图 3-5　某地 1990—2007 年货运量和第三产业增加值折线图

（4） 单击图形窗口工具栏中的 Name 按钮，将图形对象命名为 graph1 并保存该图形对象。图 3-6 显示表明此图形对象已保存在工作文件中。

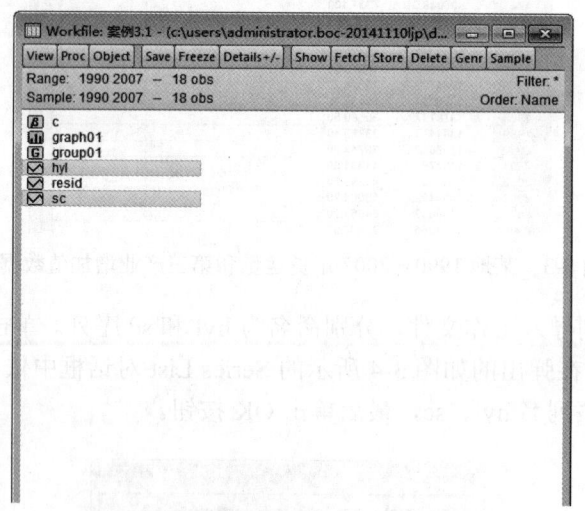

图 3-6　图形对象在工作文件中的显示

3.1.2　由序列或组界面进行绘图操作

建立序列对象后，可以直接通过序列界面或组界面进行绘图操作。打开序列或组对象，在数据表格窗口单击工具栏中的 View|Graph 命令，打开如图 3-1 所示的对话框对图像进行设定，具体设置方法与上一种方法相同。

需要注意的是，这种绘图方法只是将数据的表格显示形式转化为图形显示形式，需要对图像进行命名（Name）保存后才能生成新的图形对象。

下面沿用上例中的数据生成序列组折线图。

（1）在工作簿中打开包含这两个序列的组（Group）对象，在如图 3-7 所示的组对象界面中单击工具栏中的 View|Graph 命令。

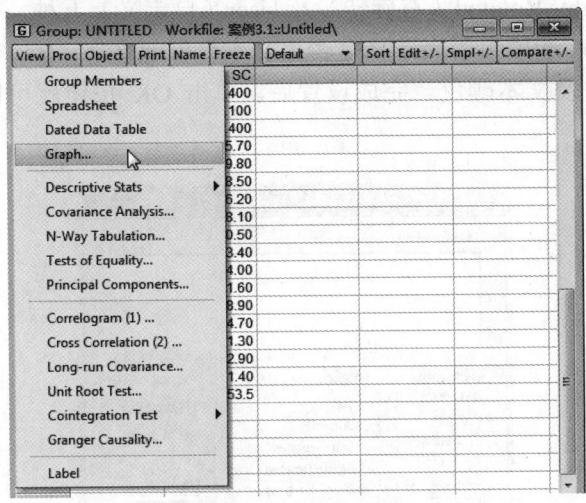

图 3-7　组对象界面下的 Graph 命令

（2）在弹出的对话框中对图像属性进行设置，完成后单击"确定"按钮生成如图 3-5 所示的货运量（HYL）及第三产业增加值（SC）序列的图像。

（3）在图像窗口工具栏中单击 Name 按钮，设置生成图像名称为 graph1，单击"确定"按钮后序列组的图像就保存在工作文件中。

3.2　图形的改变、冻结、移动与打印

生成图形之后往往需要对图形进行进一步修改、标注或移动，以便于突出数据信息和进行后续操作。下面针对图形后期处理的主要要求，介绍图形相应的改变、冻结、移动和打印等操作。

3.2.1　图形的改变

图形生成后双击图形的任何部分，会弹出如图 3-1 所示的 Graph Options 对话框，从而对图形进行修改。在 EViews 7.2 中，双击选择不同的部分，可以直接弹出对该部分进行修改的选项卡。例如双击任意坐标轴，会弹出如图 3-2 所示的 Axis&Scale 选项卡。

3.2.2　图形的冻结及其他操作

新建立的图形对象是单个或多个序列的另一种显示形式，当序列的观测值发生改变或工作文件的样本范围改变时，图形也会随之改变。如果希望图形不再改变则需要冻结图形。

冻结操作通过单击图形对象窗口工具栏中的 Freeze 按钮实现。图形冻结后，图形对象窗口工具栏会生成 Add Text 和 Line/ Shade 两个新功能按钮。

● Add Text 功能

Add Text 功能用于在图形中输入文本，从而方便对图形进行标记。单击 Add Text 按钮后会弹出如图 3-8 所示的 Text Labels 对话框。Text for label 输入框用于输入文本。Justification 选项组用来设置文本的对齐方式，分为 Left（左对齐）、Right（右对齐）和 Center（居中）。Position 选项组用来设置文本在图形中的初始位置，包括 Top（顶端）、Bottom（底端）、Left-Rotated（左旋转）、Right- Rotated（右旋转）及 User（自定义）五种，在图形中可自由拖动文字到指定位置。Text box 选项组用来选择是否用文本框框起文字，Box fill color 和 Frame color 分别用来设置填充颜色及文本颜色。完成设置后，单击 OK 按钮就可以将输入的文字添加到图形中。

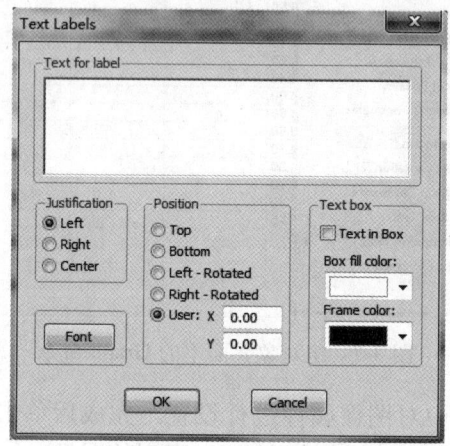

图 3-8　Text Labels 对话框

下面以图 3-5 所示的折线图为例，对 hyl 序列和 sc 序列分别添加中文序列名称"货运量"和"第三产业增加值"。单击 Add Text 按钮，在如图 3-9 所示的 Text for label 输入框中输入"货运量"，单击 OK 按钮后"货运量"就添加到了折线图中。同理，生成"第三产业增加值"文字。最后拖动文字到相应的序列折线旁，就可得到如图 3-10 所示的折线图。

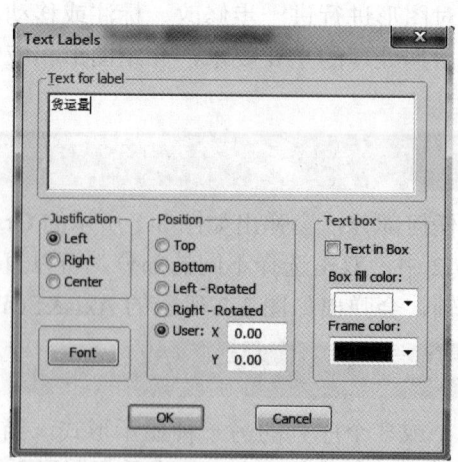

图 3-9　hyl 序列折线图的 Text for label 输入框

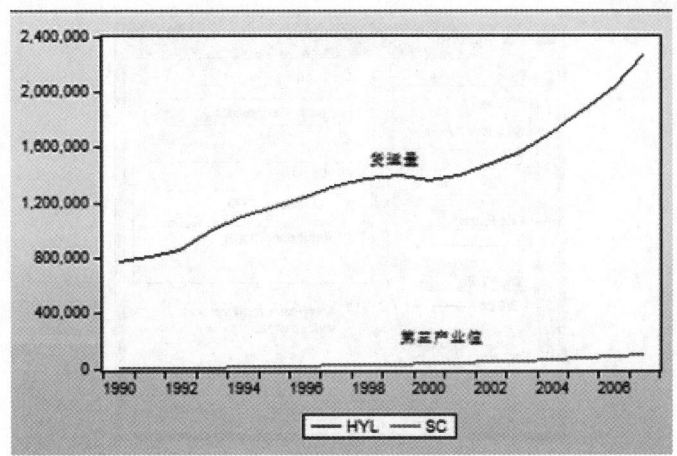

图 3-10　标注序列名的序列折线图

- Line/ Shade 功能

Line/ Shade 功能用于在一定观测值区间留下线条或阴影，以突出特殊时期的数据。单击 Line/ Shade 按钮之后，会弹出如图 3-11 所示的 Lines & Shading 对话框。Type 选项组用来选择突出显示的方式，Line 单选按钮表示以线条突出观测值，Shaded Area 单选按钮表示以阴影突出观测值。Color 列表用于设置阴影部分的颜色，Line Pattern 和 Line Width 列表分别用于设定线条的形状和宽度。Orientation 列表用来设定线条或阴影的参照坐标轴。Position 输入框用来设定阴影部分的起始时间，需要输入线条或阴影对应的 Left obs（左侧观测值）和 Right obs（右侧观测值）。最后单击 OK 按钮。

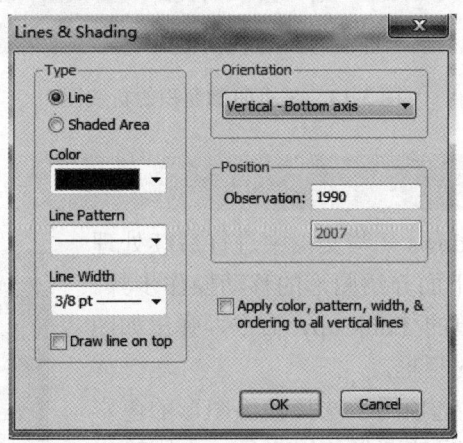

图 3-11　Lines & Shading 对话框

下面以图 3-5 所示的折线图为例，以阴影面积突出显示 1995—2003 年的数据。单击 Line/ Shade 按钮，在如图 3-12 所示的 Lines & Shading 对话框 Type 选项组中选择 Shaded Area 单选按钮，并在 Position 选项组中设定 Left obs 为 1995、Right obs 为 2003，最后单击 OK 按钮。图 3-13 所示即为输出的添加了 1995—2003 年灰色阴影区域的序列折线图。

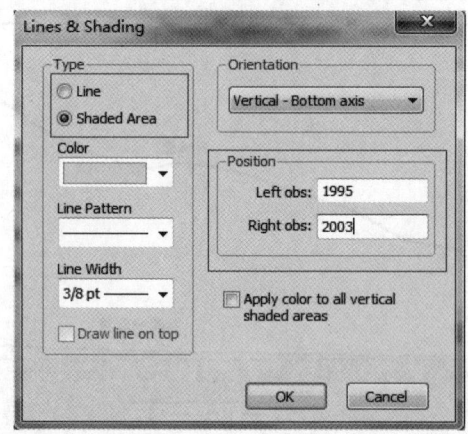

图 3-12　设定添加阴影面积的 Lines & Shading 对话框

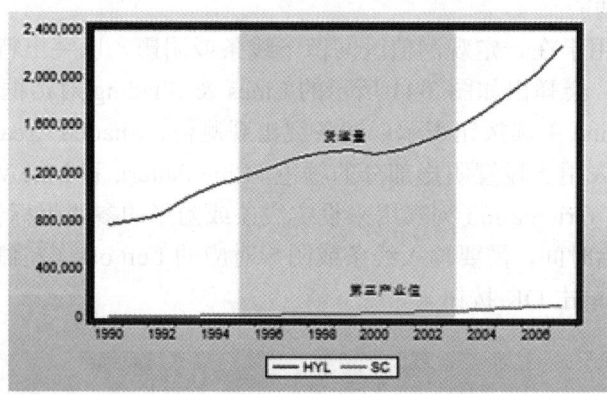

图 3-13　带有阴影面积的折线图

3.2.3　图形的移动

需要将图形移动到 Windows 某些文档中进行后续处理时，会用到图形移动操作。下面介绍图形的移动操作步骤。

① 选择 EViews 主菜单的 Edit|Copy 命令，弹出如图 3-14 所示的 Graph Metafile 对话框。

② Use color in metafile 选项用于选择输出图形的色彩结构，勾选此选项表示对输出的图形使用彩色；否则输出黑白图形，其他选项通常使用默认设置。

③ 单击 OK 按钮，该图形就复制到了 Windows 的剪贴板中。用户可以切换到文字处理程序或其他应用程序把图形粘贴到文档中。

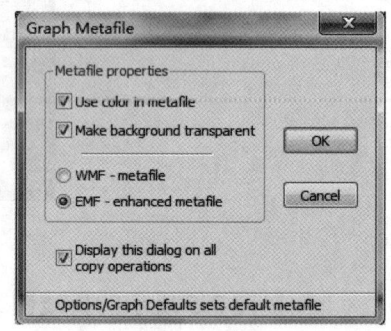

图 3-14　Graph Metafile 对话框

3.2.4　图形的打印

图形的打印操作通过单击 EViews 主菜单的 File|Print 命令或者单击图形对象窗口工具栏

中的 Print 按钮实现。单击 File|Print 命令或 Print 按钮后，会弹出如图 3-15 所示的 Print 对话框。

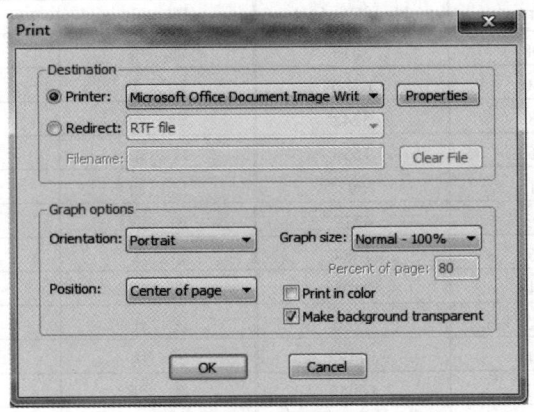

图 3-15　Print 对话框

- **Printer** 选项

该选项用于选择打印设备，可在其下拉菜单中进行选择。

- **Orientation** 列表

该列表用于选择图像输出的形式。**Portrait** 代表按照正常情况打印图片，**Landscape** 代表横版打印图片。

- **Position** 列表

该列表用于设置图片的位置，**Top of page** 表示在纸张顶部输出图片，**Center of page** 表示在纸张中心输出图片，**Bottom of page** 表示在纸张底部输出图片。

- **Graph size** 列表

该列表用于设置图片的输出比例，**Small-75%** 表示按原图片的 75% 大小输出，**Normal-100%** 表示按原图片大小输出，**Large-125%** 表示按照原图片的 125% 大小输出，**Custom** 表示用户设定图片的输出缩放比例，**Scale to page** 表示按照纸张的某种缩放比例输出图片。其中选择 **Custom** 或 **Scale to page** 选项后，会出现手动输入百分比的对话框。

- **Print in color** 选项

该选项用于设置图像输出的色彩。勾选此选项时表示选择彩色打印，若不勾选则表示选择黑白打印。

设置完成后单击 **OK** 按钮，图形就可通过打印机打印出来。

上机题

光盘：\录像\第 3 章\上机题\……	
光盘：\上机题\第 3 章\习题\……	

1. 近年来我国提出要把科技进步和创新作为经济社会发展的首要推动力量。专利和大中型企业新产品数量是创新水平的重要体现。表 3-1 所示是 2008 年我国各省份专利申请数量（单

位：项）和大中型企业新产品项目（单位：项）。

表 3-1　2008 年我国各省份专利申请数量和大中型企业新产品项目

Region	Patent	New Product	Region	Patent	New Product
北 京	43508	3613	河 南	19090	5247
天 津	18230	6180	湖 北	21147	4196
河 北	9128	3248	湖 南	14016	2696
山 西	5386	1654	广 东	103883	16062
内蒙古	2221	698	广 西	3884	1436
辽 宁	20893	4717	海 南	873	61
吉 林	5536	1384	重 庆	8324	3256
黑龙江	7974	2306	四 川	24335	5243
上 海	52835	5986	贵 州	2943	1278
江 苏	128002	14473	云 南	4089	753
浙 江	89931	10059	陕 西	11898	4620
安 徽	10409	3632	甘 肃	2178	979
福 建	13181	2526	青 海	431	94
江 西	3746	1779	宁 夏	1087	636
山 东	60247	12267	新 疆	2412	279

（1）　建立工作文件，新建 Patent 序列和 NProduct 序列，并将数据导入。

（2）　分别绘制 Patent 序列和 NProduct 序列的散点图。

（3）　保存相应的散点图，以其序列名命名。

2. 改革开放以来，我国劳动力收入逐年增加。城镇单位从业人员的劳动报酬是衡量劳动力收入的重要指标，表 3-2 所示的是天津市 1990—2008 年城镇单位从业人员劳动报酬总额（单位：亿元）。

表 3-2　天津市 1990—2008 年城镇单位从业人员报酬总额

年　份	合　计	第一产业	第二产业	第三产业
1990	69.38	0.79	38.47	30.11
1991	79.73	0.9	44.87	33.95
1992	91.56	1.03	54.03	36.51
1993	116.78	0.72	69.12	46.94
1994	154.04	0.8	86.93	66.32
1995	184.8	0.86	105.5	78.44
1996	212.05	0.96	116.32	94.77
1997	223.25	1.04	118.71	103.5
1998	225.39	1.07	118.56	105.75
1999	234.42	0.97	121.53	111.92
2000	253.53	1.07	131.15	121.32
2001	277.56	1.16	137.48	138.92
2002	304.23	1.38	145.74	157.11
2003	350.6	1.32	172.76	176.53
2004	407.99	1.38	199.12	207.49
2005	458.26	1.32	219.72	237.23
2006	530.29	1.35	256.63	272.31
2007	653.05	1.66	310.1	341.29
2008	795.85	2.04	355.56	438.25

（1）　分别绘制第一产业、第二产业、第三产业城镇单位从业人员劳动报酬折线图。

（2）　利用在图形中输入文本的操作，在折线旁边标注其对应的产业。

（3）　修改第三产业折线为红色，第二产业折线为蓝色。

3. CPI 即居民消费价格指数是社会经济生活中的重要指标。表 3-3 所示是 2001—2009 年美国的 CPI 月度数据。2008 年以来美国经历了非常严重的金融危机，那么危机下美国的 CPI 居民价格指数有哪些变化呢？

表 3-3　2001—2009 年美国的 CPI 月度数据

年　份	月　份	CPI	年　份	月　份	CPI	年　份	月　份	CPI
2001	1	175.10	2004	1	185.20	2007	1	202.42
2001	2	175.80	2004	2	186.20	2007	2	203.50
2001	3	176.20	2004	3	187.40	2007	3	205.35
2001	4	176.90	2004	4	188.00	2007	4	206.69
2001	5	177.70	2004	5	189.10	2007	5	207.95
2001	6	178.00	2004	6	189.70	2007	6	208.35
2001	7	177.50	2004	7	189.40	2007	7	208.30
2001	8	177.50	2004	8	189.50	2007	8	207.92
2001	9	178.30	2004	9	189.90	2007	9	208.49
2001	10	177.70	2004	10	190.90	2007	10	208.94
2001	11	177.40	2004	11	191.00	2007	11	210.18
2001	12	176.70	2004	12	190.30	2007	12	210.04
2002	1	177.10	2005	1	190.70	2008	1	211.08
2002	2	177.80	2005	2	191.80	2008	2	211.69
2002	3	178.80	2005	3	193.30	2008	3	213.53
2002	4	179.80	2005	4	194.60	2008	4	214.82
2002	5	179.80	2005	5	194.40	2008	5	216.63
2002	6	179.90	2005	6	194.50	2008	6	218.82
2002	7	180.10	2005	7	195.40	2008	7	219.96
2002	8	180.70	2005	8	196.40	2008	8	219.09
2002	9	181.00	2005	9	198.80	2008	9	218.78
2002	10	181.30	2005	10	199.20	2008	10	216.57
2002	11	181.30	2005	11	197.60	2008	11	212.43
2002	12	180.90	2005	12	196.80	2008	12	210.23
2003	1	181.70	2006	1	198.30	2009	1	211.14
2003	2	183.10	2006	2	198.70	2009	2	212.19
2003	3	184.20	2006	3	199.80	2009	3	212.71
2003	4	183.80	2006	4	201.50	2009	4	213.24
2003	5	183.50	2006	5	202.50	2009	5	213.86
2003	6	183.70	2006	6	202.90	2009	6	215.69
2003	7	183.90	2006	7	203.50	2009	7	215.35
2003	8	184.60	2006	8	203.90	2009	8	215.83
2003	9	185.20	2006	9	202.90	2009	9	215.97
2003	10	185.00	2006	10	201.80	2009	10	216.18
2003	11	184.50	2006	11	201.50	2009	11	216.33
2003	12	184.30	2006	12	201.80	2009	12	215.95

（1）　通过序列界面绘制美国 CPI 指数折线图。

（2）　用阴影区域突出显示 2008 年 1 月至 2009 年 6 月的数据。

第4章 EViews 与统计分析

建立序列或序列组以后，通过 EViews 软件可以直接获得序列或序列组的基本描述性统计量及基本统计检验。其中，通过基本统计分析可获得序列或序列组的均值、方差、相关系数等基本统计量，通过参数假设检验可以对序列或序列组进行均值检验和方差检验。

本章针对数据前期统计分析的需要，主要介绍利用 EViews 获得单序列和序列组的描述性统计量、参数假设检验的方法和操作步骤。

4.1 单序列统计量的计算及检验

单序列统计量的计算、检验与图形操作通过序列对象窗口工作栏中的 View 按钮实现。如图 4-1 所示。

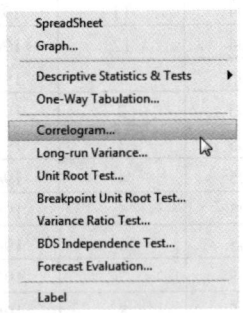

图 4-1 序列 View 按钮菜单

引入案例 4.1 用于之后的序列统计分析操作。本实验案例所用数据文件路径为：sample/chap04/案例 4.1。该数据文件记录了从 1990 年至 2007 年的我国国民生产总值（GDP）和第三产业增加值（SC）的相关数据，单位为亿元。本试验案例的数据来源于《中国统计年鉴》，相关数据如表 4-1 所示。将这两个序列导入到工作文件中，得到如图 4-2 所示的时间类型工作文件。

表 4-1 1990—2007 年的我国国民生产总值和第三产业增加值

年 份	国民生产总值（GDP）	第三产业增加值（SC）	年 份	国民生产总值（GDP）	第三产业增加值（SC）
1990	18667.82	5888.4	1999	89677.05	33873.4
1991	21781.5	7337.1	2000	99214.55	38714
1992	26923.48	9357.4	2001	109655.2	44361.6
1993	35333.92	11915.7	2002	120332.7	49898.9
1994	48197.86	16179.8	2003	135822.8	56004.7
1995	60793.73	19978.5	2004	159878.3	64561.3
1996	71176.59	23326.2	2005	183217.4	73432.9
1997	78973.03	26988.1	2006	211923.5	84721.4
1998	84402.28	30580.5	2007	249529.9	100053.5

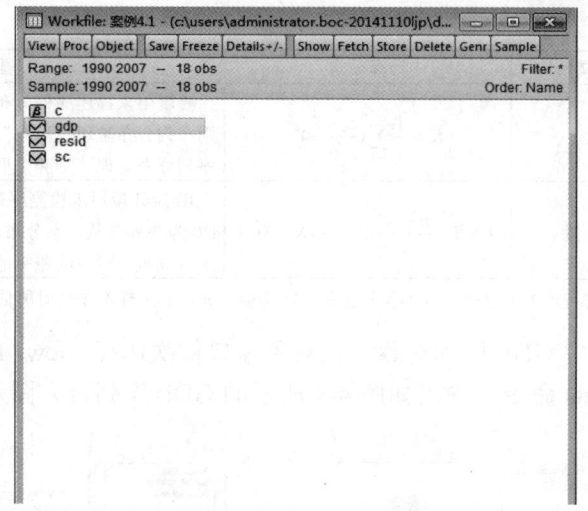

图 4-2　案例 4.1 工作文件

4.1.1　单序列的描述性统计量

单击对象窗口中的 View| Descriptive Statistics & Tests 命令，看到如图 4-3 所示的 Descriptive Statistics & Tests 菜单中包含三部分。第一部分就是此序列的描述性统计量，其中 Histogram and Stats 是序列的直方图及有关统计量，Stats Table 是序列有关统计量的表格，Stats by Classification 是序列的分组统计量。

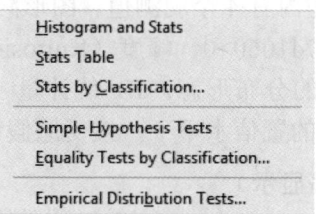

图 4-3　Descriptive Statistics & Tests 菜单

1.　Histogram and Stats（直方图及有关统计量）

Histogram and Stats（直方图及有关统计量）用于显示序列的直方图及描述性统计量的值。直方图是将序列的取值范围按等组距划分，显示数据的频率分布。输出的图形左边显示数据直方图，右边依次显示数据的均值（Mean）、中位数（Median）、最大值（Maximun）、最小值（Minimum）、标准差（Std.Dev.）、偏度（Skewness）、峰度（Kurtosis）、JB 统计量（Jarque-Bera）和相应的概率（Probability）。表 4-2 显示了直方图输出的主要描述性统计量的背景知识。

表 4-2　主要描述性统计量及其含义

统计量英文名称	统计量中文名称	计算公式	基本含义
Std.Dev.	标准差	$\sigma = \sqrt{\dfrac{1}{n-1}\sum_{i=1}^{n}(x_i - \bar{x})^2}$	标准差用来描述序列观测值的平均离散程度。标准差越大，表明离散程度越强
Skewness	偏度	$S = \dfrac{1}{n}\sum_{i=1}^{n}(\dfrac{x_i - \bar{x}}{\sigma})^3$	偏度用来描述序列分布的形状。正态分布的偏度=0。若样本的偏度大于 0，则呈现右偏分布；若样本的偏度小于 0，则呈现左偏分布

（续表）

统计量英文名称	统计量中文名称	计算公式	基本含义
Kurtosis	峰度	$K = \dfrac{1}{n}\sum_{i=1}^{n}(\dfrac{x_i - \bar{x}}{\sigma})^4$	峰度用来描述序列分布的形状。若样本峰度大于 3，则序列分布呈现"高瘦"形状；若样本峰度小于 3，则序列分布呈现"矮胖"形状
Jarque-Bera	JB 统计量	$J - B = \dfrac{n-m}{6}\left[S^2 + \dfrac{1}{4}(K-3)^2\right]$	JB 统计量用来检测序列值是否服从正态分布。原假设 H0 为序列服从正态分布。JB 统计量服从自由度为 2 的卡方分布，对应的概率值 P 是 JB 统计量的伴随概率

注：n 代表序列观测值个数，x_i 和 $\bar{x}$ 分别是样本观测值和样本均值，m 是产生样本序列时所估计系数的个数。

双击打开案例 4.1 中 GDP 序列对象，在对象窗口依次选择 View| Descriptive Statistics & Tests| Histogram and Stats 命令，输出如图 4-4 所示的 GDP 序列直方图及相关统计量。

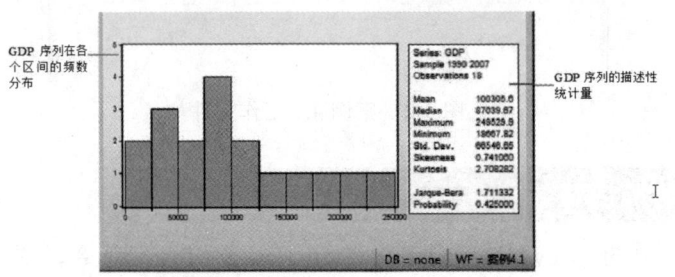

图 4-4　GDP 序列直方图

直方图显示不同年份 GDP 在各个区间的频数，如在（25 000，50 000）范围内有 3 个观测值，在（75 000，100 000）范围内有 4 个观测值。图形同时显示了 GDP 序列的描述性统计量。该序列偏度（Skewness）=0.741060>0，峰度（Kurtosis）=2.708282<3，因此此序列与正态分布相比呈现"右偏、矮胖"的分布形态。JB 统计量（Jarque-Bera）=1.711332，其概率 Probability=0.425，表明仅在 40%的置信水平下，接受原假设 H0：序列服从正态分布。

2. Stats Table（统计量表格显示）

Stats Table 用于以表格形式显示序列的基本描述性统计量。在 GDP 序列窗口选择 Veiw|Descriptive Statistics & Tests|Stats Table 命令，即可打开如图 4-5 所示的序列统计表。

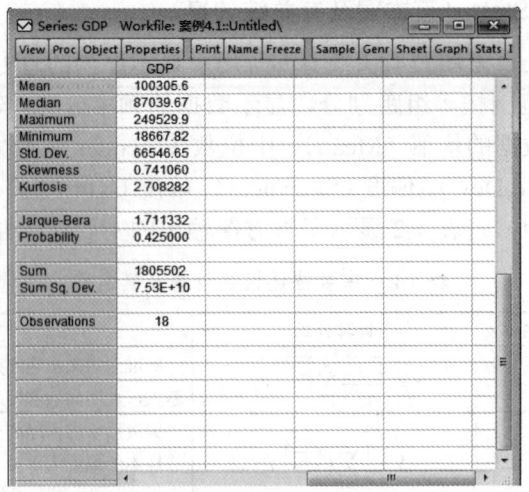

图 4-5　GDP 序列统计表

表格中显示了序列数据的 Mean（均值）、Median（中位数）、Maximun（最大值）、Minimum（最小值）、Std.Dev.（标准差）、Skewness（偏度）、Kurtosis（峰度）、Jarque-Bera（JB 统计量）及 Probability（伴随概率）、Sum（数据和）及 Sum Sq. Dev.（离差平方和）。

3. Stats by Classification（分组统计量）

Stats by Classification（分组统计量）用于显示将序列观测值按分组变量划分成若干组后各个组的描述性统计量。

在序列窗口选择 Veiw|Descriptive Statistics & Tests| Stats By Classification 命令后，弹出如图 4-6 所示的 Statistics By Classification 对话框。

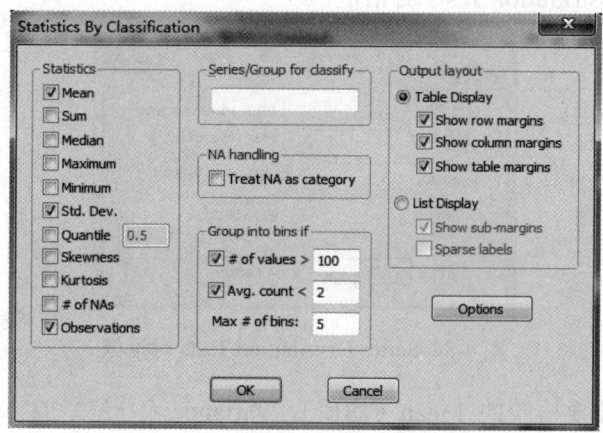

图 4-6 Statistics By Classification 对话框

在 Statistics 复选框中选择需要输出的统计量，有 Mean（均值）、Sum（总和）、Median（中位数）、Maximun（最大值）、Minimum（最小值）、Std.Dev.（标准差）、Skewness（偏度）、Kurtosis（峰度）、# of NAs（缺失值个数）和 Observations（观测值个数）。Series/Group for classify 输入框用来输入把序列划分为不同组或子序列的一个序列或一组序列，即分组变量。其他选项通常使用默认设置。设置完毕后单击 OK 按钮可得到分组的基本描述统计量。

以案例 4.1 为例，设将 SC 序列作为分组因子对 GDP 序列进行分组，选择输出均值和标准差，可得到如图 4-7 所示的 GDP 序列分组统计量。

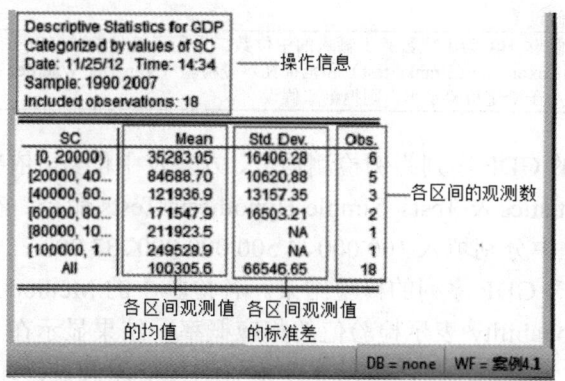

图 4-7 GDP 序列分组统计量

4.1.2 单序列描述统计量的检验

单击 View| Descriptive Statistics & Tests 命令后，如图 4-3 所示的第二部分和第三部分就是对序列描述统计量的检验，包括 Simple Hypothesis Tests（简单假设检验）、Equality Tests by Classification（分组齐性检验）和 Empirical Distribution Tests（经验分布检验）。

1. Simple Hypothesis Tests

Simple Hypothesis Tests（简单假设检验）是对样本均值、方差及中位数的检验。

在序列窗口单击 View| Descriptive Statistics & Tests| Simple Hypothesis Tests 命令，弹出如图 4-8 所示的 Series Distribution Tests 对话框。

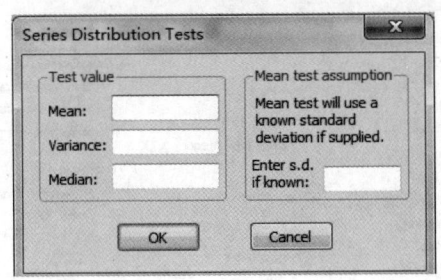

图 4-8　Series Distribution Tests 对话框

在对话框中输入需要检验的 Mean（均值）、Variance（方差）或 Median（中位数）的数值后单击 OK 按钮，即可输出相应的检验结果。进行均值检验时，若已知标准差则需要在 Enter s.d. if known 输入框中输入标准差的值。表 4-3 列出了各种检验的背景和原理。

表 4-3　单序列简单假设检验的原理

检验名称	背景知识
Mean（均值）检验	原假设 H0 为均值等于输入的均值。采用的是 t 统计量检验，t 统计量为： $t = \dfrac{\bar{x} - \mu}{s/\sqrt{n}} \sim t(n-1)$，其中 s 为样本标准差，μ 为给定的待检验均值。若概率值 P 小于给定检验水平，则拒绝原假设
Variance（方差）检验	原假设 H0 为方差等于输入的方差。采用 χ^2 统计量检验，χ^2 统计量为：$\chi^2 = \dfrac{(n-1)S^2}{\sigma^2} \sim \chi^2(n-1)$，其中 S^2 为样本方差值，σ^2 为原假设给定的方差值，若概率值 P 小于给定检验水平，则拒绝原假设
Median（中位数）检验	原假设 H0 为中位数等于输入的中位数。采用了符号检验（Sign test）、威尔科克逊符号秩检验（Wilcoxon signed-ranks test）和范德瓦尔登检验（Van Der Waerden (normal scores) test）。若概率值 P 小于给定检验水平，则拒绝原假设

下面以案例 4.1 中的 GDP 序列为例检测均值、方差及中位数。依次选择 GDP 序列窗口中的 View| Descriptive Statistics & Tests| Simple Hypothesis Tests 命令，在如图 4-8 所示的 Series Distribution Tests 对话框中分别填入 100 000、4 500 000 000、87 000 三个数值后单击 OK 按钮。

图 4-9 所示的即为对 GDP 序列的检验结果。各检验中的 Method 表示检验的方法，Value 表示检验值的大小，Probability 表示检验值的相应概率。结果显示在 0.01 的检验水平下，此次的 3 个检验 P 值都大于置信水平，所以 3 个检验均接受原假设，即样本的均值、方差和中位数等于预先输入的相应数值。

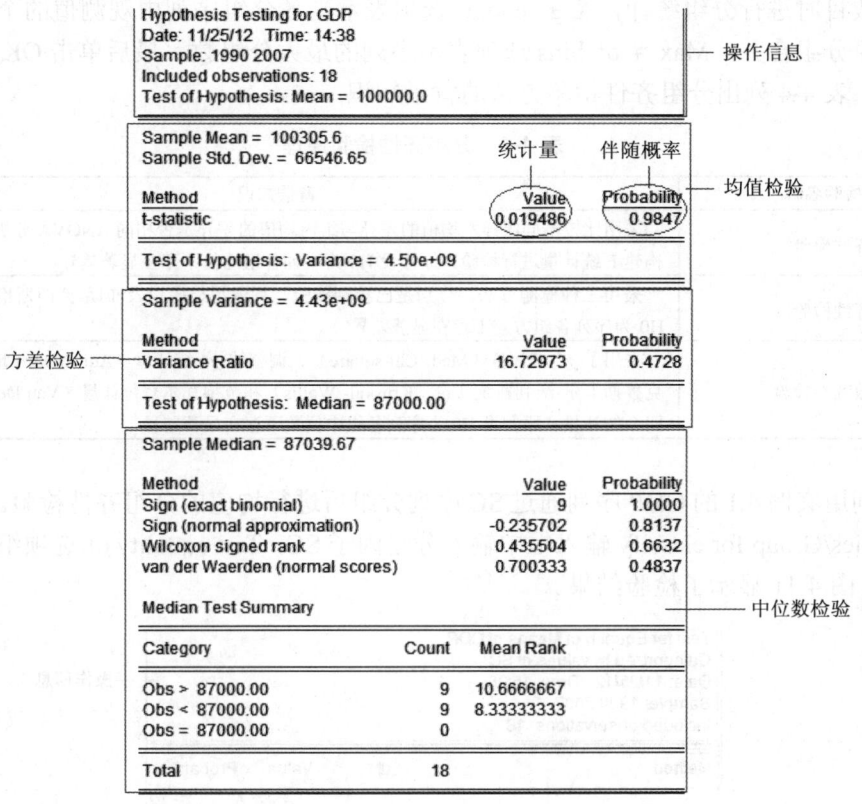

图 4-9 GDP 序列简单假设检验输出结果

2. Equality Tests By Classification（分组齐性检验）

Equality Tests By Classification（分组齐性检验）是利用方差分析方法对分组后的子序列的描述统计量是否相等进行检验，同样包括均值、方差和中位数 3 种检验。

该检验通过单击序列窗口中的 View| Descriptive Statistics & Tests| Equality Tests By Classification 命令实现，之后会弹出如图 4-10 所示的 Tests By Classification 对话框。

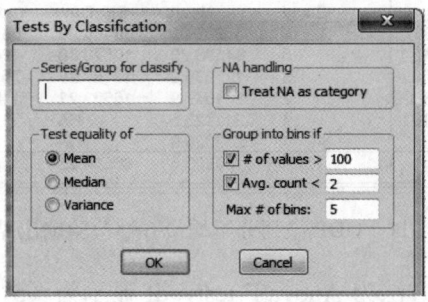

图 4-10 Tests By Classification 对话框

Series/Group for classify 输入框用于输入分组因子。Test equality of 选项组用于选择需要检验的统计量，包括 Mean（均值）、Median（中位数）和 Variance（方差）3 个单选按钮。NA handling 选项用来选择对于缺失样本观测值的处理方式，Treat NA as category 表示排除缺失的观测值。Group into bins if 选项组用于设置分组统计，# of values>选项表示当分组序列内观测值的个数大于指定数目时进行分组统计，Avg. count<选项表示当各分组序列内观测值的个数小于指定数目时，原分组合并，Max # of bins 选项表示序列的最大分组数。最后单击 OK 按钮，输出检验结果。表 4-4 列出分组齐性检验方法的背景知识。

表 4-4　分组齐性检验原理

检验名称	背景知识
分组均值齐性检验	采用比较不同组样本均值的差异与组内均值的差异是否相同 ANOVA 分析方法。通过构建 F 统计量进行检验。原假设 H0 为序列各组均值不存在显著差异
分组方差齐性检验	采用三种检测方法，分别是巴特利检验、列温尼检验以及布朗-弗西斯检验。原假设 H0 为序列各组方差不存在显著差异
分组中位数齐性检验	采用了 χ^2 统计量（Med. Chi-square）、调整的 χ^2 统计量（Adj. Med. Chi-square）、克鲁斯卡尔-沃利斯统计量（Kruskal- Wallis）和范德瓦尔登统计量（Van Der Waerden）四个统计量。原假设 H0 为序列各组中位数不存在显著差异

　　下面利用案例 4.1 的 GDP 序列通过 SC 序列分组后进行均值的分组齐性检验。在如图 4-10 所示的 Series/Group for classify 输入框中输入分组因子 SC，Test equality of 选项组中选择均值（Mean）。图 4-11 显示了检验结果。

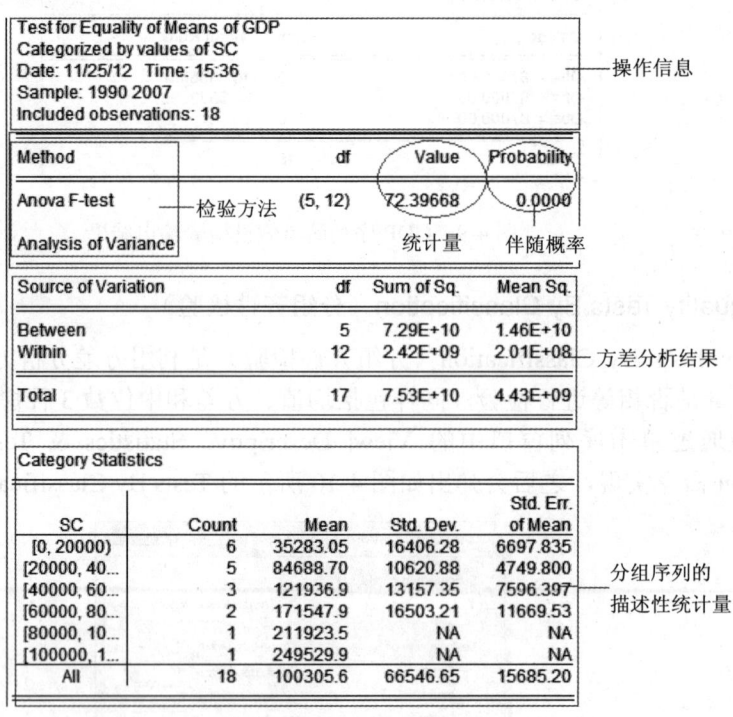

图 4-11　GDP 序列分组均值齐性检验输出结果

　　Method 一栏显示检验的方法为 Anova F-test，df 显示为（5，12）表示 F 统计量的自由度为（5，12），F 统计量的值（Value）为 72.39668，伴随概率为 0，所以拒绝原假设，即序列各组均值存在显著差异。Analysis of Variance 部分是方差分析的详细结果，分为组间差异（Between）和组内差异（Within）两种。通过比较组间和组内的差异大小，可以判断总方差的主要来源。Category Statistics 部分是分组序列的描述性统计量。

3.　Empirical Distribution Tests

Empirical Distribution Tests（经验分布检验）用来初步判断序列大致服从哪种理论分布的检验。

检验时单击序列窗口中的 View| Descriptive Statistics & Tests| Empirical Distribution Tests 命令，会弹出如图 4-12 所示的 EDF Test 对话框。

Test Specification 选项卡中的 Distribution 下拉菜单用来选择理论分布，其下拉菜单中包括 Normal（正态分布）、Chi-Square（卡方分布）、Gamma（伽马分布）、Logistic distribution（逻辑分布）、Pareto（帕累托分布）以及 Uniform（均匀分布）等选项。同时会在其下显示分布的概率密度函数表达式。Parameters 输入框用于输入选定分布的参数或参数表达式，也可以不输入参数，EViews 会自动估计。

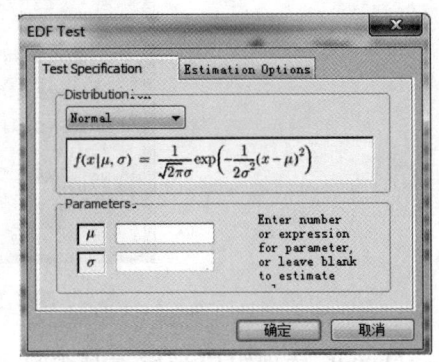

图 4-12　EDF Test 对话框

Estimation Option 选项卡通常设置为默认。最后单击"确定"按钮即可输出检验结果。

在经验分布检验中其原假设 H0 为序列服从待检验的分布。

以案例 4.1 的 SC 序列为例，进行经验分布检验，测算其是否属于正态分布（Normal），图 4-13 显示了检验结果。可以看出 SC 序列的经验分布检验 P 值都大于检验水平 0.01，所以 SC 序列服从正态分布。同时也输出了参数统计的结果，包括参数估计值、标准差、z 统计量等。

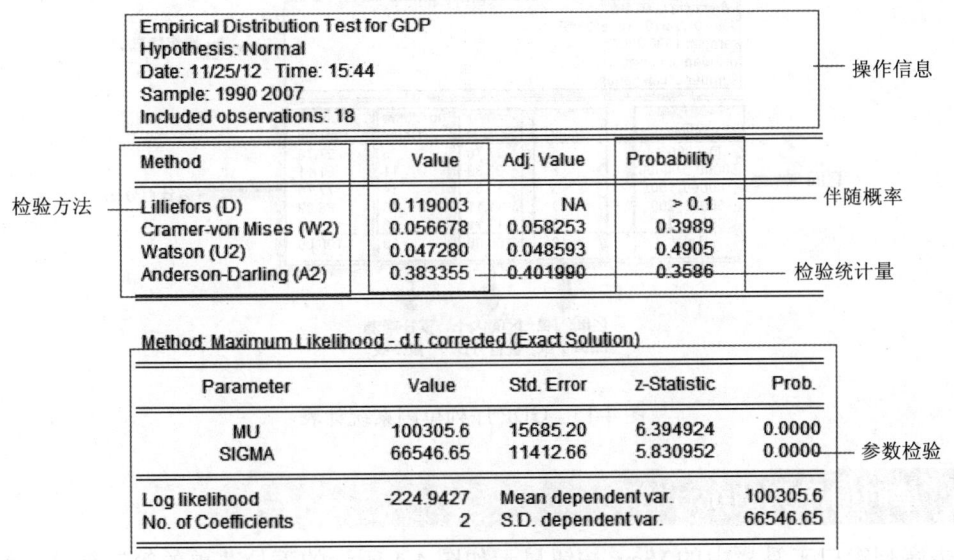

图 4-13　SC 序列经验分布检验输出结果

4.1.3　单序列单因素统计表

序列的单因素统计表用来显示序列在不同观测值范围区间的观测个数及百分比信息。

单击序列窗口工具栏中的 View 按钮，在如图 4-1 所示的 View 命令下拉菜单中选择 One-Way Tabulation，会弹出如图 4-14 所示的 Tabulate Series 对话框。

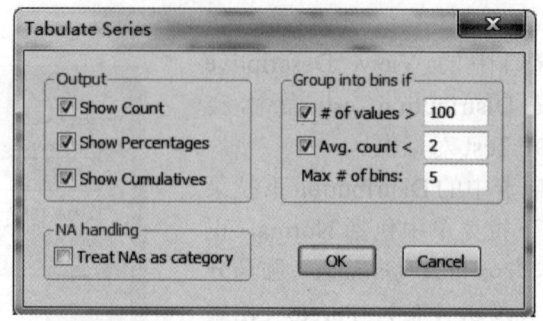

图 4-14　Tabulate Series 对话框

Output 选项组用来设置是否显示个数（Count）、百分比（Percentages）和累计百分比（Cumulatives）。NA handling 选项用来设置对序列中缺失的观测值的处理方法，Treat NAs as category 表示将缺失值单独作为一类，处理过程中将排除。Group into bins if 选项组用于设置分组统计，# of values> 选项表示当分组序列内观测值的个数大于指定数目时进行分组统计，Avg. count< 选项表示当分组序列内观测值的个数小于指定数目时，原分组合并，Max # of bins 选项表示序列的最大分组数。

设置完成后单击 OK 按钮，即可输出结果。

以案例 4.1 的 GDP 序列为例，输出如图 4-15 所示的单因素统计表。

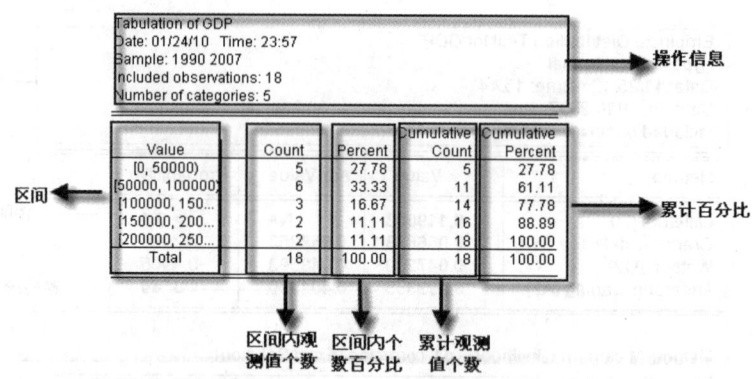

图 4-15　GDP 序列单因素统计表

4.1.4　单时间序列的统计检验

单击序列窗口工具栏中的 View 按钮显示如图 4-1 所示的下拉菜单的第三部分是针对时间序列的统计分析，包括 Correlogram（相关图）、Unit Root Test（单位根检验）和 BDS Independence Test（BDS 独立性检验）。

1.　Correlogram（相关图）

相关图用于显示序列与其滞后序列之间的相关关系。

单击序列窗口工具栏中的 View|Correlogram 后，会弹出如图 4-16 所示的 Correlogram Specification 对话框。Correlogram of 选项组用来选择做相关图的序列对象，Level 表示原序列，1st difference 表示原序列的一次差分序列，2nd difference 表示原序列的二次差分序列。Lags to include 选项用于输入进行分析的滞后阶数。设置完成后单击 OK 按钮输出结果。

以案例 4.1 中的 GDP 序列为例绘制相关图，图 4-17 所示的即为输出结果。Autocorrelation 部分是相关图，Partial Correlation 部分是偏相关图，自然序数列表示的是滞后期期数，AC 是估计的自相关系数值，PAC 是估计的偏自相关系数值，Q-Stat 表示的是 Q 统计量的值，Prob 是 Q 统计量的伴随概率。如果 P 值大于检验水平，则表示序列是非自相关的。可以看到此输出结果中，P 值均小于 0.01，表明在 0.01 的检验水平下，此序列存在自相关。

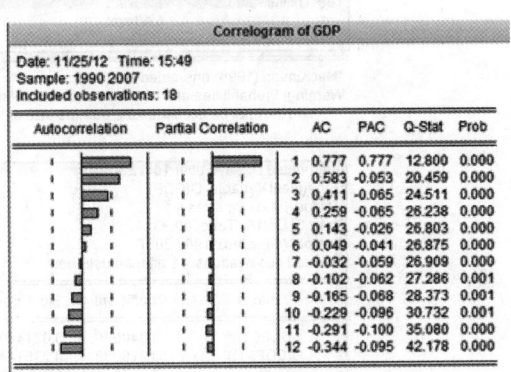

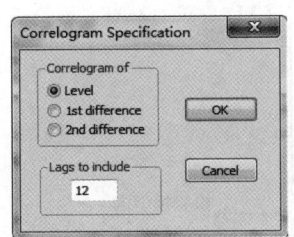

图 4-16 Correlogram Specification 对话框　　　　图 4-17 GDP 序列相关图

2. Unit Root Test（单位根检验）

单位根检验用于检查时间序列的平稳性。

单击序列窗口工具栏中的 View| Unit Root Test 命令后，弹出如图 4-18 所示的 Unit Root Test 对话框。

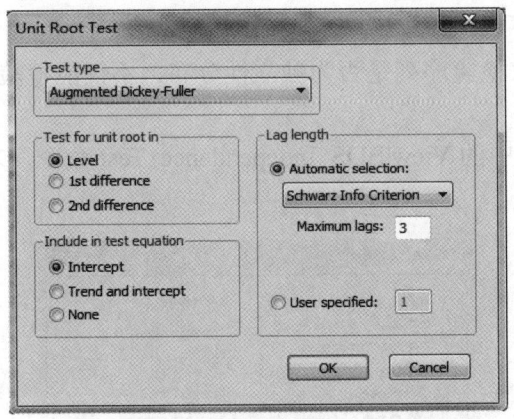

图 4-18 Unit Root Test 对话框

Test type 列表用来选择检验的方法，包括 ADF 检验、Phillips-Perron 检验等。Test for unit root in 选项组用来选择检验的序列，Level 表示原序列，1st difference 表示原序列的一次差分，2nd difference 表示原序列的二次差分。Include in test equation 选项设置检验式形式是否包括截距项（Intercept）和趋势项（Trend）。Lag length 选项组用来设置检验式中滞后期数。最后单击 OK 按钮输出结果。

对案例 4.1 中的 GDP 序列进行 ADF 方法下单位根检验。图 4-19 显示了检验输出结果。可以看到检验的伴随概率为 0.9971，远远大于检验水平，所以接受原假设 H0 认为：如果检验式设定正确则该 GDP 序列存在单位根。

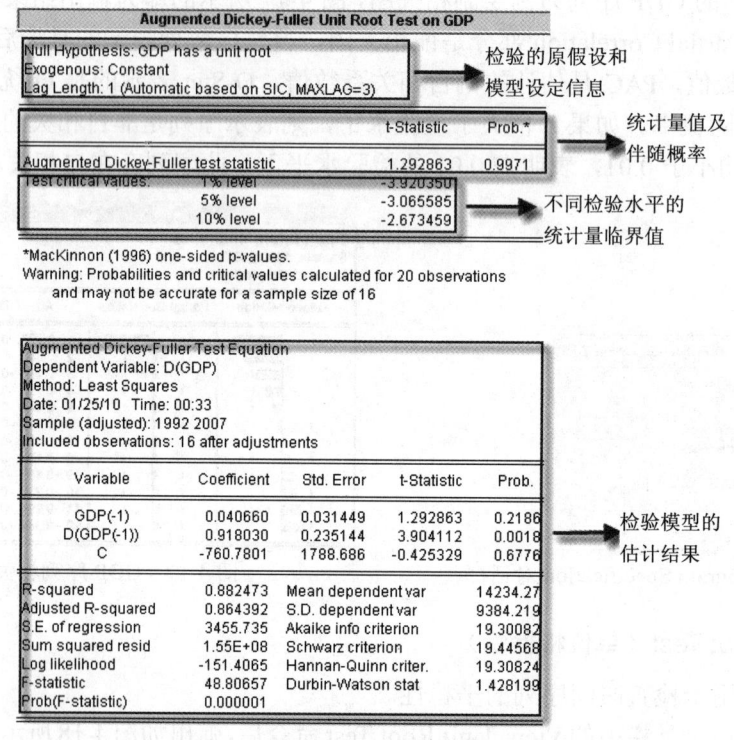

图 4-19　GDP 序列 ADF 单位根检验输出结果

3. BDS Independence Test（BDS 独立性检验）

BDS 独立性检验用来检验序列是否为独立性分布，不仅能检验高阶的相关，还能探测非线性相关。

单击序列窗口工具栏中的 View|BDS Independence Test 命令，之后弹出如图 4-20 所示的 BDS Test Statistic 对话框。

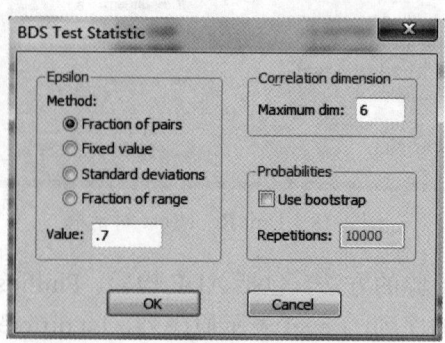

图 4-20　BDS Test Statistic 对话框

Epsilon 选项组中 Method 选项用于设定检验方法，有 Fraction of pairs（对分数）、Fixed value（固定值）、Standard deviations（标准差）和 Fraction of range（分类分数）4 种。Correlation dimension 用于设定最大的相关阶数。Probabilities 用于选择是否使用 bootstrap 方法进行测算。设置完成后单击 OK 按钮，输出如图 4-21 所示的 BDS 检验结果。

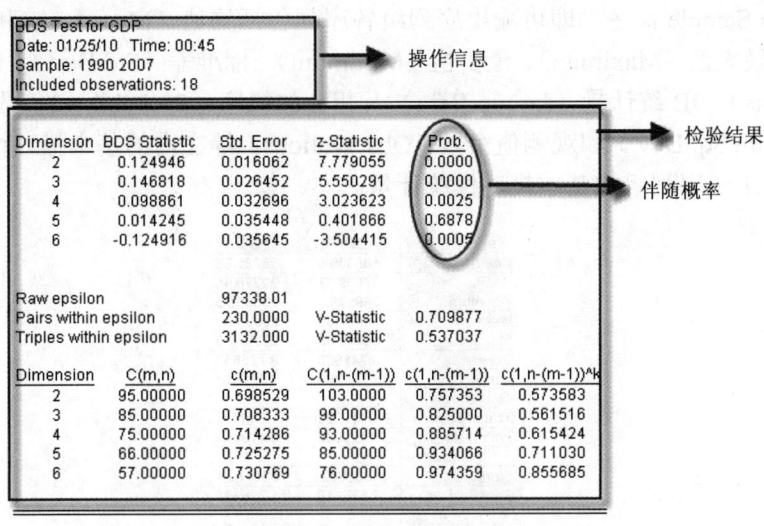

图 4-21　BDS 检验结果

4.2　序列组统计量的计算及检验

序列组统计量的计算、检验与图形操作通过序列组对象窗口工作栏中的 View 按钮实现。引用案例 4.1 的 GDP 序列和 SC 序列将其组成一个工作组 Group4_1。工作组窗口 View 按钮的下拉菜单如图 4-22 所示。

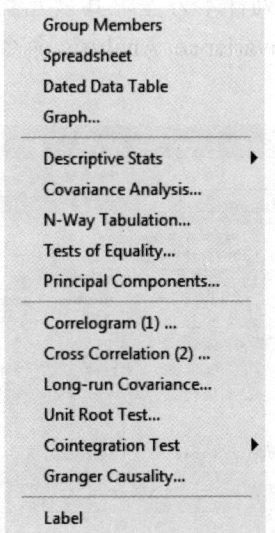

图 4-22　序列组 View 按钮菜单

4.2.1 序列组的基本统计分析

1. Descriptive Stats（序列组的基本描述性统计量）

如果序列组中各个序列观测值个数相同时，在序列组窗口中单击 View|Descriptive Stats|Common Sample 命令，即可输出序列组各序列包括均值（Mean）、求和（Sum）、中位数（Median）、最大值（Maximun）、最小值（Minimum）、标准差（Std.Dev.）、偏度（Skewness）、峰度（Kurtosis）、JB 统计量（Jarque-Bera）及相应的概率（Probability）、数据和（Sum）、离差平方和（Sum Sq. Dev.）和观测值个数（Observations）等在内的基本描述性统计量。图 4-23 显示了案例 4.1 中序列组的基本描述性统计量。

	GDP	SC
Mean	100305.6	38731.86
Median	87039.67	32226.95
Maximum	249529.9	100053.5
Minimum	18667.82	5888.400
Std. Dev.	66546.65	27837.05
Skewness	0.741060	0.725652
Kurtosis	2.708282	2.538515
Jarque-Bera	1.711332	1.739437
Probability	0.425000	0.419070
Sum	1805502.	697173.4
Sum Sq. Dev.	7.53E+10	1.32E+10
Observations	18	18

图 4-23 案例 4.1 序列组基本描述性统计量

在序列组窗口中单击 View|Descriptive Stats|Individual Sample 命令，同样可以显示序列组中不同序列的基本描述性统计量，且处理时允许各个序列观测值个数可以不同。

2. Covariance Analysis（序列组的协方差分析和相关性分析）

协方差、相关性分析用于计算序列组中各序列之间的协方差矩阵和相关系数矩阵。其中，协方差矩阵中主对角线元素是各序列样本方差，其余元素是序列间协方差。

在序列组窗口中单击 View| Covariance Analysis 命令，弹出如图 4-24 所示的 Covariance Analysis 对话框。

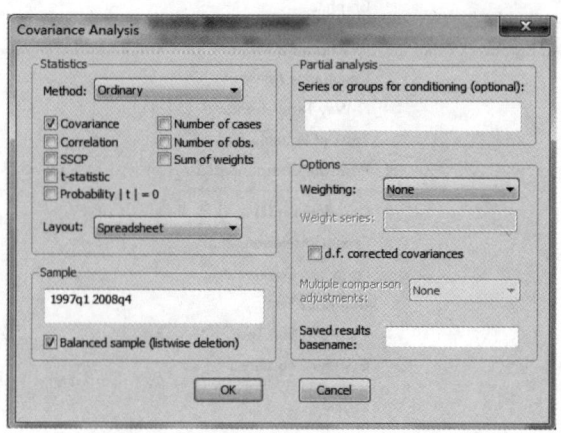

图 4-24 Covariance Analysis 对话框

通常仅需对对话框中的 Statistics 选项组进行设定。Method 下拉菜单用来选择分析方法。其下的复选框用于勾选输出的分析项目，主要有协方差（Covariance）、相关性（Correlation）、t 统计量（t-statistic）、伴随概率 P（Probability |t| = 0）等。Layout 下拉列表用于设定输出方式，有 Single table（单表格）、Multiple tables（多表格）等选项。设置完成后单击 OK 按钮。

仍以案例 4.1 为例，输出包括 GDP 序列和 SC 序列在内的 Group4_1 序列组的协方差和相关性分析，以多表格方式输出，得到如图 4-25 所示的协方差分析和相关性分析结果。

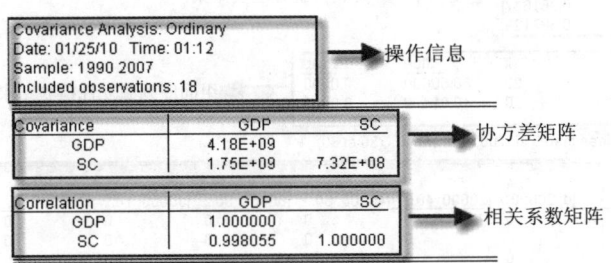

图 4-25　案例 4.1 中 Group4_1 的协方差分析和相关性分析结果

3. 序列组多因素统计表（N- Way Tabulation）

序列组的多因素统计表是单因素统计表的推广形式，通过序列组窗口中的 View|N-Way Tabulation 命令实现。选择命令后弹出如图 4-26 所示的 Crosstabulation 对话框。

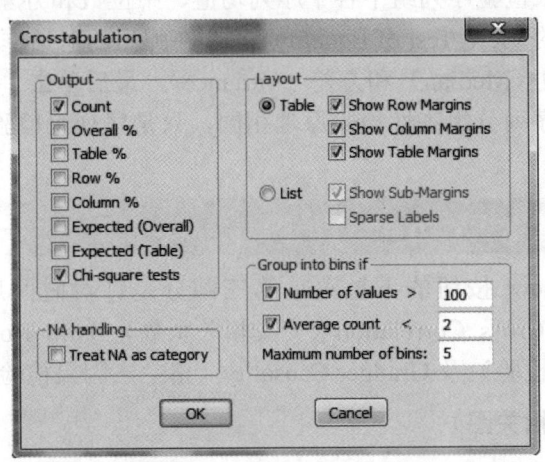

图 4-26　Crosstabulation 对话框

Output（输出）选项组用于选择输出的项目，如个数（Count）、总百分比（Overall %）、累计百分比（Column %）、卡方检验（Chi-square tests）等。Layout 选项组用于选择输出形式，Table 表示以表格形式输出，List 表示以列表形式输出。NA handling 选项用来设置对序列中缺失的观测值的处理方法，Treat NA as category 表示将缺失值单独作为一类。Group into bins if 选项组中，Number of values>选项表示当分组序列内观测值的个数大于指定数目时进行分组统计，Averag. count< 选项表示当各分组序列内观测值的个数小于指定数目时，原分组合并，Maximum number of bins 选项表示序列的最大分组数，设置完成后单击 OK 按钮。

以案例 4.1 为例，输出如图 4-27 所示的序列组 Group 4_1 的多因素统计表。

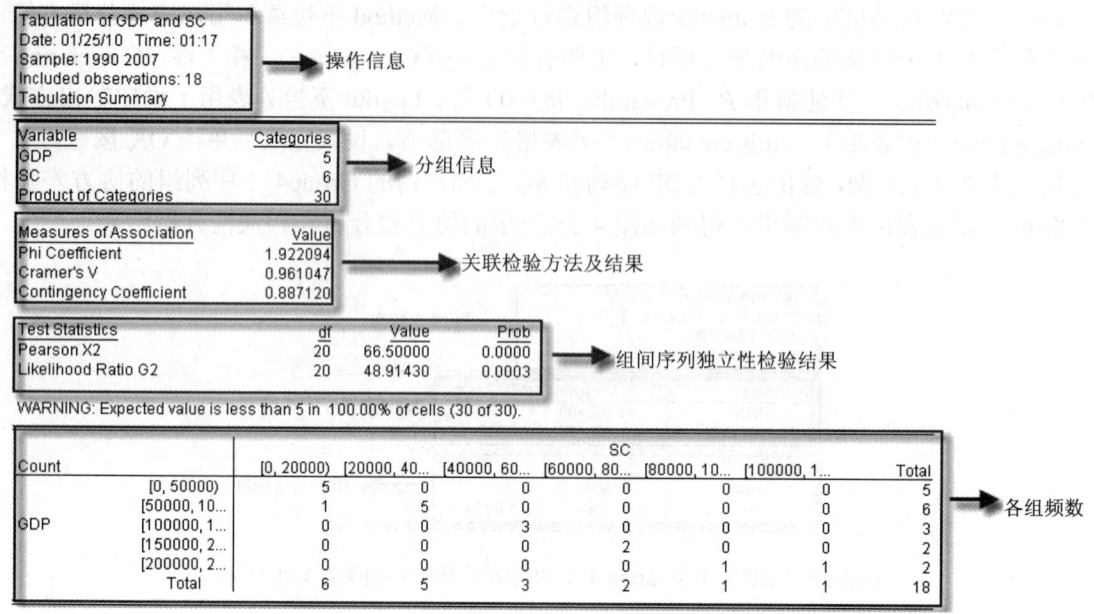

图 4-27　案例 4.1 中序列组 Group 4_1 的多因素统计表

4. 序列组齐性检验（Test of Equality）

序列组齐性检验用来检验序列组中各个序列均值、中位数和方差是否相等。

选择序列组窗口中的 View| Test of Equality 命令。在弹出的对话框中选择进行检验的类型，有均值（Mean）、中位数（Median）和方差（Variance），最后单击"确定"按钮输出结果。

此处检验原理与单序列分组齐性检验原理相同，只是序列组检验时自动将每个序列作为一组。

4.2.2　时间序列组基本统计分析

图 4-22 所示的 View 按钮的下拉菜单第三部分是针对时间序列的统计分析。包括 Correlogram（相关图）、Cross Correlation（交叉相关系数）、Unit Root Test（单位根检验）、Cointegration Test（协整检验）及 Granger Causality（格兰杰因果检验）。

1. Correlogram（相关图）

单击序列组窗口中的 View| Correlogram 命令，在弹出的对话框中选择进行分析的对象，Level 表示原序列，1st difference 表示原序列的一次差分，2nd difference 表示原序列的二次差分，设置完成后单击 OK 按钮得到输出结果。此操作输出的是序列组中第一个序列的自相关图和偏相关图。

2. Cross Correlation（交叉相关系数）

单击序列组窗口中的 View| Cross Correlation 命令，在弹出的对话框中输入滞后期数，可以得到序列组内两个序列的交叉自相关图和偏相关图。图 4-28 所示的即为案例 4.1 中 GDP 序列与 SC 序列的交叉相关图。

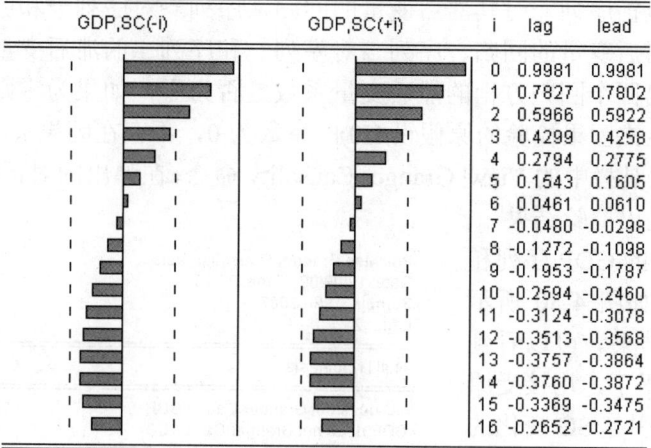

Date: 12/09/09 Time: 21:58
Sample: 1990 2007
Included observations: 18
Correlations are asymptotically consistent approximations

GDP,SC(-i)	GDP,SC(+i)	i	lag	lead
		0	0.9981	0.9981
		1	0.7827	0.7802
		2	0.5966	0.5922
		3	0.4299	0.4258
		4	0.2794	0.2775
		5	0.1543	0.1605
		6	0.0461	0.0610
		7	-0.0480	-0.0298
		8	-0.1272	-0.1098
		9	-0.1953	-0.1787
		10	-0.2594	-0.2460
		11	-0.3124	-0.3078
		12	-0.3513	-0.3568
		13	-0.3757	-0.3864
		14	-0.3760	-0.3872
		15	-0.3369	-0.3475
		16	-0.2652	-0.2721

图 4-28　GDP 序列与 SC 序列的交叉相关图

3. Unit Root Test（单位根检验）

单位根检验用于检查时间序列的平稳性。其检验的原假设 H0 均为存在单位根。

单击序列窗口工具栏中的 View| Unit Root Test 命令后，在弹出的对话框中进行设置。其中，Test type 选项是选择检验的方法；Test for unit root in 选项表示检验的序列，Level 表示原序列，1st difference 表示原序列的一次差分，2nd difference 表示原序列的二次差分；Include in test equation 选项设置检验式形式是否包括截距项（Intercept）和趋势项（Trend）；Lag length 选项用来设置检验式中滞后期数。最后单击 OK 按钮输出结果。

对案例 4.1 的序列组 Group4_1 进行了单位根检验，输出如图 4-29 所示的检验结果。可以看到各检验伴随概率都大于检验水平 0.01，则接受原假设 H0，即存在单位根。

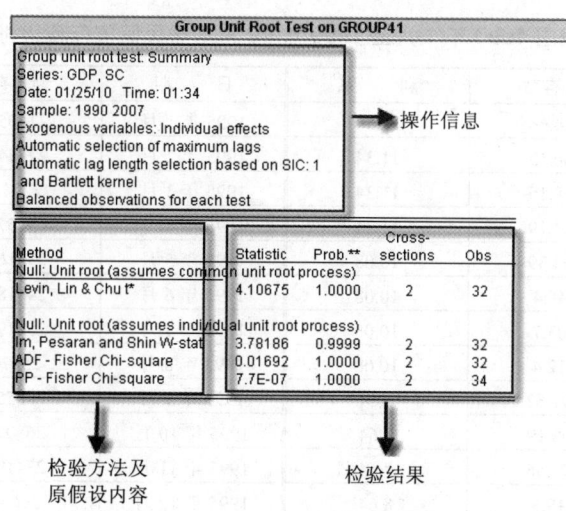

图 4-29　Group4_1 的单位根检验

4. Granger Causality（格兰杰因果检验）

格兰杰因果检验用于查看序列之间是否存在格兰杰因果性。EViews 的格兰杰因果检验进行四种回归分析，包括序列一对其滞后变量的回归、序列一对序列一和序列二的滞后变量的回归、序列二对其滞后变量的回归、序列二对序列一和序列二的滞后变量的回归。然后检验第二个回归方程和第四个回归方程的滞后变量系数是否为零，如果为零则表明两序列间无格兰杰因果关系。格兰杰因果检验的原假设 H0 的系数为 0，不存在因果关系。

单击序列窗口工具栏中的 View| Granger Causality 命令，在弹出的对话框中输入滞后期数，最后单击 OK 按钮输出检验结果。

仍以案例 4.1 中的 GDP 序列和 SC 序列为例，得到如图 4-30 所示的格兰杰因果检验结果。可以看到在 0.01 的显著性水平下，均接受原假设，即 GDP 不是引起 SC 变化的格兰杰原因，SC 也不是引起 GDP 变化的格兰杰原因。

```
Pairwise Granger Causality Tests
Date: 12/09/09  Time: 22:15
Sample: 1990 2007
Lags: 2
```

Null Hypothesis:	Obs	F-Statistic	Prob.
SC does not Granger Cause GDP	16	2.99463	0.0916
GDP does not Granger Cause SC		0.59567	0.5680

图 4-30　GDP 序列与 SC 序列的格兰杰因果检验结果

上机题

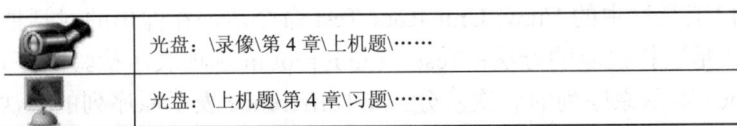

	光盘：\录像\第 4 章\上机题\……
	光盘：\上机题\第 4 章\习题\……

1. 利率是影响居民储蓄的重要因素。一般认为利率和居民储蓄成正比，即利率越高，居民的储蓄也就越高。表 4-5 所示的是我国 1990 年 1 月至 1999 年 12 月的居民储蓄存款余额（单位：亿元）和对应一年期存款利率（单位：%）的月度数据。

表 4-5　我国 1990 年 1 月至 1999 年 12 月的居民储蓄存款和利率数据表

日　期	储蓄存款	利　率	日　期	储蓄存款	利　率
1990 年 1 月	3834.66	11.34	1995 年 1 月	21405.23	10.98
1990 年 2 月	4060.13	11.34	1995 年 2 月	22754.52	10.98
1990 年 3 月	4198.15	11.34	1995 年 3 月	22741.5	10.98
1990 年 4 月	4284.19	11.34	1995 年 4 月	23157.89	10.98
1990 年 5 月	4404.39	10.08	1995 年 5 月	23716.65	10.98
1990 年 6 月	4548.4	10.08	1995 年 6 月	24418.59	10.98
1990 年 7 月	4703.7	10.08	1995 年 7 月	25119.34	10.98
1990 年 8 月	4812.4	10.08	1995 年 8 月	25576.8	10.98
1990 年 9 月	4891.62	8.64	1995 年 9 月	26255.24	10.98
1990 年 10 月	5000.19	8.64	1995 年 10 月	26807.33	10.98
1990 年 11 月	5094.66	8.64	1995 年 11 月	27419.12	10.98
1990 年 12 月	7119.8	8.64	1995 年 12 月	29662.3	10.98
1991 年 1 月	5314.3	8.64	1996 年 1 月	30356.54	10.98
1991 年 2 月	5563.86	8.64	1996 年 2 月	32026.25	10.98

（续表）

日　期	储蓄存款	利　率	日　期	储蓄存款	利　率
1991 年 3 月	5763.44	8.64	1996 年 3 月	33296.48	10.98
1991 年 4 月	5890.6	8.64	1996 年 4 月	34018.53	10.98
1991 年 5 月	5991.61	7.56	1996 年 5 月	34622.1	9.18
1991 年 6 月	6122.88	7.56	1996 年 6 月	35457.91	9.18
1991 年 7 月	6265.26	7.56	1996 年 7 月	36048.67	9.18
1991 年 8 月	6365.17	7.56	1996 年 8 月	36705.8	9.18
1991 年 9 月	6446.77	7.56	1996 年 9 月	37085.17	7.47
1991 年 10 月	6563.88	7.56	1996 年 10 月	37671.42	7.47
1991 年 11 月	6689.48	7.56	1996 年 11 月	37917.26	7.47
1991 年 12 月	9241.6	7.56	1996 年 12 月	38520.8	7.47
1992 年 1 月	9277.37	7.56	1997 年 1 月	39038.18	7.47
1992 年 2 月	9778.18	7.56	1997 年 2 月	40869.12	7.47
1992 年 3 月	9956.01	7.56	1997 年 3 月	41580.97	7.47
1992 年 4 月	10082.46	7.56	1997 年 4 月	42112.16	7.47
1992 年 5 月	10245.08	7.56	1997 年 5 月	42295.16	7.47
1992 年 6 月	10440.97	7.56	1997 年 6 月	42771.16	7.47
1992 年 7 月	10576.39	7.56	1997 年 7 月	43312.5	7.47
1992 年 8 月	10683.32	7.56	1997 年 8 月	43914.92	7.47
1992 年 9 月	10851.78	7.56	1997 年 9 月	44139.45	7.47
1992 年 10 月	11017.24	7.56	1997 年 10 月	44720.33	7.47
1992 年 11 月	11155.8	7.56	1997 年 11 月	45068.43	5.67
1992 年 12 月	11758	7.56	1997 年 12 月	46279.8	5.67
1993 年 1 月	11976.18	7.56	1998 年 1 月	46483	5.67
1993 年 2 月	12283.96	7.56	1998 年 2 月	48537.54	5.67
1993 年 3 月	12239.1	7.56	1998 年 3 月	48686.48	5.67
1993 年 4 月	12248.87	7.56	1998 年 4 月	48984.6	5.22
1993 年 5 月	12457.11	7.56	1998 年 5 月	49700	5.22
1993 年 6 月	12789.34	9.18	1998 年 6 月	49949.89	5.22
1993 年 7 月	13194.12	9.18	1998 年 7 月	50749.82	4.77
1993 年 8 月	13555.96	10.98	1998 年 8 月	50900.91	4.77
1993 年 9 月	13866.71	10.98	1998 年 9 月	51580.74	4.77
1993 年 10 月	14230.59	10.98	1998 年 10 月	52247.77	4.77
1993 年 11 月	14566.44	10.98	1998 年 11 月	52952.32	4.77
1993 年 12 月	15203.5	10.98	1998 年 12 月	53407.5	4.77
1994 年 1 月	15131.43	10.98	1999 年 1 月	54293.67	3.78
1994 年 2 月	16165.07	10.98	1999 年 2 月	56767.45	3.78
1994 年 3 月	16624.9	10.98	1999 年 3 月	57814.65	3.78
1994 年 4 月	16784.19	10.98	1999 年 4 月	58369.07	3.78
1994 年 5 月	17192.36	10.98	1999 年 5 月	58967.84	3.78
1994 年 6 月	17694.74	10.98	1999 年 6 月	59173.48	3.78
1994 年 7 月	18292.09	10.98	1999 年 7 月	59147.55	2.25
1994 年 8 月	18739.22	10.98	1999 年 8 月	59187.26	2.25
1994 年 9 月	19245.17	10.98	1999 年 9 月	59364.31	2.25
1994 年 10 月	19668.61	10.98	1999 年 10 月	59269.9	2.25
1994 年 11 月	20202.93	10.98	1999 年 11 月	59185.38	2.25
1994 年 12 月	21518.8	10.98	1999 年 12 月	59621.8	2.25

（1）　绘制存款余额序列的直方图和统计表。

（2）　对存款余额序列进行分组统计描述，利率序列为分组变量。

（3）　绘制存款余额序列的各种经验分布图，判断其分布特征。

（4）　绘制存款余额序列和利率序列的散点图，分析两者之间的关系。

2. 近年来我国的汽车产业得到了较快发展。表 4-6 所示为 1981 年至 2006 年我国汽车企业和改装汽车企业的数量表（单位：个）。

表 4-6　1981 年至 2006 年我国汽车企业和改装汽车企业的数量表

年　　份	汽车企业	改装汽车企业	年　　份	汽车企业	改装汽车企业
1981	57	198	1994	122	536
1982	58	202	1995	122	516
1983	65	207	1996	122	520
1984	82	248	1997	119	540
1985	114	314	1998	119	521
1986	99	338	1999	118	546
1987	116	347	2000	118	542
1988	115	386	2001	116	525
1989	119	464	2002	117	558
1990	117	459	2003	115	551
1991	120	486	2004	117	554
1992	124	479	2005	117	470
1993	124	552	2006	117	470

（1）　绘制汽车企业序列和汽车改装企业序列的直方图，并显示其相关统计量。

（2）　新建一个包含汽车企业序列和汽车改装企业序列的序列组 X。

（3）　对序列组 X 进行描述性统计分析、相关性分析和协方差分析。

（4）　绘制序列组 X 的多因素统计表。

3. 对时间序列进行分析时往往需要对其进行一定的统计分析。表 4-7 所示是我国 2000 年 1 月至 2005 年 12 月的社会消费品零售总额（单位：亿元）和人口数量（单位：亿人）的数据表。

表 4-7　我国 2000 年 1 月至 2005 年 12 月的社会消费品零售总额和人口数量的数据表

Date	Consumption	Population	Date	Consumption	Population
2000 年 1 月	296290	12.6	2003 年 1 月	390740	12.9
2000 年 2 月	280490	12.6	2003 年 2 月	370640	12.9
2000 年 3 月	262660	12.6	2003 年 3 月	349480	12.9
2000 年 4 月	257150	12.6	2003 年 4 月	340690	12.9
2000 年 5 月	263690	12.6	2003 年 5 月	346330	12.9
2000 年 6 月	264520	12.6	2003 年 6 月	357690	12.9
2000 年 7 月	259690	12.6	2003 年 7 月	356210	12.9
2000 年 8 月	263630	12.6	2003 年 8 月	360960	12.9
2000 年 9 月	285430	12.6	2003 年 9 月	397180	12.9
2000 年 10 月	302930	12.6	2003 年 10 月	420440	12.9
2000 年 11 月	310780	12.6	2003 年 11 月	420270	12.9
2000 年 12 月	368000	12.7	2003 年 12 月	473570	12.9
2001 年 1 月	333280	12.7	2004 年 1 月	456940	12.9
2001 年 2 月	304710	12.7	2004 年 2 月	421140	12.9
2001 年 3 月	287610	12.7	2004 年 3 月	404980	12.9

（续表）

Date	Consumption	Population	Date	Consumption	Population
2001 年 4 月	282090	12.7	2004 年 4 月	400180	12.9
2001 年 5 月	292960	12.7	2004 年 5 月	416610	12.9
2001 年 6 月	290870	12.7	2004 年 6 月	425070	12.9
2001 年 7 月	285140	12.7	2004 年 7 月	420920	12.9
2001 年 8 月	288940	12.7	2004 年 8 月	426270	12.9
2001 年 9 月	313690	12.7	2004 年 9 月	471770	12.9
2001 年 10 月	334730	12.7	2004 年 10 月	498320	12.9
2001 年 11 月	342170	12.7	2004 年 11 月	496560	12.9
2001 年 12 月	403330	12.7	2004 年 12 月	556250	12.9
2002 年 1 月	359610	12.8	2005 年 1 月	530090	13.0
2002 年 2 月	332440	12.8	2005 年 2 月	501220	13.0
2002 年 3 月	311480	12.8	2005 年 3 月	479910	13.0
2002 年 4 月	305220	12.8	2005 年 4 月	466330	13.0
2002 年 5 月	320210	12.8	2005 年 5 月	489920	13.0
2002 年 6 月	315880	12.8	2005 年 6 月	493500	13.0
2002 年 7 月	309660	12.8	2005 年 7 月	493490	13.0
2002 年 8 月	314370	12.8	2005 年 8 月	504080	13.0
2002 年 9 月	342240	12.8	2005 年 9 月	549520	13.0
2002 年 10 月	366190	12.8	2005 年 10 月	584660	13.0
2002 年 11 月	373310	12.8	2005 年 11 月	590900	13.0
2002 年 12 月	440440	12.8	2005 年 12 月	685040	13.0

（1）　对 Consumption 序列进行简单的均值检验、方差检验和分组均值检验。其中，均值检验和方差检验假设值自选，分组均值的分组序列为 Population 序列。

（2）　绘制 Consumption 序列的相关图。

（3）　运用 ADF 检验方法对 Consumption 序列进行单位根检验，判断其是否存在单位根。

4. 税收是国民经济的重要支撑，税收的总量水平与国家的经济总量存在显著的关系。表 4-8 所示是我国 1990—2008 年税收收入（Tax，单位：亿元）与 GDP（单位：亿元）数据。

表 4-8　我国 1990—2008 年税收收入与 GDP 数据

Year	Tax	GDP	Year	Tax	GDP
1990	2821.86	18667.8	2000	12581.51	99214.6
1991	2990.17	21781.5	2001	15301.38	109655.2
1992	3296.91	26923.5	2002	17636.45	120332.7
1993	4255.3	35333.9	2003	20017.31	135822.8
1994	5126.88	48197.9	2004	24165.68	159878.3
1995	6038.04	60793.7	2005	28778.54	183217.4
1996	6909.82	71176.6	2006	34804.35	211923.5
1997	8234.04	78973	2007	45621.97	257305.6
1998	9262.8	84402.3	2008	54223.79	300670
1999	10682.58	89677.1			

（1）　建立包含 Tax 序列和 GDP 序列的序列组 Y，绘制序列组 Y 的多因素统计表。

（2）　绘制序列组 Y 的自相关图，组内两个序列的交叉自相关图和偏相关图。

（3）　检验在 0.01 的水平下 GDP 序列和 Tax 序列是否存在格兰杰因果关系。

第 5 章　基本线性回归模型的 OLS 估计

回归分析是处理变量与变量之间关系的一种最为常用的统计分析方法，它的理论基础比较成熟，而且应用十分广泛。人类社会活动总是与许多变量相联系的，常要研究这些变量之间的数量关系。对于变量之间的关系，一般分为两类：一类是变量之间存在确定性的函数关系，另一类是变量之间存在非确定性的依赖关系。为了分析和利用变量之间的非确定性的依赖关系，人们建立了各种统计分析方法，其中回归分析方法是最为常用的经典方法之一。

回归分析的主要目的是研究自变量和因变量之间的数量关系，研究的主要内容包括建立回归模型探索变量之间的相关程度、利用回归模型估计和预测因变量的变化，等等。其中，根据回归形式的不同，回归模型可以分为线性回归、非线性回归等多种回归分析方法，而本章将对最为基础和最为重要的线性回归模型的 EViews 操作进行讲解。

5.1　线性回归模型的 OLS 估计

当采用模型 $E(Y) = \mu(X) + \varepsilon, X(x_1, x_2, \cdots x_n)$，研究变量 X 与 Y 的关系时，如果 μ 是个线性函数，则要进行的回归分析就是线性回归分析，其中：Y 为因变量（dependent variable），X 是自变量（independent variable），ε 为随机误差。

5.1.1　背景知识

线性回归模型最基础的是一元线性回归模型，然后再通过增加自变量的个数可以将一元线性回归模型扩展到多元线性回归模型。

1.　一元线性回归模型

在实际应用中，最简单的情形就是研究两个变量之间的相关关系，即一元线性回归模型。

（1）　一元线性回归模型及假定

假设 $(X_1, Y_1)(X_2, Y_2) \cdots (X_n, Y_n)$ 是取自总体 (X, Y) 的一组样本，其中 $X_1, X_2, \cdots, X_n$ 为自变量或解释变量（independent variable）序列，$Y_1, Y_2, \cdots, Y_n$ 为因变量或被解释变量。于是，就可以建立一元线性回归模型：$y_i = \beta_0 + \beta_1 x_i + \varepsilon_i, i = 1, 2, \cdots, n$。其中，该模型的随机误差项必须满足的假设条件为：

① 无偏性假定。即所有随机误差项的期望为 0。
② 同方差性假定。即所有随机误差项的方差相等。
③ 无序列相关性假定。即随机误差项之间无序列相关性。
④ 解释变量与随机误差性相互独立。即解释变量 X 为非随机变量。
⑤ 正态性假定。即随机误差项服从从均值为 0 的正态分布。

（2）　一元线性回归模型的最小二乘估计

样本观测值 Y_i 与估计值的残差 e 反映了样本观测值与回归直线之间的偏离程度。而最小二乘法的原理就是让拟合的直线使残差平方和达到最小，依此为准则，确定 X 与 Y 之间的线性关系。这就是著名的普通最小二乘法（Ordinary Least Square，OLS）。用公式表达为：$\min Q(\hat{\beta}_0, \hat{\beta}_1) = \sum e^2 = \sum (Y_i - \hat{\beta}_0 - \hat{\beta}_1 X)^2$。根据微积分学多元函数极值原理，要使上式达到最小，对 β_0, β_1 的一阶偏导数应等于零。求解得到：

$$\hat{\beta}_1 = \frac{n\sum X_i Y_i - \sum X_i \sum Y_i}{n\sum X_i^2 - (\sum X_i)^2}$$

$$\hat{\beta}_0 = \frac{1}{n}\left(\sum Y_i - \hat{\beta}_1 \sum X_i\right)$$

（5.1）

2.　多元线性回归模型

在许多实际问题中，会研究一个因变量和多个自变量之间的关系，例如一个国家的国民经济总量不仅与投资有关，而且与消费和进出口都有关。此时最为常用的就是多元线性回归模型，在回归估计的原理上与一元线性回归模型非常相似。

（1）　多元线性回归模型的形式。假定影响因变量 Y 的自变量个数为 P，并且记为 X_1，X_2，…，X_p。多元线性回归模型为：$Y = \beta_0 + \beta_1 x_1 + \beta_2 x_2 + \cdots + \beta_p x_p + \varepsilon$。为了回归表示的简便性，令：

$$Y = \begin{Bmatrix} y_1 \\ y_2 \\ \vdots \\ y_n \end{Bmatrix}, X = \begin{Bmatrix} 1, x_{11}, x_{12}, \cdots x_{1p} \\ 1, x_{21}, x_{22}, \cdots x_{2p} \\ \vdots, \cdots, \cdots, \cdots \\ 1, x_{n1}, x_{n2}, \cdots, x_{np} \end{Bmatrix}, \beta = \begin{Bmatrix} \beta_0 \\ \beta_1 \\ \vdots \\ \beta_p \end{Bmatrix}, \varepsilon = \begin{Bmatrix} \varepsilon_1 \\ \varepsilon_2 \\ \vdots \\ \varepsilon_p \end{Bmatrix}$$

（5.2）

则多元线性回归模型的矩阵形式为 $Y = X\beta + \varepsilon$。

（2）　多元线性回归模型的最小二乘回归。与一元线性回归模型一致，就是满足下式：$\min Q(\hat{\beta}) = \sum e^2 = \sum (Y_i - \hat{\beta} X)^2$。根据多元微积分的极值原理，对 Q 求偏导并令其为零，可以解得 $\hat{\beta} = (X^T X)^{-1} X^T Y$。

线性模型的估计和违背假设的处理是一个非常完整的体系。除了经典的最小二乘法外，对于线性回归模型的估计，一般会根据具体假设条件和具体模型中变量的不同，有不同的建模和估计方法，如出现内生变量时会用到二阶段最小二乘法或 GMM 方法，针对时间序列的 ARMA 模型，等等。对于线性模型违背古典假设后的纠正方法（如针对异方差的加权最小二乘法）、二阶段最小二乘法和 GMM 方法、时间序列的 ARMA 建模等，将分别在第 6 章、第 8 章和第 9 章中进行详细介绍，而本章的重点仅仅在于介绍线性回归模型最基本的估计方法，即最小二乘法 OLS 的 EViews 操作过程。

5.1.2 线性回归模型 OLS 估计的 EViews 操作

打开相应的数据文件或者建立一个数据文件后，在相应的 workfile 工作文件窗口就可以进行线性回归模型 OLS 估计的 EViews 操作。

1. 回归模型主窗口的打开

在 EViews 主窗口的菜单栏中依次选择 Quick | Estimate Equation 命令，打开如图 5-1 所示的 Equation Estimation 对话框。

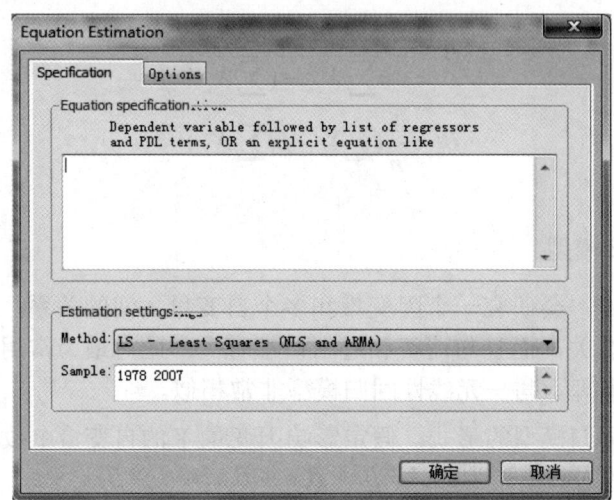

图 5-1　Equation Estimation 对话框

Equation Estimation（方程回归）对话框的 Specification 选项卡是建立各种回归模型（如线性回归模型、ARMA 模型、计数模型等）的主要设定窗口。除上述方法可以打开 Equation Estimation 对话框外，还可以在主窗口的菜单栏中选择 Quick | Estimate Equation；第三种是在工作文件窗口中选择 Object | New Object，然后在新建对话框中选择 Equation。

2. 设定模型中的变量

任何模型估计前，先要设定模型中解释变量和被解释变量。线性模型中变量的设定是在 Equation specification 输入框中进行的，而具体的设定方法有以下几种。

（1）公式设定方法

该方法是指在输入框中直接将模型方程写出来，例如要回归的模型为 $GDP = \alpha + \beta IFA + \varepsilon$（其中 GDP 和 IFA 分别表示两个变量名），则如图 5-2 所示在 Equation specification 输入框中写入：gdp=c(1)+c(2)ifa，且不需要设定随机项。

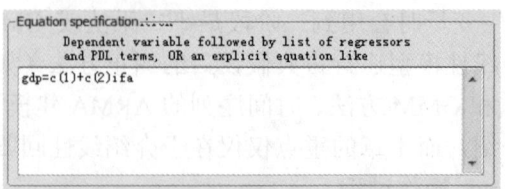

图 5-2　在 Equation specification 输入框中输入变量（1）

（2）　排序设定方法

模型变量设定中最常用的是排序方法，即按照被解释变量、回归因子（含常数项和解释变量）的顺序依次列出来，该方法又可分为如下三类。

① 当模型中的变量都是工作文件中的已有变量时，可以在 Equation specification 输入框中按照模型的被解释变量、解释变量的顺序依次列出，中间用空格隔开所有的变量，且不需要设定模型的随机项。同样假设如果我们要回归模型 $GDP = \alpha + \beta IFA + \varepsilon$，则如图 5-3 所示在 Equation specification 输入框中写入：gdp c ifa。

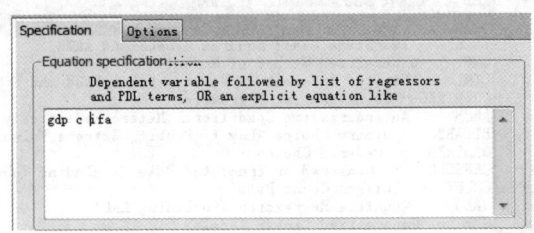

图 5-3　在 Estimation specification 输入框中输入变量（2）

注意当研究者需要设定常数项时，常数项务必设定为 c，因为每一个工作文件中 EViews 都会设定一个常数项对象 c。另外，Equation specification 输入框设定不区分字母的大小写。

② 当模型中的变量含有工作文件窗口中变量的滞后项时，可以在 Equation specification 输入框中输入该变量和圆括号的组合来表示变量的滞后项，其中圆括号中是负号和具体滞后的阶数。例如要回归的模型为 $GDP = \alpha + \beta IFA(-1) + GDP(-2) + \varepsilon$，模型回归项中含有因变量的 2 阶滞后项和解释变量的 1 阶滞后项，可以设定为 gdp c ifa(-1) gdp(-2)，如图 5-4 所示。

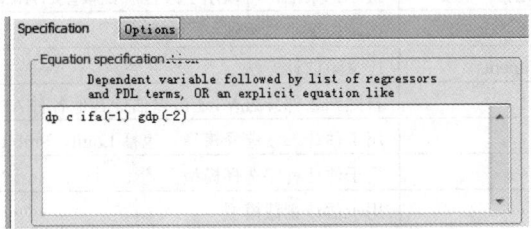

图 5-4　在 Equation specification 输入框中输入变量（3）

③ 当模型中包含工作文件中变量的线性组合或者固定的函数形式，可以在 Equation specification 输入框中直接输入该变量的线性组合或函数形式，但变量的线性组合必须用小括号包裹。例如要回归模型 $\ln GDP = \alpha + \beta \ln IFA + \varepsilon$，可以设定为 ln(gdp) c ln(ifa)，该设定中 ln(gdp)、ln(ifa) 表示变量 gdp 和 ifa 的对数序列，如图 5-5 所示。

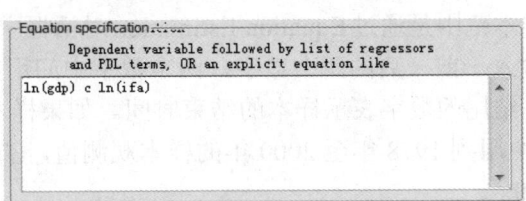

图 5-5　在 Equation specification 输入框中输入变量（4）

3. 选择模型估计方法

回归模型的估计中最为核心的就是根据设定模型的类别和假设选择合适的估计方法。估计方法的不同，回归的结果将会大相径庭。在 EViews 中模型回归估计的方法是通过 Equation Estimation 对话框中 Estimation settings 的 Method 下拉列表框进行选择的。Method 下拉列表框提供了现代计量分析中几乎所有主流的模型估计方法，如图 5-6 所示。

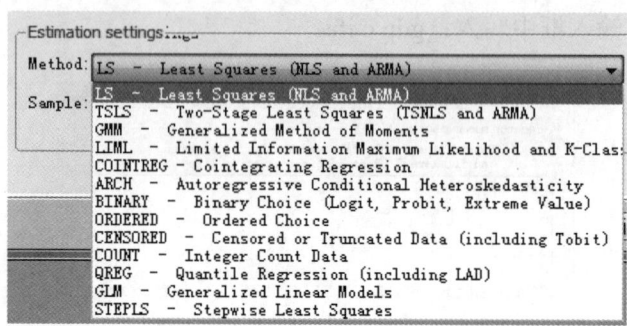

图 5-6　Equation Estimation 对话框

Method 下拉列表框中主要有 LS-Least Squares、TSLS-Two Stage Least Squares、GMM-Generalized Method of Moments、ARCH-Autoregressive Conditional 等主流估计方法，具体含义如表 5-1 所示。

表 5-1　Method 下拉列表框中的主流估计方法及含义

方　法	含　义
LS-Least Squares（NLS and ARMA）	最小二乘法，可以用于线性回归模型、ARMA 等模型
TSLS-Two Stage Least Squares	两阶段最小二乘法
GMM- Generalized Method of Moments	广义矩估计方法
ARCH-Autoregressive Conditional	自回归条件异方差,还可以估计其他各种 ARCH 模型,如 GARCH、T-GARCH
BINARY-Binary Choice	用于估计二元选择模型，包括 Logit、Probit 和 Extreme value 模型
ORDERED-Ordered Choice	用于估计有序选择模型
CENSORED	用于估计删截模型
COUNT	用于估计计数模型

其中，两阶段最小二乘法和广义矩估计方法将在第 6 章介绍，自回归条件异方差方法将在第 11 章介绍，Logit 模型、Probit 模型、受限因变量模型等将在第 6 章介绍。由于本章重点是线性模型的 OLS 估计，所以此处我们选择 LS-Least Squares（NLS and ARMA）选项。

4. 设定模型估计的样本区间

模型回归中所需的样本范围是通过 Equation Estimation 对话框中的 Sample 输入框设定的。样本范围是在输入框中输入一前一后的两个数字，两个数字中间用空格隔开，其中开始的数字表示样本的开始时间，结尾的数字表示样本的结束时间。如果样本范围是 1978 年到 2009 年,但是希望在模型回归中用到 1978 年至 2000 年的样本观测值,正确的设定方法是在 Sample 输入框中输入：1978 2000。

注意设定的样本范围必须在工作文件的范围内，如果大于工作文件的范围，则系统将根据工作文件的范围进行回归。一般系统默认的回归区间为工作文件的范围。

5.　Options 选项卡的设定

在 Equation Estimation 对话框中单击 Options 选项卡，打开如图 5-7 所示的对话框。

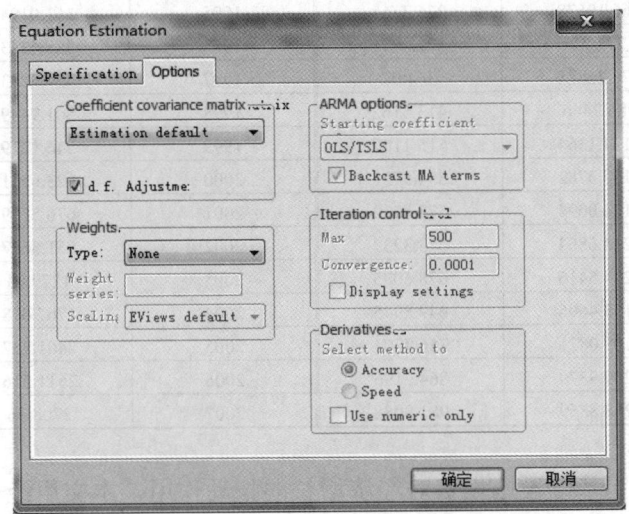

图 5-7　Options 选项卡

　　Options 选项卡里面的内容根据 Estimation settings 的 Method 下拉列表框中回归方法选择的不同而改变。其中，LS-Least Squares（NLS and ARMA）方法下相应的 Options 选项卡的设定是针对当模型回归的残存项存在异方差、自变量与随机项存在相关性时修正模型的，本书将此部分内容安排到第 6 章，具体设定可参见第 6 章 6.1 和 6.2 节。

　　设置完毕后，单击"确定"按钮，就可以在 Equation 对象窗口得到线性回归模型 OLS 估计的结果。除可以单击"确定"按钮外，还可以单击"取消"按钮，取消进行回归模型设定的操作，返回到 workfile 工作文件窗口。

5.1.3　线性回归模型 OLS 估计的案例操作

　　下面以本书准备的案例数据为例，具体讲解线性回归模型的 OLS 估计操作。

1.　案例问题的描述与数据准备

　　在现代经济周期理论中，固定资产投资周期是影响宏观经济周期波动的一个直接的、物质性的主导因素，固定资产投资也成为经济周期波动的物质基础。本节通过山东省固定资产投资及国内生产总值的数据来拟合一元线性回归模型，分析山东省固定资产投资对山东省经济的拉动作用，并给出如何通过调节固定资产投资来发展经济的政策建议。

　　本实验案例所用数据文件路径为 sample/chap05/案例 5.1。该数据文件记录了从 1978 年至 2007 年的山东省固定资产投资和山东省国民生产总值的相关数据，并且这些数据均为经过物价指数调整后的数值，单位为亿元。本试验案例的数据来源于《山东省统计年鉴》及山东省统计局网站，相关数据如表 5-2 所示。

表 5-2　山东省固定资产投资和国民生产总值的年份数据

年　份	固定资产投资	国民生产总值	年　份	固定资产投资	国民生产总值
1978	41.87	225.45	1993	353.8779	1098.481
1979	60.92354	249.851	1994	356.0411	1235.379
1980	66.19678	276.3765	1995	361.0194	1353.744
1981	73.9777	322.0911	1996	388.4343	1466.916
1982	78.26888	364.07	1997	434.6883	1585.513
1983	86.7446	413.5162	1998	501.9449	1713.36
1984	124.1364	515.1107	1999	546.1219	1841.691
1985	158.3782	554.5721	2000	623.6571	2045.001
1986	174.0094	578.8222	2001	676.5759	2215.672
1987	214.6864	643.3237	2002	851.5627	2493.448
1988	224.5416	678.6035	2003	1279.03	2899.22
1989	153.4606	649.8945	2004	1767.618	3480.5
1990	168.0821	756.7301	2005	2401.337	4217.966
1991	209.9379	864.2196	2006	2511.516	4979.107
1992	268.8869	981.9088	2007	2708.36	5592.504

为了准确衡量我国基础设施投资对经济增长的拉动作用，本文用经典线性回归模型来分析这种拉动作用的大小。建立的总体回归模型如式（5.3）所示：

$$\ln GDP = \alpha + \beta \ln IFA + \varepsilon \qquad (5.3)$$

将根据式（5.3）建立线性回归模型，利用上述数据完成对模型参数的估计。

按照本书提供的该实验案例的数据文件路径，打开案例 5.1 数据文件，弹出如图 5-8 所示的工作文件窗口。

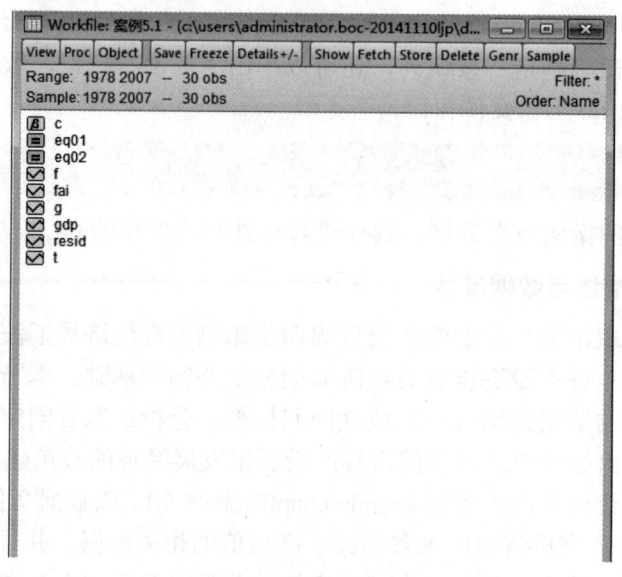

图 5-8　工作文件窗口

在案例 5.1 工作文件窗口中有 4 个变量：c 和 resid 是系统自带的模型回归常数项（或者截距项）和模型回归残差序列；fai 表示固定资产投资序列，gdp 表示国民生产总值序列。

2.　建模前变量序列的基本分析

对经济变量进行分析前，研究者通常的分析步骤是用对变量序列绘制时序图、查看变量的基本统计量等方法对变量的整体状况进行了解，判断变量的基本属性，以方便对变量进行初步的处理。

（1）　变量时序图的绘制和基本观测分析

选中 fai 和 gdp 两个序列，依次右击选择 open|as group，将这两个序列在组对象中打开，如图 5-9 所示。

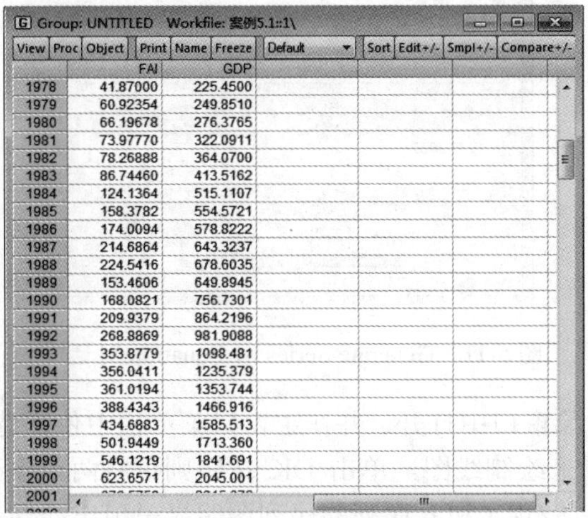

图 5-9　fai 和 gdp 两序列数据

在组对象窗口的主菜单栏中依次选择 View | Graph，在弹出的对话框中采用默认设置，单击 OK 按钮则两个序列的时序图将显示如图 5-10 所示。通过国民生产总值和固定资产投资两个序列的时序图可以发现两个序列都呈指数形式增长，并且增长的趋势基本一致，因此为了能够利用线性模型拟合回归模型，需对两个序列分别进行对数化处理，这样一方面可以消除这种指数增长的趋势，方便利用线性模型拟合曲线；另一方面可以减轻模型拟合残差的异方差问题。

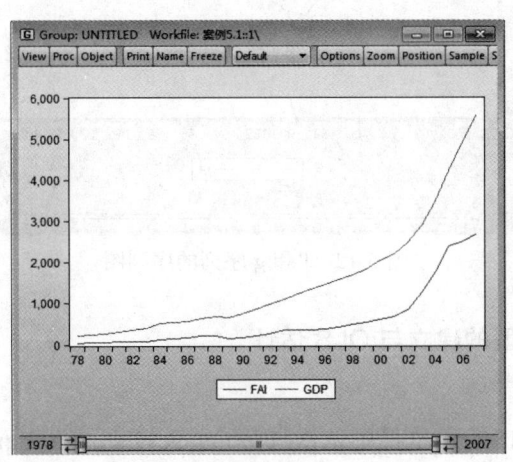

图 5-10　fai 和 gdp 两个序列的时序图

（2） 变量的对数化处理

为了生成 fai 和 gdp 两个序列的对数序列，可以在工作文件窗口工具栏中单击 Generate 按钮，打开如图 5-11 所示的 Generate Series by Equation 对话框。在 Enter equation 文本框中输入：f=log(fai)，然后点击 OK 按钮，就可以在工作文件中生成 fai 的对数序列 f；用同样的方法在 Enter equation 文本框中输入：g=log(gdp)，生成 gdp 的对数序列 g。

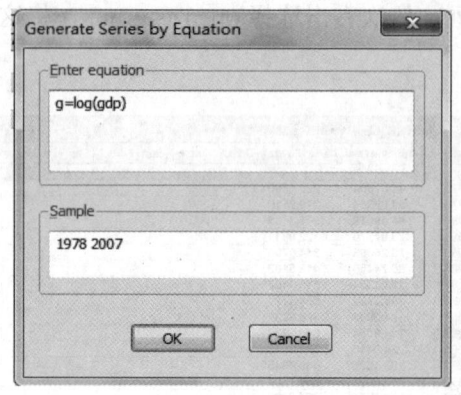

图 5-11 　Generate Series by Equation 对话框

将 f 和 g 序列在组对象窗口中打开，并在主窗口菜单栏中依次选择 View | Graph，在打开的对话框中采用默认设置来绘制线图，单击 OK 按钮则可将两个序列的时序图绘制出来，如图 5-12 所示。此时，可以发现 f 和 g 序列的序列图明显呈现出线性趋势，此时可以建立线性回归模型。

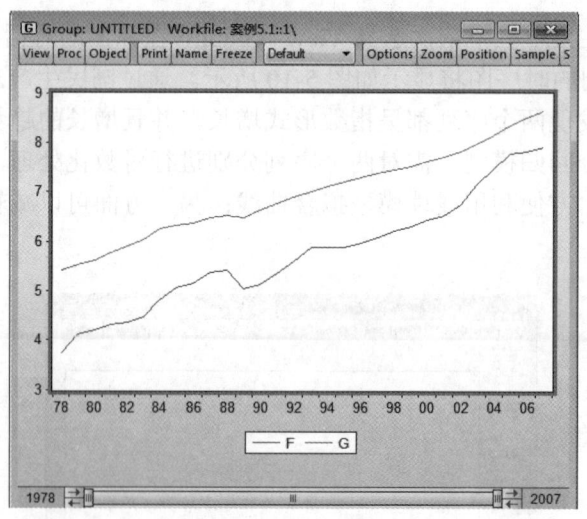

图 5-12 　f 和 g 序列的序列图

3. 一元线性回归模型的建立与 OLS 估计

具体操作步骤如下：

（1）在 EViews 主窗口的菜单栏中依次选择 Quick | Estimate Equation 命令，打开 Equation Estimation 对话框。在 Equation specification 输入框中输入 g c f（注意：变量之间用空格隔开）。

（2）　在 Estimation settings 的 Method 下拉列表框中选择 LS-Least Squares（NLS and ARMA）选项。

（3）　在 Sample 输入框中输入 1978 2007，然后单击"确定"按钮就可以得到回归结果。

4.　一元线性回归模型 OLS 估计结果

设定模型后，单击"确定"按钮可以得到本案例模型回归的结果，如图 5-13 所示。

```
Dependent Variable: G
Method: Least Squares
Date: 11/25/12   Time: 16:09
Sample: 1978 2007
Included observations: 30
```

Variable	Coefficient	Std. Error	t-Statistic	Prob.
C	2.479440	0.115807	21.41017	0.0000
F	0.780003	0.019799	39.39553	0.0000

R-squared	0.982279	Mean dependent var	6.954833
Adjusted R-squared	0.981646	S.D. dependent var	0.909297
S.E. of regression	0.123190	Akaike info criterion	-1.285839
Sum squared resid	0.424921	Schwarz criterion	-1.192426
Log likelihood	21.28759	Hannan-Quinn criter.	-1.255956
F-statistic	1552.008	Durbin-Watson stat	0.563528
Prob(F-statistic)	0.000000		

图 5-13　一元线性回归模型回归结果

在每次回归模型估计完毕后，EViews 将把模型回归的结果（系数估计值、模型估计的各种统计量）、残差序列、方差协方差矩阵等保存到 Equation（方程对象）中，以方便对模型的进一步检验（残差的 LM 检验等）和模型预测、模拟等操作。由于模型回归的标准结果比较复杂，涉及的知识点非常多且十分重要，本节将不对该案例的回归结果进行详细介绍，而将该部分内容（包括参数的说明等）放在本章 5.2 节进行细致介绍。

5.　多元线性回归模型的设定与操作

以上操作都是围绕对 GDP 进行一元线性回归展开的，其实通过观察图 5-12 可以发现 GDP 的对数序列 g 随着时间呈增长趋势，因此可以在一元线性回归模型中加入时间变量 t，从而将一元线性回归模型扩展到多元线性回归模型。具体操作方法如下：

（1）　在 workfile 工作文件窗口中依次选择 object |new object，打开 New Object 对话框，建立一个新的序列并命名为 t；

（2）　打开新序列 t，然后将序列的第一个值赋为 1，第二个值赋为 2，依此类推，最后一个值赋为 30；

（3）　在 EViews 主窗口的菜单栏中打开 Equation Estimation 对话框，然后在 Equation specification 输入框中输入 g c f t（注意：变量之间用空格隔开）。

最后单击"确定"按钮，就可以得到如图 5-14 所示的多元线性回归结果。

图 5-14 的多元线性回归估计结果窗口与图 5-13 的一元线性回归估计结果窗口的结构和内容完全相同，只是增加了图中标注的自变量 T 的估计结果。多元线性回归估计结果自变量及相应检验的解释与一元回归相同，对图 5-14 的多元线性回归估计结果的解释可参见 5.2 节。

```
Dependent Variable: G
Method: Least Squares
Date: 11/25/12   Time: 16:11
Sample: 1978 2007
Included observations: 30
```

Variable	Coefficient	Std. Error	t-Statistic	Prob.
C	4.188639	0.153086	27.36133	0.0000
F	0.313136	0.040562	7.719905	0.0000
T	0.062550	0.005323	11.74983	0.0000

R-squared	0.997101	Mean dependent var	6.954833
Adjusted R-squared	0.996886	S.D. dependent var	0.909297
S.E. of regression	0.050738	Akaike info criterion	-3.029635
Sum squared resid	0.069508	Schwarz criterion	-2.889516
Log likelihood	48.44453	Hannan-Quinn criter.	-2.984810
F-statistic	4643.530	Durbin-Watson stat	0.639431
Prob(F-statistic)	0.000000		

图 5-14　多元线性回归估计结果

5.2　标准回归结果的解释及残差检验

模型回归结束后，如何正确解读回归结果是最为重要的。其中，模型回归的结果不仅仅是对回归系数的解读，更重要的是对模型回归优良与否的评价，即统计量以及残差是否符合原假设的各种检验。

5.2.1　背景知识

以线性回归模型 $Y = \beta x + \varepsilon$ 为例，介绍回归结果的统计量。

1.　回归模型标准回归结果中的统计量

EViews 线性回归结果中可能出现的一些统计量及其含义见表 5-3 所示。

表 5-3　回归模型标准回归结果中的统计量含义

统 计 量	含 义
模型解释变量的估计值	根据总体回归模型，利用 OLS 等回归方法计算的回归系数值
估计值的标准差	用于衡量回归系数值的稳定性和可靠性。如果标准差较小，表明该系数的稳定性好；如果该标准差越大，则表明该系数的稳定性越差
估计值的 T 值	用于检验系数是否为零。通过查表可以得到相应的临界值：如果该值大于临界值，则该系数在相应的显著水平上是可靠的；如果该值小于临界值，则系数在相应显著水平上是不显著的
估计值显著性概率值	表示在 t 分布下，t 统计量的概率值。在 5% 显著性水平下，如果该概率值低于 0.05，则认为该系数值在统计上是显著的
R 方	表示回归的拟合程度，就是被解释变量被所有解释变量解释的部分。R 方的取值范围在 0 到 1 之间：如果 R 方等于零，则表示该回归并不比被解释变量的简单平均数预测得更好；如果 R 方等于 1，则表示该回归拟合得最为完美
调整 R 方	随着解释变量的增加，R 方只会增加而不会减少。为对增加的解释变量进行"惩罚"，要对 R 方进行调整
模型回归的标准误差	对回归的残差计算标准差，衡量残差的波动性
残差平方和	该指标衡量残差的平方和，一般没有直接解释含义，用于其他统计量的计算
对数似然估计值	在假定回归残差服从正态分布下，对对数似然函数值的计算
D-W 统计量	用于衡量回归残差是否序列相关，该统计量如果严重偏离 2 则表明存在序列相关
被解释变量的均值	表示被解释变量的平均数，等于被解释变量的样本均取值
赤池信息准则	用于对回归方程的最优滞后项数目进行选择，选择标准是该值达到最小值即可
施瓦茨信息准则	用于对回归方程的最优滞后项数目进行选择
F 统计量	用于衡量回归方程整体显著性的假设检验

2. 模型回归残差的常用检验

回归模型估计完毕后，通常研究者会对模型估计的残差进行检验，通过回归残差的性质来判断模型估计的效果。Q 检验和 LM 检验用来判断残差是否违背无相关假定；异方差检验用来判断残差是否违背同方差假定，正态性检验用于判断残差的分布，以上都是常用的检验。检验的一般程序（适用于绝大部分统计量检验）是计算相关统计量的原假设成立的概率 P 值，如果该概率 P 值小于某个设定显著水平（通常为 5%），则拒绝原假设，认为备择假设成立；反之，则不能拒绝原假设。

EViews 回归结果会提出几个对残差检验的重要统计量，本书将通过表 5-4 对其含义及统计量的原假设做简单的介绍。

表 5-4 残差检验统计量含义

残差检验统计量	含 义
残差自相关的 Q 检验	检验目的：Q 统计量的全称是 Ljung-Box Q，该统计量一般用于检验序列是否存在自相关 检验假设：该统计量的原假设 H0 为：残差序列不存在自相关；备择假设 H1 为：残差序列存在自相关
残差自相关的 LM 检验	LM 检验是 Breush-Godfrey Lagrange Multiplier 的简称，主要用于检验残差序列是否存在高阶自相关的重要假设。该统计量的计算首先必须利用 OLS 估计出原模型的残差序列 u；然后以 u 为被解释变量，以 u 的 1 到 P 阶滞后项为解释变量再次进行回归，同时记录该回归的拟合优度 R 方 LM 检验统计量的原假设 H0 为：残差序列直到 P 阶不存在自相关；备择假设 H1 为：残差序列 P 阶内存在自相关
残差的正态性检验	检验目的：Histogram-Normality Test 检验主要是通过计算 JB 统计量实现的，JB 统计量用来检验序列观测值是否服从正态分布，在零假设下，JB 统计量服从 $\chi^2(2)$ 分布 检验假设：该检验的原假设 H0 为：样本残差服从正态分布；备择假设 H1 为：残差序列不服从正态分布
残差的异方差检验	检验目的：由于最小二乘法是建立在残差同方差假设基础上的，一旦出现异方差就说明 OLS 方法不可靠，需要利用加权最小二乘法进行纠正。异方差检验是利用辅助回归的方法进行的，该统计量服从卡方分布 检验假设：怀特异方差检验的原假设 H0 为：残差序列不存在异方差；备择假设 H1 为：残差序列存在异方差

进行以上残差检验后，如果发现残差存在自相关，则需要对模型形式进行修正或者采用 GLS 方法重新估计；如果发现残差存在异方差，则需要对模型形式进行修正或者采用 WLS 方法重新估计。自相关和异方差的 EViews 修正问题将在第 6 章中介绍。

5.2.2 Equation 方程对象的 EViews 操作

在每次回归模型估计完毕后，EViews 将把模型回归的结果（系数估计值、模型估计的各种统计量）、残差序列、方差协方差矩阵等保存到 Equation（方程对象）中，以方便对模型的进一步检验（残差的 LM 检验等）和模型预测、模拟等操作。

本节将对 Equation 对象中的关于模型回归的输出标准结果的解释、查看结果输出形式和保存等操作，以及模型残差的各种检验操作进行讲解。

当回归模型在 Equation Estimation 对话框设定完毕后，单击"确定"按钮后就可以打开如图 5-15 的 Equation 方程对象窗口。

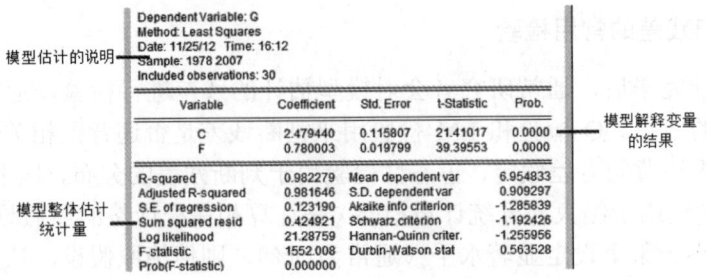

图 5-15　Equation 方程对象窗口

1. 回归模型估计的标准结果的一般解释

单击 Equation 方程对象窗口菜单栏中的 View|Estimation output 命令，或者直接单击快捷操作按钮 Statistics，打开如图 5-15 所示的方程对象窗口。该窗口主要有三部分：第一部分为模型估计的说明；第二部分为模型解释变量的估计结果；第三部分为模型整体估计的统计量。具体解释如表 5-5～表 5-7 所示。

表 5-5　模型估计的说明

模型估计说明	含　义
Dependent Variable: G	模型的被解释变量（该案例为 G）
Method: Least Squares	模型估计方法：最小二乘法
Date: 11/25/12　Time: 16:12	模型估计的时间
Sample: 1978 2007	模型估计的样本范围
Included observations: 30	模型估计中的有效观测值的个数

表 5-6　模型解释变量的估计结果

模型解释变量的估计结果	含　义
Variable	模型的解释变量
Coefficient	模型解释变量的估计值
Std. Error	模型解释变量估计值的标准差
t-Statistic	模型解释变量估计值的 T 值
Prob.	模型解释变量估计值显著性概率值

表 5-7　模型整体估计的统计量

模型估计统计量	含　义
R-squared	模型回归的 R 方
Adjusted R-squared	模型估计的调整 R 方
S.E. of regression	模型回归的标准误差
Sum squared resid	残差平方和
Log likelihood	对数似然估计值
Durbin-Watson stat	D-W 统计量
Mean dependent var	被解释变量的均值
S.D. dependent var	被解释变量的标准差
Akaike info criterion	赤池信息准则
Schwarz criterion	施瓦茨信息准则
F-statistic	F 统计量
Prob(F-statistic)	模型显著性的概率值

其中，对于上述 R-squared、Adjusted R-squared、S.E. of regression、Sum squared resid 等统计量的具体解释和计算本节在背景知识部分已做详细介绍，在此不再赘述。

2. Equation 对象的快捷按钮操作

Equation 方程对象窗口工具栏中有 7 个快捷按钮，主要用于对方程结果的快捷操作。

（1） Print 按钮

单击 Print 按钮，弹出如图 5-16 所示的 Print 对话框。

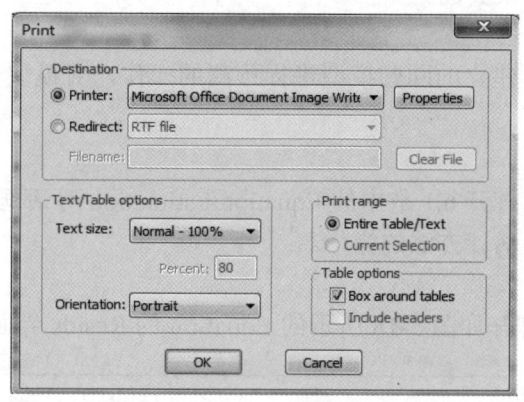

图 5-16　Print 对话框

Print 对话框主要用于 Equation 方程对象的打印设置。其中 Destination 选项组用于选择与操作计算机连接的打印机；Text/Table options 选项组用于设定打印纸张的范围和大小；Print range 选项组用于设定 Equation 方程对象页面的打印范围。本书将不对打印方面的设置进行详细介绍。

（2） Name 按钮

单击 Name（命名）按钮，打开如图 5-17 所示的 Object Name（对象命名）对话框。

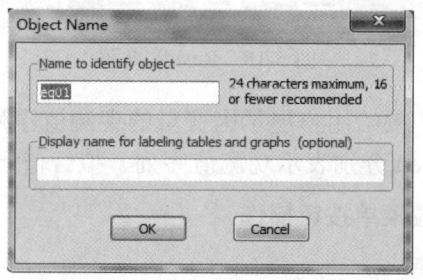

图 5-17　Object Name 对话框

Object Name 对话框主要用于进行 Equation 方程对象的保存和命名操作，其中 Name to identify object 文本框用于输入要命名的方程对象的名称，该名称最大允许 24 个英文字母；Display name for labeling tables and graphs 文本框用于标记表和图的名称，研究者可以在该文本框中注释方程对象。由于方程对象的名称较短，所以该标签可以比较详细地注释方程对象。

命名完毕后，单击 OK 按钮就可以将回归的结果（方程对象）以"国 eq01"图表形式保存到 EViews 工作文件窗口。如果需要查看该方程对象，只要双击该工作文件中的该对象就可以打开该方程对象。

（3） Freeze 按钮

Equation 方程对象界面内的标准回归结果不允许用户对回归结果进行更改操作，而单击 Freeze 快捷操作按钮可以将标准回归结果进入可编辑状态，从而给用户提供进行更改操作的空间。

（4） Estimate 按钮

该按钮主要用于返回到标准回归结果界面的快捷工具按钮，单击该按钮可以在其他操作界面下转换到标准回归结果界面。

（5） Forecast 按钮

该按钮主要利用用户建立的回归模型进行预测的操作，对模型预测的具体讲解请参看第 14 章预测专题。

（6） Stats 按钮

单击该按钮可以快速打开 6.1 节中的 Equation Estimation 对话框，便于用户根据回归结果进行重新设定模型变量及估计方法的操作。

（7） Resids 按钮

单击 Resids 按钮，打开如图 5-18 所示的 Equation 的 Resids 界面。

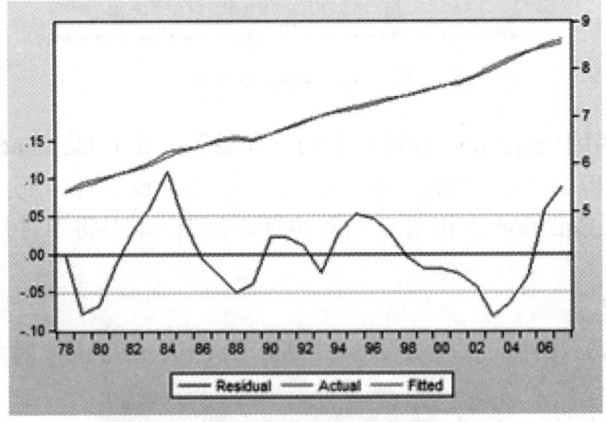

图 5-18　Resids 界面

Equation 的 Resids 界面主要给用户展示因变量的观测值序列、拟合值序列及残差序列图。其中，Residual、Actual、Fitted 分别表示观测值序列、拟合值序列及残差序列。

3.　Equation 对象的下拉菜单按钮操作

（1）　View 下拉菜单按钮

单击 View 按钮，可以打开如图 5-19 所示的下拉菜单。

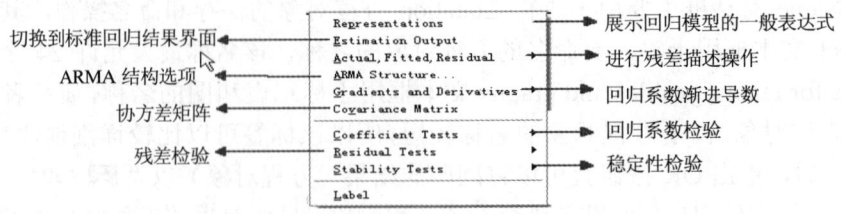

图 5-19　View 下拉菜单按钮

该下拉菜单提供了一些便捷操作命令和残差检验、系数检验等重要检验操作命令。Representations 命令用于展示回归模型的一般表达式；Estimation Output 命令用于切换到标准回归结果界面；ARMA Structure 用于展示 ARMA 模型的结构，仅限于 ARMA 模型操作；Coefficient Tests 和 Stability Tests 命令主要用于对系数和模型进行稳定性检验，具体参见本书 8.3 节。本节将重点介绍 Actual，Fitted，Residual 选项和 Residual Tests 选项命令。

① Actual，Fitted，Residual 选项。

选择 View|Actual，Fitted，Residual 命令，可以打开如图 5-20 所示的 4 个残差绘图操作命令。

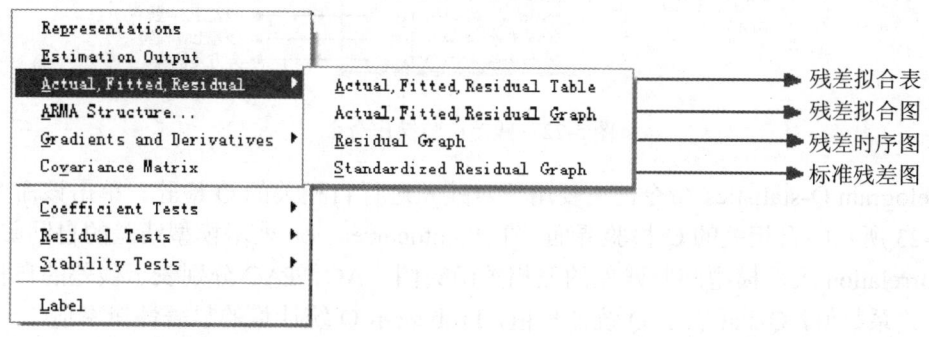

图 5-20 残差绘图操作命令

Actual，Fitted，Residual Table 命令，该命令可以实现输出如图 5-21 所示的残差拟合表。该窗口主要有四部分：第一部分为 Actual（被解释变量实际观测值）列表；第二部分为 Fitted（被解释变量的拟合值）列表；第三部分为 Residual（拟合残差值）；第四部分为残差序列图。

Actual，Fitted，Residual Graph 命令、Residual Graph 命令、Standardized Residual Graph 命令与 Actual，Fitted，Residual Table 命令输出的残存时序图类似，只是在形式上有所不同，在此不做赘述。

obs	Actual	Fitted	Residual
1978	5.41810	5.42062	-0.00252
1979	5.52086	5.60061	-0.07974
1980	5.62176	5.68915	-0.06739
1981	5.77483	5.78650	-0.01167
1982	5.89735	5.86671	0.03064
1983	6.02470	5.96145	0.06324
1984	6.24438	6.13624	0.10815
1985	6.31820	6.27507	0.04313
1986	6.36100	6.36709	-0.00610
1987	6.46665	6.49542	-0.02877
1988	6.52004	6.57203	-0.05199
1989	6.47681	6.51539	-0.03858
1990	6.62901	6.60644	0.02257
1991	6.76183	6.73862	0.02321
1992	6.88950	6.87866	0.01084
1993	7.00168	7.02722	-0.02554
1994	7.11913	7.09168	0.02746
1995	7.21063	7.15858	0.05205
1996	7.29092	7.24405	0.04687
1997	7.36866	7.34182	0.02684
1998	7.44621	7.44942	-0.00321
1999	7.51844	7.53839	-0.01995
2000	7.62315	7.64251	-0.01935
2001	7.70331	7.73056	-0.02725
2002			

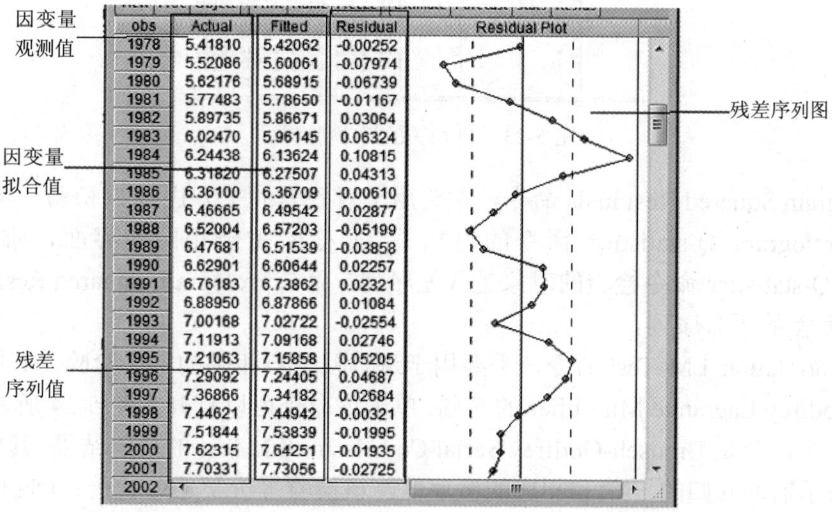

图 5-21 残差拟合表窗口

② Residual Tests 选项。

选择 View 下拉菜单中的 Residual Tests，可以打开如图 5-22 所示的 5 个残差检验操作命令。

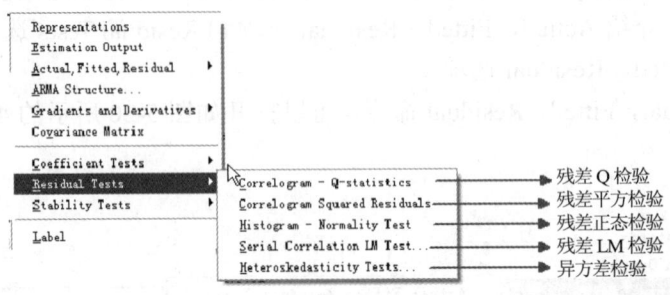

图 5-22　残差检验操作命令

Correlogram Q-statistics 命令，主要用于对残差进行自相关的 Q 检验。单击该命令可以打开如图 5-23 所示的自相关的 Q 检验界面。图中 Autocorrelation 表示模型残差的自回归系数图，Partial Correlation 表示模型回归残差的偏相关函数图，AC、PAC 分别表示残差的自相关系数值和偏相关系数值，Q-stat 表示 Q 统计量值，Prob 表示 Q 统计量的显著性概率值。一般而言，当 Prob 概率值大于设定的显著性水平，认为残差序列不存在自相关；反之，其概率水平小于设定的显著性水平，认为残差序列存在自相关。

Date: 11/25/12　Time: 16:24
Sample: 1978 2007
Included observations: 30

Autocorrelation	Partial Correlation		AC	PAC	Q-Stat	Prob
		1	0.623	0.623	12.860	0.000
		2	0.071	-0.519	13.035	0.001
		3	-0.299	-0.098	16.219	0.001
		4	-0.429	-0.157	23.005	0.000
		5	-0.344	-0.045	27.549	0.000
		6	-0.189	-0.131	28.980	0.000
		7	-0.138	-0.274	29.780	0.000
		8	-0.115	-0.086	30.356	0.000
		9	-0.034	-0.057	30.409	0.000
		10	0.110	0.022	30.985	0.001
		11	0.179	-0.162	32.604	0.001
		12	0.203	0.070	34.796	0.001
		13	0.127	-0.116	35.709	0.001
		14	0.059	0.123	35.914	0.001
		15	0.019	-0.036	35.937	0.002
		16	-0.026	-0.023	35.982	0.003

图 5-23　自相关的 Q 检验界面

Correlogram Squared Residuals 命令，主要用于对残差的平方进行 Q 检验。单击该命令将输出与 Correlogram Q-statistics 命令的自相关 Q 检验完全相同的界面，唯一的不同是 Correlogram Q-statistics 命令检验的对象是残差序列，而 Correlogram Squared Residuals 命令检验的对象是残差的平方序列。

Serial Correlation LM Test 命令，主要用于进行残差自相关的 LM 检验。其中，LM 检验是 Breush-Godfrey Lagrange Multiplier 的简称。单击该命令可以打开如图 5-24 所示的 LM 检验窗口。图中上半部分是 Breusch-Godfrey Serial Correlasion LMTest 的检验结果。其中，F-Statistic 和 Prob F 表示辅助回归的 F 值和相应的概率值，该检验等价于 LM 检验；Obs*R-squared 和 Prob Chi-square 是 LM 值和相应的概率值。图中下半部分是利用以 u 为被解释变量，以 u 的 1 到 P 阶滞后项为解释变量再次进行回归的标准结果，由于前文已经介绍就不再赘述了。

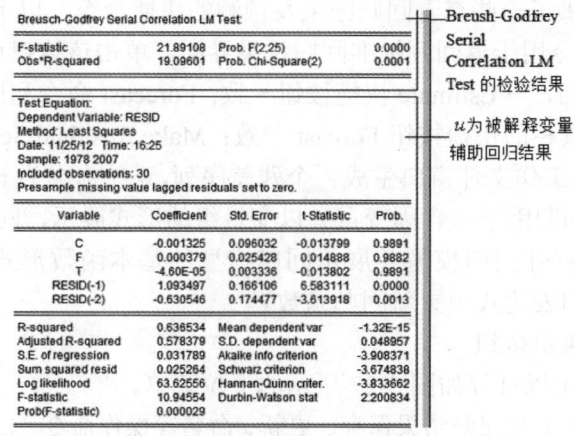

图 5-24　LM 检验窗口

Histogram-Normality Test 命令，主要用于对残差进行正态性检验。单击该命令可以打开如图 5-25 所示的正态性检验窗口。Histogram-Normality Test 是对残差序列进行是否为正态分布的检验。图 5-25 的左侧显示的是该序列对象的直方图，为观测值的频率分布。右侧分三个部分，最上面显示的是序列对象的名称、样本的范围和样本数量。一般而言，当 JB 统计量计算的概率值大于设定的显著性水平，此时就不能拒绝原假设 H0，认为残差序列服从正态分布；反之，其概率水平小于设定的显著性水平，此时可以拒绝原假设，认为残差序列不服从正态分布。

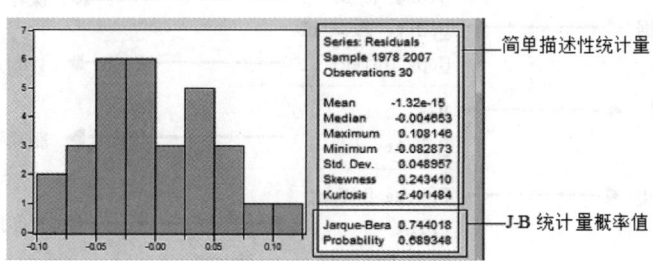

图 5-25　正态性检验窗口

Heteroskedasticity Tests 命令，即怀特异方差检验，主要用于检验残差序列是否存在异方差，具体可参见 6.1 节对异方差的专题讲解。

（2）Procdure 下拉菜单按钮

单击 Procdure 按钮，可以打开如图 5-26 所示的下拉菜单。

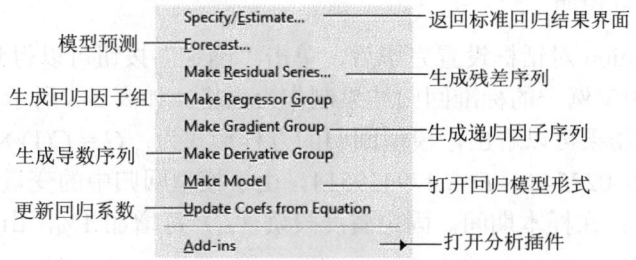

图 5-26　Procdure 下拉菜单按钮

该下拉菜单主要提供了一些查看回归结果及预测的快捷命令，以下是几个常用的命令。

Specify/Estimate 命令用于返回到标准回归结果界面，单击该按钮可以在其他操作界面下转换到标准回归结果界面，与 Estimate 快捷按钮一致；Forecast 命令利用用户建立的回归模型进行预测的操作，与工具栏的快捷按钮 Forcast 一致；Make Residual Series 命令用于生成残差序列，单击该命令可以在工作文件窗口生成一个残差序列，系统命名为 resid01；Make Regressor Group 命令可以将所有回归因子（含因变量）以变量组的形式展示，同时提供命名保存操作；Make Model 命令用于打开回归模型并展示回归模型的基本函数形式；Update Coefs from Equation 命令用于从回归表达式中更新回归系数。

（3） Object 下拉菜单按钮

单击 Object 按钮，可以打开如图 5-27 所示的下拉菜单。

该下拉菜单主要提供了对回归结果保存、更新、命名等操作命令，以下是几个常用的命令。

Store to DB 命令用于将回归结果保存到指定 EViews 数据库中；Update from DB 命令用于从指定 EViews 数据库中提取回归结果；Copy Object 命令用于复制标准回归结果；Name 命令用于对回归结果进行命名保存操作，与工具栏 Name 快捷命令作用一致；Delete 命令用于删除选定的回归结果；Freeze Output 命令可以将标准回归结果进入可编辑状态，与工具栏 Freeze 快捷操作按钮作用一致；Print 命令用于打开 Print 对话框，主要用于 Equation 方程对象的打印设置，与工具栏 Print 快捷操作按钮作用一致；View Options 选项提供了部分 View 下拉菜单命令（参见本节对 View 下拉菜单的讲解），但在线性回归估计窗口不可用。

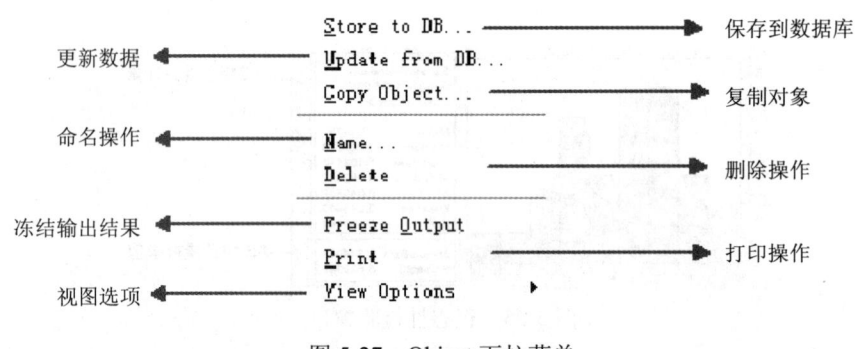

图 5-27 Object 下拉菜单

5.2.3 线性回归模型 OLS 估计结果的案例解释与操作

本节仍然沿用 5.1 节案例，对 5.1 节案例的回归结果进行详细说明。

1. 回归结果的解释说明

在 Equation Estimation 对话框设置完毕后，单击"确定"按钮可以得到如图 5-13 所示的回归结果，将图 5-13 中案例一的标准回归结果制作为表格，如表 5-8 所示。

通过表 5-8 所示的结果可以看出，模型回归的方程形式为：$G = C(1) \times F + C(2)$，模型回归的结果为：$G = 0.7800027548 \times F + 2.479439514$。由于模型回归中的变量已经取了对数，所以该结果可以这么解释：在样本期间，固定资产投资（F）每增加 1%，山东省固定资产投资可以增加 0.78%。

表 5-8 案例一的标准回归结果

Variable	Coefficient	Std. Error	t-Statistic	Prob.
F	0.780003	0.019799	39.39553	0.0000
C	2.479440	0.115807	21.41017	0.0000
R-squared	0.982279	Mean dependent var		6.954833
Adjusted R-squared	0.981646	S.D. dependent var		0.909297
S.E. of regression	0.123190	Akaike info criterion		−1.285839
Sum squared resid	0.424921	Schwarz criterion		−1.192426
Log likelihood	21.28759	F-statistic		1552.008
Durbin-Watson stat	0.563528	Prob(F-statistic)		0.000000

从系数的显著性来看，Prob.值都在 0.000，都小于 5% 的显著性水平，说明模型回归的系数非常显著；从模型整体的显著性来看，F 值为 1552.008，相应的概率值 Prob. 为 0.000，可以拒绝模型整体解释变量系数为零的原假设，说明模型的整体拟合情况良好；从模型整体的拟合度来看，R 方和调整 R 方都在 98% 以上，说明该模型整体上拟合得非常好；从模型拟合的残差序列相关性来看，D-W 值为 0.5635，显然严重小于序列无自相关的标准值 2，判断回归残差存在序列自相关。因此最小估计统计量仍然是线性和无偏的，但却不是有效的。如何调节模型残差的自相关问题将在第 6 章介绍。

2. 回归残差的检验操作与解释

下面对 5.1 案例回归结果进行残差检验操作，其中多元回归结果的残差检验操作与一元回归的操作没有任何差别。

（1）在 Equation 方程对象窗口工具栏中依次选择 View| Residual Diagnostics| Correlogram Q-statistics，打开如图 5-28 所示的方程对象窗口。

从图 5-28 中可以看到一直滞后到 16 阶，Q 统计量的 P 值在滞后 1 至 16 阶的概率 P 值都小于 5%（P 值的判定规则参见背景知识），所以可以拒绝原假设，认为模型回归的残差序列存在自相关。从检验的稳妥性考虑，需要进一步做 LM 检验。

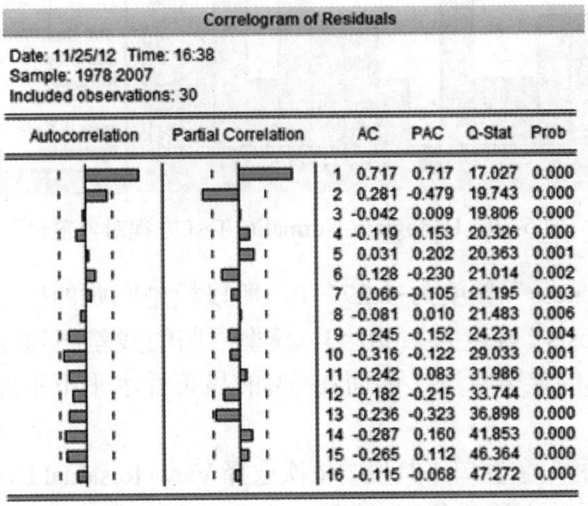

图 5-28 Correlogram Q-statistics 方程对象窗口

（2）在 Equation 方程对象窗口工具栏中依次选择 View| Residual Diagnostics | Series Correlation LM test，打开如图 5-29 所示的方程对象窗口。

Breusch-Godfrey Serial Correlation LM Test:

F-statistic	21.89300	Prob. F(2,26)	0.0000
Obs*R-squared	18.82297	Prob. Chi-Square(2)	0.0001

Test Equation:
Dependent Variable: RESID
Method: Least Squares
Date: 11/25/12   Time: 16:41
Sample: 1978 2007
Included observations: 30
Presample missing value lagged residuals set to zero.

Variable	Coefficient	Std. Error	t-Statistic	Prob.
C	-0.011766	0.074359	-0.158230	0.8755
F	0.002206	0.012733	0.173287	0.8638
RESID(-1)	1.067607	0.173074	6.168507	0.0000
RESID(-2)	-0.491082	0.176008	-2.790109	0.0097

R-squared	0.627432	Mean dependent var	-2.26E-15
Adjusted R-squared	0.584444	S.D. dependent var	0.121047
S.E. of regression	0.078031	Akaike info criterion	-2.139843
Sum squared resid	0.158312	Schwarz criterion	-1.953017
Log likelihood	36.09764	Hannan-Quinn criter.	-2.080076
F-statistic	14.59534	Durbin-Watson stat	2.012141
Prob(F-statistic)	0.000009		

图 5-29   Series Correlation LM test 方程对象窗口

从图 5-29 中可以看到该检验的 F 值的概率 P 值为 0.00000，LM 值的概率 P 值为 0.0001（P 值的判定规则参见背景知识），显著拒绝原假设，认为模型回归残差序列存在自相关。因此需要对模型进行修正，具体修正方法参见第 6 章。

（3）在 Equation 方程对象窗口工具栏中依次选择 View| Residual Diagnostics | Histogram-Normality Test，打开如图 5-30 所示的方程对象窗口。

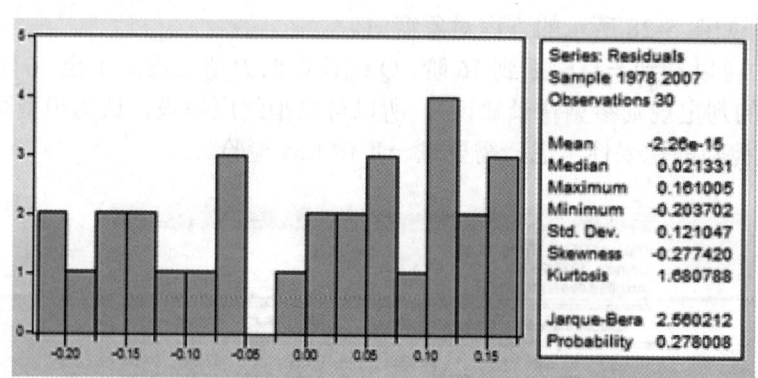

图 5-30   Histogram-Normality Test 方程对象窗口

图 5-30 中的"Skewness"偏度为 -0.277<0，所以模型回归的残差序列分布是不对称的，为左偏分布形态。"Kurtosis"峰度为 1.681<3，模型回归的残差序列分布呈厚尾状态。JB 检验的 P 值为 0.278 大于 5% 的显著水平，因而在 5% 的显著性水平下不能拒绝零假设，即序列基本服从正态分布。

（4）在 Equation 方程对象窗口工具栏中依次选择 View| Residual Diagnostics|Heteroskedasticity Test，打开如图 5-31 所示的方程对象窗口。

Heteroskedasticity Test: White

F-statistic	0.744061	Prob. F(2,27)	0.4847
Obs*R-squared	1.567097	Prob. Chi-Square(2)	0.4568
Scaled explained SS	0.464677	Prob. Chi-Square(2)	0.7927

Test Equation:
Dependent Variable: RESID^2
Method: Least Squares
Date: 11/25/12 Time: 16:45
Sample: 1978 2007
Included observations: 30

Variable	Coefficient	Std. Error	t-Statistic	Prob.
C	-0.039892	0.052874	-0.754474	0.4571
F	0.017346	0.018304	0.947682	0.3517
F^2	-0.001329	0.001543	-0.861524	0.3965

R-squared	0.052237	Mean dependent var	0.014164
Adjusted R-squared	-0.017968	S.D. dependent var	0.011887
S.E. of regression	0.011993	Akaike info criterion	-5.914377
Sum squared resid	0.003883	Schwarz criterion	-5.774238
Log likelihood	91.71566	Hannan-Quinn criter.	-5.869552
F-statistic	0.744061	Durbin-Watson stat	1.382937
Prob(F-statistic)	0.484674		

图 5-31　Heteroskedasticity Test 方程对象窗口

从图 5-31 中可以看到该检验 F 值的概率 P 值为 0.4847 和 LM 的概率 P 值为 0.4568（P 值的判定规则参见背景知识），不能拒绝原假设，认为模型回归残差序列不存在异方差。

5.3　含虚拟变量的线性回归模型的 OLS 估计

前面两节介绍的线性模型中的解释变量都是可以连续取值的定量变量，但是在建立回归模型的过程中，因变量不仅会受到连续的解释变量影响，而且会受到某些非定量解释变量的影响，如性别、学历、民族、季节等。这些表示某种特征存在或不存在的变量就是定性变量，采用虚拟变量进行定义。

5.3.1　背景知识

定性变量通常表示某种特征是否存在，如是否为男性、是否是春季、是否是文化大革命时期等，因此在计量经济中量化定性变量的方法是取值 0 或 1。一般可以用 1 表示该变量特征的存在，而用 0 表示该特征不存在。这种取值为 0 或 1 的变量称做虚拟变量，用 D（Dummy）表示。

虚拟变量的赋值方法：当一个定性变量含有 M 个类别时，应该向模型中引入 $M-1$ 个虚拟变量。其中，把虚拟变量取值为 0 的类别称为基础类别。例如，回归模型中的定性变量"国籍"含有中国国籍和外国国籍两个类别，则应该向回归模型中引入一个虚拟变量。定义方式为

$$D = \begin{cases} 1 & （中国国籍） \\ 0 & （外国国籍） \end{cases} 或者 D = \begin{cases} 0 & （中国国籍） \\ 1 & （外国国籍） \end{cases} \tag{5.4}$$

另外，如果回归模型中的定性变量"季节"含有春夏秋冬 4 个类别，则要引入 3 个虚拟变量。以冬季为基础类别的一种定义方式为

$$D1 = \begin{cases} 1 & （春季） \\ 0 & （其他季节） \end{cases} D2 = \begin{cases} 1 & （夏季） \\ 0 & （其他季节） \end{cases}$$

$$D3 = \begin{cases} 1 & （秋季） \\ 0 & （其他季节） \end{cases} \tag{5.5}$$

注意 如果当一个定性变量含有 M 个类别，同时也向模型中引入 M 个虚拟变量，就会在有截距项的回归模型中引发多重共线性问题。回归模型可以只用虚拟变量作为解释变量，也可以用定量变量和虚拟变量一起作为解释变量。当回归模型中含有虚拟变量时，对其回归系数的一切估计和统计检验方法都与定量解释变量相同。

将虚拟变量设定在回归模型中主要有 3 个作用：用虚拟变量测量截距的变动；用虚拟变量测量解释变量系数的变动；用虚拟变量测量断点。

（1） 测量截距的变动

在回归模型中加入一个虚拟变量作为一个单独的解释变量，就可以测量截距的变动。如在一元线性回归模型中加入一个虚拟变量：

$$y = c + \beta_1 x + \beta_2 D + \varepsilon \tag{5.6}$$

当虚拟变量 $D=1$ 或 0 时，式（5.6）变为

$$y = c + \beta_1 x + \varepsilon, (D = 0)$$
$$y = (c + \beta_2) + \beta_1 x + \varepsilon, (D = 1) \tag{5.7}$$

由式（5.7）可以发现回归模型的常数项可以发生变化。

（2） 测量解释变量系数的变动

在回归模型中加入一个虚拟变量与定量变量的乘积项，作为一个单独的解释变量，就可以测量解释变量系数的变动。如在一元线性回归模型中加入虚拟变量与定量变量的乘积项：

$$y = c + \beta_1 x + \beta_2 x \times D + \varepsilon \tag{5.8}$$

当虚拟变量 $D=1$ 或 0 时，式（5.8）变为

$$y = c + \beta_1 x + \varepsilon, (D = 0)$$
$$y = c + (\beta_1 + \beta_2) x + \varepsilon, (D = 1) \tag{5.9}$$

我们发现当 $D=1$ 时回归模型中 x 的系数发生了改变，而虚拟变量与定量变量的乘积项的系数是否显著，测量该模型回归斜率是否发生变动的显著性。

（3） 测量断点

当变量序列存在明显的结构突变断点时，一般有两种方法：利用断点时刻划分样本进行分段回归，再者可以在回归模型中加入一个虚拟变量与定量变量和断点观测值差的乘积项，作为一个单独的解释变量来测量回归模型中的断点问题。如在一元线性回归模型中加入一个

虚拟变量与定量变量和断点观测值差的乘积项：

$$y = c + \beta_1 x + \beta_2 (x - x_b) \times D + \varepsilon \qquad (5.10)$$

其中，认为变量 y 在 t 时刻发生结构突变。当虚拟变量 $D=1$ 或 0 时，式（5.10）变为

$$D = \begin{cases} 0, (1 \leqslant t \leqslant b) \\ 1, (b < t \leqslant T) \end{cases} \qquad (5.11)$$

$$y = c + \beta_1 x + \varepsilon, (D = 0)$$
$$y = (c - \beta_2 \times x_b) + (\beta_1 + \beta_2) x + \varepsilon, (D = 1) \qquad (5.12)$$

可以发现当 $x=x_b$ 时，式（5.12）中的两个回归式是完全相同的。尽管两个子回归模型不相同，但是在发生结构突变的那一刻，两条回归直线是连续的。

5.3.2 虚拟变量设定的 EViews 操作

含虚拟变量的线性回归模型与一般的线性回归模型在变量输入、样本设定、估计方法的选择等方面没有任何差异，仅仅对于虚拟变量如何设定及如何解释方面有所差异。下面仅就虚拟变量如何在 EViews 中定义进行讲解。

虚拟变量在 EViews 序列对象中就是取值为 0 和 1 的序列。因此，虚拟变量的定义与普通变量的路径相同：在 workfile 窗口的工具栏中依次单击 Object | New Object，打开如图 5-32 所示的 New Object 对话框，选择 Series 并进行命名。定义新序列后，根据该虚拟变量要表示的属性特征是否存在来赋值 0 和 1，一般情况下，如果某特征不存在，则赋值为 0；存在，则赋值为 1。定义完毕后，如图 5-33 所示。

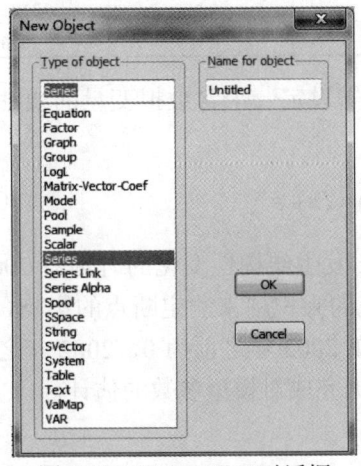

图 5-32 New Object 对话框   图 5-33 选择 Series 并命名后显示结果

5.3.3 含虚拟变量线性回归模型 OLS 估计的案例操作

由于虚拟变量在测度结构突变中最为常用并且更具有代表性，同时测度结构突变实际上是对第一种（测度截距变动）和第二种（解释变量系数变动）的综合运用，因此在下面的案例分析中，将重点对虚拟变量的第三种应用进行讨论和讲解，从而整体上涵盖了虚拟变量的

三种应用。

1. 案例问题的描述与数据准备

在我国经济增长和发展非常重要的三驾马车中出口具有独特的作用，出口不仅贡献了我国三分一的 GDP，而且大量的出口企业解决了各地的就业问题。同时，更为关注的是，2001年底我国加入 WTO 世界贸易组织对我国出口形成了一个结构性的影响和冲击。本节通过对我国出口序列的观察，利用一个简单的线性回归模型来拟合这个序列，借助虚拟变量来测度这个结构断点，借此来说明虚拟变量的应用。

本实验案例所用数据文件路径为：sample/chap05/案例 5.2。该数据文件记录了从 1981 年至 2008 年的我国出口量的相关数据，单位为亿元。本试验案例的数据来源于《中国统计年鉴》，相关数据如表 5-9 所示。

表 5-9　1981 年至 2008 年的出口量年份数据

年　份	Dummy	出　口	年　份	Dummy	出　口
1981	0	22007	1995	0	148775
1982	0	21872.25	1996	0	151184
1983	0	22176.91	1997	0	182877
1984	0	24830.9	1998	0	183589
1985	0	27326.56	1999	0	195150
1986	0	31148.34	2000	0	249294
1987	0	39542.18	2001	0	266099
1988	0	47540.37	2002	1	325595
1989	0	51626.29	2003	1	438229
1990	0	60920.46	2004	1	593329
1991	0	70291.02	2005	1	762126
1992	0	84978	2006	1	969359
1993	0	91733.4	2007	1	1218144
1994	0	120827	2008	1	1202600

为了说明虚拟变量在测度结构突变方面的作用，本书设定一个含虚拟变量的线性回归模型。建立的总体回归模型如下：

$$\text{export} = c + \beta_1 t + \beta_2 (t - 2002) \times D + \varepsilon \tag{5.13}$$

其中，模型中的解释变量为时间 t，我们认为出口 export 发生结构性变化的时刻为 2002 年，因此设定虚拟变量 D 与定量变量 t 和断点观测值 2002 差的乘积项来测定断点的影响，具体原理可参见本节的背景知识介绍部分。另外，虚拟变量 D 在 2002 年之前为 0，2002 年之后取值为 1。将根据式（5.13）建立线性回归模型，利用上述数据完成对模型参数的估计。

2. 变量时序图的绘制和基本观测分析

双击打开 export 序列，在菜单栏中依次选择 view | Graph，在弹出的对话框中采用默认的设置（绘制线图），单击 OK 按钮，则可将出口序列的时序图绘制出来，如图 5-34 所示。

通过该时序图可以清晰地看出，我国对外出口量从 1981 年开始一直处于增长状况，其中，从 1981 年至 2002 年这段时间的增长处于比较缓慢的状态，而从 2002 年至 2008 年这段时间的增长是非常迅速的。这是因为 2001 年底我国加入了 WTO，关税税率大幅度下调，刺激我国出口的增加，因此可以认为 2002 年是出口序列的一个重要结构突变点。为此在命名虚拟变量时将时间小于 2002 年定义为 0，然后将 2002 以后定义为 1。

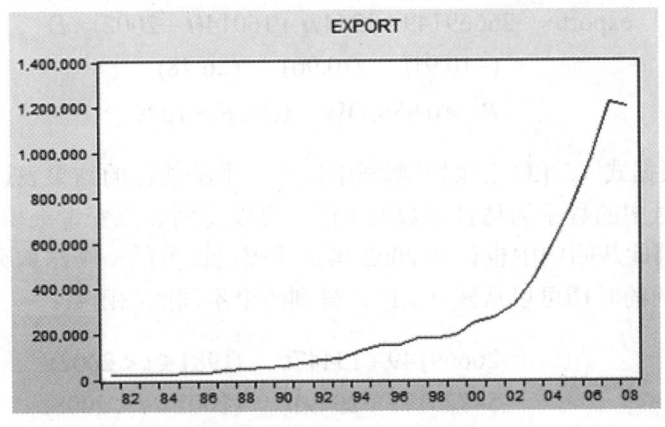

图 5-34　出口序列时序图

3. 线性回归模型的建立与 OLS 估计

具体操作步骤如下：

（1）选中回归模型中的变量 export /t /dummy，其中 dummy 为设定的虚拟变量。然后右击选择 Open/as equation，打开 Equation Estimation 对话框。

（2）在 Estimation specification 输入框设定为：export [dummy*(t−2002)]t c（变量之间用空格隔开，注意在 EViews 中"*"代表乘号"×"），然后单击"确定"按钮，就可以得到模型回归结果。

值得注意的是，在 EViews 中 Estimation specification 输入框设定虚拟变量与定量变量和断点观测值差的乘积项{如本案例的[dummy*(t−2002)]项}时，因为设定中含有公式，所以该项必须用小括号包裹。

4. 线性回归模型 OLS 估计结果

设定模型结束后，单击"确定"按钮可以得到本案例模型回归的结果，如图 5-35 所示。

```
Dependent Variable: EXPORT
Method: Least Squares
Date: 11/25/12   Time: 16:52
Sample: 1981 2008
Included observations: 28
```

Variable	Coefficient	Std. Error	t-Statistic	Prob.
DUMMY*(T-2002)	160146.1	6045.799	26.48883	0.0000
T	13447.27	1226.981	10.95964	0.0000
C	-26669149	2444187.	-10.91125	0.0000

R-squared	0.988755	Mean dependent var	271541.8
Adjusted R-squared	0.987856	S.D. dependent var	353211.5
S.E. of regression	38923.96	Akaike info criterion	24.07756
Sum squared resid	3.79E+10	Schwarz criterion	24.22030
Log likelihood	-334.0859	Hannan-Quinn criter.	24.12120
F-statistic	1099.153	Durbin-Watson stat	1.383755
Prob(F-statistic)	0.000000		

图 5-35　OLS 估计结果

图 5-35 的回归结果可以总结为下面的回归估计表达式：

$$export = -26669149 + 13447t + 16014(t-2002) \times D$$
$$(-10.91) \qquad (10.96) \qquad (26.48) \qquad\qquad (5.14)$$
$$R^2 = 0.988, DW = 1.38, F = 1099$$

式（5.14）为根据式（5.13）回归模型利用最小二乘法估计的结果表达式，其中各个回归估计系数下方小括号中的数字为估计系数的 t 值，可以得到虚拟变量乘积项的 t 值为 26.48，远远大于临界值，因此从回归中也认为 2002 年是我国出口量的一个结构突变点。按照以虚拟变量决定的两个不同的时期可以从式（5.14）得到两个不同回归函数：

$$export = \begin{cases} -26669149 + 13447t & (1981 \leqslant t < 2002) \\ -54725177 + 29491t & (2002 \leqslant t \leqslant 2008) \end{cases} \qquad (5.15)$$

虽然上面的分段回归函数由两个不同的回归表达式组成，但是两个函数在 2002 年是连续的，从两个函数时间 t 的系数来看，我国加入 WTO 后出口的增长速度发生了一个质的飞跃，平均增长速度是 2002 年前的两倍，可以说明我国在加入 WTO 后的出口效应迅速出现了。

上机题

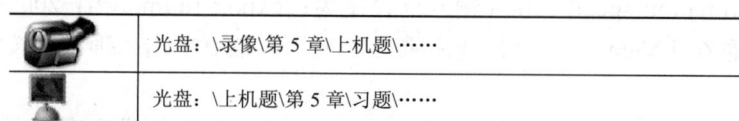

光盘：\录像\第 5 章\上机题\……

光盘：\上机题\第 5 章\习题\……

1. 西方经典经济理论指出，储蓄率的提高和资本的累积是经济增长的重要动力，为了检验该理论在中国的适用性，研究者收集了我国 31 个省市的资本累计额和 GDP 的数据，如表 5-10 所示。

表 5-10 我国 31 个省市的资本累计额和 GDP 数据

地 区	资本累计额	地区生产总值	地 区	资本累计额	地区生产总值
北 京	3970.92	7870.28	福 建	3637.46	7614.55
天 津	2364.41	4359.15	江 西	2355.02	4670.53
河 北	5505.80	11660.43	山 东	10838.69	22077.36
山 西	2594.56	4752.54	河 南	6343.94	12495.97
内蒙古	3466.11	4791.48	湖 北	3591.39	7581.32
辽 宁	5003.32	9251.15	湖 南	3216.69	7568.89
吉 林	2874.27	4275.12	广 东	9621.48	26204.47
黑龙江	2334.84	6188.90	广 西	2259.82	4828.51
上 海	4762.86	10366.37	海 南	497.36	1052.85
江 苏	10673.86	21645.08	重 庆	2206.79	3491.57
浙 江	7297.05	15742.51	四 川	4150.62	8637.81
安 徽	2786.53	6148.73	贵 州	1174.77	2282.00
青 海	427.63	641.58	云 南	2386.22	4006.72
宁 夏	528.47	710.76	西 藏	241.22	291.01
新 疆	1932.64	3045.26	陕 西	2798.67	4523.74
甘 肃	1090.73	2276.70			

（1） 建立线性回归模型，分析资本累积的经济增长效应。

（2） 检验残差序列是否服从正态分布。

（3） 检验残差序列是否存在异方差。

2. 经济学界有这样一种观点，1994 年的分税制改革是我国经济发展史上一次重要的结构变动，对我国的经济增长形成了一个结构性的影响和冲击。为验证这一观点，我们收集了 1978—2005 年我国 GDP 的数据，如表 5-11 所示。

表 5-11 1978—2005 年我国 GDP 数据

年　份	GDP	年　份	GDP
1978	3645.2	1992	26937.3
1979	4062.6	1993	35260.0
1980	4545.6	1994	48108.5
1981	4889.5	1995	59810.5
1982	5330.5	1996	70142.5
1983	5985.6	1997	78060.8
1984	7243.8	1998	83024.3
1985	9040.7	1999	88479.2
1986	10274.4	2000	98000.5
1987	12050.6	2001	108068.2
1988	15036.8	2002	119095.7
1989	17000.9	2003	135174.0
1990	18718.3	2004	159586.7
1991	21826.2	2005	184739.1

为了检验这一问题，研究者建立了如下模型：

$$GDP = \alpha + \beta t + \gamma \times [DUMMY \times (t - 1994)]$$

模型中的解释变量为时间 t，另外，虚拟变量 DUMMY 在 1994 年之前为 0，1994 年之后取值为 1。试利用该模型，检验上述学者提出的观点是否正确。

第6章 模型的诊断和修正

应用普通最小二乘法时要求模型的随机误差项必须满足：① 无偏性假定，即所有随机误差项的期望为 0；② 同方差性假定，即所有随机误差项的方差相等；③ 无序列相关性假定，即随机误差项之间无序列相关性；④ 解释变量与随机误差性相互独立，即解释变量 X 为非随机变量；⑤ 正态性假定，即随机误差项服从均值为 0 的正态分布。在此基础上估计的参数才是最优线性无偏估计量。

但在实际操作处理过程中，这些基本的假定条件不一定满足，这使得模型无法应用 OLS 方法估计，或运用 OLS 方法得到的估计量不具备最优线性无偏的特点。因此在建立模型后，需要检验随机误差项是否符合 OLS 的假设条件。如果不符合，则需要对估计方法进行改进和修改。本章主要介绍异方差、内生性、自相关问题的诊断和修正，以及检验模型稳定性的 Chow 稳定性检验。

6.1 异方差与加权最小二乘法

当回归模型中的随机误差项不满足假设条件中的同方差性假定时，则称模型的随机误差项存在异方差性。当模型存在异方差问题时，最常用的处理方法是使用加权最小二乘法（Weighted Least Square，WLS）。

6.1.1 背景知识

1. 异方差的含义

在一元线性回归模型中，如果 $\mathrm{Var}(u_i) = \sigma_i^2, (i = 1, 2, \cdots, n)$ 即 u_i 的方差是随解释变量变化的量，则称此时随机误差序列存在异方差。

在多元线性回归模型中，如果 $\mathrm{Var}(u) = \sigma^2 \Omega = \sigma^2 \begin{bmatrix} \lambda_{11} & 0 & \cdots & 0 \\ 0 & \lambda_{22} & & 0 \\ \vdots & \vdots & & \cdots \\ 0 & 0 & \cdots & \lambda_{nn} \end{bmatrix} \neq \sigma^2 I$

即 u 的方差协方差矩阵主对角线的元素不相等，则表明存在异方差。

2. 异方差的后果

异方差有递增型、递减型和条件自回归型 3 种类型。通常，解释变量值的变化引起被解释变量的差异性变化。

存在异方差问题时，利用 OLS 方法估计的参数仍具有无偏一致性，但不再具有有效性，即：

$$\mathrm{Var}(\hat{\beta}) = E\left[(\hat{\beta}-\beta)(\hat{\beta}-\beta)'\right] = E\left[(X'X)^{-1}X'uu'X(X'X)^{-1}\right]$$

$$= (X'X)^{-1}X'E(uu')X(X'X)^{-1} = \sigma^2(X'X)^{-1}X'\Omega X(X'X)^{-1}$$

$$\neq \sigma^2(X'X)^{-1}$$

异方差条件下的估计系数的方差不等于最小二乘法下的最小方差 $\sigma^2(X'X)^{-1}$，所以不具备有效性。

3. 异方差的常用检验方法

（1）作图分析法

图形能够比较直观地表现出变量之间的关系。利用时间序列图、散点图，以及残差序列对解释变量的散点图可以直观地对模型是否存在异方差进行初步判断。

如果被解释变量或残差序列随着解释变量的变化差异性变大，说明模型中可能存在异方差，需要进行进一步检验确定异方差的存在。

（2）怀特检验

怀特检验通过 OLS 估计求得残差的估计值，然后利用残差估计值的平方与解释变量及其交叉项辅助回归式，得到拟合优度 R^2，从而构建统计量 $NR^2 \sim x^2(k)$ 进行检验，其中 N 为样本容量，k 为辅助回归式中常数项以外的解释变量个数。

怀特检验的原假设 H0 为原回归模型不存在异方差，备择假设 H1 为原回归模型存在异方差。如果 $NR^2 > x^2(k)$，拒绝原假设，原模型存在异方差。

（3）其他异方差检验方法

其他的异方差检验方法其原理与怀特检验基本相同，只是构造的辅助方程的具体形式不同。表 6-1 列出了不同检验方法的原理。

表 6-1 异方差检验方法的原理

检验方法名称	基本方法
哈维检验	原假设 H0 为原回归模型不存在异方差，备择假设 H1 为原回归模型存在异方差。利用残差平方的对数与原解释变量构造辅助回归式，得到拟合优度 R^2，构建统计量 $NR^2 \sim x^2(p)$ 进行检验，如果 $NR^2 > x^2(p)$，拒绝原假设，原模型存在异方差
布罗什-帕干-古德弗雷检验	原假设 H0 为原回归模型不存在异方差，备择假设 H1 为原回归模型存在异方差。利用残差平方与原解释变量构造辅助回归式，得到拟合优度 R^2，构建统计量 $NR^2 \sim x^2(p)$ 进行检验，如果 $NR^2 > x^2(p)$，拒绝原假设，原模型存在异方差
戈列瑟检验	通过检验残差估计值的绝对值与 x_i 是否存在函数关系来检验异方差的存在。通常检验的几种形式是：$\|\hat{u}_i\| = \alpha_0 + \alpha_1 x_i$；$\|\hat{u}_i\| = \alpha_0 + \alpha_1 x_i^2$；$\|\hat{u}_i\| = \alpha_0 + \alpha_1\sqrt{x_i}$ 如果残差估计值的绝对值与 x_i 存在某种函数关系，则说明原模型存在异方差
怀特检验	原假设 H0 为原回归模型不存在异方差。备择假设 H1 为原回归模型存在递增型异方差。将解释变量按照观测值大小排序，剔除位于中心位置的 m 个观测值，将剩下的 $N-m$ 等分成两个子样本，样本容量分别为 n_1，n_2。对这两个子样本分别进行 OLS 估计，并计算出相应的残差平方和 RSS。进而构建 F 统计量：$F = \dfrac{\mathrm{RSS}_2/(n_2-k)}{\mathrm{RSS}_1/(n_1-k)} \sim F(n_2-k, n_1-k)$，其中 k 为回归模型中的解释变量个数。如果计算出的 $F > F(n_2-k, n_1-k)$ 则拒绝原假设，表明原回归模型中存在递增型异方差

4. 异方差形式已知时的模型处理方法——加权最小二乘法

加权最小二乘法是通过每个变量乘以一个权重序列 w_i 消除异方差影响，进而进行 OLS 估计获得估计值的方法。

该方法的矢量描述为：$Y = X\beta + u$，$Var(u) = \sigma^2 \Omega$，$\Omega \neq I$，需要找到一个矩阵 M，使得 $M\Omega M' = I$。M 作为权重序列分别乘以每个变量，得 $MY = MX\beta + Mu$，此时 $Var(Mu) = E(Muu'M) = M\sigma^2 \Omega M' = \sigma^2 M\Omega M' = \sigma^2$，可以看出变换后的模型消除了异方差的影响，从而可以进行 OLS 估计。

5. 异方差形式未知时的模型处理方法——White 异方差一致协方差估计

当异方差形式未知时，无法使用加权最小二乘法（Weighted Least Square，WLS）消除异方差，此时需要采用 White 异方差一致协方差估计。

White 异方差一致协方差估计采用异方差一致协方差矩阵：

$$\hat{\Sigma} = \frac{n}{n-k}(X'X)^{-1}\left[\sum_{i=1}^{n}\hat{u}_i^2 X_i X_i'\right](X'X)^{-1}$$

对模型参数进行估计，能够消除异方差的影响，获得合理的估计结果。

6.1.2 异方差检验及修正的 EViews 操作

利用 EViews 软件对相应模型进行 OLS 估计之后，可在方程估计的结果窗口进行异方差检验的 EViews 操作。

1. 绘制散点图检验

通过绘制自变量与残差的散点图，可以直观地判断是否存在异方差。进行 OLS 回归后，选择 EViews 主窗口中的 Quick|Graph 命令，输入要进行绘图的自变量序列名和残差序列名（Resid），在绘图类型中选择散点图（Scatter），最后单击"确定"按钮，即可得到自变量与残差的散点图。如果随着自变量的逐渐增大，残差波动幅度变化较大，则表明存在比较明显的异方差特征。

2. 怀特检验、戈列瑟检验等检验的 EViews 操作

（1）在方程对象窗口中选择进行异方差检验命令

依次选择方程对象窗口中的 View| Residual Diagnostics|Heteroskedasticity Tests 命令，弹出如图 6-1 所示的异方差检验设置对话框。

（2）选择异方差检验方法

对话框中的 Test type 选项用于选择进行的检验名称，同时会在右方显示其构造辅助回归式的方法。之后单击 OK 按钮输出检

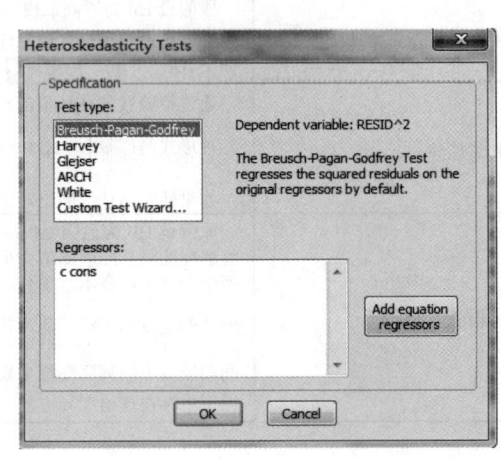

图 6-1　异方差检验设置对话框

验结果。表 6-2 所示由 EViews 提供的异方差检验方法的中英文名称对照表。

表 6-2　EViews 异方差检验方法中英文名称对照表

英文名称	中文名称
Breusch-Pagan-Godfrey	布罗什-帕干-古德弗雷检验
Harvey	哈维检验
Glejser	戈列瑟检验
ARCH	自回归条件 LM 检验
White	怀特检验
Custom Test Wizard	用户自主设定检验

（3）　输出检验结果

图 6-2 所示为某模型异方差检验输出结果。

F-statistic 是辅助方程整体显著性的 F 统计量；Obs*R-squared 是怀特检验的统计量 NR^2，通过比较 Obs*R-squared 的概率值和显著性水平，可以对方程是否存在异方差进行判断。如图 6-2 所示的怀特检验结果中 Obs*R-squared 的概率值小于显著性水平 0.05，则拒绝原假设，方程存在异方差。

Heteroskedasticity Test: White

F-statistic	19.48389	Prob. F(2,27)	0.0000
Obs*R-squared	17.72128	Prob. Chi-Square(2)	0.0001
Scaled explained SS	16.02399	Prob. Chi-Square(2)	0.0003

图 6-2　异方差检验输出结果

3.　加权最小二乘法的操作步骤

处理异方差最常用的方法是加权最小二乘法，其具体操作如下。

（1）　新建权重序列 w

在工作文件主窗口中依次选择 Object|Generate Series 命令，弹出 Generate Series by Equation 对话框。Enter equation 用来定义权重序列 w 的公式表达式。以权重序列是 gdp 序列平方的倒数为例，如图 6-3 所示在 Enter equation 输入框中输入权重序列 w 的序列公式 w=1/(gdp)^2。Samle 选项用来设置生成权重序列的时间范围，通常为系统默认值，无须进行设置。最后单击 OK 按钮生成权重序列 w。

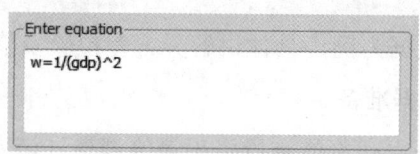

图 6-3　Enter equation 输入框

（2）　进行加权最小二乘法估计

① 单击 EViews 主菜单中的 Quick| Estimate Equation 命令，在弹出的方程定义对话框 Specification 选项卡的 Enter equation 输入框中输入原模型表达式。此处具体设置方法同第 5 章 OLS 估计设定步骤。

② 选择图 6-4 所示的方程定义对话框 Options 选项卡，在 Type 选项后选择加权方式，具体可选项有：倒标准差（Inverse Std.Dev）、倒方差（Inverse Variance）、标准差（Std.Dev.）和方差（Variance），并在 Weight 后输入权重序列名称，完成后单击"确定"按钮输出结果。

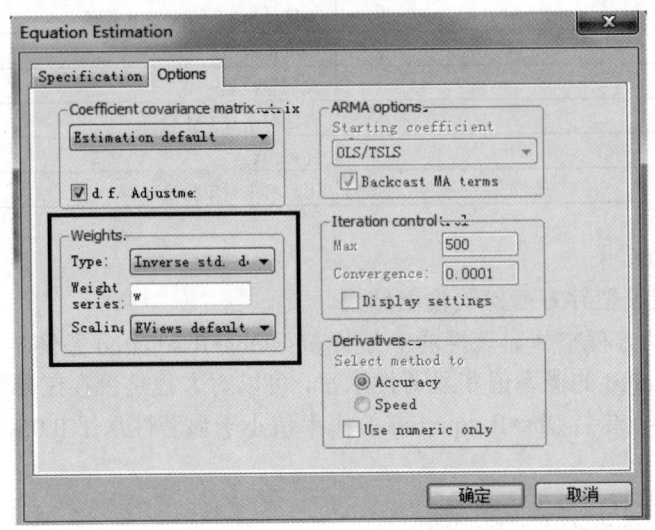

图 6-4　方程定义对话框中 Options 选项卡

③ 最后对加权的模型进行异方差检验查看，是否消除了异方差特征。依次选择方程对象窗口中的 View|Residual Diagnostics|Heteroskedasticity Tests 命令，接着选择异方差检验方法，最后单击"确定"按钮输出检验结果。查看结果中 Obs*R-squared 统计量及其概率值，并对比显著水平判断是否消除了异方差性。如果经过判断消除了异方差，则可以将加权最小二乘法估计的参数值代入原模型。

4. White 异方差一致协方差估计操作步骤

White 异方差一致协方差估计操作与 OLS 估计步骤基本相同，首先在 EViews 主窗口中依次选择 Quick| Estimate Equation 命令。然后在 Equation Specification 对话框中的 Specification 选项卡中设定公式，在 Options 选项卡中勾选 heteroskedasticity consistent coefficient covariancce 选项并勾选 White 项。最后单击"确定"按钮，即可输出结果。

6.1.3　异方差检验及修正的案例操作

下面以本章准备的案例数据为例，具体讲解异方差检验及修正操作。

1. 案例问题的描述与数据准备

由凯恩斯理论可知，国民生产总值＝投资＋最终消费（消费＋政府支出）＋净出口。因此最终消费是构成国民生产总值的重要组成部分。本节先构造消费和国民生产总值的线性模型，再分析模型中的异方差问题及修正方法。

本实验案例所用数据文件路径为：sample/chap06/数据/案例 6.1。该数据文件记录了从 1978 年至 2007 年的我国国民生产总值和最终消费的相关数据，单位为亿元。本试验案例的数据来源于《中国统计年鉴》，相关数据如表 6-3 所示。

表 6-3 1978—2007 年我国国民生产总值和最终消费数据

年　份	国民生产总值 （GDP）	最终消费 （Consumption）	年　份	国民生产总值 （GDP）	最终消费 （Consumption）
1978	3645.2	2239.1	1993	35333.9	21899.9
1979	4062.6	2633.7	1994	48197.9	29242.2
1980	4545.6	3007.9	1995	60793.7	36748.2
1981	4891.6	3361.5	1996	71176.6	43919.5
1982	5323.4	3714.8	1997	78973	48140.6
1983	5962.7	4126.4	1998	84402.3	51588.2
1984	7208.1	4846.3	1999	89677.1	55636.9
1985	9016	5986.3	2000	99214.6	61516
1986	10275.2	6821.8	2001	109655.2	66878.3
1987	12058.6	7804.6	2002	120332.7	71691.2
1988	15042.8	9839.5	2003	135822.8	77449.5
1989	16992.3	11164.2	2004	159878.3	87032.9
1990	18667.8	12090.5	2005	183217.4	97822.7
1991	21781.5	14091.9	2006	211923.5	110595.3
1992	26923.5	17203.3	2007	249529.9	128444.6

本案例用经典线性回归模型来分析变量之间的关系，建立的总体回归模型如下：

$$GDP = \alpha + \beta CONS + u \tag{6.1}$$

2. 对模型进行 OLS 估计

打开案例一数据文件，弹出如图 6-5 所示的工作文件窗口。在案例 6.1 工作文件窗口中有四个变量和一个方程对象：c 和 resid 是模型回归常数项（或者截距项）和模型回归残差序列，consume 表示最终消费序列，gdp 表示国民生产总值序列，equation6_1 代表按照 $GDP = \alpha + \beta CONS + u$ 进行回归的方程估计结果。

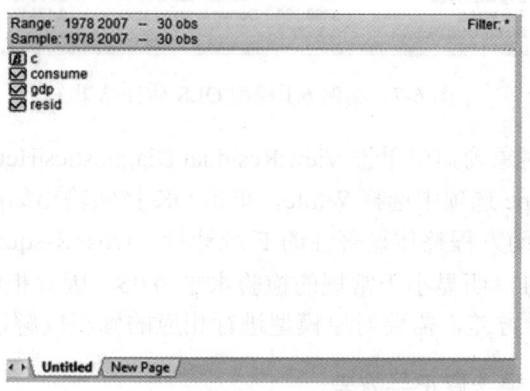

图 6-5 案例 6.1 工作文件窗口

3. 绘制散点图检验异方差

选择 EViews 主窗口中的 Quick|Graph 命令，输入要进行绘图的自变量序列名（Consume）和残差序列名（Resid），在绘图类型中选择散点图（Scatter），最后单击"确定"按钮即可得

到自变量与残差的散点图。

图 6-6 显示的即为自变量（Consume）与残差（Resid）的散点图，可以看出随着自变量 COonsume 取值的增大，残差 Resid 的波动幅度逐渐加大，具有比较典型的异方差特征。

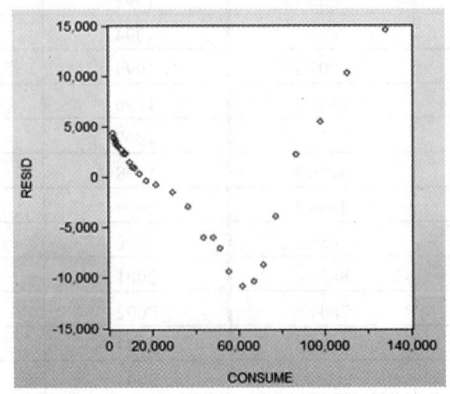

图 6-6 消费与残差的散点图

4. 进行异方差怀特检验

双击 equation6_1 打开方程回归结果对话框，可以看到 OLS 估计结果如图 6-7 所示。

Dependent Variable: GDP
Method: Least Squares
Date: 11/25/12 Time: 17:20
Sample: 1978 2007
Included observations: 30

Variable	Coefficient	Std. Error	t-Statistic	Prob.
C	-4803.196	1556.278	-3.086335	0.0045
CONSUME	1.866561	0.030318	61.56614	0.0000

R-squared	0.992667	Mean dependent var		63484.19
Adjusted R-squared	0.992405	S.D. dependent var		68610.85
S.E. of regression	5979.319	Akaike info criterion		20.29434
Sum squared resid	1.00E+09	Schwarz criterion		20.38775
Log likelihood	-302.4151	Hannan-Quinn criter.		20.32423
F-statistic	3790.390	Durbin-Watson stat		0.138170
Prob(F-statistic)	0.000000			

图 6-7 案例 6.1 模型 OLS 估计结果

在 equation6_1 方程对象窗口中单击 View|Residual Diagnostics|Heteroskedasticity Tests 命令，弹出对话框后，在 Test type 选项中选择 White，单击 OK 按钮输出如图 6-8 所示的检验结果。

其中 F-statistic 是辅助方程整体显著性的 F 统计量；Obs*R-squared 是怀特检验的统计量 NR^2，其概率值为 0.0001，明显小于常规的检验水平 0.05，因此拒绝怀特检验原假设，认为原方程的残差序列存在异方差，需要对原模型进行相应的修正以解决异方差的影响。

5. 运用加权最小二乘法修正异方差

（1） 新建权重序列 w

在工作文件主窗口中依次选择 Object|Generate Series 命令，弹出 Generate Series by Equation 对话框。在 Enter equation 输入框中定义权重序列 w 的公式表达式。这里假设权重序列为自变量（CONS）倒数，因此输入 w=1/ CONS。最后单击 OK 按钮即可生成权重序列 w。

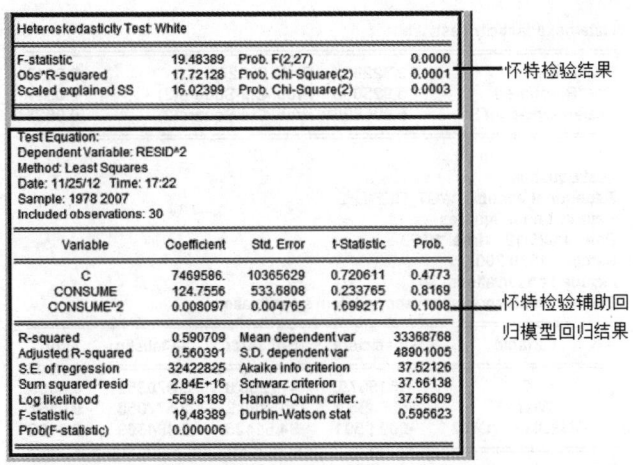

图 6-8 equation6_1 的 White 异方差检验结果

（2） 进行加权最小二乘法（Weighted Least Square，WLS）估计

● 单击 EViews 主菜单中 Quick| Estimate Equation 命令，在弹出的方程定义对话框中的 Specification 选项卡中依次输入 gdp c consume。

● 选择方程定义对话框 Option 选项卡，在 Weight 选项中，勾选 Inverse Std. Dev 选项，并在 Weight 后输入权重序列名 w，最后单击确定按钮输出结果。

图 6-9 所示为 WLS 估计输出的估计结果，包括了加权最小二乘法下参数的估计结果，以及加权与未加权方法下模型估计统计量的比较。

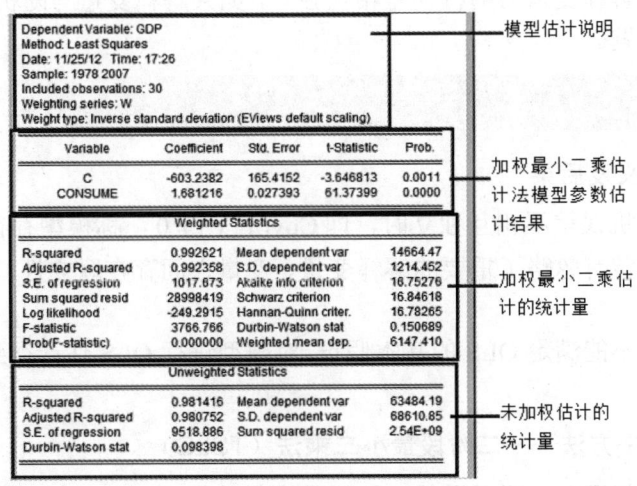

图 6-9 加权最小二乘法下模型估计结果

（3） 对加权的模型进行异方差检验

在加权模型方程对象窗口中依次选择 View|Residual Diagnostics|Heteroskedasticity Tests 命令，之后选择 White 检验方法，最后单击"确定"按钮输出如图 6-10 所示的加权模型的异方差检验结果。可以看到 Obs*R-squared 统计量，其概率值为 0.0517，大于 0.05 的显著性水平，接受原假设即不存在异方差。此时可以将加权最小二乘法估计的参数值代入原模型。

Heteroskedasticity Test: White

F-statistic	3.322887	Prob. F(2,27)	0.0513
Obs*R-squared	5.925655	Prob. Chi-Square(2)	0.0517
Scaled explained SS	5.896826	Prob. Chi-Square(2)	0.0524

Test Equation:
Dependent Variable: WGT_RESID^2
Method: Least Squares
Date: 11/25/12   Time: 19:23
Sample: 1978 2007
Included observations: 30
Collinear test regressors dropped from specification

Variable	Coefficient	Std. Error	t-Statistic	Prob.
C	1615079.	417295.0	3.870352	0.0006
WGT^2	556336.1	215880.3	2.577058	0.0157
CONSUME*WGT^2	-209.9591	84.51426	-2.484303	0.0195

R-squared	0.197522	Mean dependent var	966614.0
Adjusted R-squared	0.138079	S.D. dependent var	1486052.
S.E. of regression	1379646.	Akaike info criterion	31.20719
Sum squared resid	5.14E+13	Schwarz criterion	31.34731
Log likelihood	-465.1079	Hannan-Quinn criter.	31.25202
F-statistic	3.322887	Durbin-Watson stat	0.241971
Prob(F-statistic)	0.051268		

图 6-10　加权模型的异方差检验结果

6.2　内生变量问题与二阶段最小二乘法（TSLS）

最小二乘法要求解释变量与随机误差相互独立，如果解释变量与随机误差项不相互独立，模型就存在内生性问题。

6.2.1　背景知识

1.　内生性的含义及后果

当解释变量与随机误差不相互独立时，即 $\mathrm{Cov}(u_i, x_i) \neq 0$，称模型存在内生性问题。引起内生性问题的原因通常有忽略了重要的解释变量、变量之间存在联立性、变量存在测量误差，等等。

内生性使得模型不能满足 OLS 的基本假设，对模型进行 OLS 估计得到估计量是有偏且不一致的。

2.　内生性的解决方法——二阶段最小二乘法（TSLS）

模型存在内生性问题时，需要寻找一组工具变量（Instrument Variable）以消除解释变量和随机误差项之间的相关性。选择的工具变量应当与解释变量高度相关但与随机误差项无关，且工具变量的个数应大于等于模型需要估计的系数个数，以保证模型的可识别要求。

二阶段最小二乘法估计的第一阶段是利用原模型解释变量对工具变量进行最小二乘法估计，得到解释变量的拟合值。第二阶段利用第一阶段得到的解释变量拟合值对原模型进行最小二乘估计，从而得到模型的估计值。这样可以消除内生性影响，获得较为准确的模型估计值。

6.2.2 解决内生性问题的 EViews 操作——广义最小二乘法的 EViews 操作

广义最小二乘法的 EViews 操作步骤与 OLS 估计的操作步骤基本相同，特殊之处在于需要对工具变量进行设定。具体操作步骤如下。

① 选择 EViews 主菜单中的 Object|New Object|Equation 命令，弹出如图 6-11 所示的 Equation Estimation 对话框。

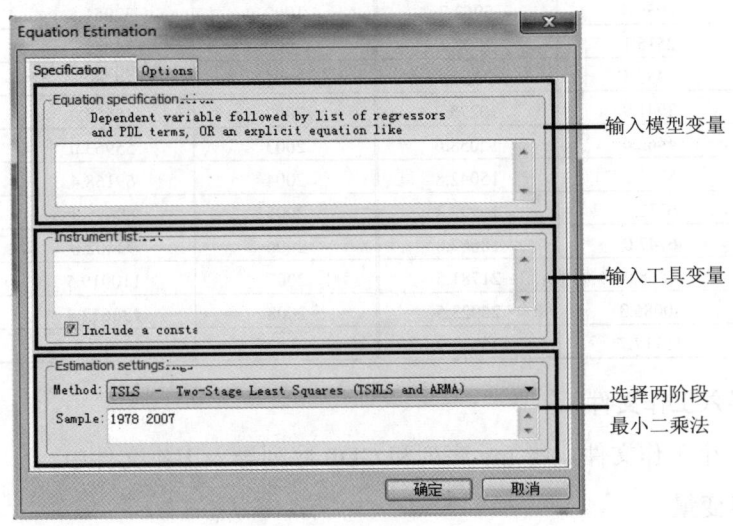

图 6-11 Equation Estimation 对话框

② 在 Estimation Estimation 对话框的 Estimation settings 选项组 Method 下拉列表中选择 TSLS- Two-Stage Least Squares（TSNLS and ARMA）方法。

③ 在 Equation Estimation 对话框中的 Equation specification 输入框中依次输入进行估计的模型变量，在 Instrument list 输入框中依次输入工具变量。注意常数项 c 也是一个合适的工具变量，因此也应该输入到工具变量输入框中，即使用户不输入，EViews 在估计时也会自动添加。

④ 最后单击"确定"按钮，即可输出 TSLS 估计结果。

此处引入案例 6.2 用以讲解广义最小二乘法的操作。构建一个回归模型：

$$\text{Inv} = \alpha + \beta \text{GDP} + u \tag{6.2}$$

用以研究国民生产总值（GDP）对投资（Inv）的影响。由国民生产总值公式可以看出投资是构成国民生产总值的组成部分，因此在研究时 GDP 变量就成为一个内生变量，模型就存在内生性问题。因此，需要引入工具变量对模型进行二阶段最小二乘法模型估计。

本实验案例所用数据文件路径为 sample/chap06/案例 6.2。该数据文件记录了从 1978 年至 2008 年的我国国民生产总值和投资的相关数据，单位为亿元。本试验案例的数据来源于《中国统计年鉴》，相关数据如表 6-4 所示。

表 6-4　1978—2008 年我国国民生产总值和投资数据

年　份	投资总额	国内生产总值	年　份	投资总额	国内生产总值
1978	1377.9	3645.2	1994	20341.1	48197.9
1979	1478.9	4062.6	1995	25470.1	60793.7
1980	1599.7	4545.6	1996	28784.9	71176.6
1981	1630.2	4891.6	1997	29968.0	78973.0
1982	1784.2	5323.4	1998	31314.2	84402.3
1983	2039.0	5962.7	1999	32951.5	89677.1
1984	2515.1	7208.1	2000	34842.8	99214.6
1985	3457.5	9016.0	2001	39769.4	109655.2
1986	3941.9	10275.2	2002	45565.0	120332.7
1987	4462.0	12058.6	2003	55963.0	135822.8
1988	5700.2	15042.8	2004	69168.4	159878.3
1989	6332.7	16992.3	2005	80646.3	183217.4
1990	6747.0	18667.8	2006	94402.0	211923.5
1991	7868.0	21781.5	2007	110919.5	257305.6
1992	10086.3	26923.5	2008	133612.4	300670.0
1993	15717.7	35333.9			

1.　将数据导入工作文件

新建或打开一个工作文件，将 Inv 序列和 GDP 序列导入工作文件中。

2.　选取工具变量

工具变量的选取非常具有技巧性，需要选择与解释变量高度相关但与扰动项不相关的变量。针对本案例，Inv 序列和 GDP 序列的滞后序列通常被认为是外生的，又鉴于工具变量个数不能小于估计系数个数的要求，选取了 Inv 序列和 GDP 序列各自的滞后一期序列作为工具变量。

3.　进行二阶段最小二乘法 TSLS 估计

① 在 EViews 主菜单中选择 Object|New Object|Equation 命令，在如图 6-12 所示的 Equation Estimation 对话框中的 Method 下拉列表中选择 TSLS- Two-Stage Least Squares（TSNLS and ARMA）方法。

② 在对话框中的 Equation specification 输入框中依次输入回归模型变量 inv c gdp，在 Instrument list 输入框中依次输入工具变量 c gdp(-1) inv(-1)。注意，常数项 c 也是一个合适的工具变量，即使用户不输入，EViews 在估计时也会自动添加。

③ 最后单击"确定"按钮即可输出 TSLS 估计结果。

图 6-13 所示为 TSLS 估计结果，可以看到在 5%显著性水平下，模型的参数估计值都很显著。

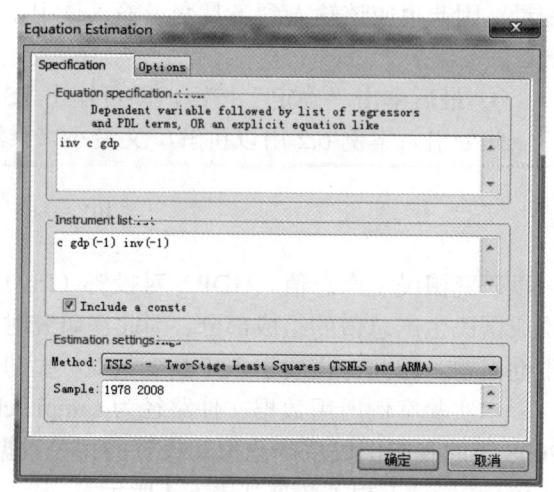

图 6-12　Equation Estimation 对话框

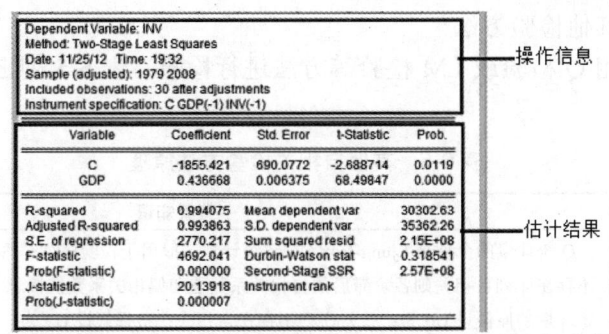

图 6-13 二阶段最小二乘法下模型估计结果

6.3 自相关问题及广义最小二乘法（GLS）

当回归模型中的随机误差项不满足假设条件中的互相不相关假定时，称模型的随机误差项存在自相关。

6.3.1 背景知识

1. 自相关的含义及影响

随机误差项的协方差 $\mathrm{Cov}(u_i, u_j) \neq 0$ 时，表明随机误差项 u_i 存在自相关。自相关在经济时间序列中较为多见，常常是由于经济变量的滞后性带来的。自相关最常见的形式就是随机误差项的一阶线性自回归形式。

当随机误差项存在自相关时，最小二乘法估计量具有无偏性但不具有有效性，同时会造成显著性检验和预测失效。

2. 自相关的检验方法

（1）绘制残差序列图检验

图形能够比较直观地表现出变量随时间变化的关系。自相关通常由于经济变量的滞后性引起的，所以通过绘制残差序列时间图可以对模型的自相关问题进行初步判断。绘制残差序列图的方法通常需要连同其他检验方法一起使用。

（2）DW 检验

进行 DW 检验时设置随机误差项的相关系数为 ρ，构建 DW 统计量：

$$\mathrm{D.W.} = \frac{\sum_{i=2}^{n}(e_i - e_{i-1})^2}{\sum e_i^2} \approx 2(1-\rho)$$

原假设 H_0 为：$\rho = 0$，即残差序列无序列相关。对应不同的样本容量 n 和自变量个数 k，D.W.检验表提供了 d_l、d_u 两个临界值。当 $0 \leqslant \mathrm{D.W.} < d_l$ 时，序列正相关，当 $d_u < \mathrm{D.W.} < 4 - d_u$ 时，序列不相关，当 $4 - d_l < \mathrm{D.W.} < 4$ 时，序列负相关，若 D.W.值落入其他区间则无法进行判定。

通常 D.W.检验的值会在回归估计时直接伴随估计结果给出。D.W.检验仅能检验一阶自相关，且要求模型中不存在因变量的滞后项。

（3） 自相关的其他检验方法

自相关还可以使用 Q 检验或 LM 检验等方法进行检验。表 6-5 列出了自相关其他检验方法的原理。

表 6-5　其他自相关检验方法原理

检验名称	背景知识
残差自相关的 Q 检验	Q 统计量的全称是 Ljung-Box Q，该统计量一般用于检验序列是否存在自相关。如果残差序列不存在序列自相关则各阶滞后的自相关系数值和偏相关系数值接近于零，Q 统计量不显著。该统计量的原假设 H0 为：残差序列不存在自相关；备择假设 H1 为：残差序列存在自相关
残差自相关的 LM 检验	LM 检验是 Breush-Godfrey Lagrange Multiplier 的简称，主要用于检验残差序列是否存在高阶自相关的重要假设。LM 检验统计量的原假设 H0 为：残差序列直到 P 阶不存在自相关；备择假设 H1 为：残差序列 P 阶内存在自相关。该统计量的计算首先必须利用 OLS 估计出原模型的残差序列 u；然后以 u 为被解释变量，以 u 的 1 到 P 阶滞后项为解释变量再次进行回归，同时记录该回归的拟合优度 R 方

3.　自相关的修正方法

自相关通常表现为随机误差项的 n 阶滞后形式，需要采用广义差分，即用原回归模型减相关系数倍的 n 阶滞后回归模型，以便消除随机误差项自相关的影响，从而对差分后的模型进行回归估计获得系数的无偏有效估计，这种估计方法叫做广义最小二乘法。

对于由于模型设定错误而产生自相关的问题，需要通过修改模型的形式或添加相关解释变量的方法修正自相关。

6.3.2　自相关检验及修正的 EViews 操作

1.　绘图检验自相关问题的 EViews 操作

进行 OLS 回归后，选择 EViews 主窗口中的 Quick|Graph 命令，输入残差序列名（Resid），选择图形类型，最后单击"确定"按钮即可得到残差图。绘制残差序列图也可以通过 Equation 对象窗口的 Resids 按钮或 View|Acutal，Fitted，Residual 命令实现。

图 6-14 显示了某模型的残差序列图，可以看出残差序列的正负性与其上一期的残差正负性相关，因此可以初步判断模型存在自相关性。

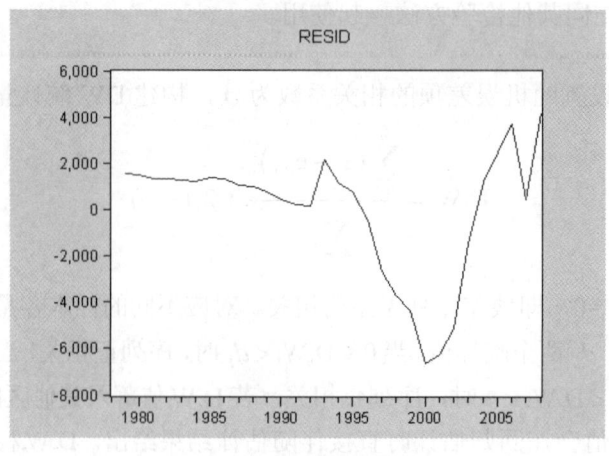

图 6-14　残差序列图

2. DW 检验操作

通常如图 6-15 所示的 OLS 回归估计输出结果中包含着对模型的 D.W.检验结果，无须单独进行操作。通过查询 DW 临界值表可以判断模型自相关问题。DW 统计量值越接近 2，表明自相关程度越弱。

Variable	Coefficient	Std. Error	t-Statistic	Prob.
C	-4803.196	1556.278	-3.086335	0.0045
CONS	1.866561	0.030318	61.56614	0.0000

R-squared	0.992667	Mean dependent var	63484.19
Adjusted R-squared	0.992405	S.D. dependent var	68610.85
S.E. of regression	5979.319	Akaike info criterion	20.29434
Sum squared resid	1.00E+09	Schwarz criterion	20.38775
Log likelihood	-302.4151	Hannan-Quinn criter.	20.32423
F-statistic	3790.390	Durbin-Watson stat	0.138170
Prob(F-statistic)	0.000000		

图 6-15　OLS 估计输出结果

3. 自相关其他检验的操作

在方程对象主窗口中选择 View| Residual Diagnostics|Correlogram Q-statistics 命令，可以对残差进行自相关的 Q 检验。

在方程对象主窗口中选择 View| Residual Diagnostics |Correlogram Squared Residuals 命令，可以对残差的平方进行 Q 检验。

在方程对象主窗口中选择 View| Residual Diagnostics |Series Correlation LM test 命令，可以进行残差自相关的 LM 检验。

一般而言，检验的伴随概率 Prob 值大于设定的显著性水平时，认为残差序列不存在自相关；反之，其概率水平小于设定的显著性水平，认为残差序列存在自相关。

以上 3 种自相关检验方法的具体内容已在第 5 章标准回归结果的解释及残差检验一节中做过详细介绍，此处不再赘述。

4. 自相关的修正——广义最小二乘法操作

EViews 不能直接进行广义最小二乘法操作，需要用户对模型进行广义差分变换后，再利用 EViews 软件对差分后模型进行最小二乘估计，从而获得合理的估计结果。

针对较为普遍的一阶自相关的情况，此处引入案例 6.3 研究我国某地农村居民人均消费（Cons）与人均可支配收入（Income）的关系，构建回归模型：

$$\text{Cons} = \alpha + \beta \text{Income} + u \tag{6.3}$$

本实验案例所用数据文件路径为：sample/chap06/案例 6.3。该数据文件记录了从 1978 年至 1998 年某地农村居民人均消费和人均可支配收入的相关数据，单位为亿元。相关数据如表 6-6 所示。

表6-6　1978—1998年某地农村居民人均消费和人均可支配收入数据

年　份	消费（Cons）	收入（Income）	年　份	消费（Cons）	收入（income）
1978	354	390	1989	1436	1690
1979	394	425	1990	1569	1875
1980	483	530	1991	1910	2341
1981	496	578	1992	2321	2798
1982	531	612	1993	3300	3992
1983	600	730	1994	4050	4989
1984	760	884	1995	4701	5963
1985	953	1073	1996	5209	6702
1986	1075	1192	1997	5900	7231
1987	1284	1380	1998	6134	7690
1988	1298	1486			

（1）　对模型进行 OLS 估计

在 EViews 主菜单中选择 Object|New Object|Equation 命令，对模型（6.3）进行 OLS 估计，获得如图6-16所示的回归结果。

```
Dependent Variable: CONS
Method: Least Squares
Date: 01/26/10   Time: 09:49
Sample: 1978 1998
Included observations: 21
```

Variable	Coefficient	Std. Error	t-Statistic	Prob.
C	85.79171	20.94023	4.096981	0.0006
INCOME	0.787453	0.005932	132.7570	0.0000

R-squared	0.998923	Mean dependent var		2131.333
Adjusted R-squared	0.998866	S.D. dependent var		1930.065
S.E. of regression	64.98239	Akaike info criterion		11.27650
Sum squared resid	80231.52	Schwarz criterion		11.37598
Log likelihood	-116.4033	Hannan-Quinn criter.		11.29809
F-statistic	17624.41	Durbin-Watson stat		1.637932
Prob(F-statistic)	0.000000			

图6-16　案例6.3 OLS 估计输出结果

（2）　计算相关系数

从 OLS 估计结果中提取 DW 统计量的值，根据 DW 检验原理 $\rho = 1 - \dfrac{DW}{2}$ 计算出残差序列的自相关系数 ρ。通过计算 $\rho = 0.181$，说明残差序列存在较弱的正自相关。

（3）　运用广义差分变换生成新序列

利用计算出的自相关系数 ρ 对原模型中的自变量和因变量进行广义差分变换。单击工作文件工具栏中的 Genr 按钮，在弹出的对话框中输入广义差分序列的表达式。对 Cons 序列生成广义差分序列 gGons 时，如图6-17所示在 Enter equation 输入框中输入公式 gGons=Cons－0.181*Cons 。同理生成

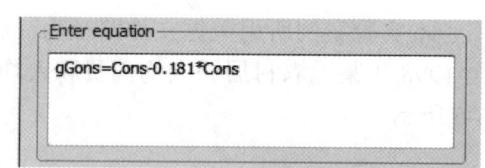

图6-17　Enter equation 输入框

Income 序列的广义差分序列 gIncome。

（4）　利用生成的广义差分序列对原模型进行 OLS 估计

在 EViews 主菜单中选择 Object|New Object|Equation 命令，在对话框中依次输入 gcons c gincome 并选择 OLS 估计方法。单击"确定"按钮后，输出结果如图 6-18 所示。可以看到 DW 统计量由原先的 1.637932 变成了 1.970752，表明通过广义最小二乘法进一步削弱了模型的自相关问题。

```
Dependent Variable: GCONS
Method: Least Squares
Date: 01/26/10   Time: 10:13
Sample (adjusted): 1979 1998
Included observations: 20 after adjustments
```

Variable	Coefficient	Std. Error	t-Statistic	Prob.
C	74.68902	22.02331	3.391362	0.0033
GINCOME	0.786338	0.007239	108.6250	0.0000

R-squared	0.998477	Mean dependent var	1870.653
Adjusted R-squared	0.998392	S.D. dependent var	1622.648
S.E. of regression	65.06395	Akaike info criterion	11.28326
Sum squared resid	76199.71	Schwarz criterion	11.38283
Log likelihood	-110.8326	Hannan-Quinn criter.	11.30270
F-statistic	11799.39	Durbin-Watson stat	1.970752
Prob(F-statistic)	0.000000		

图 6-18　OLS 估计输出结果

6.4　Chow 稳定性检验

Chow 稳定性检验包括 Chow 突变点检验和 Chow 预测检验两种。其基本思想都是将数据分成两个集合，通过检验整体估计与分组估计的差异，或者通过检验预测值与观测值的差异，从而判断模型的稳定性。若两个集合差异较大或预测值与观测值差异较大，则说明模型不具备稳定特点。

6.4.1　背景知识

1.　Chow 突变点检验

当对不同时段或不同截面两个子样本进行回归分析，或对存在特殊时点的样本进行估计时，需要检验两个子样本（或特殊时点前后的样本）的回归系数是否相同，即回归系数是不是稳定。

Chow 突变点检验原假设 H0 为两个子样本回归系数无显著变化。构建 F 统计量：

$$F = \frac{[\text{RSS}_N - (\text{RSS}n_1 + \text{RSS}n_2)]/[(N-k-1)-(n_1-k-1+n_2-k-1)]}{(\text{RSS}n_1 + \text{RSS}n_2)/(n_1-k-1+n_2-k-1)}$$

$$= \frac{[\text{RSS}_N - (\text{RSS}n_1 + \text{RSS}n_2)]/(k-1)}{(\text{RSS}n_1 + \text{RSS}n_2)/(N-2k-2)} \sim F(k-1, N-2k-2)$$

其中，N、n_1、n_2 分别是大样本和两个子样本各自的观测值个数，k 为解释变量个数。如果计算出 $F \leqslant F_\alpha(k-1, N-2k-2)$，$\alpha$ 为检验水平，接受原假设 H0，即两个子样本回归系数无显著变化。

2. Chow 预测检验

当估计出某模型系数之后需要增加几个观测值进行估计，当需要对两个时间段样本进行估计时，需要采用 Chow 预测检验。

Chow 预测检验原假设 H0 为回归系数无显著变化。假设原样本的样本容量为 N，增加观测值后样本容量为 $N+n$。先对原样本和增加后的样本分别进行 OLS 估计。构建 F 统计量：

$$F = \frac{(\text{RSS}_n - \text{RSS}_N)/\left[N+n-k-1-(N-k-1)\right]}{\text{RSS}_N/(N-k-1)}$$

$$= \frac{(\text{RSS}_n - \text{RSS}_N)/n}{\text{RSS}_N/(N-k-1)} \sim F(n, N-k-1)$$

如果计算出 $F \leqslant F_\alpha(n, N-k-1)$，$\alpha$ 为检验水平，接受原假设 H0，即回归系数无显著变化。

6.4.2 Chow 稳定性检验的 EViews 操作

Chow 突变点检验和 Chow 预测检验的操作步骤基本相同，主要有两步：

（1）运用总体样本进行模型估计

在 EViews 主窗口的菜单栏中依次选择 Quick | Estimate Equation 命令，对总样本进行回归模型估计。回归模型操作在第 5 章已经进行了详细介绍，此处不再赘述。

（2）设定检验的时间

完成总体样本模型估计后，针对不同的 Chow 稳定性检验只需选择各自的检验命令，然后输入需要检验的时间，即可得到检验结果。进行 Chow 突变点检验时，在总样本回归模型估计结果窗口中依次选择 View|Stability Tests|Chow Breakpoint Tests 命令，之后在弹出的 Chow Tests 对话框中的 Enter one or more breakpoint dates 输入栏内，输入突变点的时间或位置数后单击 OK 按钮即可输出检验结果。进行 Chow 预测检验时，在回归模型窗口中依次选择 View|Stability Tests|Chow Forecast Tests 命令，之后在弹出的 Chow Tests 对话框的输入框中输入进行检验的分界年份后，单击 OK 按钮即可输出结果。

下面引入案例 6.4，结合案例讲解 Chow 稳定性检验的操作步骤。构建一个回归模型：

$$\text{GDP} = \alpha + \beta\text{Export} + u \tag{6.4}$$

用以研究出口（Export）对国民生产总值（GDP）的影响。我国 2001 年正式加入 WTO 世界贸易组织为我国参与国际贸易和国际分工提供了便利条件，因此较为可能对出口产生较大影响，所以在分析估计模型（6.4）时，需要通过 Chow 稳定性检验，检验加入世界贸易组织前后模型是否发生了稳定性变化。

本实验案例所用数据文件路径为：sample/chap06/案例 6.4。该数据文件记录了从 1990 年至 2008 年的我国国民生产总值和出口的相关数据，单位为亿元。本试验案例的数据来源于《中国统计年鉴》。相关数据如表 6-7 所示。

表 6-7　1990—2008 年我国国民生产总值和出口数据

年　份	GDP	Export	年　份	GDP	Export
1990	18667.8	620.91	2000	99214.6	2492.03
1991	21781.5	719.10	2001	109655.2	2660.98
1992	26923.5	849.40	2002	120332.7	3255.96
1993	35333.9	917.44	2003	135822.8	4382.28
1994	48197.9	1210.06	2004	159878.3	5933.26
1995	60793.7	1487.80	2005	183217.4	7619.53
1996	71176.6	1510.48	2006	211923.5	9689.36
1997	78973.0	1827.92	2007	257305.6	12177.76
1998	84402.3	1837.09	2008	300670.0	14306.93
1999	89677.1	1949.31			

1.　利用总样本进行模型估计

在 EViews 主窗口的菜单栏中依次选择 Quick | Estimate Equation 命令对总样本进行回归模型估计。图 6-19 显示了总体估计结果。

```
Dependent Variable: GDP
Method: Least Squares
Date: 11/25/12   Time: 20:22
Sample: 1990 2008
Included observations: 19
```

Variable	Coefficient	Std. Error	t-Statistic	Prob.
C	35432.15	5658.946	6.261264	0.0000
EXPORT	19.09586	1.005202	18.99704	0.0000

R-squared	0.955013	Mean dependent var	111260.4
Adjusted R-squared	0.952367	S.D. dependent var	80114.72
S.E. of regression	17485.07	Akaike info criterion	22.47538
Sum squared resid	5.20E+09	Schwarz criterion	22.57480
Log likelihood	-211.5161	Hannan-Quinn criter.	22.49221
F-statistic	360.8873	Durbin-Watson stat	0.121696
Prob(F-statistic)	0.000000		

图 6-19　总样本 OLS 估计结果

2.　进行 Chow 稳定性检验操作

（1）　Chow 突变点检验

进行 Chow 突变点检验时，首先在总样本回归模型窗口中依次选择 View|Stability Tests|Chow Breakpoint Tests 命令。弹出如图 6-20 所示的 Chow Tests 对话框，在 Enter one or more breakpoint dates 文本框内输入突变点的时间或位置数，此处我们输入 2001。Regressors to vary across breakpoints 文本框内是进行突变点检验的解释变量，通常检验与估计模型一致，所以此处设置为默认。最后单击 OK 按钮，输出如图 6-21 所示的检验结果。可以看到统计量的伴随概率都很小，因此拒绝原假设，认为 2001 年加入世界贸易组织前后模型发生了显著变化。

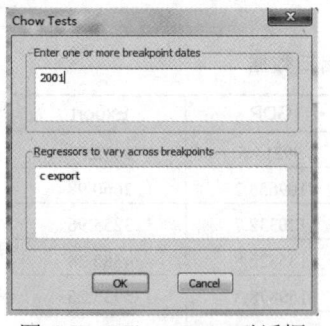

图 6-20　Chow Tests 对话框

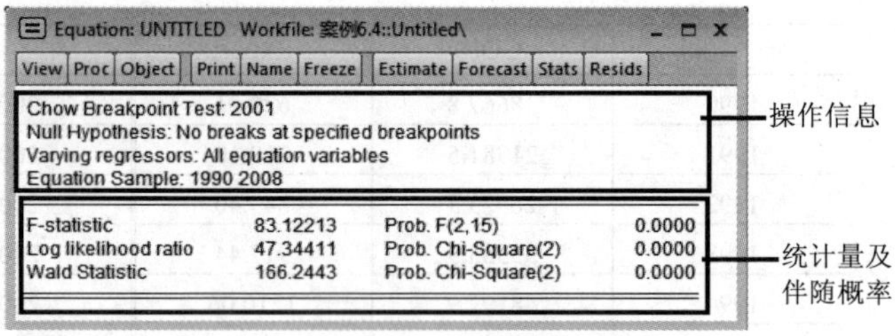

图 6-21　Chow 突变点检验结果

（2）　Chow 预测检验

进行 Chow 预测检验时，在回归模型窗口中依次选择 View|Stability Tests|Chow Forecast Tests 命令。弹出如图 6-22 所示的 Chow Tests 对话框，在对话框中输入进行检验的分界年份 2001，最后单击 OK 按钮，输出如图 6-23 所示的检验结果。可以看到统计量的伴随概率都很小，因此拒绝原假设，认为 2001 年加入世界贸易组织前后模型发生了显著变化。

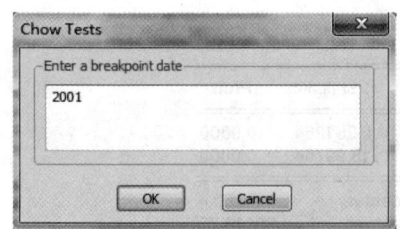

图 6-22　Chow Tests 对话框

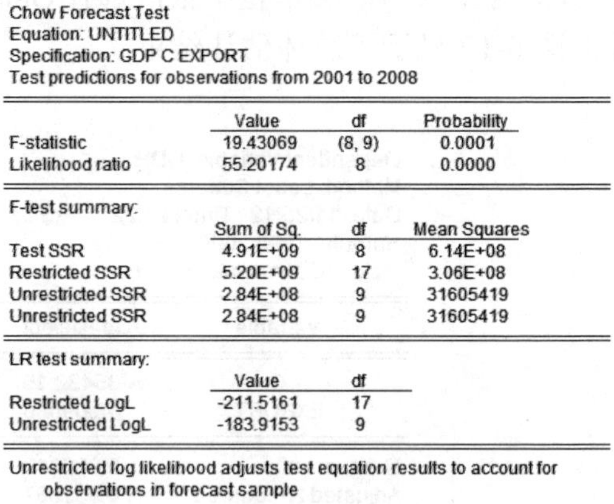

Chow Forecast Test
Equation: UNTITLED
Specification: GDP C EXPORT
Test predictions for observations from 2001 to 2008

	Value	df	Probability
F-statistic	19.43069	(8, 9)	0.0001
Likelihood ratio	55.20174	8	0.0000

F-test summary:

	Sum of Sq.	df	Mean Squares
Test SSR	4.91E+09	8	6.14E+08
Restricted SSR	5.20E+09	17	3.06E+08
Unrestricted SSR	2.84E+08	9	31605419
Unrestricted SSR	2.84E+08	9	31605419

LR test summary:

	Value	df
Restricted LogL	-211.5161	17
Unrestricted LogL	-183.9153	9

Unrestricted log likelihood adjusts test equation results to account for observations in forecast sample

图 6-23　Chow 预测检验结果（检验结果）

上机题

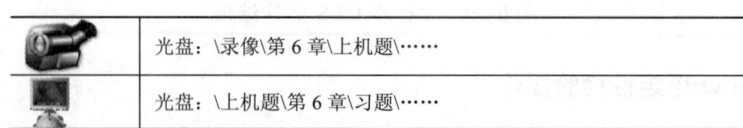

	光盘：\录像\第 6 章\上机题\……
	光盘：\上机题\第 6 章\习题\……

1. 在区域创新系统中人员和经费（R&D）是最为主要的投入，而技术市场成交合同金额是较重要的代表产出。表 6-8 所示的是 2007 年我国区域创新系统的技术成交额和 R&D 人员及经费的截面数据。Output 序列为技术市场成交合同金额（单位：万元），Labor 序列为 R&D 人员（单位：人/年），Capital 序列为 R&D 经费（单位：万元）。

（1）　利用 CD 函数建立回归模型：$\ln Output = c + \beta_1 \ln Labor + \beta_2 \ln Capital + \varepsilon$，并对模型进行参数估计。

（2）　检验回归模型是否存在异方差问题。

（3） 针对模型存在的问题选择合适的修正方法进行修正。

表 6-8　2007 年我国区域创新系统的技术成交额和 R&D 人员及经费的截面数据

Output	Labor	Capital	Output	Labor	Capital
7817186	187578	4476412	231981	64879	895747
640705	44854	1015873	462485	67403	985987
145552	45334	797312	408163	44942	651493
73230	36864	436232	1176659	199464	3580966
97285	15373	214333	8830	20141	194889
823109	77157	1465003	6490	1262	23047
154868	32509	450539	350450	31563	416188
310194	48205	584975	269157	78849	1232419
3143380	90145	2723268	5811	11365	121731
694573	160482	3810441	86356	17819	229208
401660	129393	2494271	267237	65072	1078039
234291	36163	635885	232159	18769	227830
128945	47593	727831	46959	2915	33741
88160	27123	432123	5882	5565	66186
398826	116470	2766237	63529	8863	88724

2. 构建一个回归模型 Consumption $= \alpha + \beta$GDP $+ u$，用以研究国民生产总值（GDP）对居民消费（Consumption）的影响。表 6-9 所示的是我国 1978 年至 2008 年的国民生产总值（GDP）和消费（Consumption）数据。

表 6-9　我国 1978 年至 2008 年的国民生产总值（GDP）和消费（Consumption）数据

Year	GDP	Consumption	Year	GDP	Consumption
1978	3645.2	2425.8	1994	48197.9	34813.1
1979	4062.6	2770.1	1995	60793.7	45467.8
1980	4545.6	3251.4	1996	71176.6	54004.7
1981	4891.6	3652	1997	78973	59267.2
1982	5323.4	4018.3	1998	84402.3	63986.6
1983	5962.7	4451.7	1999	89677.1	69256.7
1984	7208.1	5171.9	2000	99214.6	76561.8
1985	9016	6565.2	2001	109655.2	82635.4
1986	10275.2	7545	2002	120332.7	88870.9
1987	12058.6	8823.3	2003	135822.8	97363.1
1988	15042.8	11562.2	2004	159878.3	110116.4
1989	16992.3	13079.5	2005	183217.4	123206.8
1990	18667.8	14218.7	2006	211923.5	139847.1
1991	21781.5	16379.2	2007	257305.6	163293.2
1992	26923.5	20166.7	2008	300670	189578
1993	35333.9	25966.2			

（1） 构建模型并对其进行回归，获得模型系数估计。

（2） 由国民生产总值公式可以看出投资是构成国民生产总值的组成部分，因此模型就可能存在内生性问题。以滞后一期 GDP 作为工具变量对模型进行二阶段最小二乘法模型估计。

（3） 对比最初模型和二阶段最小二乘法模型的估计结果，看有何不同。

第 7 章　几类特殊模型的估计

通常的经济计量模型都是假定因变量是连续的，但是在现实的经济决策中，人们需要在可供选择的有限多个方案中做出选择，与通常被解释变量是连续变量的假设相反，此时因变量只取有限多个离散的值。因此我们就不能建立简单的线性回归模型并使用 OLS 或者其他变化形式去估计模型的参数。此类模型主要有：对于因变量是离散变量的情况，我们称之为离散因变量模型（Model with discrete dependent variable），主要是二元选择模型（Binary choice model）。对于因变量取值受到某种限制的情况，称之为受限因变量模型（Limited dependent variable model）。受限因变量模型根据对样本观测值的不同处理方式而分为审查回归模型（Censored regression model）和截断回归模型（Truncated regression model）。前者是对样本观测值进行审查但并不删除，后者是把某些样本观测值删除。

由于调查数据经常面临一些限制约束，因此，离散因变量模型、受限因变量模型这两类模型经常用于调查数据的分析。

7.1　二元选择模型

在实际生活中，经常遇到在两者之间进行选择的问题，例如，在买车与不买车的选择中，买车记为 1，不买车记为 0。这类问题就是本节我们所要解决的。

7.1.1　背景知识

在离散选择模型中，最简单的情形是在两个可供选择的方案中选择其一，此时被解释变量只取两个值，称为二元选择模型。二元选择模型的目的是研究具有给定特征的个体做某种而不做另一种选择的概率。因此所关注的核心基本是因变量响应（即因变量取 1 或 0）概率：

$$P(y_i = 1 \mid X_i,\ \beta) = P(y_i = 1 \mid x_0 x_1 x_2 \cdots x_k) \tag{7.1}$$

式中，X_i 表示全部解释变量在样本观测值点 i 上的样本数据所构成的矢量，β 是系数构成的矢量。为深刻理解响应概率，可以讨论线性概率模型，即假定式（7.1）右边的概率是解释变量 x_i 和系数 β_i 的线性组合，即 $y_i = \beta_1 x_{1i} + \beta_2 x_{2i} + \cdots + \beta_k x_{ki} + u_i$。但线性概率模型容易导致两个主要问题：一是模型的随机扰动项存在异方差，从而使得参数估计不再是有效的；二是尽管可以使用 WLS 进行估计，但估计结果不能保证 y_i 的拟合值落在[0，1]区间。为了克服线性概率模型的局限性，考虑如式（7.2）所示的二元选择模型。

$$P(y_i = 1 \mid X_i, \beta) = 1 - F(-\beta_0 - \beta_1 X_1 - \cdots \beta_k X_k) = 1 - F(-X_i^{'}\beta) \tag{7.2}$$

式中，X_i 是包括常数项在内的全部解释变量所构成的矢量。F 是取值范围严格介于[0,1]之间的概率分布函数，并且要求是连续的（即有概率密度函数）。

比较特殊的是，二元选择模型中估计的系数不能解释成对因变量的边际影响，对系数的解释就显得复杂，对 x_j 的条件概率的边际影响由式（7.3）给出：

$$\frac{\partial E(y \mid x, \beta)}{\partial x_j} = f(-x\beta)\beta_j \tag{7.3}$$

f 是 F 的密度函数。注意 β_j 用因子 f 加权，f 依赖于 x 中的所有回归项的值。还要注意到既然密度函数是非负的，x_j 中一个变化的影响方向就只依赖于系数 β_j 的符号。β_j 正值意味增加 x_j 将会增加反应的概率；负值则意味着相反的结果。

7.1.2 二元选择模型估计的 EViews 操作

打开相应的数据文件或者建立一个数据文件后，可以在相应的 workfile 工作文件窗口进行二元选择模型估计的 EViews 操作。

1. 二元选择模型主窗口的打开

在 EViews 主窗口的菜单栏中依次选择 Quick | Estimate Equation 命令，打开 Equation Estimation 对话框，在 Method 下拉列表框中选择 BINARY-Binary Choice（Logit,Probit,Extreme Value）方法，即可打开如图 7-1 所示的二元选择模型的 Equation Estimation 对话框。

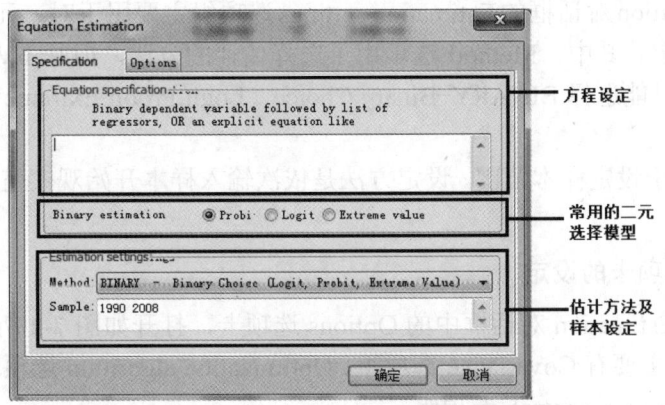

图 7-1 Equation Estimation 对话框

图 7-1 所示是进行二元选择模型估计的主要窗口。Equation Estimation 对话框主要包括：Equation specification 方程设定，Binary estimation 二元选择模型方法和 Estimation settings 估计方法及样本范围设定。

下面将对如何在 Equation Estimation 对话框设定二元选择模型进行详细讲解。

（1）二元选择模型方程的设定

二元选择模型中的方程是在 Equation Estimation 对话框中的 Equation specification 输入框中进行设定的。Equation specification 输入框的设定方法是：首先输入二元因变量名，然后输入解释变量名，即按照被解释变量、回归因子（常数项和解释变量）的顺序依次输入。

注意 在二元选择模型方程设定中，用户只能使用上述的列表法对方程进行设定，不能使用公式法。

（2） 二元选择模型估计方法

Binary estimation 选项组主要用于对二元选择模型中估计方法的设定。

Binary estimation 选项组提供了 3 种常用的二元选择模型，其中 Probit 单选按钮，表示采用 Probit 模型估计；Logit 单选按钮，表示采用 Logit 模型；Extreme Value 单选按钮，表示采用 Extreme Value 模型。

Probit 模型、Logit 模型和 Extreme Value 模型的区别主要体现在对其分布函数的假定上，分布函数与 3 种常用的二元选择模型的对应关系如表 7-1 所示。

表 7-1 常用的二元选择模型类型

u_i^* 对应的分布	分布函数 F	相应的二元选择模型
标准正态分布	$\Phi(x)$	Probit 模型
逻辑分布	$e^x / (1+e^x)$	Logit 模型
极值分布	$1-\exp(-e^x)$	Extreme Value 模型

（3） 估计方法与样本的设定

Equation Estimation 对话框的 Estimation settings 选项组主要用于对二元选择模型中估计方法和样本范围的设定。其中，Method 选项用于选择估计的方法，但是 EViews 中用于估计二元选择模型的方法只能选择 BINARY-Binary Choice（Logit,Probit,Extreme Value）方法，其他方法都不可用。

Sample 选项用于设定样本范围，设定方法是依次输入样本开始观察值、样本结束观察值，中间用空格隔开。

2. Options 选项卡的设定

选择 Equation Estimation 对话框中的 Options 选项卡，打开如图 7-2 所示的对话框。

Options 选项卡主要有 Covariance 选项组、Optimization algorithm 选项组、Derivatives（for index）选项组和 Iteration control 选项组。

（1） Covariance 选项组有一个复选框选项，即 Robust Covariances（稳健协方差），用于选择计算系数协方差矩阵的方法。该复选框下有两个单选按钮：Huber/White 方法（又称拟最大似然估计，QML），是 EViews 默认使用的方法，但是当模型存在异方差时该方法不太稳健；GLM（广义线性模型估计）方法所得参数估计值与 QML 方法的估计值仅仅在方差上相差一个常数倍。若用户选择 GLM 方法，则可以把这个常数作为方差因子估计量（Variance factor estimate），这个常数会在估计结果中显示。

（2） Optimization algorithm 选项组用于选择 EViews 参数估计所使用的最优化算法，有 3 个单选按钮：Quadratic Hill Climbin，是 EViews 默认使用的算法，该算法使用对数似然函数的二阶导数矩阵进行迭代并计算系数的协方差矩阵；Newton-Raphson，该算法使用未加权的二阶导数进行迭代；Berndt-Hall-Hall-Hausman，该算法则使用一阶导数进行迭代。

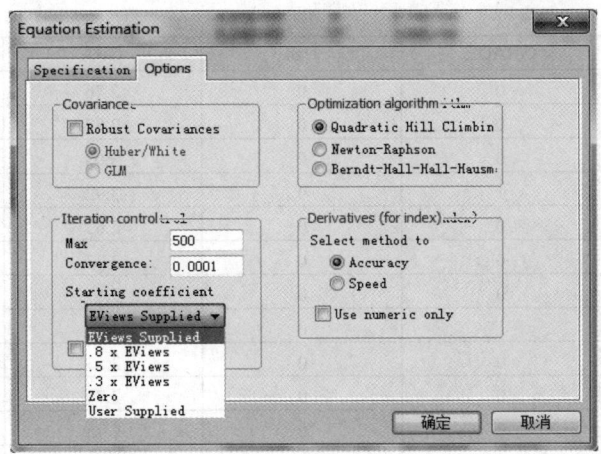

图 7-2　Options 选项卡

（3）　Derivatives（for index）该选项组用于选择导数迭代的方式，有两个单选按钮：精确（Accuracy）和快速（Speed），一般 EViews 默认使用精确方式。

（4）　Iteration control 该选项组用于控制迭代收敛，包括最大迭代次数（Max）和收敛准则（Convergence）的设定。这里的 Starting coefficient 选项组用于指定最大似然估计迭代计算初始值，该复选框下有 4 个单选按钮：EViews 提供的默认值（EViews Supplied），一般用户可以使用该选择；默认值的若干倍数值（0.8 倍、0.5 倍、0.3 倍）；零值（Zero）以及用户提供的初始值（User Supplied）。用户使用自定义的初始值，则需要在进行参数估计前向 EViews 自动生成的系数矢量 c 中输入初始值，再在 Starting coefficient 选项中选择 User Supplied。

7.1.3　二元选择模型估计的案例操作

下面以本书准备的案例数据为例，具体讲解二元选择回归模型的估计操作。

1.　案例问题的描述与数据准备

考虑现在教学经常需要对某种教学方案的效果进行评估，某学校需要分析某种教学方法对成绩的有效性。因变量（GRADE）代表在接受新教学方法后成绩是否改善，如果改善为 1，未改善为 0。解释变量（PSI）代表是否接受新教学方法，如果接受为 1，不接受为 0。还有对新教学方法量度的其他解释变量：平均分数（GPA）和测验得分（TUCE），来分析新的教学方法的效果。

本实验案例所用数据文件路径为：sample/chap07/数据/案例 7.1。该数据文件记录了该校对 32 名学生的调查结果，数据来源于[美] 威廉-格林 经济计量分析，相关数据如表 7-2 所示。

表 7-2　调查结果数据

样本序号	GRADE	PSI	GPA	TUCE
1	0	0	2.66	20
2	0	0	2.89	22
3	0	0	3.28	24
4	0	0	2.92	12
5	1	0	4	21
6	0	0	2.86	17

（续表）

样本序号	GRADE	PSI	GPA	TUCE
7	0	0	2.76	17
8	0	0	2.87	21
9	0	0	3.03	25
10	1	0	3.92	29
11	0	0	2.63	20
12	0	0	3.32	23
13	0	0	3.57	23
14	1	0	3.26	25
15	0	0	3.53	26
16	0	0	2.74	19
17	0	0	2.75	25
18	0	0	2.83	19
19	0	1	3.12	23
20	1	1	3.16	25
21	0	1	2.06	22
22	1	1	3.62	28
23	0	1	2.89	14
24	0	1	3.51	26
25	1	1	3.54	24
26	1	1	2.83	27
27	1	1	3.39	17
28	0	1	2.67	24
29	1	1	3.65	21
30	1	1	4	23
31	0	1	3.1	21
32	1	1	2.39	19

根据以上案例分析，本案例中，建立度量学习效果模型：

$$grade^* = \beta_0 + \beta_1 \times gpa + \beta_2 \times tuce + \beta_3 \times psi + \varepsilon \qquad (7.4)$$

其中，grade*是 GRADE 的不可观测的潜变量。

建立该模型的理由：平均分数的高低可以衡量新教学方法的效果，而测验得分直接体现新教学效果的好坏，因此用平均分数及检验得分作为解释变量。

2. Logit 模型的建立与估计

本案例对二元选择模型估计首先采用 Logit 模型，具体操作步骤：

① 在 EViews 主窗口的菜单栏中依次选择 Quick | Estimate Equation 命令，打开一般线性回归的 Equation Estimation 对话框，在 Method 下拉列表框中选择 BINARY-Binary Choice（Logit,Probit,Extreme Value）方法，打开估计二元选择模型的 Equation Estimation 对话框。

② 设定估计方程：根据模型设定变量为 grade、c、gpa、tuce、psi，因此在 Equation specification 输入框中按顺序依次输入 grade c gpa tuce psi，各个变量之间用空格隔开。

③ 选择 Logit 模型估计方法：在 Binary estimation 列表框中选择 Logit 单选项，并且不对 Options 选项卡中的内容做更改，单击"确定"按钮即可得到如图 7-3 所示的 Logit 模型估计结果。

```
Dependent Variable: GRADE
Method: ML - Binary Logit (Quadratic hill climbing)
Date: 11/25/12   Time: 20:42
Sample: 1 32
Included observations: 32
Convergence achieved after 5 iterations
Covariance matrix computed using second derivatives
```

Variable	Coefficient	Std. Error	z-Statistic	Prob.
C	-13.02135	4.931324	-2.640537	0.0083
GPA	2.826113	1.262941	2.237723	0.0252
TUCE	0.095158	0.141554	0.672235	0.5014
PSI	2.378688	1.064564	2.234424	0.0255

—— 方程估计

McFadden R-squared	0.374038	Mean dependent var	0.343750
S.D. dependent var	0.482559	S.E. of regression	0.384716
Akaike info criterion	1.055602	Sum squared resid	4.144171
Schwarz criterion	1.238819	Log likelihood	-12.88963
Hannan-Quinn criter.	1.116333	Deviance	25.77927
Restr. deviance	41.18346	Restr. log likelihood	-20.59173
LR statistic	15.40419	Avg. log likelihood	-0.402801
Prob(LR statistic)	0.001502		

—— 估计统计量

Obs with Dep=0	21	Total obs	32
Obs with Dep=1	11		

—— 因变量频率分布

图 7-3   Logit 模型估计结果

图 7-3 所示的估计结果主要分为三部分：第一部分显示模型估计的基本信息，如估计方法（Method）、使用样本以及迭代收敛有关信息、用来计算系数协方差矩阵的方法（Quadratic hill climbing）等。第二部分显示的是模型估计结果，包括系数估计量、渐进标准误差、z 统计量及其相应的概率以及各种回归结果的统计量。第三部分显示二元选择模型因变量的频率分布。与其他模型相比，图 7-3 所示的方程估计输出结果多了一些如表 7-3 所示的关于似然函数的统计量。

表 7-3   似然函数统计量

Log likelihood	当前模型对数似然函数的最大值，记为 $L(\hat{\beta})$
Avg.log likelihood	平均对数似然函数值，其等于 Log likelihood 除以观测值的个数 n
Restr.log likelihood	仅仅包含常数项和误差项的零模型估计结果的对数似然函数值，记为 $L(0)$，该统计量主要用于与现有的模型进行比较
LR statistics(3 df)	LR 统计量，用于检验模型的整体显著性，圆括号中的数字是 LR 统计量所服从分布的自由度。LR 检验的原假设是：除常数项以外的所有解释变量系数都为零。其计算公式为：LR=2(Log likelihood-Restr.log likelihood)，LR 统计量渐进地服从 χ^2 分布，自由度是该检验下约束变量的个数
Probability(LR stat)	LR 检验统计量相应的概率值
McFadden R-squared	麦克法登似然比率指数（likelihood Ratio Index）。其被定义为：$\rho = 1 - \dfrac{L(\hat{\beta})}{L(0)}$，用于替代线性回归中可决系数 R^2 来度量模型的拟合程度，ρ 也介于[0，1]之间

如果极大化过程显示所估计参数的任何变化都不会引起对数似然函数的变化，则 $\rho = 0$；如果所估计的似然函数对样本中每一个因变量的预测是完全准确的，则 $\rho = 1$。若在方程定义对话框的解释变量列表中不包括常数项，则估计结果中不显示 McFadden R-squared 统计量。

具体模型估计结果表达式如下：

$$\text{grade}^* = -13.021 + 2.286 \times \text{gpa} + 0.095 \times \text{tuce} + 2.379 \times \text{psi} \tag{7.5}$$

$$z = (-2.64) \quad (2.24) \quad\quad (0.67) \quad\quad\quad (2.23)$$

其中，解释变量 gpa、psi 参数估计值的 z 统计量比较大且其相应的概率值比较小，说明这两个变量是在统计上显著的，从而表明 gpa、psi 对提高学生成绩有显著的影响。然而解释变量 tuce 参数估计值相应的概率值较大，统计上不显著，说明 tuce 对提高学生成绩没有显著影响。LR 统计量较大，相应概率值为 0.001502，因此拒绝 H0：$\beta_1=\beta_2=\beta_3=0$ 的原假设，表明模型整体上是显著的。

利用式（7.5）的 Logit 模型的系数，本例按式（7.6）给出了新教学方法对学习成绩影响的概率。

当 psi=0 时：

$$p(grade=1) = \frac{e^{-13.021+2.826\times gpa+0.095\times 21.938}}{1+e^{-13.021+2.826\times gpa+0.095\times 21.938}}$$

当 psi=1 时：

$$P(grade=1) = \frac{e^{-13.021+2.826\times gpa+0.095\times 21.938+2.379}}{1+e^{-13.021+2.826\times gpa+0.095\times 21.938+2.379}} \tag{7.6}$$

其中，测验得分 tuce 取均值（21.938）。

3. Probit 模型的建立

Probit 模型的设定窗口与 Logit 模型的设定基本一致，需要特别设定是在 Binary estimation 列表框中选择 Probit 选项，设定完成后直接单击"确定"按钮，即可在 Equation 对象窗口得到如图 7-4 所示的 Probit 模型的估计结果。

图 7-4 中所示的 Probit 模型的估计结果与 Logit 模型估计结果在估计解释、统计变量部分都一致，本书在此不再赘述。其中在显著性水平 5% 下，gpa、psi 变量对应的概率为 0.019、0.016，都小于 0.05，即在统计上是显著的，从而表明 gpa、psi 对提高学生成绩有显著的影响。然而解释变量 tuce 参数估计值相应的概率值为 0.537 较大，统计上不显著，说明 tuce 对

```
Dependent Variable: GRADE
Method: ML - Binary Probit (Quadratic hill climbing)
Date: 11/25/12   Time: 20:45
Sample: 1 32
Included observations: 32
Convergence achieved after 5 iterations
Covariance matrix computed using second derivatives
```

Variable	Coefficient	Std. Error	z-Statistic	Prob.
C	-7.452320	2.542472	-2.931131	0.0034
GPA	1.625810	0.693882	2.343063	0.0191
TUCE	0.051729	0.083890	0.616626	0.5375
PSI	1.426332	0.595038	2.397045	0.0165

McFadden R-squared	0.377478	Mean dependent var	0.343750
S.D. dependent var	0.482559	S.E. of regression	0.386128
Akaike info criterion	1.051175	Sum squared resid	4.174660
Schwarz criterion	1.234392	Log likelihood	-12.81880
Hannan-Quinn criter.	1.111907	Deviance	25.63761
Restr. deviance	41.18346	Restr. log likelihood	-20.59173
LR statistic	15.54585	Avg. log likelihood	-0.400588
Prob(LR statistic)	0.001405		

Obs with Dep=0	21	Total obs	32
Obs with Dep=1	11		

图 7-4　Probit 模型估计结果

提高学生成绩没有显著影响。LR 统计量较大，相应概率值为 0.001405，从而拒绝 H0：$\beta_1=\beta_2=\beta_3=0$ 原假设，即表明模型整体上是显著的。本案例估计 Probit 模型的方程参见式（7.7）。

$$grade^* = -7.4523+1.6258\times gpa+0.0517\times tuce+1.4263\times psi$$
$$z = (-2.93) \quad (2.34) \quad (0.62) \quad (2.39) \tag{7.7}$$

利用式（7.7）的 Probit 模型的系数，本例按式（7.7）给出新教学方法对学习成绩影响的概率。

当 psi=0 时：

$$P(grade=1) = \Phi(-7.4523+1.6258\times gpa+0.0517\times 21.938)$$

当 psi=1 时：

$$P(\text{grade}=1)=\varPhi(-7.4523+1.6258\times\text{gpa}+0.0517\times21.938+1.42)\tag{7.8}$$

式中测验得分 tuce 取均值（21.938）。

4. Extreme Value 模型的建立

Extreme Value 模型的建立完全是在估计 Logit 模型的 Equation Estimation 对话框中设定的，唯一需要设定的是在 Binary estimation 列表框中选择 Extreme value 单选项，单击"确定"按钮，在 Equation 对象窗口得到如图 7-5 所示 Extreme Value 模型的估计结果。

图 7-5 中所示的 Extreme Value 模型的估计结果与 Logit 模型、Probit 模型的估计结果在估计解释、统计变量部分都一致。本案例估计 Extreme Value 模型的方程见式（7.9）。

Dependent Variable: GRADE
Method: ML - Binary Extreme Value (Quadratic hill climbing)
Date: 11/25/12   Time: 20:47
Sample: 1 32
Included observations: 32
Convergence achieved after 4 iterations
Covariance matrix computed using second derivatives

Variable	Coefficient	Std. Error	z-Statistic	Prob.
C	-7.140547	2.661684	-2.682718	0.0073
GPA	1.584494	0.694264	2.282265	0.0225
TUCE	0.060229	0.092639	0.650153	0.5156
PSI	1.616231	0.671607	2.406512	0.0161

McFadden R-squared	0.382898	Mean dependent var	0.343750
S.D. dependent var	0.482559	S.E. of regression	0.389460
Akaike info criterion	1.044200	Sum squared resid	4.247004
Schwarz criterion	1.227417	Log likelihood	-12.70720
Hannan-Quinn criter.	1.104931	Deviance	25.41440
Restr. deviance	41.18346	Restr. log likelihood	-20.59173
LR statistic	15.76906	Avg. log likelihood	-0.397100
Prob(LR statistic)	0.001265		

Obs with Dep=0	21	Total obs	32
Obs with Dep=1	11		

图 7-5　Extreme Value 模型估计结果

$$\text{grade}^*=-7.14+1.548\times\text{gpa}+0.06\times\text{tuce}+1.616\times\text{psi}\tag{7.9}$$
$$z=(-2.68)\quad(2.28)\quad\quad(0.65)\quad\quad\quad(2.4)$$

利用式（7.9）的 Extreme Value 模型的系数，本例按如式（7.9）给出新教学方法对学习成绩影响的概率。

当 psi=0 时：

$$P(\text{grade}=1)=1-\exp(-e^{-7.14+1.584\times\text{gpa}+0.06\times21.938})$$

当 psi=1 时：

$$P(\text{grade}=1)=1-\exp(-e^{-7.14+1.584\times\text{gpa}+0.06\times21.938+1.616})\tag{7.10}$$

式中测验得分 tuce 取均值（21.938）。

7.2 受限因变量模型

现实的经济生活中，有时会遇到这样的问题，因变量是连续的，但是受到某种限制。此时就不能按照一般模型进行估计，这就要用到本节所讲的受限因变量模型。

7.2.1 背景知识

有时，所得的因变量的观测值来源于总体的一个受限制的子集，而不能完全反映总体的实际特征。此时，我们需要建立受限因变量模型来推断总体特征。本节研究两类受限因变量模型，即审查回归模型（censored regression models）和截断回归模型（truncated regression models）。

1. 审查回归模型

考虑下面的潜在因变量回归模型：

$$y_i^* = x_i\beta + \sigma u_i, \quad i=1, 2, \cdots, N \tag{7.11}$$

其中，σ 是比例参数（Scale），建立因变量 y_i 与其潜在变量 y^* 如下的对应关系：

$$y_i = \begin{cases} \underline{c}_i & y_i^* \leqslant \underline{c}_i \\ y_i^* & \underline{c}_i < y_i^* < \overline{c}_i \\ \overline{c}_i & \overline{c}_i \geqslant y_i^* \end{cases} \tag{7.12}$$

其中，$\underline{c}_i$、$\overline{c}_i$ 分别是左审查点和右审查点，代表临界点的固定值，为常数。如果没有左审查点，则 $\underline{c}_i = -\infty$；如果没有右审查点，则 $\overline{c}_i = +\infty$。对于 $\underline{c}_i = 0$ 和 $\overline{c}_i = +\infty$，此时称模型为规范的审查回归模型，又称为 Tobit 模型。对因变量观测值进行审查并不是把观测不到的 y_i^* 的所有负值简单地从样本中除掉，其本质是对出现审查数据的普通回归模型进行式（7.12）所示的适当处理。

2. 截断回归模型

截断问题，形象地说就是掐头或者去尾。即在很多实际问题中，不能从全部个体中抽取因变量的样本观测值，而只能从大于或小于某个数的范围内抽取样本的观测值，此时需要建立截断因变量模型。截断回归模型的形式如下：

$$y_i = x_i\beta + \sigma\varepsilon_i \tag{7.13}$$

其中，y_i 只有在 $\underline{c}_i < x_i'\beta + \sigma\varepsilon_i < \overline{c}_i$ 范围内才能取得样本观测值，其中 $\underline{c}_i$、$\overline{c}_i$ 都是临界值。审查回归模型和截断回归模型的参数的估计，都可以使用最大似然估计方法。

7.2.2 受限因变量模型估计的 EViews 操作

打开相应的数据文件或者建立一个数据文件后，可以在相应的 workfile 工作文件窗口进行受限因变量模型估计的 EViews 操作。

1. 受限因变量模型主窗口的打开

在 EViews 主窗口的菜单栏中依次选择 Quick | Estimate Equation 命令，打开 Equation Estimation 对话框，在 Method 下拉列表框中选择 CENSORED-Censored or Truncated Date (tobit) 方法，即可打开如图 7-6 所示的 Equation Estimation 对话框。

图 7-6 所示是进行受限因变量模型估计的主要窗口。用于估计受限因变量模型的 Equation Estimation 对话框，主要包括 Equation specification 方程设定、Dependent variable censoring points 信息和 Estimation settings 估计设定。

下面，将对如何在 Equation specification 对话框中设定受限因变量模型进行详细讲解。

2. 受限因变量模型方程的设定

受限因变量模型中的方程是在 Equation specification 对话框中进行设定的，其设定方法与二元选择模型方程的设定基本一致。在图 7-6 所示对话框的 Equation specification 输入框中要求用户输入变量列表，先输入受限因变量名称，然后输入解释变量名，即按照被解释变量、回归因子（常数项和解释变量）的顺序依次列出来。受限因变量模型估计中，用户只能使用列表法对方程进行设定，不能使用公式法。

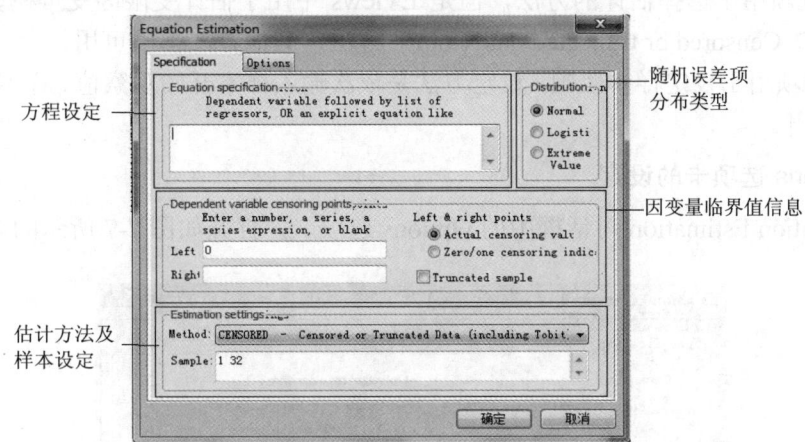

图 7-6　Equation Estimation 对话框

3. 受限因变量模型临界值

对话框的 Dependent variable censoring points 选项提供有关模型被审查因变量的临界值信息，用户可以输入数值、序列、序列表达式或者空白（Enter a number，a series，a series expression，or blank）。对于 Dependent variable censoring points 选项编辑框的输入需要考虑以下两种情况。

一种情况是临界值点对样本所有个体都是已知的。按照要求在编辑框中的左编辑区（Left）和右编辑区（Right）输入临界值点。如果其中一个编辑区为空，EViews 会认为该模型相应类型的观测值没有被审查。例如，对于 Tobit 模型估计，样本观测值在 0 值左边进行审查，在 0 值右边不被审查（即没有右审查点）。这种情况下，可以设定为：Left 编辑框输入 "0"；Right 编辑框不用输入任何数值（即为 Blank）。一般情况下，可以设定为：Left 编辑框输入 "c_i"；Right 编辑框输入 "$\bar{c}_i$"。此外，EViews 还允许临界值是已知的但对不同的观察值是不同的，此时可以在适当的编辑框中输入包含临界值点的序列名。

另一种情况是临界值通过设定的指示变量产生，并且只对有被审查观测值的个体已知。在某些情况下，假设临界值点对于一些个体（c_i 和 $\bar{c}_i$ 并不是对所有样本观测值都是可观测得到的）是未知的，此时可以通过设置取值为 0 或 1 的虚拟变量来审查数据。EViews 提供了一种数据审查的方法来适应这种情况，即在估计对话框中选择 Zero/ one indicator of censoring 选项，然后在编辑区中输入审查指示变量的序列名。对应于审查指示变量值为 1 的观测值需要进行审查处理，而对应于审查指示变量值为 0 的观测值不进行审查处理。

4. 受限因变量模型方法

CENSORED-Censored or Truncated Date (tobit)选项组主要用于对受限因变量模型中方法的设定。该选项组提供了两种常用的受限因变量模型，其中审查回归模型方法（Censored Regression Model）表示采用是 EViews 默认选项；Truncated sample 复选框，表示采用截断回归模型方法（Truncated Regression Model）。这两种模型的类型差异已在本节背景知识中介绍过了。

5. 估计方法与样本的设定

Equation Estimation 对话框的 Estimation settings 选项组主要用于对受限因变量模型中估计方法和样本范围的设定。

Method 选项用于选择估计的方法，但是 EViews 中用于估计受限因变量模型的方法应选择 CENSORED–Censored or truncated date (tobit) 方法，其他方法都不可用。

Sample 选项用于设定样本范围，设定方法是依次输入样本开始观察值、样本结束观察值，中间用空格隔开。

6. Options 选项卡的设定

选择 Equation Estimation 对话框中的 Options 选项卡，打开如图 7-7 所示的对话框。

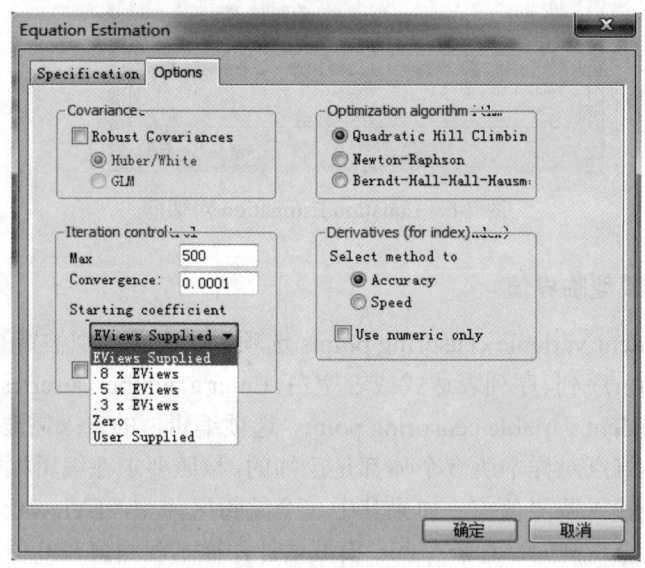

图 7-7　Options 选项卡

Options 选项卡主要有 Covariance 选项组，Optimization algorithm 选项组，Derivatives（for index）选项组和 Iteration control 选项组。这 4 个选项组的选项及功能与二元选择模型的 Options 选项卡完全一致，因此不再详细介绍。

7.2.3　受限因变量模型估计的案例操作

下面以本书准备的案例数据为例，具体讲解受限因变量回归模型的估计操作。

1. 案例问题的描述与数据准备

本案例研究已婚妇女工作时间问题，样本有 50 个调查数据，数据来源于美国人口调查局，其中 y 表示已婚妇女工作时间，$x_1 \sim x_4$ 分别表示已婚妇女的未成年子女个数、年龄、受教育的年限和丈夫的收入。只要已婚妇女没有提供工作时间，就将工作时间作为零对待，符合受限因变量模型的特点。

本实验案例所用数据文件路径为：sample/chap07/数据/案例 7.2。该数据文件记录了 50 名已婚妇女的调查结果，相关数据如表 7-4 所示。

表 7-4 已婚妇女工作时间的相关数据

obs	y	x_1	x_2	x_3	x_4
1	0	0	69	16	0
2	40	0	27	12	37400
3	0	0	58	12	30000
4	40	2	29	12	18000
5	20	0	58	12	60000
6	0	1	36	12	55000
7	38	0	52	13	33000
8	37	0	29	16	28000
9	37	0	46	14	33000
10	0	0	67	7.5	0
11	0	0	65	12	0
12	38	0	51	12	29650
13	5	2	36	13	0
14	6	0	22	2.5	12000
15	32	1	30	14	45000
16	40	2	34	12	39000
17	0	3	38	16	39750
18	14	5	34	11	1200
19	0	0	48	11	0
20	0	3	27	12	14500
21	48	1	43	13	16887
22	40	2	33	12	28320
23	0	0	58	12	500
24	10	0	46	13	1000
25	50	0	52	21	99999
26	4	2	23	11	2300
27	0	2	32	14	11000
28	40	1	34	20	8809
29	0	1	37	11	32800
30	3	0	53	11	0
31	45	0	26	12	15704
32	0	5	42	13	41000
33	32	2	47	12	48200
34	38	1	43	14	0
35	0	0	62	12	0
36	8	1	29	12	0
37	0	0	62	13	0
38	0	0	57	10	20000
39	0	3	34	16	60000
40	50	3	32	16	33000
41	45	0	60	12	0
42	20	0	53	12	45000
43	29	1	37	12	25400
44	0	0	70	12	0
45	45	3	28	12	24000
46	15	0	52	11	0
47	0	1	38	13	14000
48	40	0	57	16	0
49	40	1	52	16	22000
50	9	1	54	12	0

根据所研究的问题，建立度量已婚妇女工作时间的审查回归模型：

$$y^* = \beta_0 + \beta_1 \times x_1 + \beta_2 \times x_2 + \beta_3 \times x_3 + \beta_4 \times x_4 + \varepsilon^*$$ （7.14）

其中，y^*是因变量y的潜在变量。建立该模型的理由是，已婚妇女工作时间明显受到其子女个数、年龄大小、受教育的年限和丈夫收入的限制。一般来说，已婚妇女未成年子女越多、年龄越大，其工作时间也就越短，受教育的年限也会影响已婚妇女的工作观念，因此本书将未成年子女个数、年龄大小、受教育年限作为模型的解释变量。

2. 审查回归模型的建立

本案例对二元选择模型估计，首先采用 Logit 模型，具体操作步骤如下。

① 打开二元选择模型回归主窗口：在 EViews 主窗口的菜单栏中依次选择 Quick | Estimate Equation 命令，打开一般线性回归的 Equation Estimation 对话框，在 Method 下拉列表框中选择 CENSORED-Censored or Truncated Date (tobit)方法，打开估计审查选择模型的 Equation Estimation 对话框。

② 设定回归方程：在 Equation specification 输入框中按顺序依次输入 y c x_1 x_2 x_3 x_4，各个变量之间用空格隔开。

③ Logit 模型方法选择：在 Distribution 列表框中选择 Normal 单选项，即采用 Tobit 模型，且不对 Options 选项卡中的内容做更改。

设定完毕后单击"确定"按钮，即在 Equation 对象窗口得到如图 7-8 所示的估计结果。

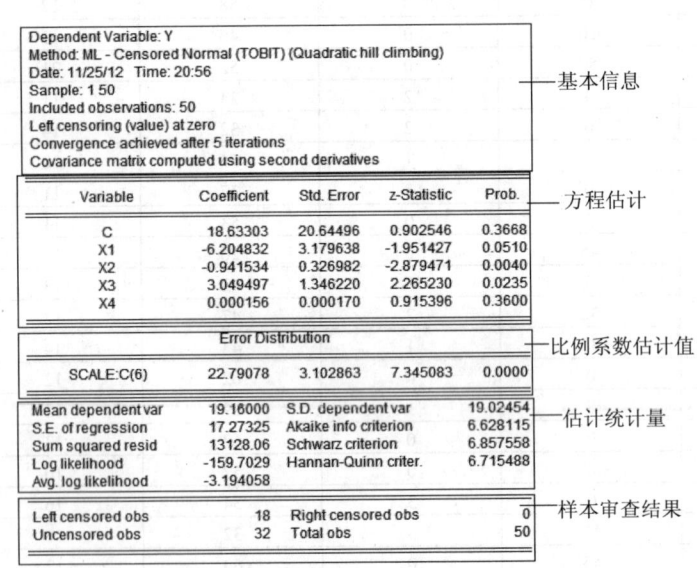

图 7-8   审查回归模型估计结果

在图 7-8 中，估计结果主要分为三部分：第一部分显示一些基本信息，包括误差分布函数（Normal）、估计所用样本和估计算法、达到收敛所用的迭代次数以及临界值指定等有关信息。如果模型是左审查为零的规范审查模型，EViews 会在估计结果的上端显示"TOBIT"；对于其他情形，也会标出左、右审查的详细信息。第二部分显示的是模型估计结果，包括系数估计量、渐进标准误差、z 统计量及其相应的概率，以及各种回归结果的统计量。估计结果显示，除了变量丈夫收入 x_4 的系数估计不显著外，其他的参数估计值在 5% 的检验水平上是显著的，说明相应的因素对已婚妇女的工作时间有较大的影响。第三部分显示对样本观测值的审查结果。左审查的观测值数是 18 个，右审查的观测值数是零，未审查的观测值数是 32。

根据输出结果，本案例估计的审查回归模型的方程表达式如公式（7.15）所示：

$$y^* = 18.63 - 6.2048x_1 - 0.9415x_2 + 3.0495x_3 + 0.0002x_4 \qquad (7.15)$$

式中，回归系数为正，则解释变量越大，已婚妇女工作时间越长。例如，已婚妇女受教育的年限（x_3）越长或丈夫的收入（x_4）越高，则工作的时间越长，但是 x_4 的系数不显著并且也很小，所以对已婚妇女工作时间影响不大。式（7.15）中回归系数为负，则解释变量越大，已婚妇女工作时间越短。例如已婚妇女的未成年子女个数（x_1）越多或年龄（x_2）越大，则工作的时间越短。且两者的系数都很显著，说明这两个因素对已婚妇女工作时间有较大影响。

此外，EViews 还给出了比例系数（SCALE）的估计值 $\hat{\sigma}$ =22.79078，其中 SCALE（6）表示模型估计的第 6 个参数。可以根据误差项假定分布的方差估计值来计算残差项的方差，对于标准正态分布，残差的方差 $\mathrm{Var}(\varepsilon) = \hat{\sigma}^2$；对于标准逻辑分布，$\mathrm{Var}(\varepsilon) = \dfrac{\pi^2 \hat{\sigma}^2}{3}$；对于极值分布，$\mathrm{Var}(\varepsilon) = \dfrac{\pi^2 \hat{\sigma}^2}{6}$。

3. 截断回归模型的建立

截断回归模型的估计遵循与审查回归模型估计同样的步骤，在 EViews 主窗口中，打开估计受限因变量模型的 Equation Estimation 对话框，在 Method 下拉列表框中选择 CENSORED-Censored or Truncated Date (tobit)方法，在 Equation specification 输入框中按顺序依次输入 $y\ c\ x_1\ x_2\ x_3\ x_4$，并选择误差分布函数以及选择 Truncated sample 选项，从而打开如图 7-9 所示的截断回归模型对话框。

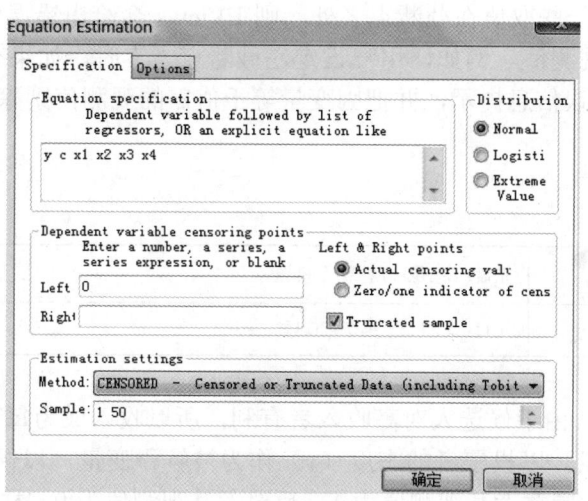

图 7-9 截断回归模型对话框

单击"确定"按钮，即在 Equation 对象窗口得到如图 7-10 所示的估计结果。

Dependent Variable: Y
Method: ML - Censored Normal (TOBIT) (Quadratic hill climbing)
Date: 01/23/10   Time: 21:24
Sample (adjusted): 2 50
Included observations: 32 after adjustments
Truncated sample
Left censoring (value) at zero
Convergence achieved after 8 iterations
Covariance matrix computed using second derivatives

Variable	Coefficient	Std. Error	z-Statistic	Prob.
C	-4.101650	15.48977	-0.264797	0.7912
X1	0.272351	2.300807	0.118372	0.9058
X2	-0.146012	0.241769	-0.603933	0.5459
X3	2.643468	0.937866	2.818598	0.0048
X4	0.000212	0.000114	1.861338	0.0627

Error Distribution				
SCALE:C(6)	12.74844	1.853610	6.877628	0.0000

Mean dependent var	29.93750	S.D. dependent var	15.46054
S.E. of regression	13.36843	Akaike info criterion	8.137722
Sum squared resid	4825.306	Schwarz criterion	8.412547
Log likelihood	-124.2035	Hannan-Quinn criter.	8.228819
Avg. log likelihood	-3.881361		

Left censored obs	0	Right censored obs	0
Uncensored obs	32	Total obs	32

图 7-10 估计结果

根据输出结果，本案例估计的截断回归模型的方程表达式如下：

$$y^* = -4.10165 + 0.2723x_1 - 0.146x_2 + 2.6434x_3 + 0.0002x_4 \qquad (7.16)$$

截断回归模型估计结果的解释与审查回归模型的解释基本一致，但需要注意以下几点。

① 只有当截断点已知时才可以估计模型，否则无法定义模型估计的似然函数。如果用户使用虚拟指示变量来指定截断点，则 EViews 将会给出出错信息提示，指出用户的选择是无效的。

② 如果因变量有一些取值在截断点之外，则 EViews 会给出错误信息提示，并进一步自动剔除等于截断点的观测值。例如，用户设定左截断点为零时，如果有样本观测值小于零，则 EViews 将会给出错误信息提示，并把因变量等于值零的观测值剔除掉。

上机题

	光盘：\录像\第 7 章\上机题\……
	光盘：\上机题\第 7 章\习题\……

1. 在一次选举中，由于候选人对高收入者有利，所以收入成为每个投票者表示同意或者反对的最主要影响因素。以投票者的态度（y）作为被解释变量，以候选人的月收入（x）作为解释变量建立模型，同意者其观测值为 1，反对者其观测值为 0，样本数据见表 7-5 所示。

表 7-5 选举人收入和投票情况表

序 号	X	Y	序 号	X	Y	序 号	X	Y
1	100	0	11	1100	0	21	2100	1
2	200	0	12	1200	0	22	2200	1
3	300	0	13	1300	1	23	2300	1
4	400	0	14	1400	0	24	2400	1
5	500	0	15	1500	1	25	2500	1
6	600	0	16	1600	0	26	2600	1
7	700	0	17	1700	1	27	2700	1
8	800	0	18	1800	0	28	2800	1
9	900	0	19	1900	1	29	2900	1
10	1000	0	20	2000	1	30	3000	1

（1）利用原始数据，建立二元选择原始模型为：$y_i = \alpha + \beta x_i + \mu_i$。

（2）利用 Probit 估计二元离散选择模型估计参数，并说出相应参数的含义。

2．某商业银行从历史贷款客户中随机抽取 78 个样本，根据涉及的指标体系分别计算他们的"商业信用支持度"（XY）和"市场竞争地位等级"（SC），对他们贷款的结果（JG）采用二元离散变量，1 表示贷款成功，0 表示贷款失败。样本观测值见表 7-6 所示。

表 7-6 贷款客户情况表

JG	XY	SC	JGF	JG	XY	SC	JGF	JG	XY	SC	JGF
0	125	-2	0	0	1500	-2	0	0	54	-1	0
0	599	-2	0	0	96	0	0	1	42	2	1
0	100	-2	0	1	-8	0	1	0	42	0	0.0209
0	160	-2	0	0	375	-2	0	1	18	2	1
0	46	-2	0	0	42	-1	6.50E-13	0	80	1	6.40E-12
0	80	-2	0	1	5	2	1	1	-5	0	1
0	133	-2	0	0	172	-2	0	0	326	2	0
0	350	-1	0	1	-8	0	1	0	261	1	0
1	23	0	0.9979	0	89	-2	0	1	-2	-1	0.9999
0	60	-2	0	0	128	-2	0	0	14	-2	3.90E-07
0	70	-1	0	1	6	0	1	1	22	0	0.9991
1	-8	0	1	0	150	-1	0	0	113	1	0
0	400	-2	0	1	54	2	1	1	42	1	0.9987
0	72	0	0	0	28	-2	0	1	57	2	0.9999
0	120	-1	0	1	25	0	0.9906	0	146	0	0
1	40	1	0.9998	1	23	0	0.9979	1	15	0	1
1	35	1	0.9999	1	14	0	1	0	26	-2	4.40E-16
1	26	1	1	0	49	-1	0	0	89	-2	0
1	15	-1	0.4472	0	14	-1	0.5498	1	5	1	1
0	69	-1	0	0	61	0	2.10E-12	1	-9	-1	1
0	107	1	0	1	40	2	1	1	4	1	1
1	29	1	1	0	30	-2	0	0	54	-2	0
1	2	1	1	0	112	-1	0	1	32	1	1
1	37	1	0.9999	0	78	-2	0	0	54	0	1.40E-07
0	53	-1	0	1	0	0	1	0	131	-2	0
0	194	0	0	0	131	-2	0	1	15	0	1

（1）利用原始数据，建立二元选择原始模型，研究 JG 与 XY、SC 之间的关系。

（2）根据上述模型为正确贷款决策提出一些建议。

第 8 章　基本时间序列模型的估计

本章主要介绍时间序列的平滑方法和分解方法，这两种方法是时间序列的处理方法中比较基本也是比较常用的。

对某些经济指标的时间序列（通常是金融时间序列）来说，通常不存在明显的趋势变动和周期变动，或者是存在某种长期趋势但是短期趋势经常发生变化。这种特性是金融数据本身特点决定的。针对这种时间序列有很多处理方法，本章将介绍指数平滑法对这种序列进行处理。

而一般的月度或季度经济指标，通常包含 4 种变动要素：长期趋势要素、循环趋势要素、季节变动要素和不规则要素。长期趋势要素代表经济时间序列的长期走势，循环趋势要素是以数年为周期的一种周期性变动，它可能是一种景气变动，也可能是经济变动或其他周期变动。季节变动要素是每年重复出现的循环变动，以 12 个月或 4 个季度为周期的周期性影响，可能由温度、假期等因素引起。不规则要素又称随机因子或噪声，变化无规则且不固定，由偶然发生的事件引起。通常来说，研究一般经济指标序列的重点多放在该序列的长期趋势要素和循环趋势要素上，这就要求把这两种要素从整个序列中分解出来。本章介绍的 H-P 滤波方法和 BP 滤波方法就是分解时间序列的两种重要的基本方法。

8.1　指数平滑法

针对没有显著趋势变动的时间序列，或者存在长期趋势但是短期趋势经常改变的时间序列，通常采用指数平滑的方法。指数平滑是一种能自动追踪数据变化并不断调整对序列中所含短期趋势估计的方法。采用这种预测方法通常会收到较好的短期预测效果。

8.1.1　背景知识

指数平滑法的前提是认为时间序列的态势具有稳定性或规则性，所以时间序列可被合理地顺势推出。最近的过去态势在某种程度上会持续到最近的未来，所以将较大的权数放在最近的资料上。

在中短期经济发展趋势预测中，指数平滑法的使用频率是相对较高的。相比简单的全期平均法对时间数列的过去数据一个不漏地全部加以同等利用，或者移动平均法不考虑较远期的数据并给予近期资料较大的权重，指数平滑法兼容了全期平均和移动平均所长，既不舍弃过去的数据，又根据数据预测期的长度给予逐渐减弱影响程度（即随着数据的远离，赋予逐渐收敛为零的权数），大大提高了预测精度。

常用的指数平滑法包括一次指数平滑、二次指数平滑、Holt-Winter 非季节模型和季节加法与乘法模型。

1.　一次指数平滑

一次指数平滑又称为单指数平滑。时间序列 y_t 的平滑序列 $\hat{y}_t$ 的计算公式如下：

$$\hat{y}_t = \alpha y_t + (1-\alpha)y_{t-1} \tag{8.1}$$

式中，y_t 是时间序列；y_{t-1} 是上期平滑值序列（smoothed series）；α 是平滑系数（smoothing parameter），也叫衰减因子。平滑系数的取值范围为 $0 \leqslant \alpha \leqslant 1$。重复迭代以上公式，可得到：

$$\hat{y}_t = \alpha \sum_{i=0}^{t-1} (1-\alpha)^i y_{t-i} \tag{8.2}$$

由式（8.2）可以看出，平滑值序列实际上是由实际序列的历史数据加权平均得到的，而权数被定义为以时间为指数的形式，故此方法被称为指数平滑法。一次指数平滑法的预测对所有未来的观测值都是常数，这个常数为 $\hat{y}_{T+k} = \hat{y}_T$（对于所有 $k>0$），T 是时间序列的最终点。

一次平滑法的优点是方法简单，而且权数是指数衰减的，预测模型看重最新的样本数据，所以预测值总是反映最新的数据结构。它的局限性体现在：第一，预测值是常数，不能反映趋势变动、季节波动等有规律变动；第二，短期预测较灵敏但不适合中长期预测；第三，由于预测只是历史数据的均值，因此与实际序列的变化相比较预测值序列的变动有滞后现象。

2.　二次指数平滑

二次指数平滑又被称为双重指数平滑。该方法适用于线性趋势预测。二次指数平滑的计算公式为

$$\begin{aligned} S_t &= \alpha y_t + (1-\alpha)S_{t-1} \\ D_t &= \alpha S_t + (1-\alpha)D_{t-1} \end{aligned} \tag{8.3}$$

式中，S_t 是一次指数平滑序列；D_t 是二次指数平滑序列；α 是平滑系数（$0 \leqslant \alpha \leqslant 1$）。

二次指数平滑就是在一次指数的基础上对数据进行进一步平滑所产生的。

二次指数平滑预测公式如下：

$$\hat{y}_{T+k} = a_T + b_T k，对于所有 k \geqslant 1 \tag{8.4}$$

式中，

$$a_T = 2S_T - D_T$$

$$b_T = \frac{\alpha}{1-\alpha}(S_T - D_T)$$

T 是样本末期

这个公式叫做 Brown 单参数指数平滑线性预测公式。它所产生的预测值是截距为 $2S_T - D_T$，斜率为 $\alpha(S_T - D_T)/(1-\alpha)$ 的线性趋势值。

3. Holt-Winter 非季节模型

这种方法适用于具有线性时间趋势但无季节变化的序列。与双指数平滑法一样，这种方法以线性趋势进行预测。但不同的是，双指数平滑法只用一个参数，而这个模型有两个平滑系数 α 和 β（$0 \leqslant \alpha, \beta \leqslant 1$）。

平滑序列的计算公式为

$$\hat{y}_{t+k} = a_t + b_t k，对所有 k \geqslant 1 \tag{8.5}$$

式中，

$$a_t = \alpha y_t + (1-\alpha)(a_{t-1} - b_{t-1})$$
$$b_t = \beta(a_t - a_{t-1}) + (1-\beta)b_{t-1}$$

如果 $t = T$，预测模型为

$$\hat{y}_{T+k} = a_T + b_T k，对于所有 k \geqslant 1 \tag{8.6}$$

式中，a_T 是截距，b_T 是斜率。可以看出它们都是通过平滑值计算得到的。

4. Holt-Winter 季节加法模型

该方法适用于具有线性趋势和加法季节变化的序列。平滑序列的计算公式为

$$\hat{y}_{t+k} = a_t + b_t k + S_{t+k}, \quad t = s+1, s+2, \cdots, T \tag{8.7}$$

式中，a_t 表示截距，b_t 表示斜率，$a_t + b_t k$ 表示趋势，S_t 为加法模型季节因子，s 表示季节周期长度（如月度 $s = 12$）。

该模型需要三个系数来给出季节因子、截距和斜率的初值。此三个系数的递归式定义为

$$a_t = \alpha(y_t - S_{t-s}) + (1-\alpha)(a_{t-1} + b_{t-1})$$
$$b_t = \beta(a_t - a_{t-1}) + (1-\beta)b_{t-1} \tag{8.8}$$
$$S_t = \gamma(y_t - a_t) + (1-\gamma)S_{t-s}$$

式中，$k > 0, \alpha, \beta, \gamma$ 在 0～1 之间。如果 $t = T$，预测模型为

$$\hat{y}_{T+k} = a_T + b_T k + S_{T+k-s} \tag{8.9}$$

式中，S_{T+k-s} 用样本数据最后一年的季节因子。

5. Holt-Winter 季节乘法模型

该方法适用于具有线性趋势和乘法季节变化的序列。平滑序列的计算公式为

$$\hat{y}_{t+k} = (a_t + b_t k)S_{t+k}, \quad t = s+1, s+2, \cdots, T \tag{8.10}$$

式中，a_t 表示截距，b_t 表示斜率，$a_t + b_t k$ 表示趋势，S_t 为乘法模型的季节因子，s 表示季节周期长度（如月度 $s = 12$）。

与加法模型一样，该模型需要 3 个系数来给出季节因子第一年的初值和截距、斜率的初值。此 3 个系数的递归式定义为

$$a_t = \alpha \frac{y_t}{S_{t-s}} + (1-\alpha)(a_{t-1} + b_{t-1})$$

$$b_t = \beta(a_t - a_{t-1}) + (1-\beta)b_{t-1} \tag{8.11}$$

$$S_t = \gamma \frac{y_t}{a_t} + (1-\gamma)S_{t-s}$$

式中，$k > 0$，α, β, γ 在 0～1 之间。如果 $t = T$，预测模型为

$$\hat{y}_{T+k} = (a_T + b_T k)S_{T+k-s} \tag{8.12}$$

式中，S_{T+k-s} 用样本数据最后一年的季节因子。

8.1.2　指数平滑法的 EViews 操作

打开相应的数据文件或者建立一个数据文件后，可以在相应的 workfile 工作文件窗口中进行指数平滑的相关 EViews 操作。

1. 指数平滑主窗口的打开

在 EViews 中，有三种常用的打开指数平滑窗口的方法。

第一种方法是利用序列窗口中的 Proc 按钮调用该过程。在打开的序列窗口中，单击 Proc|Exponential Smoothing 即可。第二种方法是单击主命令菜单上的 Quick|Series Statistics|Exponential Smoothing 调用该过程。第三种方法是在主命令窗口中输入 smooth+空格+序列名（如要对 SZCZ 进行平滑，则输入 smooth SZCZ 即可）。通过此方法打开如图 8-1 所示的指数平滑窗口。

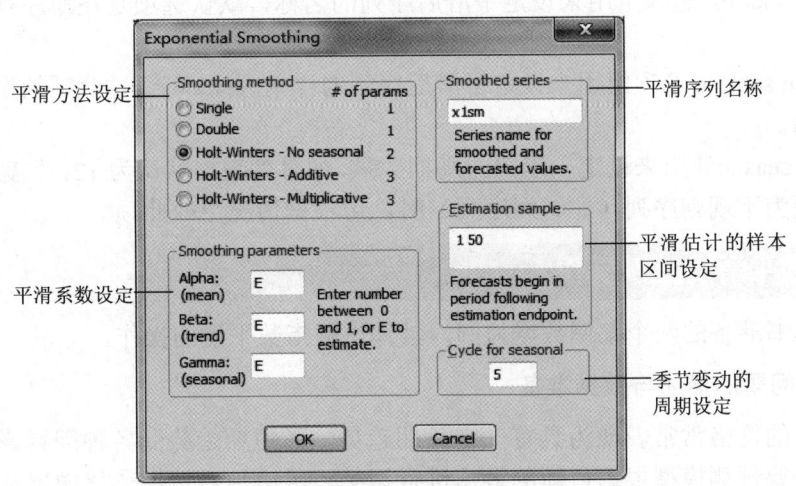

图 8-1　指数平滑窗口

2. 平滑方法选择

在 Smoothing method 选项组中设定平滑方法，EViews 提供了前文所介绍的五种平滑方法，

其对应关系如表 8-1 所示。

表 8-1　指数平滑方法中英文对照

Single	一次指数平滑
Double	二次指数平滑
Holt-Winters-No seasonal	Holt-Winter 非季节模型
Holt-Winters-Additive	Holt-Winter 季节加法模型
Holt-Winters-Multiplicative	Holt-Winter 季节乘法模型

3.　平滑系数设定

如图 8-2 所示，Smoothing parameters 选项组是平滑系数的设定区域，共有 α、β、γ 三个系数可以设定。通过前面的背景知识介绍可知，如果使用一次指数平滑或二次指数平滑，仅需要对 α 进行设定；如果使用 Holt-Winter 非季节模型，则需要对 α、β 两个系数进行设定；如果选择 Holt-Winter 季节加法模型或 Holt-Winter 季节乘法模型，则需要同时对 α、β、γ 都进行设定。用户也可以选择由系统自动设定，若如此，则不需要填写任何参数，窗口中显示"E"。

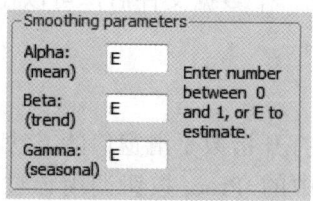

图 8-2　平滑参数设定区域

4.　其他参数设置

在指数平滑窗口的右侧，需要进行以下几项设定。

Smoothed series 选项组用来设定平滑后序列的名称，默认选项是在原序列名称的后面加上字母"sm"。

Estimation sample 选项组用来设定平滑后序列的样本区间，可通过此项的设置确定指数平滑的预测区间。

Cycle for seasonal 用来设定一年内的周期数量，如月度数据默认为 12，季度数据默认为 4。当所预测序列为不规则序列（非时间序列）时，可根据情况更改此项。

8.1.3　指数平滑的案例操作

下面以本书准备的两个案例数据为例，具体讲解指数平滑的操作。

1.　案例问题的描述与数据准备

金融资产的价格常常表现为具有一定长期趋势，而短期趋势受各种因素影响经常会发生变化，这就需要预测模型根据最新的数据进行调整，灵敏地对短期变化做出反应，进而进行预测。本节将采用欧元兑美元的汇价进行指数平滑和预测。

本实验案例所用数据文件路径为：sample/chap08/案例 08.01。该数据文件记录了欧元兑美元自 2006 年第一个周末 1 月 6 日至 2009 年最后一个周末 12 月 31 日（元旦全球停盘）的收盘价格共 209 个数据。数据来源为 Wind 数据库。部分相关数据如表 8-2 所示。

表 8-2　2006—2009 年欧元兑美元汇率

时　间	收盘价（欧元兑美元）	时　间	收盘价（欧元兑美元）
2006-1-6	1.2156	2009-7-31	1.4255
2006-1-13	1.2135	2009-8-7	1.418
2006-1-20	1.2136	2009-8-14	1.4202
2006-1-27	1.2102	2009-8-21	1.4325
2006-2-3	1.2023	2009-8-28	1.4302
2006-2-10	1.1906	2009-9-4	1.4297
2006-2-17	1.193	2009-9-11	1.4581
2006-2-24	1.1875	2009-9-18	1.4715
2006-3-3	1.203	2009-9-25	1.4669
2006-3-10	1.1913	2009-10-2	1.4574
2006-3-17	1.2195	2009-10-9	1.4728
2006-3-24	1.203	2009-10-16	1.4902
2006-3-31	1.2121	2009-10-23	1.5006
2006-4-7	1.2101	2009-10-30	1.4717
2006-4-14	1.211	2009-11-6	1.4843
2006-4-21	1.2344	2009-11-13	1.4906
2006-4-28	1.2613	2009-11-20	1.4861
2006-5-5	1.2728	2009-11-27	1.4985
2006-5-12	1.2926	2009-12-4	1.4856
2006-5-19	1.277	2009-12-11	1.4622
2006-5-26	1.2725	2009-12-18	1.4346
2006-6-2	1.2921	2009-12-25	1.4398
2006-1-6	1.2156	2009-12-31	1.4324

　　按照本书提供的该实验案例的数据文件路径，打开案例 8.1 数据文件，弹出如图 8-3 所示的工作文件窗口。

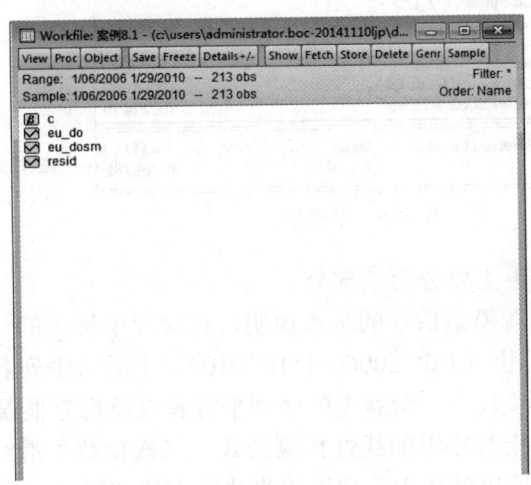

图 8-3　案例 8.1 工作窗口

　　在案例工作文件窗口中有 3 个变量：c 和 resid 是系统自带的模型回归截距项和残差序列；eu_do 表示欧元兑美元的汇率。

2. 平滑的操作

打开 eu_do 序列，单击 Proc|Exponential Smoothing，打开如图 8-4 所示的指数平滑窗口。由于数据不存在季节性，选用 Double（二次指数平滑）方法。平滑参数由系统自动设定，平滑序列名采用默认的 eu_dosm，样本期设定为 1/06/2006—1/29/2010，较原序列向后延长了 4 期，即进行 4 期的预测。季节变动周期默认设为 5 期。

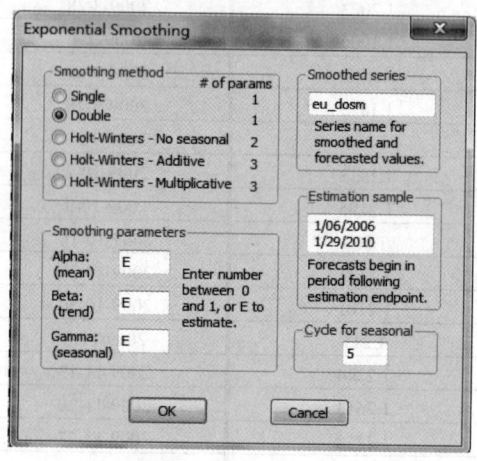

图 8-4　指数平滑窗口

3. 平滑的检验结果

单击 OK 按钮，即打开如图 8-5 所示的平滑结果。

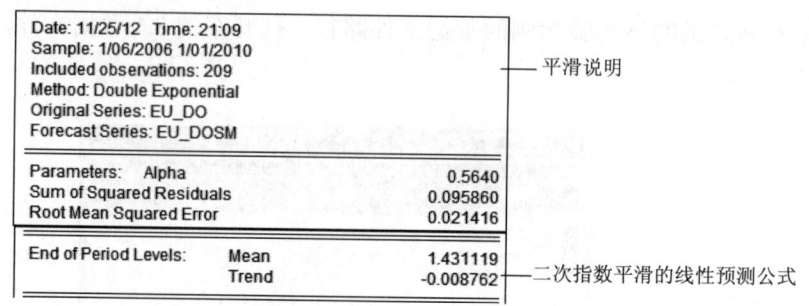

图 8-5　平滑结果

指数平滑模型估计结果主要分为三部分。

第一部分是对指数平滑模型估计的基本说明，包含图中标示的估计方法（采用二次指数平滑）、估计日期、样本范围（1/06/2006—1/01/2010）、平滑后序列名称（EU_DOSM）。

第二部分给出了平滑参数、平滑残差的序列平方和以及均方根误差。

第三部分给出了二次指数平滑的线性预测公式。二次指数平滑给出的预测结果是以样本末期为起点的一条直线，所以结果中需要给出直线的均值和斜率。本例的线性预测公式为

$$\hat{y}_{T+k} = 1.431119 - 0.008762k$$

回到工作文件窗口，同时选中平滑序列 EU_DOSM 和原序列 EU_DO，右击并选择 Open|as Group，将两序列作为一组打开，然后单击 View|Graph，设置绘图的各项属性（具体设置

方法参见第 3 章绘图讲解部分），即可绘制出如图 8-6 所示的包含平滑序列与原序列的折线图。

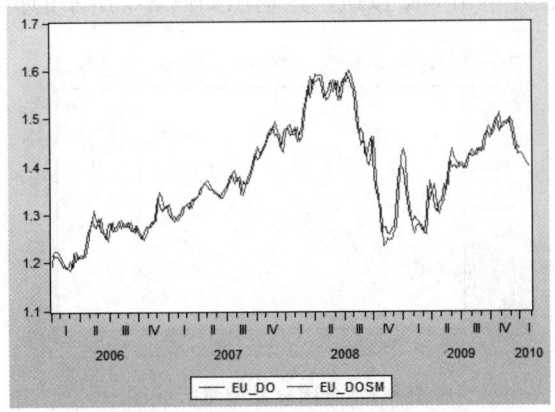

图 8-6 平滑序列与原序列折线图

整体来看，在观测期内，欧元兑美元的长期趋势是上升的。但是在样本后期阶段，这种趋势发生了反转，欧元兑美元汇率下降，而指数平滑模型及时根据最新的数据进行了调整，最后得到的预测结果为一条向下的趋势线，是样本最后阶段趋势的自然延伸，与长期向上的趋势相悖。这一结果很好地说明了指数平滑模型的特点，即适合对短期趋势进行预测。

4. 有季节趋势的指数平滑法

指数平滑法也可以处理带有明显季节性特点的时间序列，这种时间序列的处理通常采用 Holt-Winter 季节加法模型或 Holt-Winter 季节乘法模型。下面用一个例子简单讲解一下如何用指数平滑法处理带有季节趋势的时间序列。

本实验案例所用数据文件路径为：sample/chap08/案例 08.2。该数据文件记录了 2001 年 1 月至 2009 年 11 月全国发电总量的月度数据共 107 个。数据来源为 Wind 数据库。部分数据如表 8-3 所示。

表 8-3 2001 年 1 月至 2009 年 11 月全国发电总量（节选）

时　　间	发电总量（单位：亿千瓦时）	时　　间	发电总量（单位：亿千瓦时）
2001 年 01 月	1036.98	2008 年 06 月	2934.47
2001 年 02 月	1054.5	2008 年 07 月	3195.36
2001 年 03 月	1170.78	2008 年 08 月	3160.6
2001 年 04 月	1116.68	2008 年 09 月	2892.45
2001 年 05 月	1177.87	2008 年 10 月	2645.01
2001 年 06 月	1192.18	2008 年 12 月	2739.61
2001 年 07 月	1310.67	2009 年 01 月	2433.57
2001 年 08 月	1268.84	2009 年 02 月	2449.38
2001 年 09 月	1188.5	2009 年 03 月	2833.6
2001 年 10 月	1180.4	2009 年 04 月	2712.87
2001 年 11 月	1201.95	2009 年 05 月	2838.93
2001 年 12 月	1313.11	2009 年 06 月	3100.08
2002 年 01 月	1316.73	2009 年 07 月	3344.96
2002 年 02 月	1010.41	2009 年 08 月	3443.2
2002 年 03 月	1240.97	2009 年 09 月	3203.31
2002 年 04 月	1249.65	2009 年 10 月	3121.04
2002 年 05 月	1283.72	2009 年 11 月	3234.09

打开案例 8.2 数据文件，数据文件中名为 power 的序列记录了以上发电量的数据。

先来通过图形直观地了解一下该序列。单击打开 power 序列，单击 View|Graph，在打开的对话框中采用默认设置并单击 OK 按钮，则输出如图 8-7 所示的折线图。

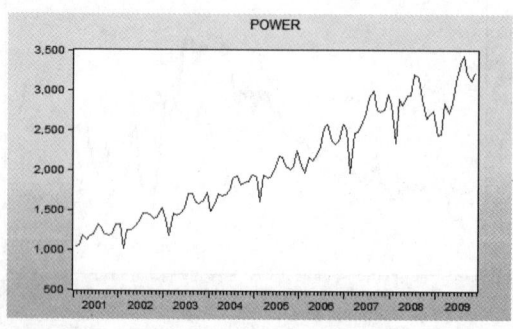

图 8-7　全国总发电量折线图

为了方便比较指数平滑模型的预测结果，我们暂不采用 2009 年的 11 个月度数据，仅利用 2008 年 12 月以前的数据进行预测，并对预测结果与实际值进行比较。在主命令窗口中输入：

smpl 2001m01 2008m12

该命令用来改变当前工作文档中的样本范围，将原有的 2001 年 1 月至 2009 年 11 月的样本区间更改为 2001 年 1 月至 2008 年 12 月。

打开如图 8-8 所示的 power 序列指数平滑设置窗口，这里的设置与例 8.1 略有不同。本例中，采用 Holt-Winter 季节乘法模型（读者可以同时采用季节乘法模型和季节加法模型，通过比较两种方法输出结果中的残差平方和等指标，比较两种方法的优劣）。平滑参数和平滑序列名称仍采用默认值，样本期设定为 2001m01 2009m12（为进行 11 期预测，设定时需要向后一期），即利用 2008 年 12 月以前的数据对 2009 年的 11 期值进行预测。季节变动周期默认设为12 期。

单击 OK 按钮，即返回如图 8-9 所示的平滑结果。

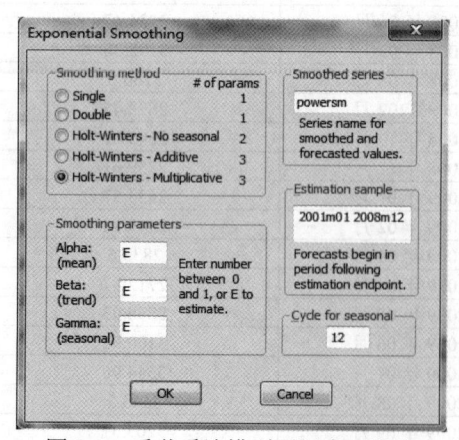

图 8-8　季节乘法模型平滑窗口设定

```
Date: 11/25/12   Time: 21:18
Sample: 2001M01 2008M12
Included observations: 96
Method: Holt-Winters Multiplicative Seasonal
Original Series: POWER
Forecast Series: POWERSM
```

Parameters:	Alpha		0.4600
	Beta		0.1900
	Gamma		0.0000
Sum of Squared Residuals			401673.8
Root Mean Squared Error			64.68464

End of Period Levels:	Mean		2712.631
	Trend		-27.23809
	Seasonals:	2008M01	0.985907
		2008M02	0.859943
		2008M03	1.002851
		2008M04	0.972397
		2008M05	0.989730
		2008M06	1.014960
		2008M07	1.094829
		2008M08	1.083884
		2008M09	1.004744
		2008M10	0.974929
		2008M11	0.980469
		2008M12	1.035357

季节调整值

图 8-9　季节乘法模型平滑结果窗口

可以看到，本例的输出结果上半部分与例 8.1 的二次指数平滑法大致相同，线性预测部分结果为 $3268.907+19.70778k$ 。输出结果的下半部分给出了样本末期，即 2008 年 12 月至 2009 年 11 月共 12 个月份各自对应的季节因子，即 $S_{T+11-12}=S_{T-1}$ 。用季节因子乘上线性预测部分即为整个预测结果。

为了直观地感受指数平滑的拟合效果和预测效果，将原序列与平滑预测序列放入如图 8-10 所示的图中。

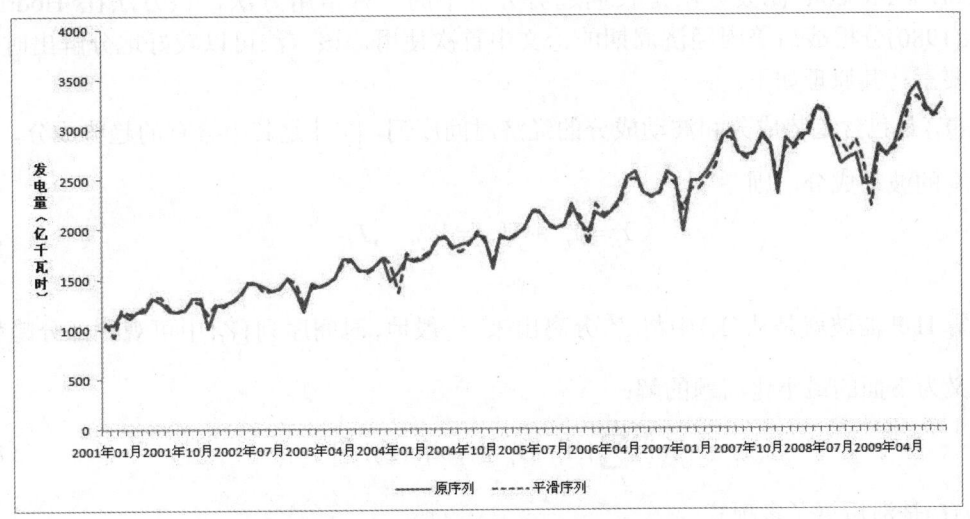

图 8-10　平滑预测序列与原序列折线图

从图 8-10 中可以看出，平滑序列很好地拟合了原序列，2009 年 11 个月度数据的预测效果也很好，达到了预期的平滑效果和预测目标。当然，可以看到平滑序列的曲线在趋势上滞后于原序列，这也反映了指数平滑法的局限性。

8.2　趋势分解的滤波方法

在金融市场中，短线投资者往往对金融价格的短期趋势预测非常感兴趣，上一节介绍的指数平滑法便提供了一种很好的短期预测的方法。而在宏观经济学等领域，人们更为关注的是时间序列的长期趋势和循环趋势。所以，对一般的宏观经济数据的时间序列进行趋势要素和循环要素分解，提取所需要的部分，是一般经济数据时间序列分析中基本的内容。常用的方法有回归分析法、移动平均法、阶段平均法、H-P 滤波方法和 BP 滤波方法。在本节中，将主要介绍 H-P 滤波和 BP 滤波这两种常用方法。

8.2.1　背景知识

对于非平稳时间序列（带有长期趋势的序列必定是非平稳的）而言，研究时通常需要将其趋势与循环成分进行分解，以便进行进一步的研究。目前主要的分解方法有结构性分解和状态性分解两种。结构性分解需要通过其他经济变量，通过变量之间的替代和影响关系，例如 Okun 分解和 Phillips 曲线关系等，将时间序列中的趋势成分和周期成分分离出来；状态性分解是通过时间序列的性质，将其分解为趋势要素和周期要素。其中状态性分解还可以分为状态域分解和时频域分解等。状态域分解时直接将时间序列分解为状态空间当中的不同取值，例如卡尔曼滤波分解和差分分解；时频域分解是将时间序列分解为具有各种时间频率的周期成分，其分解是在频率时域中进行的，例如常用的 H-P 滤波和 BP 滤波（包括 BK 滤波和 CF 滤波等）分解等。H-P 滤波法和 Band Pass 滤波是两种常用的分解方法，两种方法分别注重于长期趋势要素的分解和循环趋势要素的分解，下文将逐个介绍。

1. Hodrick-Prescott 滤波方法

Hodrick-Prescott 滤波方法是长期趋势分析中的一种常用方法，该方法在 Hodrick and Prescott(1980)分析战后美国经济周期的论文中首次使用，该方法可以较好地分解出时间序列的趋势要素。其原理如下。

设$\{Y_t\}$是包含趋势成分和波动成分的经济时间序列，$\{Y_t^T\}$是其中含有的趋势成分，$\{Y_t^c\}$是其中含有的波动成分，则

$$Y_t = Y_t^T + Y_t^c, t = 1, 2, \cdots, T \tag{8.13}$$

计算 H-P 滤波就是从$\{Y_t\}$中将Y_t^T分离出来。一般地，时间序列$\{Y_t\}$中可观测部分趋势$\{Y_t^T\}$常被定义为下面的最小化问题的解：

$$\min \sum_{t=1}^{T} \{(Y_t - Y_t^T)^2 + \lambda [c(L)Y_t^T]^2\} \tag{8.14}$$

其中，$c(L)$是滞后算子多项式

$$c(L) = (L^{-1} - 1) - (1 - L) \tag{8.15}$$

将式（8.15）代入式（8.14）中，则 H-P 滤波的问题就是最小化下的损失函数，即

$$\min \sum_{t=1}^{T} \{(Y_t - Y_t^T)^2 + \lambda \sum_{t=1}^{T} [(Y_{t+1}^T - Y_t^T) - (Y_t^T - Y_{t-1}^T)]^2\} \tag{8.16}$$

最小化问题用$[c(L)Y_t^T]^2$来调整趋势的变化，并随着λ的增大而增大。H-P 滤波依赖于参数λ，该参数需要先给定。λ是对趋势光滑程度和对原数据拟合程度的一个权衡参数，读者根据需要在趋势要素对实际序列的跟踪程度和趋势光滑程度之间做一个选择。当$\lambda = 0$时，满足最小化问题的趋势序列为$\{Y_t\}$序列；随着λ值的增加，估计的趋势越光滑；当λ趋于无穷大时，估计的趋势将接近线性函数。

一般经验，λ的取值如下：

$$\lambda = \begin{cases} 100, & \text{年度数据} \\ 1600, & \text{季度数据} \\ 14400, & \text{月度数据} \end{cases}$$

H-P 滤波把经济周期看成宏观经济对某一缓慢变动路径的一种偏离，该路径在期间内是单调增长的，所以称为趋势。H-P 滤波增大了经济周期的频率，使周期波动减弱。

2. Band Pass 滤波方法

Band Pass 滤波是利用谱分析对时间序列进行长期趋势、循环分解趋势等分解的重要方法。

其基本思想是：把时间序列看做互不相关的频率分量叠加，通过研究和比较各分量的周期变化，以充分揭示时间序列的频率域结构，掌握其主要的波动特征。

设时间序列数据 $X=\{x_1,x_2,\cdots,x_T\}$，T 为样本长度。谱分析（spectral analysis）的实质是把时间序列 X 的变动分解成不同的周期波动之和。设频率用 λ 表示，周期用 p 表示，则频率 λ 和周期 p 有如下关系：

$$功率 \times 周期 = \lambda p = 2\pi$$

时间序列 X 的变动可以分解成各种不同频率波动的叠加和，根据哪种频数的波动具有更大的贡献率来解释 X 的周期波动的成分，这就是谱分析（频数分析）名称的缘由。就是说当具有各种周期的无数个波包含于景气变动中时，看看那个频率的波能更强烈地表现这种变动。时频域分析中的核心概念是功率谱密度函数，它集中反映了时间序列中不同频率分量对功率和方差的贡献程度。限于篇幅，本书只简要介绍经济时间序列功率谱的特征，具体的理论及公式可以参见由董文泉、高铁梅等编著的《经济周期分析与预测方法》一书。

对于随机过程 $\{u_t\}$ 是白噪声的情形，白噪声的功率谱可以表示为 $f(\lambda)=\sigma^2/2\pi$，其中 σ^2 是 u_t 的方差。白噪声的功率谱是水平的。所以白噪声的功率谱的所有频率是具有统一权重的随机过程。

对于随机过程 $\{u_t\}$ 是一般随机过程的情形，如果低频率处功率谱值较高，则表示长周期变动的比重高，那么该随机过程以长期波动为主。相反，如果高频率处的功率谱值较高，则表示短周期变动的比重高，那么该随机过程是比白噪声还不规则的随机过程。如果在某个特定的频数附近功率谱值相对较高，则说明这个随机过程变动的大部分是由这个频数所确定的周期波动。

下面来介绍频率响应函数的概念。考虑随机过程 $\{x_t\}$ 的线性变换

$$y_t = \sum_{j=-\infty}^{\infty} w_j x_{t-j} \tag{8.17}$$

其中，w_j 是确定的权重序列，如是 $\{x_t\}$ 的移动平均权重，上面的变换可以用滞后算子表示：

$$y_t = W(L)x_t \tag{8.18}$$

其中

$$W(L) = \sum_{j=-\infty}^{\infty} w_j L^j$$

由这种变换构成的滞后算子多项式被称为线性滤波，简称滤波。那么，变换过程就可以称为对 $\{x_t\}$ 作用了滤波。由谱分析知识可知，$\{y_t\}$ 的功率谱可以表示为

$$f_y(\lambda) = \left| W(e^{-i\lambda}) \right|^2 f_x(\lambda) \tag{8.19}$$

其中，i 是单位虚数。$W(e^{-i\lambda})$ 与 $W(L)$ 相对应。$w(\lambda)=W(e^{-i\lambda})$ 称为滤波的频率响应函数。$\left| W(e^{-i\lambda}) \right|$ 成为滤波的增益。因此，变换后的功率谱给定为实数。进一步，增益的平方 $\left| W(e^{-i\lambda}) \right|^2$ 称为滤波的功率传递函数。

式（8.17）的线性变换被称为线性滤波，是因为通过适当设计权重序列，可以使传递函数在某些频率区间内等于 0 或近似等于 0。这样，根据式（8.19）就可以将输入中所有在这个频率带中的分量"过滤"掉，留下其他成分。根据所保留下来的频率位于低频处、高频处或某个中间带上，分别称为低通滤波、高通滤波和带通滤波。

根据线性滤波的性质可以设计一个能够突出强调某个频率带的最优滤波。最基本的是低通滤波，仅保留时间序列中缓慢变动、低频率的部分。理想的低通滤波只允许在 $-\lambda_c < \lambda < \lambda_c$ 区间的频率通过，λ_c 是"切断"频率。因此，低通滤波的频率响应函数 $w_L(\lambda)$ 为

$$w_L(\lambda) = \begin{cases} 1, & |\lambda| < \lambda_c \\ 0, & |\lambda| \geqslant \lambda_c \end{cases} \tag{8.20}$$

由于滤波的频率响应函数是滤波权重的富氏变换，因此

$$w_{L,0} = \frac{\lambda_c}{\pi}, \quad w_{L,j} = \frac{1}{\pi j}\sin(\lambda_c, j), j \neq 0 \tag{8.21}$$

由于时间序列周期最小是 2，因此频率最大为 π。虽然 j 变得越来越大时，权重将趋于 0，但是要想得到理想的滤波，需要无限阶移动平均。实际应用中，必须用有限项移动平均近似理想的滤波，设截断点为 n，这使得频率响应函数为

$$w_{L,n}(\lambda) = \sum_{j=-n}^{n} w_j e^{-\lambda j} \tag{8.22}$$

高通滤波与低通滤波正好相反，它剔除低频成分而保留高频成分。H-P 滤波便可以近似看做一种高通滤波。对于同样的切断频率 λ_c，高通滤波的权重为

$$w_{H,0} = 1 - w_{L,0}, \quad w_{H,j} = -w_{L,j}, j \neq 0 \tag{8.23}$$

而带通滤波（即 BP 滤波）只通过范围在 $-\lambda_{L1} < |\lambda| < \lambda_{L2}$ 的频率，λ_{L1}、λ_{L2} 分别为两个低通滤波的"切断"频率。因此，可以将带通滤波 $w_B(\lambda)$ 看做两个低通滤波的差。则其频率响应函数为

$$w_B(\lambda) = w_{L2}(\lambda) - w_{L1}(\lambda) \tag{8.24}$$

这样就可以保障在频率带内频率响应函数为 1，而其他区间为 0。带通滤波的权重便是两个低通滤波权重的差，即

$$w_{B,j} = w_{L2,j} - w_{L1,j} \tag{8.25}$$

从频率角度定义了这些类型的滤波，是和周期紧密联系的。频率为 λ 的循环周期是 $p = 2\pi/\lambda$，切断频率为 λ_c、截断点为 n 的近似的低通滤波可以定义为 $\mathrm{LP}_n(p)$，意味着周期大于 p 的成分将保留。高通滤波可以类似地定义为

$$\mathrm{HP}_n(p) = 1 - \mathrm{LP}_n(p) \tag{8.26}$$

$$\mathrm{BP}_n(p,q) = \mathrm{LP}_n(p) - \mathrm{LP}_n(q) \tag{8.27}$$

截断点 n 的选择是决定理想滤波近似优劣的根本因素，如果 n 取得过小，就会产生以下两种问题。一种是滤波在剔除不想保留的成分的时候将想保留的部分也剔除了，这种情况成为谱泄露。另一种情况是指频率响应函数在大于 1 和小于 1 两种状态之间摆动。随着 n 的增加，这些现象明显改善。但是 n 不能选择太大，否则两端将缺失过多数据。

8.2.2 H-P 滤波的 EViews 案例操作

H-P 滤波的操作相对简单，所以本节将不进行单独的技术讲解，直接通过案例向读者介绍 H-P 滤波的操作与应用。

1. 案例问题的描述与数据准备

本例将采用 H-P 滤波方法对全国消费品零售总额这一序列进行趋势分解。本实验案例所用数据文件路径为：sample/chap08/案例 08.03。该数据文件记录了自 2001 年 1 月至 2009 年 11 月全国消费品零售总额共 107 个数据，单位为亿元。数据来源为 Wind 数据库。部分数据如表 8-4 所示。

表 8-4 2001 年 1 月至 2009 年 11 月全国消费品零售总额（节选）

时　　间	消费品零售总额（单位：亿元）	时　　间	消费品零售总额（单位：亿元）
2001 年 01 月	3332.8	2008 年 06 月	8642
2001 年 02 月	3047.1	2008 年 07 月	8628.8
2001 年 03 月	2876.1	2008 年 08 月	8767.7
2001 年 04 月	2820.9	2008 年 09 月	9446.5
2001 年 05 月	2929.6	2008 年 10 月	10082.7
2001 年 06 月	2908.7	2008 年 11 月	9790.8
2001 年 07 月	2851.4	2008 年 12 月	10728.5
2001 年 08 月	2889.4	2009 年 01 月	10756.6
2001 年 09 月	3136.9	2009 年 02 月	9323.8
2001 年 10 月	3347.3	2009 年 03 月	9317.6
2001 年 11 月	3421.7	2009 年 04 月	9343.2
2001 年 12 月	9493.5	2009 年 05 月	10028.4
2002 年 01 月	3552.2	2009 年 06 月	9941.6
2002 年 02 月	3417.8	2009 年 07 月	9936.5
2002 年 03 月	3198.2	2009 年 08 月	10115.6
2002 年 04 月	3163.3	2009 年 09 月	10912.8
2002 年 05 月	3320.5	2009 年 10 月	11717.6
2002 年 06 月	3302.8	2009 年 11 月	11339

按照本书提供的该实验案例的数据文件路径，打开案例 8.3 数据文件，弹出如图 8-11 所示的工作文件窗口。

其中，lsze 序列即为消费品零售总额序列。

2. H-P 滤波的操作

打开 lsze 序列，单击 Proc|Hodrick-Prescott Filter，打开如图 8-12 所示的 H-P 滤波操作对话框。在 Output series 选项组中可以设置输出的趋势成分序列和波动成分序列的名称。系统默认趋势成分序列名为"hptrend01"，波动成分序列名默认为空。如果此栏不填，则系统不输出该序列，本例中填写 cycle01 以输出该序列。在 Smoothing Parameter 选项组中可以设置滤

波参数，即上文背景知识中提到的 λ 值。

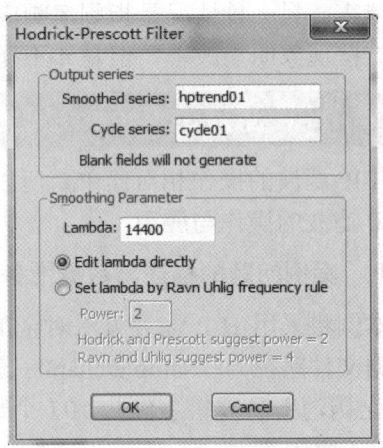

图 8-11 案例 8.3 工作文件窗口 　　　　　　　　图 8-12　H-P 滤波操作对话框

　　EViews 中提供了两种参数的设定方式，系统默认采用第一种，直接设定 λ 值。根据该 workfile 的时间频率（年度、季度或者月度），系统会自动填入相应的值。不同频率对应的一般采用的 λ 值已在背景知识中给出。本例为月度数据，所以系统自动填入值 14400。读者可以根据需要填入其他值，但是注意该栏内只能填入整数。

　　另一种参数的设定方式是由 Ravn and Uhlig 在 2002 年提出的。它的具体规则如下：

　　用一个年度内的周期数量（如月度数据为 12，季度数据为 4）除以 4，再取一个幂值，最后乘上 1600。该幂值由用户给定，Hodrick and Prescott 建议取 2，Ravn and Uhlig 建议取 4。填入后，上方的 λ 值将自动按上述规则调整。若填入 Hodrick and Prescott 的建议值 2，则 λ 值仍为默认的 14400 不变。如填 4，系统则会根据计算规则更改 λ 的取值。如图 8-13 所示的就是 H-P 滤波操作对话框中过滤参数的设定区域。

3.　趋势分解的结果

　　单击 OK 按钮，弹出如图 8-14 所示的过滤结果。

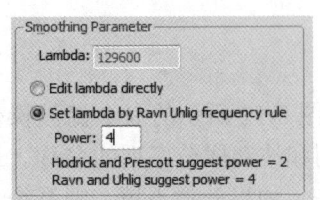

图 8-13　H-P 滤波参数的设定区域

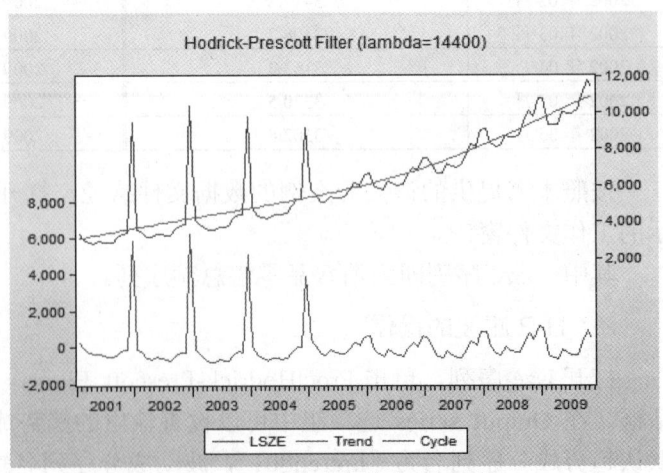

图 8-14　H-P 滤波趋势分解结果

图 8-14 的下半部分的 cycle 线表示原序列的波动成分，上半部分则给出原序列和通过 H-P 滤波方法分解出来的趋势序列的曲线图。H-P 滤波的运用相对比较灵活。它把经济周期看成宏观经济对某一缓慢变动路径的偏离，该路径在期间内是单调的，所以称为趋势。H-P 滤波法通过加大频率而使周期波动减弱，进而得到趋势序列。

8.2.3 BP 滤波的 EViews 案例操作

频率滤波的操作也相对简单，所以本节同样不进行单独的技术讲解，直接通过案例向读者介绍频率滤波的操作与应用。

1. 案例问题的描述与数据准备

本例将采用频率滤波方法对全国固定资产投资额这一序列进行趋势分解。本实验案例所用数据文件路径为：sample/chap08/案例 08.04。该数据文件记录了自 2000 年 1 月至 2009 年 11 月全国固定资产投资额共 119 个数据，单位为亿元。数据来源为 Wind 数据库。部分数据如下：

表 8-5　2001 年 1 月至 2009 年 11 月全国固定资产投资额（节选）

时　　间	固定资产投资额（单位：亿元）	时　　间	固定资产投资额（单位：亿元）
2000 年 01 月	468.435	2008 年 06 月	18171.78
2000 年 02 月	477.435	2008 年 07 月	13724.1
2000 年 03 月	1280.49	2008 年 08 月	12759.61
2000 年 04 月	1375.83	2008 年 09 月	14951.02
2000 年 05 月	1621.43	2008 年 10 月	13318.36
2000 年 06 月	2304.99	2008 年 11 月	14425.07
2000 年 07 月	1844.91	2008 年 12 月	21124.16
2000 年 08 月	1812.16	2009 年 01 月	5137.895
2000 年 09 月	2275.8	2009 年 02 月	5236.895
2000 年 10 月	2216.65	2009 年 03 月	13286.21
2000 年 11 月	2503.88	2009 年 04 月	13520.3
2000 年 12 月	8030.84	2009 年 05 月	16438.02
2001 年 01 月	565.365	2009 年 06 月	24578.03
2001 年 02 月	565.365	2009 年 07 月	17833.66
2001 年 03 月	1429.46	2009 年 08 月	17052.78
2001 年 04 月	1675.54	2009 年 09 月	20191.81
2001 年 05 月	1963.41	2009 年 10 月	17533.16
2001 年 06 月	2728.89	2009 年 11 月	17924.44

按照本书提供的该实验案例的数据文件路径，打开案例 8.4 数据文件，弹出工作文件窗口。其中名为 gdzc 的序列即为固定资产投资额序列。

2. BP 滤波的操作

选中 gdzc 序列，单击 Proc|Frequency Filter，打开如图 8-15 所示的滤波操作对话框。

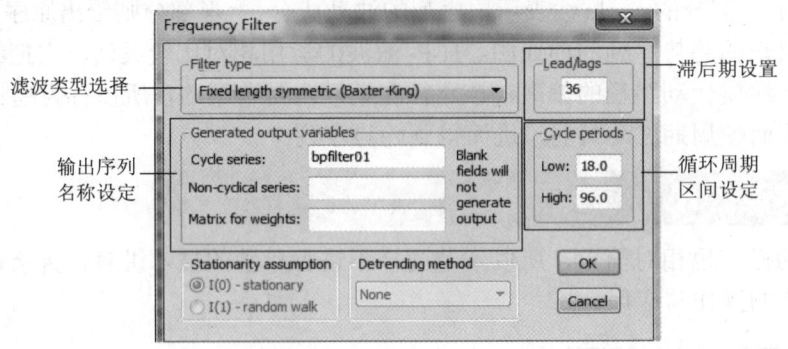

图 8-15　滤波操作对话框

图 8-15 中的左上部分是滤波类型选择部分。单击右侧下拉箭头，显示如图 8-16 所示的下拉列表。

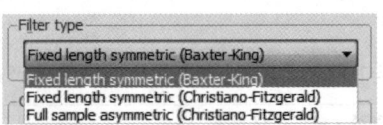

图 8-16　滤波类型选择下拉列表

EViews 中一共提供了 3 种 BP 滤波，如表 8-6 所示。

表 8-6　EViews 三种滤波中英文对照表

Fixed length symmetric（Baxter-King）	BK 固定长度对称滤波
Fixed length symmetric（Christiano-Fitzgerald）	CF 固定长度对称滤波
Full sample symmetric（Christiano-Fitzgerald）	全样本长度非对称滤波

软件默认选择 BK 固定长度滤波。BK 滤波和 CF 滤波的区别在于两者选择权重所依据的目标函数不同，即计算移动平均权重的方式不同。一些研究认为，现实周期波动呈现或强或弱的非对称性，CF 滤波就是释放了 BK 滤波的对称性假设，所以提供了全样本长度非对称滤波和固定程度对称滤波两种滤波方法。使用固定长度对称滤波的话，需要在窗体右上方设定先行/滞后期数（Lead/lags）。本例选择软件默认的 BK 滤波，先行/滞后期数设定为 36。

在输出序列名称设定区域，将循环序列名称设定为 GDZC_cycle，非循环序列名称设定为 GDZC_trend。下边的 "Matrix for" 用来设置存储滤波频率响应函数的权重序列的矩阵名称，设为 w。

对话框的右下部分是用来设定循环周期区间的。这个区间用一对数据 (P_L, P_U) 来描述（即 BP 滤波中的参数 p 和 q，见式（8.27），它由滤波要保留的循环波动成分所对应的周期来确定。月度数据填月数，季度数据填季数。EViews 将根据数据类型填入默认数值。本例中，全国固定资产投资额的增长周期大约在 3 年到 5 年，即 36 个月到 60 个月，要保留这个区间内的循环要素，设定下界为 36，上界为 60。

如果选择非对称滤波，要注意 EViews 提供了如图 8-17 所示的处理趋势数据的额外选项。首先是平稳性假设，需要设定是 $I(0)$ 还是 $I(1)$ 的单位根过程。然后要选择剔除均值、剔除数据的趋势还是截距调整。

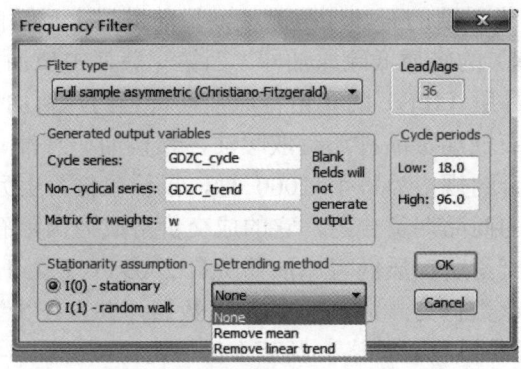

图 8-17 非对称滤波设置对话框

3. 滤波分解的结果

单击 OK 按钮，弹出如图 8-18 所示的 BP 滤波的分解结果。

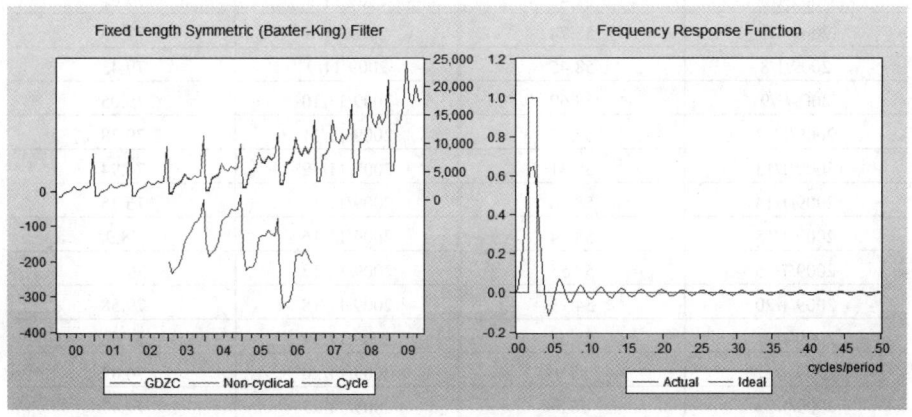

图 8-18 BP 滤波分解结果

图 8-18 左侧的图给出了原序列，非循环序列和循环序列的结果图。图中上半部分描述了原序列和非循环序列，下半部分描述了循环序列。右侧窗口给出了频率响应函数的描述结果的理想情况和实际情况。

滤波方法是率先在真实周期理论中采用的方法，旨在从统计上验证周期的存在。在上面的例子中，假定我国的经济增长存在大概 3～5 年这一范围内的周期循环，而固定资产投资作为我国经济增长的主要动力同样在这样一个周期范围内。所以通过 BP 滤波的方法筛选出序列中频率位于此范围内的循环趋势成分。通过结果可以看到，2～3.5 年的权重最大，说明我国投资存在 2～3.5 年的周期循环。

上机题

	光盘：\录像\第 8 章\上机题\……
	光盘：\上机题\第 8 章\习题\……

1. 原油期货是世界上最重要的石油期货品种，目前世界上重要的原油期货合约有 4 个：纽约商业交易所（NYMEX）的轻质低硫原油即"西德克萨斯中质油"期货合约和高硫原油期货合约，伦敦国际石油交易所（IPE）的布伦特原油期货合约，新加坡交易所（SGX）的迪拜酸性原油期货合约。其他石油期货品种还有取暖油、燃料油、汽油、轻柴油等。NYMEX 的西德克萨斯中质原油期货合约规格为每手 1000 桶，报价单位为美元/桶，该合约推出后交易活跃，为有史以来最成功的商品期货合约，它的成交价格成为国际石油市场关注的焦点。

本例选取了纽约商业交易所轻质低硫原油期货自 2009 年 1 至 11 月的共 231 个交易日的收盘价格如表 8-7 所示，该数据为一周 5 天的日度数据，并且在少数交易日停盘。部分数据（选取期初期末各 20 个交易日收盘价格）及基本价格走势图如图 8-19 所示。

表 8-7　纽约商业交易所轻质低硫原油期货 2009 年 1 至 11 月的收盘价格

时　　间	收盘价（美元）	时　　间	收盘价（美元）
2009/1/2	60.29	2009/11/3	79.6
2009/1/5	62.16	2009/11/4	80.4
2009/1/6	62.47	2009/11/5	79.62
2009/1/7	58.74	2009/11/6	77.43
2009/1/8	58.45	2009/11/9	79.43
2009/1/9	58.69	2009/11/10	79.05
2009/1/12	57.17	2009/11/11	79.28
2009/1/13	58.41	2009/11/12	76.94
2009/1/14	58.36	2009/11/13	76.35
2009/1/15	58.34	2009/11/16	78.9
2009/1/16	57.55	2009/11/17	79.14
2009/1/20	54.13	2009/11/18	79.58
2009/1/21	53.64	2009/11/19	77.46
2009/1/22	53.9	2009/11/20	76.83
2009/1/23	56.5	2009/11/23	77.47
2009/1/26	55.3	2009/11/24	75.84
2009/1/27	53.71	2009/11/25	77.78
2009/1/28	55.11	2009/11/26	76.23
2009/1/29	55.42	2009/11/27	76.05
2009/1/30	54.8	2009/11/30	77.3

轻质低硫原油期货价格
（美元）

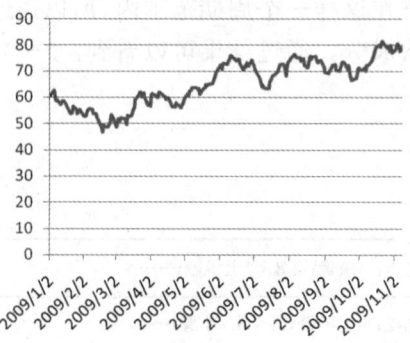

图 8-19　部分数据及基本价格走势图

请读者自行进行以下操作：

（1）　将 workfile 的样本期更改为 2009/1/2 至 2009/10/30。

（2）　分别运用二次指数平滑法和 Holt-Winter 非季节模型对 1 至 10 月的石油期货收盘价格进行拟合，并比较两者的拟合程度。

（3）　分别运用二次指数平滑法和 Holt-Winter 非季节模型，对 2009 年 11 月（即样本期后 21 个交易日）的数据进行预测。在两种预测结果中，分别选取 11 月第 5 个、第 11 个和第 21 个数据（即一周、半月和一个月）的预测结果，与实际的价格进行比较。通过比较结果，请读者体会运用指数平滑法进行预测的特点和适用条件。

2. 曾昭法、殷凤钊在《统计教育》2009 年第 10 期发表的"我国经济周期波动的实证分析——基于 H-P、BP 和 CF 滤波的应用"一文中，分别运用了 H-P 滤波、BP 滤波、CF 滤波和全样本 CF 滤波方法对中国 1952 年至 2007 年的国内生产总值（GDP），尤其是改革开放后的 GDP 进行了周期波动分析。该论文对于学习利用滤波方法进行经济周期分析是一篇很好的学习参考。本书仅将运用滤波方法进行周期分解的部分列出作为习题，有兴趣的读者可以参阅原文。

对经济周期波动进行准确度量是经济周期研究的基础。在实际研究中，一般采用的方法有三种：一是直接用经济增长率；二是使用经济变量对时间趋势的回归的残差；三是使用产出缺口。由于经济增长率不能去除经济变量的长期趋势；并且回归残差法一般假定经济长期增长趋势为线性，设定过于简单，不能达到研究的目的。产出缺口是通过滤波技术将经济变量数据分解为趋势项（经济增长成分）和波动项（经济周期成分），也即潜在产出和产出缺口，这相对来说较为符合对经济周期波动的界定。

针对滤波的具体参数设置，该文采取了如下的设定方法：

（1）　HP 滤波中的参数 λ，采取 Ravn and Uhlig 所主张的取数据频率的 4 次方，即年度数据取 6.25。

（2）　关于带通滤波对周期长度和截断长度进行参数设定，Baxter and King 提出最佳滤波为 BP(2, 8)，即周期长度为 2～8 年，截断长度该文取 $k=5$。CF 滤波参数和全样本 CF 滤波参数的选择和 BP 滤波相同。

请读者分别利用 4 种滤波，按照上述参数设置，对习题数据文件中给出的 1980 年至 2009 年以现价计算的年度 GDP 数据进行滤波分解，并提取出分解的周期成分，并将 4 个周期成分序列合并成 Group，绘制折线图，观察比较 4 种滤波所提取的周期成分的异同，进而分析改革开放以来我国经济的周期性波动情况。

第 9 章　单位根检验与 ARIMA 模型的估计

ARIMA 模型又称自回归移动平均模型，是时间序列分析中简单而又实用的模型之一，且预测精度较高。ARIMA 模型仅仅考虑单个变量，不以经济理论为依据，试图找出单变量自身历史走势的规律，进而运用这个规律外推以实现预测。ARIMA 模型包含 3 种形式，自回归 AR 模型，移动平均 MA 模型及两者的混合自回归移动平均 ARMA 模型组合而成。使用该模型的一个重要前提是，要分析的时间序列是平稳的时间序列，如果序列非平稳则需要差分后平稳，否则不可以使用，而 I 代表序列的平稳性。

一般情况可以通过对序列的一些属性图示粗略判断序列的平稳性，但是这样通过目测的结果可能不够准确，所以一般要使用正式的时间序列平稳性检验方法——单位根检验。单位根检验方法已经成为其他更复杂的时间序列分析的重要基础。本章将对时间序列平稳性检验的方法及时间序列分析的 ARIMA 模型建立与估计在 EViews 软件中的实现进行讲解。

9.1　序列平稳性检验

时间序列的平稳性通常是时间序列分析的基础，而时间序列平稳性的检验方法众多。在此先对这些方法的背景知识做简单介绍。

9.1.1　背景知识

判断一个时间序列的平稳性，首先必须知道什么是平稳性。其次，判断平稳性的方法主要有序列自相关函数和单位根方法。而序列自相关函数方法将在技术操作部分讲解。

1.　序列平稳性

随机时间序列的平稳性有多种定义，但通常是指弱平稳。弱平稳的定义是：对于随机时间序列 y_t，如果其期望值、方差及自协方差均值不随时间 t 变化而变化，则称 y_t 为弱平稳随机变量，即 y_t 必须满足以下条件：

对于所有时间 t，有：

（1）　$E(y_t) = \mu$　为不变的常数

（2）　$\text{Var}(y_t) = \sigma^2$　为不变常数

（3）　$\text{Cov}(y_t, y_{t-j}) = c$　为不依赖于 t 而只与 j 有关的常数

2.　自相关函数与序列平稳性

自相关函数 ACF 的定义为：$\rho_j = \dfrac{\text{cov}(y_t, y_{t-j})}{\sqrt{\text{var}(y_t)\text{var}(y_{t-j})}}$, $j = 0, \pm 1, \pm 2, \cdots$

以平稳的 AR(1)模型及随机游走模型为例：

$$y_t = c + \alpha\, y_{t-1} + \varepsilon_t, \quad |\alpha|<1; \qquad\qquad y_t = y_{t-1} + \varepsilon_t$$

证明 AR(1)及随机游走模型的 ACF 表达式分别为：

$$\rho_j = \alpha^j \qquad \rho_j = \left(\frac{t-j}{t}\right)^{1/2}$$

可以通过平稳性的定义看出 AR(1)过程为平稳的，而随机游走为非平稳的。如果 α 值较小，则 AR(1)的 ACF 值会随着 j 的增加而迅速减小，从而可以从 ACF 值的迅速减小来反推序列的平稳性。当 α 绝对值较大接近 1 时，则不易区分，因为随机游走模型的 ACF 绝对值随着时间 j 的推移也是缓慢地减小的，很难通过 ACF 图来区别时间序列的平稳性。

3. 单位根检验

由于自相关函数图检验时间序列平稳性的缺陷，所以需要引入时间序列平稳性的正式检验方法——单位根检验法。而单位根检验以 DF 检验和 ADF 检验最为常见。其实，DF 检验是 ADF 检验的特殊形式，所以在此以 DF 检验为主解释，ADF 检验可以自然拓展。

（1）DF 检验的基本概念

检验时间序列是否含有单位根，称为单位根检验，若含有单位根则时间序列为非平稳序列。考虑一个 AR(1)模型：

$$y_t = c + \alpha\, y_{t-1} + \varepsilon_t$$

要检验 AR(1)是否含有单位根，只需要检验原假设 $\alpha =1$ 相对于备择假设 $\alpha <1$ 是否能被拒绝。拒绝则代表模型是平稳的，接受则代表存在单位根为不平稳的。通常在 DF 检验过程中，一般把模型改写为以下形式：

$$\Delta y_t = c + \phi y_{t-1} + \varepsilon_t$$

其中，$\phi = \alpha -1$，这样，原来的假设检验就等价于以下检验：

H0：$\phi = 0$；　　H1：$\phi < 1$

DF 检验一共包括三种形式：

① $\Delta y_t = \phi y_{t-1} + \varepsilon_t$

② $\Delta y_t = c + \phi y_{t-1} + \varepsilon_t$

③ $\Delta y_t = c + \gamma t + \phi y_{t-1} + \varepsilon_t$

其中，三种情况对应的原假设是相同的，都是指待检验序列为含有单位根的随机游走序列。而备择假设则有些不同，第①种情况是指均值为零的平稳序列，第②种情况是指均值不为零的平稳序列，第③种情况是指含有时间 t 的趋势平稳序列。

（2）ADF 检验的基本概念

ADF 检验是 DF 检验的拓展，所以 DF 检验是 ADF 检验的特殊形式。即 ADF 检验是 DF 检验从 AR(1)到 AR(p)的拓展。

$$y_t = c + \alpha_1 y_{t-1} + \alpha_2 y_{t-2} + ... + \alpha_p y_{t-p} + \varepsilon_t$$

将 AR(p)模型写成以下形式用于单位根的检验：

$$\Delta y_t = c + \rho\, y_{t-1} + \sum_{i=2}^{p} \phi_i \Delta y_{t-(i-1)} + \varepsilon_t$$

其中：$\rho = (\sum_{i=1}^{p} \alpha_i) - 1$；$\phi_i = -\sum_{j=i+1}^{p} \alpha_j$

H0：$\rho = 0$；H1：$\rho = 1$

与 DF 检验类似，ADF 也具有三种形式，在此不再赘述。

9.1.2 序列平稳性的 EViews 操作

为了更好说明如何在 EViews 中进行序列平稳性的检验，本章将结合一个货币供应量 M2 的案例进行讲解。

1. 案例问题的描述与数据准备

M2 又称广义货币供应量，它是我国货币政策的中介目标，在对货币政策的研究中具有很重要的地位。而通常的研究首先需要对序列的平稳性特征进行检验。本节将以 M2 的月度值为例进行序列平稳性检验的介绍。

本实验案例所用数据文件路径为：sample/chap9/案例 9.1。该数据文件记录了从 2000 年 1 月至 2009 年 11 月的中国广义货币供应量 M2 的月末值的相关数据。数据来源于《中经网统计数据库》。部分相关数据如表 9-1 所示。

表 9-1　中国广义货币供应量 M2 的月末值表

年份月度	广义货币供应量月末值（M2）	年份月度	广义货币供应量月末值（M2）
2000-01	121220	2008-09	452898.71
2000-02	121583.4	2008-10	453133.32
2000-03	122580.7	2008-11	458644.66
2000-04	124121.9	2008-12	475166.6
2000-05	124053.3	2009-01	496135.31
2000-06	126605.3	2009-02	506708.07
2000-07	126323.9	2009-03	530626.71
2000-08	127790	2009-04	540481.21
2000-09	130473.8	2009-05	548230.77
2000-10	129522	2009-06	568916.2
2000-11	130994.1	2009-07	573102.85
2000-12	134610.3	2009-08	576698.95
2001-01	137543.6	2009-09	585405.34
2001-02	136210.2		
...	...		

按照本书提供的该实验案例的数据文件路径，打开案例 9.1 数据文件，弹出如图 9-1 所示的工作文件窗口。

在案例工作文件窗口中有三个变量：c 和 resid 是系统自带的模型回归常数项（或者截距项）和模型回归残差序列；M2 表示广义货币供应量的月末值。

2. 序列平稳性的自相关函数检验

序列平稳性的自相关函数检验的步骤是：在如图 9-1 的文件窗口中打开 M2 序列，然后绘制自相关图，最后根据图示判断序列的平稳性。

绘制 M2 自相关图的方法是，打开 M2 序列，在其窗口工具栏依次选择 View|Correlogram 选项，打开如图 9-2 所示的 Correlogram Spesification 对话框。

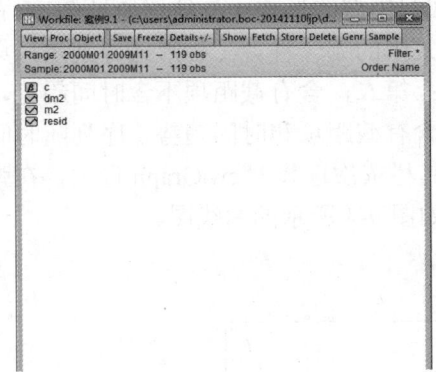

图 9-1 案例文件主窗口

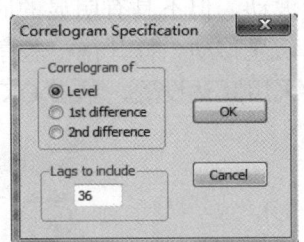

图 9-2 序列自相关图生成窗口

该窗口用于生成序列的自相关函数图。若要看原序列的自相关函数图，则在 Correlogram of 栏选择 level 项；若要看原序列的一阶或二阶差分序列的自相关函数图，则在 Correlogram of 栏选择 1st difference 或 2nd difference 项。Lags to include 中可以输入需要观察的自相关函数的期数，系统默认值是 36，如果需要可以自行输入需要的数值。然后单击 OK 后生成如图 9-3 所示的序列自相关函数图。

```
Date: 11/25/12   Time: 21:38
Sample: 2000M01 2009M11
Included observations: 119
```

Autocorrelation	Partial Correlation		AC	PAC	Q-Stat	Prob
		1	0.969	0.969	114.56	0.000
		2	0.938	-0.017	222.79	0.000
		3	0.906	-0.033	324.60	0.000
		4	0.874	-0.016	420.14	0.000
		5	0.841	-0.026	509.45	0.000
		6	0.808	-0.023	592.62	0.000
		7	0.777	0.014	670.22	0.000
		8	0.746	-0.012	742.45	0.000
		9	0.716	-0.006	809.62	0.000
		10	0.689	0.025	872.32	0.000
		11	0.662	-0.003	930.83	0.000
		12	0.639	0.024	985.70	0.000
		13	0.616	0.016	1037.3	0.000
		14	0.594	-0.017	1085.7	0.000
		15	0.571	-0.026	1130.9	0.000
		16	0.548	-0.015	1172.9	0.000
		17	0.525	-0.022	1211.7	0.000
		18	0.502	-0.007	1247.6	0.000
		19	0.479	-0.006	1280.6	0.000

（自相关函数图）

图 9-3 M2 序列自相关函数图

序列平稳的自相关函数检验方法主要是看如图标注的自相关函数柱状图是否随着滞后阶数的增加而快速地下降为 0，是则平稳，否则非平稳。具体理论见 9.1.1 背景知识介绍。如图 9-3 所示的情况，滞后期到 15 时，柱状图仍未下降到 0，则表明该序列是非平稳的。

3. 序列平稳性的 ADF 单位根检验

序列平稳性的 ADF 单位根检验步骤是：在案例工作文件窗口中双击 M2 序列打开 M2 序列，然后在其窗口工具栏依次选择 View| Unit Root Test 选项，打开 Unit Root Test 对话框，最后确定各个选项输出单位根结果。

（1） ADF 检验回归模型形式判断

进行 ADF 单位根检验之前，需要确定检验回归模型的形式，具体理论见 9.1.1 背景知识介绍。可以通过绘制序列的曲线图来判断三种形式中的哪一种。三种形式分别是：第一，不含截距项也不含时间趋势的，序列围绕零值波动；第二，含有截距项不含时间趋势，序列偏离零值波动，但不具有明显的时间趋势；第三，含有截距项和时间趋势，序列随时间而向某一方向明显移动。打开待检验序列，在其窗口工具栏依次选择 View|Graph 选项，在弹出的对话框中采用默认设置，单击 OK 按钮则屏幕输出如图 9-4 所示的曲线图。

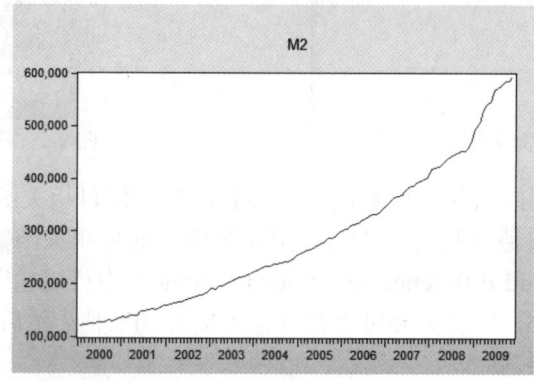

图 9-4　M2 序列的线形图示

从图 9-4 可以看出，序列 M2 随时间而增长的趋势，明显属于上述第三种情况。因此，应当使用既含截距项又含时间趋势项的检验回归模型对序列 M2 进行 ADF 检验。

（2） ADF 单位根检验

打开待检验序列，在其窗口工具栏依次选择 View| Unit Root Test 选项，打开如图 9-5 所示的 Unit Root Test 对话框。

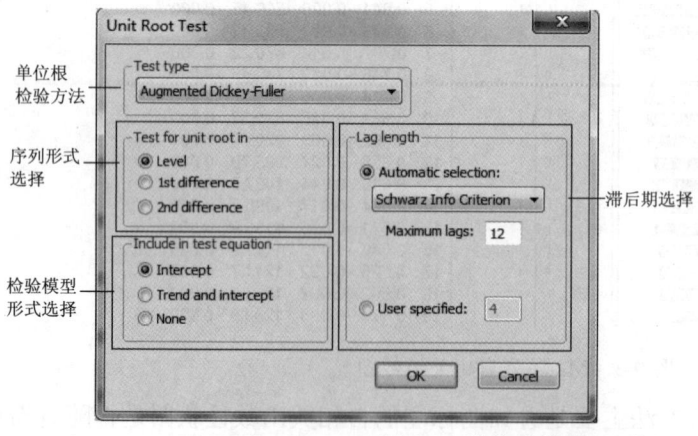

图 9-5　单位根检验对话框

对话框左上角的 Test type 可以选择单位根的检验类型，在其下拉菜单中有如图 9-5 中右边的 6 种检验方法，最常用的方法是：Augmented Dickey-Fuller 检验，而 Dickey-Fuller GLS (ERS) 是特殊的 Augmented Dickey-Fuller 检验，所以这里仅以 ADF 检验作为例子讲解。

Test for unit root in 选项是选择序列检验形式的，共有 3 种形式。

① Level：表示对序列的水平值（原序列）进行单位根检验。

② 1st difference：表示对序列的一阶差分形式进行单位根检验。

③ 2nd difference：表示对序列的二阶差分形式进行单位根检验。

Include in test equation 选项用于选择 ADF 检验回归模型形式，共有 3 种情况。

① Intercept：用于含有截距项不含时间趋势，序列偏离零值波动，但不具有明显的时间趋势的序列的检验。

② Trend and intercept：用于含有截距项和时间趋势，序列随时间而向某一方向明显移动的序列的检验。

③ None：用于不含截距项也不含时间趋势，序列围绕零值波动的序列的检验。

Lag length 选项用于确定单位根检验模型中差分项的滞后长度，具体理论见 9.1.1 的背景知识介绍。有两种选择。

① Automatic selection：表示根据一些信息准则来确定检验的滞后期。该项的下拉列表中提供了 6 种准则，通常选择 Akaike into Criterion 准则。Maximum 用于确定根据信息准则来自动选择滞后期时的最大滞后期值，系统默认的是 12。

② User specified：表示使用用户自己设定的滞后阶数，若选择该项，则自己在后面输入滞后值。由于通常用户自身是很难判定具体模型的滞后期数值的，所以通常都不选择此项。

在 Test type 中选择 Augmented Dickey-Fuller，在 Test for unit root in 中选择 Level，在 Include in test equation 选项中选择 Trend and intercept，在 Lag length 选择 Automatic selection 的 Akaike into Criterion 准则，然后单击 OK，屏幕会输出如图 9-6 所示的对 M2 原序列的单位根检验结果：

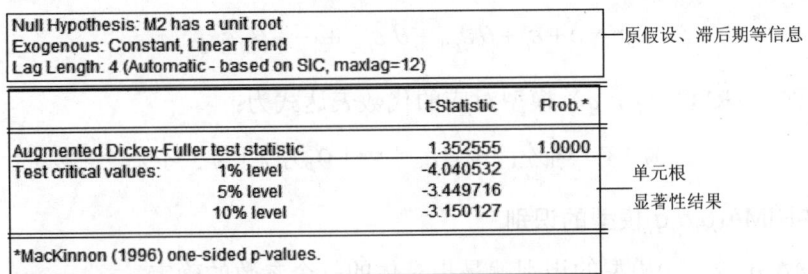

图 9-6 M2 序列 ADF 检验结果

如图 9-6 所示的第一个框中，Null Hypothesis 表示原假设是：M2 序列具有一个单位根，即 M2 原序列为一个非平稳序列。Exogenous 后面的信息表示选择的回归模型形式是具有截距项和时间趋势的形式。Lag length 表示基于 AIC 准则自动选取的 4 期滞后。

第二个框是重要的单位根检验结果信息。T-staistic 栏的值与下面的 1%、5%、10%水平的绝对值分别比较，若 T 值绝对值大于上述某一个水平值，则表示在多少水平下拒绝原假设，待检验序列不具有单位根，是平稳序列。而此处的 T 值绝对值均小于三者水平的绝对值，所以应当接受原假设，即原序列具有单位根，是非平稳序列。而 Prob 栏，显示的信息是接受原假设的把握程度或是拒绝原假设犯错的概率，此处是 1，表示有 100%的把握接受原假设，即原序列具有单位根，是非平稳序列。第三个框中表示的是 ADF 内部回归信息，在此不做更多介绍。

9.2 ARIMA 模型的估计

ARIMA（p,d,q）模型，其中 p 与 q 表示 AR 和 MA 部分的阶数，而 d 表示序列的单整阶数。

9.2.1 背景知识

ARIMA（p,d,q）模型包含 3 种情况，AR(p)模型，MA(q)模型或是 ARMA（p，q），如果原序列是单整的非平稳数据，则对差分平稳后的数据建立以上 3 种模型。

1. ARIMA(p,d,q)模型的表达形式

第一种，AR(p)模型对应的代数表达式为：

$$y_t = c + \alpha_1 y_{t-1} + \alpha_2 y_{t-2} + \cdots + \alpha_p y_{t-p} + \varepsilon_t$$

第二种，MA(q)模型对应的代数表达式为：

$$y_t = c + \varepsilon_t + \theta_1 \varepsilon_{t-1} + \theta_2 \varepsilon_{t-2} + \cdots + \theta_q \varepsilon_{t-q}$$

第三种，ARMA（p，q）模型对应的代数表达式为：

$$y_t = c + \alpha_1 y_{t-1} + \alpha_2 y_{t-2} + \cdots + \alpha_p y_{t-p} + \varepsilon_t + \theta_1 \varepsilon_{t-1} + \theta_2 \varepsilon_{t-2} + \cdots + \theta_q \varepsilon_{t-q}$$

2. ARIMA(p,d,q)模型的识别

ARIMA(p，d，q)模型的识别就是指具体的三个参数的确定。

（1） d 参数的识别

对于 ARIMA(p, d, q)模型的 d 系数的识别是最简单的，对分析的原序列进行单位根检验，如果是有单位根的，则对其差分后的序列进行判断，如果 d 阶差分后序列为平稳的，则称序列为 d 阶单整序列，对这个差分后序列建立 ARMA 模型即可。如果 d 阶差分无平稳序列或虽已经平稳但对差分后的序列研究已经没意义，就不用再建立 ARMA 模型了。

（2） q 的识别

一般可以借助自相关函数 ACF 图和偏自相关函数 PACF 图对 p 和 q 进行初步的判断。时间序列 y_t 与 y_{t-j} 的 ACF 定义为：

$$\rho_j = \frac{\text{cov}(y_t, y_{t-j})}{\sqrt{\text{var}(y_t)\text{var}(y_{t-j})}}, \ j = 0, \pm 1, \pm 2, \cdots$$

一般把不同的 j 对应的 ρ_j 值绘制成图称为自相关图。以 MA（1）过程为例：

$$y_t = c + \varepsilon_t + \theta_1 \varepsilon_{t-1}$$

基于自相关函数 ACF 的定义可以推导：$\rho_j = \dfrac{\theta_1}{(1+\theta_1^2)}, j=1,$

$$\rho_j = 0, j > 1$$

可以证明，MA（q）过程 ACF 值在 q 期后为零。

（3）p 的识别

以 AR（1）过程为例：$y_t = c + \alpha\, y_{t-1} + \varepsilon_t$

$$y_t = c + c\alpha + \alpha^2\, y_{t-2} + \alpha \varepsilon_{t-1} + \varepsilon_t$$

由上可见，y_t 与 y_{t-2} 之间通过 y_{t-1} 是相关的。而部分自相关函数 PACF 是指 y_t 与 y_{t-k} 之间剔除了这两期之间由 $y_{t-1} y_{t-2} \cdots y_{t-k+1}$ 而形成的线性关系后存在的相关性。可见一个 AR(1)过程的 PACF 值在滞后一期后将变为零。可以证明，AR(p)过程 PACF 值在滞后 p 期后变为零。

（4）p 和 q 识别总结

AR(p)模型，其 PACF 应该在 p 期滞后之后突然降为零，而对于 MA(q)模型因为其可以转化为 AR(∞)形式，所以对应的 PACF 应该呈现逐渐衰减向零趋近的态势。MA(q)模型，其 ACF 应该在 q 期之后陡然变为零；而对于 AR(p)模型，因为其可以转化为 MA(∞)形式，所以其 ACF 应该呈现逐渐衰减向零趋近的态势。由于 ARMA(p, q)可以转化为 AR(∞)或 MA(∞)，所以其对应的特征为两种函数均表现为逐渐衰减的态势。若称陡然降为零为"截尾"，逐渐衰减为"拖尾"，则可以总结 AR(p)和 MA(q)的识别方法，如表 9-2 所示。

表 9-2　ARIMA 模型识别图形判断方法总结

	AR(p)模型	MA(q)模型	ARMA(p, q)模型
ACF	拖尾	q 期后截尾	拖尾
PACF	P 期后截尾	拖尾	拖尾

但实际操作中，用的都是样本对应的 ACF 和 PACF 图来判断，而不是理论上的。

（5）最优模型确定的其他准则

上面的判断方法全部是基于图形的初步判断，实际操作中还要其他辅助的准则进一步进行判断。第一，通过试设模型后进行比较，选择 SIC 和 AIC 值最小的，调整 R^2 最大的模型，这种方法在 ARMA(p, q)模型时最重要。第二，如果上述方法无法得到统一的结果，就依"简约原则"进行选择，即选择模型设立单一、滞后期较小的模型。第三，对于 AR（p）模型可以进行稳健性检验，排除残差具有序列相关性的模型。

9.2.2　ARIMA(p,d,q)模型估计的 EViews 操作

为了更好地说明如何在 EViews 中进行序列平稳性的检验，本章将结合一个货币供应量 M2 的案例进行讲解。

1. **案例问题的描述与数据准备**

M2 又称广义货币供应量，它是我国货币政策的中介目标，在对货币政策的研究中具有很重要的地位。本节将对其一阶差分平稳的序列建立 ARIMA 模型。

本实验案例所用数据文件路径为：sample/chap9/案例 9.2。该数据文件记录了从 2000 年 1 月至 2009 年 11 月的中国广义货币供应量 M2 的月末值的相关数据。数据来源于《中经网统计数据库》。数据见表 9-1 所示。

2. **序列平稳性检验**

由于，建立 ARMA 模型的序列必须是平稳序列，所以首先要对序列的平稳性进行检验，若为平稳序列，则可以直接建立 ARMA 模型；若为非平稳的，只能对其差分后平稳的序列进行 ARMA 模型的建立，即 ARIMA 模型。较为严格的平稳性检验方法为单位根检验，而通常使用的是 ADF 检验。

（1）序列平稳性的自相关图示检验

序列平稳性的自相关图示检验操作在 9.1.2 中已经讲解，在此只输出相关检验结果。由于 9.1.2 中的结果表明 M2 原序列是非平稳的，所以这里对其一阶差分形式进行检验，检验结果如图 9-7 所示。

```
Date: 11/25/12   Time: 21:53
Sample: 2000M01 2009M11
Included observations: 118

Autocorrelation   Partial Correlation       AC      PAC    Q-Stat   Prob

                                        1   0.383   0.383   17.712   0.000
                                        2   0.373   0.266   34.716   0.000
                                        3   0.513   0.386   67.134   0.000
                                        4   0.159  -0.206   70.273   0.000
                                        5   0.250   0.051   78.116   0.000
                                        6   0.303   0.092   89.719   0.000
                                        7   0.119   0.012   91.530   0.000
                                        8   0.099  -0.149   92.804   0.000
                                        9   0.173   0.066   96.691   0.000
                                       10   0.085   0.059   97.642   0.000
                                       11   0.153   0.135   100.74   0.000
                                       12   0.299   0.190   112.72   0.000
                                       13   0.081  -0.143   113.59   0.000
                                       14   0.153  -0.022   116.78   0.000
                                       15   0.121  -0.134   118.80   0.000
                                       16   0.040   0.080   119.02   0.000
                                       17   0.155   0.053   122.39   0.000
                                       18   0.164   0.131   126.21   0.000
                                       19   0.084  -0.035   127.22   0.000
```

图 9-7　M2 序列一阶差分序列相关图

从图 9-7 所示的结果可看出，自相关函数值从第六期后就明显落于零值线以下，即随着滞后期的增加自相关函数值很快将为零，所以认为 M2 的一阶差分序列为平稳序列。

（2）序列平稳性的 ADF 检验

同样，对 M2 的一阶差分序列进行 ADF 单位根检验，检验操作在此也不做具体介绍，只输出检验结果，如图 9-8 所示。

图 9-8 所示为对 M2 一阶差分序列进行 ADF 检验的结果，第一个框中的 Null Hypothesis 表示原假设是：M2 的一阶差分序列具有一个单位根，即 M2 的一阶差分序列为一个非平稳序列。Exogenous 后面的信息表示选择的回归模型形式是具有截距项和时间趋势的形式。Lag length 表示基于 AIC 准则自动选取的三期滞后。

Null Hypothesis: D(M2) has a unit root
Exogenous: Constant, Linear Trend
Lag Length: 3 (Automatic - based on SIC, maxlag=12)

		t-Statistic	Prob.*
Augmented Dickey-Fuller test statistic		-4.818324	0.0008
Test critical values:	1% level	-4.040532	
	5% level	-3.449716	
	10% level	-3.150127	

单位根
显著性结果

*MacKinnon (1996) one-sided p-values.

Augmented Dickey-Fuller Test Equation
Dependent Variable: D(M2,2)
Method: Least Squares
Date: 11/25/12　Time: 21:54
Sample (adjusted): 2000M06 2009M11
Included observations: 114 after adjustments

Variable	Coefficient	Std. Error	t-Statistic	Prob.
D(M2(-1))	-0.681122	0.141361	-4.818324	0.0000
D(M2(-1),2)	-0.126346	0.140883	-0.896815	0.3718
D(M2(-2),2)	-0.048510	0.121756	-0.398421	0.6911
D(M2(-3),2)	0.303894	0.094028	3.231963	0.0016
C	91.40252	642.9936	0.142152	0.8872
@TREND(2000M01)	44.50118	13.22318	3.365392	0.0011

图 9-8　M2 序列一阶差分序列 ADF 检验结果

第二个框是重要的单位根检验结果信息。T 统计量的绝对值大于 1%水平的绝对值，所以在 1%的显著性水平下拒绝原假设，即 M2 的一阶差分序列不具有单位根，是平稳序列。而 P 值等于 0.0008，表示有 0.08%的把握接受原假设，有 99.92%的把握拒绝原假设，即 M2 的一阶差分序列不具有单位根，是平稳序列。

3.　ARIMA(p,d,q)模型的识别

ARIMA(p, d, q)模型的识别就是指具体的 3 个参数的确定，使得模型是最优的。

（1）　d 的识别

d 的识别操作即对序列平稳性进行检验，具体讲解见 9.2.1 背景知识介绍，而该案例中，M2 序列经过上述检验均显示是一阶平稳的，所以可以称 M2 序列一阶单整，即 d 为 1。

（2）　p 和 q 的图形识别

前面背景知识指出，一般可以借助自相关函数 ACF 和偏自相关函数 PACF 图对 p 和 q 进行初步的判断。打开待检验序列，在其窗口工具栏依次选择 View|Correlogram 选项，打开如图 9-9 所示的 Correlogram Spesification 对话框。

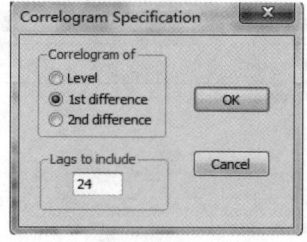

图 9-9　M2 一阶差分形式 ACF 和 PACF 生成对话框

该对话框用于生成序列的自相关函数 ACF 和偏自相关函数 PACF 图。若要看原序列的自相关函数图，则 Correlogram of 栏选择 level 项，若要看原序列的一阶或二阶差分序列的自相关函数图，则 Correlogram of 栏选择 1st difference 或 2nd difference 项。Lags to include 中可以

输入需要观察到的自相关函数的期数，系统默认值是 36，如果需要可以自行输入需要的数值。这里选择 M2 序列的一阶差分形式，滞后期数选择 24，单击 OK 后生成如图 9-10 所示的序列自相关函数图。

如图 9-10 所示，M2 的一阶差分序列 D(M2)对应的 ACF 图表现出如背景知识中所介绍的"拖尾"现象，而 PACF 图则在 3 期（由于第四期接近置信区间端点，也可看作是 4 期）后就"截尾"了，虽然在十多期后 PACF 又出现大于零置信区间的情况，但根据简约原则，不宜建立太高滞后期的模型，所以可以初步认为 D(M2)序列服从 AR(4)或 AR(3)过程，即对 M2 序列建立的模型是 ARIMA(4,1,0)或 ARIMA(3,1,0)。

```
Date: 11/25/12   Time: 21:57
Sample: 2000M01 2009M11
Included observations: 118
```

	Autocorrelation	Partial Correlation		AC	PAC	Q-Stat	Prob
自相关函数图			1	0.383	0.383	17.712	0.000
			2	0.373	0.266	34.716	0.000
			3	0.513	0.386	67.134	0.000
			4	0.159	-0.206	70.273	0.000
			5	0.250	0.051	78.116	0.000
			6	0.303	0.092	89.719	0.000
			7	0.119	0.012	91.530	0.000
			8	0.099	-0.149	92.804	0.000
			9	0.173	0.066	96.691	0.000
			10	0.085	0.059	97.642	0.000
			11	0.153	0.135	100.74	0.000
			12	0.299	0.190	112.72	0.000
			13	0.081	-0.143	113.59	0.000
			14	0.153	-0.022	116.78	0.000
			15	0.121	-0.134	118.80	0.000
			16	0.040	0.080	119.02	0.000
偏自相关函数图			17	0.155	0.053	122.39	0.000
			18	0.164	0.131	126.21	0.000
			19	0.084	-0.035	127.22	0.000
			20	0.030	-0.142	127.35	0.000
			21	0.129	0.096	129.78	0.000
			22	0.071	0.057	130.53	0.000
			23	0.061	-0.035	131.09	0.000
			24	0.265	0.140	141.67	0.000

图 9-10   M2 一阶差分序列 ACF 即 PACF 图

4.   ARIMA(*p*,*d*,*q*)模型的建立

根据上面对 D(M2)序列的 ACF 及 PACF 图的讨论得出，可对其建立 AR(4)或 AR(3)模型。

（1）   生成新序列

在 EViews 主窗口的菜单栏中依次选择 Quick | Generate Series 命令，打开如图 9-11 所示的 Generate Series 的对话框。

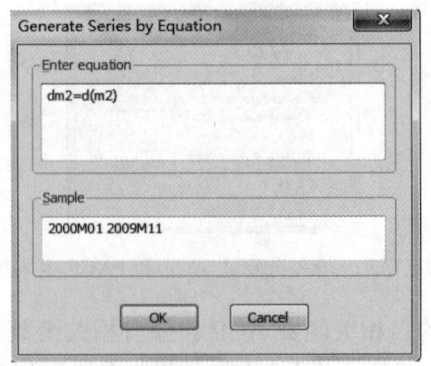

图 9-11   M2 一阶差分序列 dm2 生成对话框

在 Enter equation 框中输入要生成的序列方程，如：dm2=d(m2)是指由 m2 序列一次差分后生成 dm2 的新序列。单击"OK"按钮就会在工作文档中生成新序列 dm2 了。

（2）　建立 ARIMA(4,1,0)模型

打开工作文档，在 EViews 主窗口的菜单栏中依次选择 Quick | Estimate Equation 命令，打开如图 9-12 所示的 Equation Estimation 对话框。

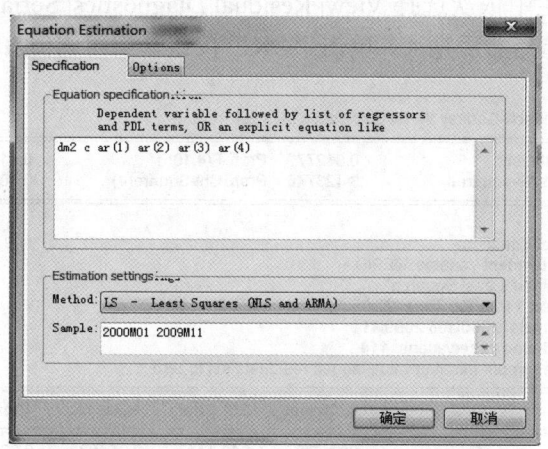

图 9-12　ARIMA 模型回归对话框

在对话框的上部分是回归模型方程的输入框，这里输入"dm2 c ar(1) ar(2) ar(3) ar(4)"表示建立的模型是：$dm2_t = c + \alpha_1 dm2_{t-1} + \alpha_2 dm2_{t-2} + \alpha_3 dm3_{t-3} + \alpha_4 dm2_{t-4} + \varepsilon_t$。

下一个框指的是回归方法的选择，一般选择最小二乘法 LS 即可。然后，单击"确定"按钮，得到如图 9-13 所示的结果。

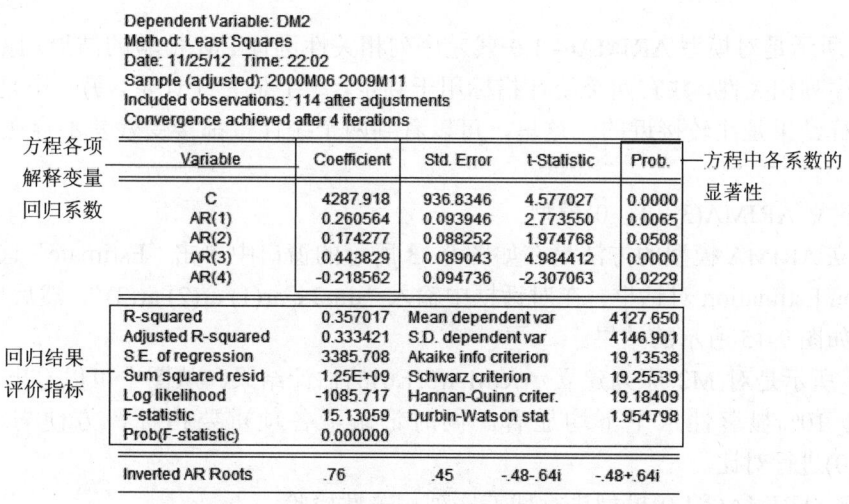

图 9-13　ARIMA（4,1,0）建模回归结果输出窗口

如图 9-13 所示，Coefficient 栏指模型建立的各项系数的回归结果，对应的是 C、α_1、α_2、α_3、α_4回归结果。Prob 栏指各项回归系数的显著性，如 0.0508 指在 5.08%显著性水平下显著，根据显著性可以进一步决定某项 AR 项是否纳入模型，进而优化模型。下面的一栏包括很多回归结果优化的评价指标。如：调整 R^2、AIC、SC 等模型最优化的判断标准。这里是对

M2 序列建立 ARIMA(4,1,0)的估计结果。从图中可以看到，各项系数在 10%显著性水平下均显著。同时记录下各项重要指标，方便与另一个模型 ARIMA(3,1,0)进行对比。

（3） 对 ARIMA(4,1,0)模型进行残差序列相关性检验

在背景知识的介绍中已经提及对 ARIMA 模型优劣的选择过程中，回归结果残差序列相关性是很重要的一项指标，所以在此需要对该模型进行残差序列相关性检验。其方法是在图 9-13 的结果窗口的菜单栏中依次选择 View| Residual Diagnostics| Serial Correlation LM Test，然后在 LM Test 对话框中选择滞后期 4，单击"OK"按钮，就可得到如图 9-14 的结果。

```
Breusch-Godfrey Serial Correlation LM Test:

F-statistic                0.812773    Prob. F(4,105)          0.5198
Obs*R-squared              3.423746    Prob. Chi-Square(4)     0.4896


Test Equation:
Dependent Variable: RESID
Method: Least Squares
Date: 11/25/12   Time: 22:05
Sample: 2000M06 2009M11
Included observations: 114
Presample missing value lagged residuals set to zero.

Variable         Coefficient    Std. Error    t-Statistic    Prob.

C                 203.7797      949.4443      0.214631       0.8305
AR(1)             0.164999      1.264016      0.130535       0.8964
AR(2)            -0.083027      0.267499     -0.310381       0.7569
AR(3)             0.147337      0.251262      0.586387       0.5589
AR(4)             0.030230      0.649043      0.046575       0.9629
RESID(-1)        -0.157788      1.266572     -0.124579       0.9011
RESID(-2)         0.038677      0.543003      0.071228       0.9434
RESID(-3)        -0.231015      0.295343     -0.782191       0.4359
RESID(-4)        -0.225547      0.209069     -1.078816       0.2831
```

图 9-14　ARIMA(4,1,0)模型残差序列相关性结果

图 9-14 所示是对模型 ARIMA(4,1,0)残差序列相关性进行 LM 检验的结果。原假设是残差序列不具有序列相关性，共有两个统计指标用于判定，一个是 F 统计量，另一个是 R^2 统计量。一般两个指标结果是比较接近的。这里，可以看到两个统计量都接受残差不存在序列相关性的原假设。

（4） 建立 ARIMA(3，1，0)模型

重新建立 ARIMA 模型的方法是在如图 9-13 所示的窗口中单击"Estimate"选项卡，再次打开 Equation Estimation 对话框，在对话框中输入"dm2 c ar(1) ar(2) ar(3)"。然后单击"确定"按钮，得到如图 9-15 所示的结果。

图 9-15 所示是对 M2 序列建立 ARIMA(3,1,0)的估计结果。从图中可以看出，除 AR(2)，各项系数在 10%显著性水平下均显著。同时记录下各项重要指标，方便与另一个模型 ARIMA(4,1,0)进行对比。

（5） 对 ARIMA(3,1,0)模型进行残差序列相关性检验

在图 9-15 所示的结果窗口的菜单栏中依次选择 View| Residual Diagnostics| Serial Correlation LM Test，然后在 LM Test 对话框中选择滞后期 4，单击"OK"按钮，得到如图 9-16 所示的结果。

Dependent Variable: DM2
Method: Least Squares
Date: 11/25/12   Time: 22:06
Sample (adjusted): 2000M05 2009M11
Included observations: 115 after adjustments
Convergence achieved after 4 iterations

方程各项
解释变量
回归系数

方程中各系数的
显著性

Variable	Coefficient	Std. Error	t-Statistic	Prob.
C	4345.045	1160.780	3.743210	0.0003
AR(1)	0.174546	0.087450	1.995952	0.0484
AR(2)	0.146118	0.088672	1.647857	0.1022
AR(3)	0.401352	0.088165	4.552280	0.0000

回归结果
评价指标

R-squared	0.329872	Mean dependent var	4091.161
Adjusted R-squared	0.311761	S.D. dependent var	4147.175
S.E. of regression	3440.504	Akaike info criterion	19.15879
Sum squared resid	1.31E+09	Schwarz criterion	19.25426
Log likelihood	-1097.630	Hannan-Quinn criter.	19.19754
F-statistic	18.21334	Durbin-Watson stat	1.817492
Prob(F-statistic)	0.000000		

Inverted AR Roots   .87   -.35-.58i   -.35+.58i

图 9-15   ARIMA（3,1,0）建模回归结果输出窗口

Breusch-Godfrey Serial Correlation LM Test:

F-statistic	1.987996	Prob. F(4,107)	0.1015
Obs*R-squared	7.955307	Prob. Chi-Square(4)	0.0932

—序列相关性显著性

Test Equation:
Dependent Variable: RESID
Method: Least Squares
Date: 11/25/12   Time: 22:10
Sample: 2000M05 2009M11
Included observations: 115
Presample missing value lagged residuals set to zero.

Variable	Coefficient	Std. Error	t-Statistic	Prob.
C	124.3960	1159.474	0.107287	0.9148
AR(1)	-0.658521	0.728269	-0.904228	0.3679
AR(2)	0.083008	0.361610	0.229551	0.8189
AR(3)	0.469110	0.372890	1.258038	0.2111
RESID(-1)	0.755484	0.750637	1.006457	0.3165
RESID(-2)	0.073091	0.315139	0.231934	0.8170
RESID(-3)	-0.371566	0.316725	-1.173151	0.2433
RESID(-4)	-0.017337	0.265550	-0.065287	0.9481

图 9-16   ARIMA(3,1,0)模型残差序列相关性结果

如图 9-16 所示是对模型 ARIMA(3,1,0)残差序列相关性进行 LM 检验的结果，可以看到 LM 统计量在 10%的显著性水平下拒绝残差不存在序列相关性的原假设，F 统计量也几乎在 10%的水平下拒绝残差不存在序列相关性的原假设，可以认为该模型残差存在序列相关性。

5. 比较 ARIMA 模型的优劣

ARIMA 建模需要对比各种可能模型的优劣取舍，得到较优的模型。一般需要比较一些重要指标，下面以上述对 M2 序列建立的 ARIMA(4,1,0)和 ARIMA(3,1,0)为例来比较。

表 9-3   ARIMA 模型优劣比较表

模 型	调整 R^2	AIC	SC	残差序列相关
ARIMA(4,1,0)	0.3334	19.1354	19.2554	不相关
ARIMA(3,1,0)	0.3118	19.1588	19.2543	相关

调整 R^2 表示模型的整体拟合优度，该值介于 0 和 1 之间，越大代表拟合效果越好。AIC 和 SC 都表示信息准则，对于模型来说其值越小越好。残差序列相关性是模型取舍的关键之一，如果出现严重的残差序列相关性，即残差序列相关性检验显著拒绝原假设，即使其他指标较优也要拒绝使用该模型。从表 9-3 看出除了 SC 一项指标之外，其他各项指标都显示 ARIMA(4,1,0)模型比 ARIMA(3,1,0)模型更优。而且关键的是 ARIMA(3,1,0)模型具有较显著的残差序列相关性。所以，最终认为对 M2 估计最优的模型是 ARIMA(4,1,0)。估计结果如下：

$$dm2_t = 4287.92 + 0.26\,dm2_{t-1} + 0.17dm2_{t-2} + 0.44dm3_{t-3} - 0.22dm2_{t-4} + \varepsilon_t$$

上机题

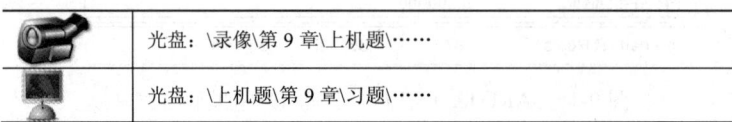

光盘：\录像\第 9 章\上机题\……
光盘：\上机题\第 9 章\习题\……

1. 为了研究中国几十年以来人民生活水平的变化，研究者收集了我国 1955 年至 2008 年 54 年的人均 GDP 数据，数据以统计当年的价格来计价，以下简称该序列为 GDPP。原始数据如表 9-4 所示。

表 9-4 我国 1955 年至 2008 年的人均 GDP 数据

年 份	人均 GDP（元）	年 份	人均 GDP（元）	年 份	人均 GDP（元）
1955	149.6	1973	309.9	1991	1893
1956	165.6	1974	311.4	1992	2311
1957	167.8	1975	328.8	1993	2998
1958	200.3	1976	318.2	1994	4044
1959	216.3	1977	341.4	1995	5046
1960	218.5	1978	381	1996	5846
1961	184.9	1979	419	1997	6420
1962	172.9	1980	463	1998	6796
1963	181.2	1981	492	1999	7159
1964	208.4	1982	528	2000	7858
1965	240.1	1983	583	2001	8622
1966	254.7	1984	695	2002	9398
1967	235.9	1985	858	2003	10542
1968	223.4	1986	963	2004	12336
1969	244.4	1987	1112	2005	14053
1970	276.3	1988	1366	2006	16165
1971	289.5	1989	1519	2007	19524
1972	293.5	1990	1644	2008	22698

（1） 绘制 GDPP 序列的折线图、柱形图，熟悉各种观察序列的方法。

（2） 观察序列的均值、方差等统计描述指标。

（3） 对 GDPP 序列进行单位根检验，注意选取检验的模型形式，并指出选取原因。

（4） 对 GDPP 序列的一阶差分及二阶差分进行单位根检验，并试讨论 GDPP 二阶差分序列才是平稳序列的可能原因。

2.　为了研究天津市消费品零售总额的变化，研究者收集了天津市自 2000 年 1 月至 2009 年 12 月期间的数据，以下简称该序列为 XF。原始数据如表 9-5 所示。

表 9-5　天津市社会消费品零售总额月度数据（单位：亿元）

月　份	数　值	月　份	数　值	月　份	数　值
2000-01	61.7	2003-05	65.8	2006-09	113.3
2000-02	63.2	2003-06	80	2006-10	120.6
2000-03	113.5	2003-07	73.6	2006-11	109.6
2000-04	112.5	2003-08	75	2006-12	118.4
2000-05	59.1	2003-09	77.4	2007-01	129.7
2000-06	61.9	2003-10	82.8	2007-02	133.6
2000-07	57.4	2003-11	78.1	2007-03	123.5
2000-08	61.9	2003-12	84.9	2007-04	128.8
2000-09	126.9	2004-01	94.6	2007-05	132.2
2000-10	63.3	2004-02	86.5	2007-06	133.7
2000-11	64	2004-03	85.8	2007-07	130.8
2000-12	183	2004-04	83.5	2007-08	137.1
2001-01	73	2004-05	85.5	2007-09	138.5
2001-02	70.8	2004-06	87.2	2007-10	145.4
2001-03	65.9	2004-07	84.4	2007-11	130.1
2001-04	63.4	2004-08	83.1	2007-12	140.2
2001-05	68	2004-09	86.9	2008-01	165.2
2001-06	69.8	2004-10	93.8	2008-02	160.3
2001-07	63.3	2004-11	88.7	2008-03	156.3
2001-08	68.8	2004-12	92.9	2008-04	157
2001-09	72.4	2005-01	98.6	2008-05	168.7
2001-10	72	2005-02	107	2008-06	167.3
2001-11	71.6	2005-03	97	2008-07	163.5
2001-12	73.6	2005-04	94.5	2008-08	171.4
2002-01	66.7	2005-05	97.9	2008-09	174.2
2002-02	82.8	2005-06	97.7	2008-10	176.1
2002-03	77.2	2005-07	96.7	2008-11	162.3
2002-04	71.2	2005-08	94.7	2008-12	178.1
2002-05	77.5	2005-09	98.9	2009-01	207.7
2002-06	77.5	2005-10	105.6	2009-02	189.1
2002-07	72.6	2005-11	97.8	2009-03	187.5
2002-08	76.7	2005-12	103.7	2009-04	188
2002-09	79.7	2006-01	119	2009-05	202.3
2002-10	83.1	2006-02	113.8	2009-06	201.4
2002-11	81.4	2006-03	109.8	2009-07	197.1
2002-12	84.5	2006-04	108.9	2009-08	210.1
2003-01	78.9	2006-05	112.3	2009-09	214.4
2003-02	80.5	2006-06	111.9	2009-10	216.9
2003-03	75.4	2006-07	109.9	2009-11	198
2003-04	69.8	2006-08	109.3	2009-12	217.8

（1） 对序列 XF 进行单位根检验，确定序列 XF 的单整阶数。

（2） 绘制序列 XF 的自相关函数图和偏相关函数图，确定 ARMA 模型可能的阶数(p, q)。

（3） 估计出设立的 ARMA 模型参数，并比较找出最优的一组。

（4） 利用估计出的最优模型，对 XF 序列进行预测，预测 2010 年 01 月至 12 月的数值并与真实值进行比较。

3. 2008 年金融危机以来，黄金投资方式成为了一个热门的投资方式。该案例以黄金 AU9999 自 2002 年 12 月至 2009 年 11 月的收盘价格数据为例来研究黄金价格走势的规律，以下价格序列简称 AU。原始数据见表 9-6 所示。

表 9-6 黄金 AU9999 月度收盘价格数据（单位：元/克）

月　　份	价　格	月　　份	价　　格	月　　份	价　格	月　　份	价　　格
2002-12	92.79	2004-09	108.68	2006-06	154.02	2008-03	212
2003-01	97.7	2004-10	113.2	2006-07	163.1	2008-04	198.13
2003-02	93.59	2004-11	120.5	2006-08	159.15	2008-05	195.79
2003-03	88.75	2004-12	118.08	2006-09	153.51	2008-06	204.59
2003-04	89.15	2005-01	113.32	2006-10	152.1	2008-07	201
2003-05	97.92	2005-02	116.45	2006-11	160.9	2008-08	183.98
2003-06	92.45	2005-03	114.08	2006-12	159.34	2008-09	192.75
2003-07	94.7	2005-04	115.2	2007-01	161.22	2008-10	164
2003-08	97.78	2005-05	111.26	2007-02	167.25	2008-11	179.01
2003-09	101.99	2005-06	115.45	2007-03	165.36	2008-12	190.65
2003-10	102.31	2005-07	111.67	2007-04	167.63	2009-01	188.49
2003-11	105.51	2005-08	113.4	2007-05	162.16	2009-02	207.51
2003-12	111	2005-09	121.84	2007-06	158.8	2009-03	202.56
2004-01	108.09	2005-10	122.41	2007-07	162.21	2009-04	197.75
2004-02	106.94	2005-11	129	2007-08	162.03	2009-05	208.69
2004-03	112.21	2005-12	133.55	2007-09	178.2	2009-06	207.41
2004-04	104.54	2006-01	144	2007-10	188.68	2009-07	206.26
2004-05	105.13	2006-02	143.44	2007-11	190.23	2009-08	209.85
2004-06	104.71	2006-03	150.4	2007-12	195.03	2009-09	219.71
2004-07	104.16	2006-04	164.39	2008-01	213.98	2009-10	230.45
2004-08	108.2	2006-05	168.83	2008-02	221.35	2009-11	258.25

（1） 绘制序列 AU 的折线图，观察序列 AU 的特征。

（2） 采用合适的单位根检验方法对序列 AU 进行单位根检验，判断序列 AU 是否平稳。

（3） 绘制序列（原序列或差分序列）相关图，并分析序列自相关函数和偏相关函数的特征。

（4） 根据以上步骤，判断是否可以对 AU 序列建立合适的 ARMA 模型或 ARIMA 模型。若可以，则建立并比较得出最佳模型；若不可以，请说明理由。

第 10 章　VAR 与 VEC 的估计及解释

VAR（Vector Auto-regression Mode）矢量自回归模型的推广源于世界著名的计量经济学家 Sims 在 1980 年发表的著名文献。时至今日，关于 VAR 的研究建模已经由最初的二维拓展到多维度。由于经济、金融时间序列分析经常涉及到多个变量，所以 VAR 模型在实际中尤其是货币政策分析等宏观经济金融中得到极为广泛的应用。

VAR 模型可以解决联立方程中的偏倚问题，该模型是包含多个方程的非结构化模型。VAR 模型基于数据的统计性质来建立模型，其建模思想是把每一个外生变量作为所有内生变量滞后值的函数来构造模型。由于 VAR 模型中各个方程的右边没有非滞后的内生变量，因此可以使用最小二乘法来进行估计。另外，VAR 模型中的各个等式中的系数并不是研究者关注的对象，其主要原因是 VAR 模型系统中的系数往往非常多。因此无法通过分析模型系数估计值来分析 VAR 模型，需要借助格兰杰因果关系检验、IRF 脉冲响应函数和方差分解等工具。格兰杰因果关系可以用来检验某个变量的所有的滞后项是否对另一个或几个变量的当期值有影响。方差分解可以将 VAR 模型系统内一个变量的方差分解到各个扰动项上。绘制 IRF 脉冲响应函数可以比较全面地反应各个变量之间的动态影响。

对于多个非平稳时间序列，有一种特殊的情况，也就是研究者非常关注的协整，即几个非平稳时间序列变量的线性组合形成的变量是平稳序列。在这种情况下，研究者一般称非平稳时间序列存在协整关系。如果几个变量存在协整关系，那么说明这几个变量存在长期关系。在多个变量协整关系的分析中，最为常用的是 Johansen 协整检验方法。

本章计量分析框架如下：

$$
\text{分析变量间动态关系}
\begin{cases}
\rightarrow \text{建立VAR模型} \xrightarrow{\text{稳定性检验}} \text{分析VAR模型}
\begin{cases}
\text{格兰杰因果检验} \\
\text{脉冲响应函数} \\
\text{方差分解}
\end{cases} \\
\rightarrow \text{同阶非平稳时间序列变量} \rightarrow \text{协整检验} \xrightarrow{\text{存在协整关系}} \text{VECM模型}
\end{cases}
$$

10.1　VAR 模型的估计

VAR 模型基于数据的统计性质来建立模型，其建模思想是把每一个外生变量作为所有内生变量滞后值的函数来构造模型，因此 VAR 模型整体上是多方程模型。本节重点对 VAR 模型的建立和估计进行讲解。

10.1.1　背景知识

VAR 模型实质上是考察多个变量之间的动态互动关系，把系统中每一个内生变量作为所有变量滞后项的函数来构造回归模型，一般形式如下：

$$Y_t = A_1 Y_{t-1} + A_2 Y_{t-2} + \cdots + A_p Y_{t-p} + \varepsilon_t \qquad (10.1)$$

其中，Y 表示 K 维的内生变量矢量，A 表示相应的系数矩阵，P 表示内生变量滞后的阶数。整个 VAR 模型平稳与否需要根据整个系统的平稳性条件，即计算特征根多项式的值。通过计算的特征根的倒数的模与 1 进行比较。如果特征根倒数的模等于 1，表示该 VAR 模型不平稳，需要重新建立；而如果特征根倒数的模小于 1，表示该 VAR 模型平稳。

VAR 模型的估计有两个比较重要的方面：一个是 VAR 模型的估计方法，另一个是模型滞后期的选择。

（1） VAR 模型的估计方法

一般情况下，只要 VAR 模型中的随机扰动项服从独立正态分布，那么对 VAR 模型系统中每个等式分别进行 OLS 回归，获得的系数估计值是有效的一致估计值。另外，即使跨等式之间的扰动项之间存在相关性，只要自身无序列相关，OLS 得到的结果一样有效。因此，EViews 中采用的估计方法是 OLS 方法。

（2） VAR 模型的滞后期

滞后期数目的选择对 VAR 模型的估计非常重要，因为不同的滞后期会导致模型估计结果的显著不同。选择的依据有两种：一种是根据经济理论的要求设定合适的滞后期，如月度数据一般为滞后 12 期，季度数据滞后 4 期；另一种是根据 AIC 或者 SC 值最小准则选择滞后期。

10.1.2　EViews 操作技术讲解

打开相应的数据文件或者建立一个数据文件后，可以在相应的 workfile 工作文件窗口进行 VAR 模型估计的 EViews 操作。

1.　回归模型主窗口的打开

在 EViews 主窗口的菜单栏中依次选择 Quick | Estimate VAR 命令，打开如图 10-1 所示的 VAR Specification 对话框。

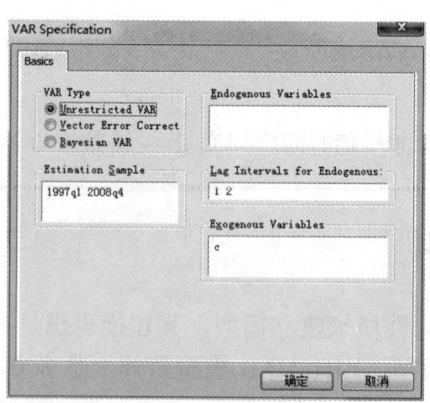

图 10-1　VAR Specification 对话框

VAR Specification 对话框是设定 VAR 模型和 VEC 模型的主要设定窗口。其中，Basics 选项卡用于设定 VAR 回归模型。Cointegration 选项卡用于设定变量之间的协整关系，VEC Specification 选项卡用于设定矢量误差修正模型。Cointegration 选项卡和 VEC Specification 选项卡仅当在 VAR Type 中选择 Vector Error Correction 选项时可用，将在 10.3 节中介绍。

本节主要介绍 Unrestricted VAR（无约束 VAR 模型）的设定，因此下面的讲解建立在当 VAR Type 中选择 Unrestricted VAR 选项的基础上。VEC 的讲解安排在 10.3 节。

2.　设定 VAR 模型中的内生变量

建立 VAR 模型首先必须设定模型中的内生变量（即相互影响的变量）。内生变量在 VAR Specification 对话框的 Endogenous Variables 文本框中设定。在该文本框中依次输入需要在模型中动态影响的变量，变量之间用空格隔开，变量之间的顺序对 VAR 模型估计没有影响。

3.　设定 VAR 模型内生变量的滞后期

VAR 模型中的内生变量设定完毕之后，必须进一步确定模型内生变量的滞后期。滞后期数目的选择对 VAR 模型的估计非常重要，因为不同的滞后期会导致模型估计结果的显著不同，设定原则参考本节背景知识。

在 Eveiws 中滞后期的设定是在 VAR Specification 对话框的 Lag Intervals for Endogenous 文本框中进行的。滞后期的数目是在该文本框中通过两个数字定义的。第一个数字表示滞后期开始的数字，第二个数字表示滞后期结束的数字，两个数字之间用空格隔开。假定研究者要设定的内生变量（如 A 和 B）的滞后期为滞后 2 期到滞后 4 期，则在 Lag Intervals for Endogenous 文本框中输入 2 和 4，中间用空格隔开即可。

4.　设定 VAR 模型的外生变量

一般情况下，VAR 模型中除了截距项外很少包含其他的外生解释变量。外生变量是在 VAR Specification 对话框的 Exogenous Variables 文本框中设定的。设定方法与内生变量的设定一致：在 Exogenous Variables 文本框依次输入模型中需要的外生变量，变量之间用空格隔开。系统默认的外生变量为截距项 C。

5.　设定 VAR 模型的样本期间

VAR 模型回归中所需的样本范围是通过 VAR Specification 对话框的 Estimation Sample 输入框设定的。样本范围是在输入框中输入一前一后的两个数字，两个数字中间用空格隔开，其中开始的数字表示样本的开始时间，结尾的数字表示样本的结束时间。如果研究者需要设定的样本范围是 1998 年 1 月至 2009 年 12 月，正确的设定方法是在 Estimation Sample 输入框中输入 1998M01 2009M12。

设置完毕后，可以单击"确定"按钮，就可以在 Equation 对象窗口得到 VAR 模型估计的结果。除可以单击"确定"按钮外，还可以单击"取消"按钮，取消进行 VAR 模型设定的操作，返回到 workfile 工作文件窗口。

10.1.3　VAR 模型估计的案例操作

下面以本书准备的案例数据为例，具体讲解 VAR 回归模型的估计操作。

1.　案例问题的描述与数据准备

现代货币政策分析中，研究者的研究焦点经常放在中央银行发行货币供给对消费者物价的影响上。弗里德曼货币流派认为货币供给可以影响实体经济而不仅仅是物价，但是凯恩斯流派认为长期货币供给仅仅影响物价而已。本节将建立通货膨胀率与货币供给增长率的双变量 VAR 模型，来分析货币供给对物价的影响作用。

本实验案例所用的数据文件路径为：sample/chap10/案例 10.1。该数据文件记录了从 1997 年 1 季度至 2008 年 4 季度的中国消费者物价指数的增长率和货币供给增长率的相关数据。其中，消费者物价指数数据来源于《中国经济景气月报》，货币供给增长率数据来源于《中华人民共和国统计年鉴》（从 1998 年至 2009 年）。部分相关数据如表 10-1 所示。

表 10-1　中国消费者物价指数的增长率和货币供给增长率的季度数据

年份季度	通货膨胀率（CPI）	货币供给增长率（M）	年份季度	通货膨胀率（CPI）	货币供给增长率（M）
1997Q1	4	23.59966	2000Q4	1.5	13.98981
1997Q2	2.8	21.51135	2001Q1	0.8	14.92253
1997Q3	1.8	19.22425	2001Q2	1.4	14.32848
1997Q4	0.4	19.58128	2001Q3	−0.1	13.62652
1998Q1	0.7	15.39944	2001Q4	−0.3	14.50088
1998Q2	−1.3	14.33437	2002Q1	−0.8	14.38808
1998Q3	−1.5	16.18558	2002Q2	−0.8	14.68232
1998Q4	−1	14.83945	2002Q3	−0.7	16.49744
1999Q1	−1.8	19.62656	2002Q4	−0.4	16.78322
1999Q2	−2.1	19.46069	2003Q1	0.9	18.54314
1999Q3	−0.8	16.2248	2003Q2	0.3	20.83149
1999Q4	−1	16.15114	2003Q3	1.1	20.67165
2000Q1	−0.2	13.382	2003Q4	3.2	19.57519
2000Q2	0.5	14.39379	2004Q1	3	19.16151
2000Q3	0	15.27296	2004Q2	5	16.34502

本节设定包含通胀率 CPI、货币增长率 M 的 VAR 模型，如公式（10.2）所示：

$$Y_t = A_1 Y_{t-1} + \cdots\cdots + A_4 Y_{t-4} + \varepsilon_t; \quad Y_t = \begin{bmatrix} \text{CPI} \\ \text{M} \end{bmatrix} \tag{10.2}$$

设定上述模型的理由是，VAR 模型为无约束模型，因此每个变量当期都作为被解释变量，同时解释变量包含各个变量的滞后期。其中滞后期定为四期的原因是本案例采用的是季度数据，而季度数据的频率是 4，因此确定滞后期为 4 期（滞后期的选择也可以通过 AIC 或者 SIC 等信息准则判断）。

按照本书提供的该实验案例的数据文件路径，打开案例 10.1 数据文件，弹出如图 10-2 所示的工作文件窗口。

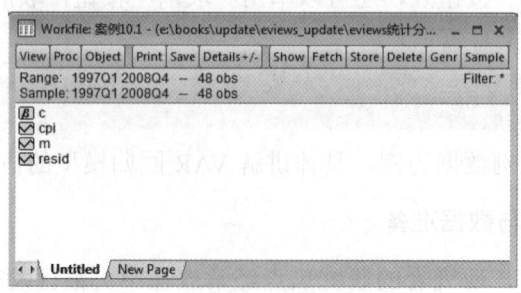

图 10-2　案例 10.1 工作文件窗口

在案例工作文件窗口中有四个变量：c 和 resid 是系统自带的模型回归常数项（或者截距项）和模型回归残差序列；cpi 表示通货膨胀率，m 表示货币供给增长率。

2.　VAR 模型的建立与操作

在 EViews 主窗口的菜单栏中依次选择 Quick | Estimate VAR 命令，打开 VAR Specification 对话框。具体设定如下。

（1）内生变量设定：由于本案例研究的是 CPI 和 M 之间的互动关系，因此在 Endogenous Variables 文本框依次输入 CPI　M（注意：变量之间用空格隔开）。

（2）滞后期设定：由于本案例采用的是季度数据，因此设定滞后期为 4 期，即在 Lag Intervals for Endogenous 文本框中输入 1 4（注意：数字之间用空格隔开）。

（3）外生变量设定：本案例建立的 VAR 模型中除常数项外不设定任何其他外生变量，因此在 Exogenous Variables 文本框输入：C。

（4）样本期间设定：在 Estimation Sample 输入框中输入：1997Q01 2008Q04，然后单击"确定"按钮就可以得到回归结果。

3.　VAR 模型估计的结果

设定模型结束后，单击"确定"按钮可以得到本案例模型回归的结果，由于输出结果的窗口比较大，因此分两部分介绍。第一部分估计结果如图 10-3 所示。

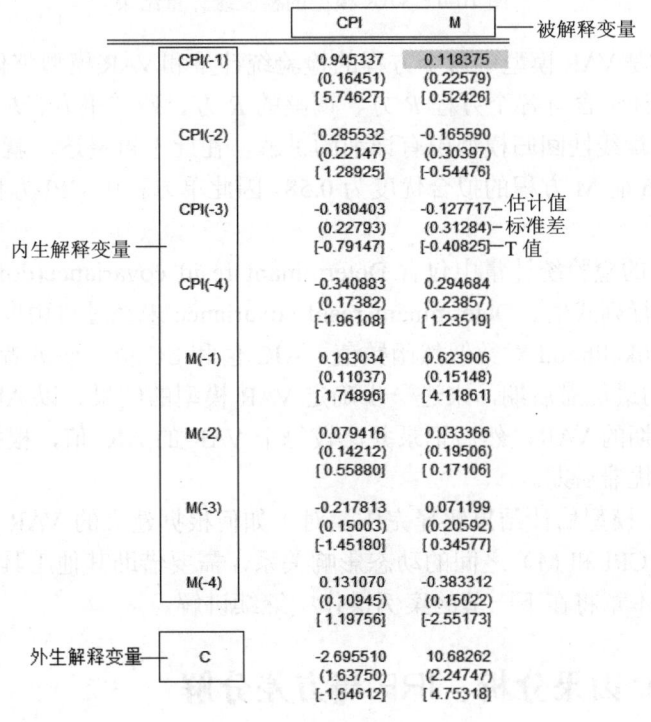

图 10-3　VAR 模型的参数估计结果

图 10-3 所示的是 VAR 模型的参数估计结果，参数估计值、估计值的标准差和 T 值的位置见图中标示。本案例中有两个变量 CPI 和 M，因此就有两个回归方程构成 VAR 模型，从参数估计值的 T 统计量来看，方程 CPI 中有两个解释变量显著（T 值绝对值大于 1.96），方程 M

中有 3 个解释变量显著。值得注意的是 VAR 模型一般不会因为该变量的滞后期不显著而去掉，而是为每个方程保留这些变量，因为这些变量代表了变量之间的动态影响关系。根据输出结果，可以写出本案例的 VAR 模型估计结果表达式（10.3）。

$$Y_t = \begin{bmatrix} 0.94 & 0.19 \\ 0.12 & 0.62 \end{bmatrix} Y_{t-1} + \cdots + \begin{bmatrix} -0.34 & 0.13 \\ 0.29 & 10.68 \end{bmatrix} Y_{t-4} + \varepsilon_t; \quad Y_t = \begin{bmatrix} CPI \\ M \end{bmatrix} \quad (10.3)$$

R-squared	0.866460	0.580516
Adj. R-squared	0.835937	0.484634
Sum sq. resids	36.63938	69.01995
S.E. equation	1.023152	1.404279
F-statistic	28.38671	6.054472
Log likelihood	-58.40584	-72.33783
Akaike AIC	3.063902	3.697174
Schwarz SC	3.428850	4.062122
Mean dependent	1.550000	16.36271
S.D. dependent	2.526004	1.956119
Determinant resid covariance (dof adj.)		2.048137
Determinant resid covariance		1.295955
Log likelihood		-130.5700
Akaike information criterion		6.753184
Schwarz criterion		7.483079

图 10-4　VAR 模型的检验统计量结果

图 10-4 所示的是 VAR 模型中每个方程的检验统计量和 VAR 模型整体的检验统计量结果。各个方程的检验统计量含有各个方程 R 方、调整的 R 方、残差平方、F 统计量等，这些统计量的含义都在第 5 章线性回归模型中有详细的讲解，在此不再赘述。就 R 方而言，CPI 方程的拟合优度为 0.866 而 M 方程的拟合优度为 0.58，因此单方程中 CPI 方程要比 M 方程拟合得更优良。

VAR 模型整体的检验统计量中包含 Determinant resid covariance(dof adj)经过自由度调整的残差协方差矩阵行列式值、Determinant resid covariance 未经过自由度调整的残差协方差矩阵行列式值、Log likelihood 对数似然函数值、AIC 值和 SC 值。研究者可以根据这五个统计量选择 VAR 模型的最优滞后期，来进一步确定 VAR 模型的结果。以 AIC 为例，研究者可以建立多个不同滞后期的 VAR，然后记录并比较每个 VAR 的 AIC 值，根据 AIC 取值最小的原则来确定模型的最优滞后期。

本案例的 VAR 模型估计结果解释完毕，对于如何根据建立的 VAR 模型来判断研究模型中变量（本例中的 CPI 和 M）之间的动态影响关系，需要借助其他工具如脉冲响应函数、格兰杰因果检验等，本章将在下一节的案例操作中继续讲解。

10.2　Granger 因果分析、IRF 与方差分解

单方程模型结果的分析绝大部分考虑其参数估计值就可以，而 VAR 模型结果的分析则需要借助格兰杰因果分析、脉冲响应函数、方差分解等多种工具。本节将重点介绍 Granger 因果分析、IRF 与方差分解的操作。

10.2.1 背景知识

很多情况下，VAR 模型各个等式中的系数并不是研究者关注的对象，其主要原因是 VAR 模型系统中的系数往往非常多。例如一个 3 变量滞后 3 期的 VAR 模型中每个回归等式就有 $1+3\times3=10$ 个系数，所以 3 个回归式就有 30 个系数。另外，VAR 模型中的每个系数只是反应了一个局部的动态关系，而并不能捕捉全面复杂的动态关系。因此无法通过分析模型系数估计值来分析 VAR 模型，需要借助格兰杰因果关系检验、IRF 脉冲响应函数和方差分解等工具。

1. 格兰杰因果检验

从计量经济学发展的历史看，格兰杰因果关系（Granger Causality）的概念要早于 VAR 模型。但是，格兰杰因果关系实质上是利用了 VAR 模型来进行一组系数显著性检验。格兰杰因果关系可以用来检验某个变量的所有滞后项是否对另一个或几个变量的当期值有影响。如果影响显著，说明该变量对另一个变量或几个变量存在格兰杰因果关系；如果影响不显著，说明该变量对另一个变量或几个变量不存在格兰杰因果关系。格兰杰因果关系检验的原假设是被检验变量不是因变量的因果关系，如果检验的概率 P 值小于设定的置信水平（通常为 5%），则认为被检验变量构成因变量的因果关系；反之，认为被检验变量不是因变量的因果关系。

2. IRF 脉冲响应函数

由于系数只是反应了一个局部的动态关系，并不能捕捉全面复杂的动态关系；而研究者往往关注一个变量变化对另一个变量的全部影响过程，在这种情况下通过绘制 IRF 脉冲响应函数可以比较全面地反应各个变量之间的动态影响。

3. 方差分解

一般情况下，脉冲响应函数捕捉的是一个变量的冲击对另一个变量的动态影响路径，而方差分解可以将 VAR 模型系统内一个变量的方差分解到各个扰动项上。因此方差分解提供了关于每个扰动项因素影响 VAR 模型内各个变量的相对程度。

10.2.2 EViews 操作技术讲解

根据建立的 VAR 模型来判断研究模型中内生变量之间的动态影响关系，需要借助 Granger 因果分析、IRF 与方差分解等工具，而这些分析需要在 VAR 估计结果窗口中进行。本节将结合 10.1 节案例中 VAR 模型估计结果，对 Granger 因果分析、IRF 与方差分解进行讲解说明。

1. View 菜单的打开

Granger 因果分析、IRF 与方差分解都是在 VAR 估计结果窗口中的 View 菜单中进行的。在案例中 VAR 估计结果窗口中选择 View 命令，打开如图 10-5 所示的 View 菜单。

View 菜单是进行 VAR 模型检验和分析的最主要的操作选择界面。View 菜单中各个选项的含义参见图 10-5 的标示，其中除 Impulse Response Function（脉冲响应函数）、Variance Decomposition（方差分解）、Lag Structure（滞后期结构）、Cointegration Test（协整检验）之外其他的选项与一般回归模型结果中的 View 菜单含义是一致的，本文在此不再赘述。下面将对 Impulse Response Function、Variance Decomposition、Lag Structure 进行详细介绍，而

Cointegration Test 将在 10.3 节结合 VEC 模型进行讲解。

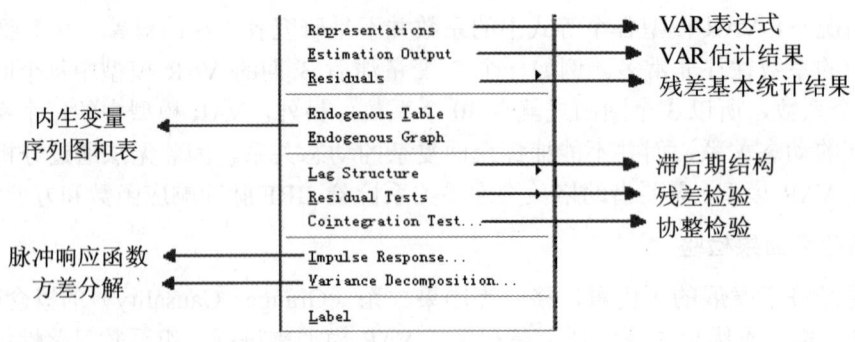

图 10-5　View 菜单

2.　Lag Structure　滞后期结构

View 菜单下的 Lag Structure 可以用于分析 VAR 模型的稳定性、格兰杰因果关系检验和滞后期选择。选择 Lag Structure 可以打开如图 10-6 所示的下拉列表。

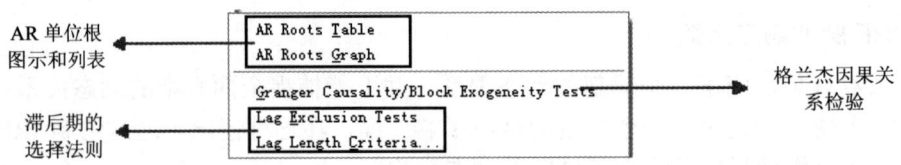

图 10-6　Lag Structure 的下拉列表

- **AR Roots Table**

单击 AR Roots Table 按钮，弹出如图 10-7 所示的 VAR Stability Condition Check 结果。

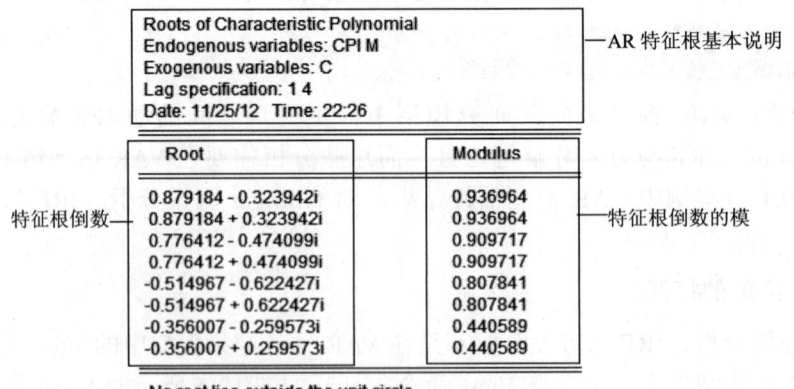

图 10-7　VAR Stability Condition Check 结果

对于滞后期长度为 m 且有 K 个内生变量的 VAR 模型，特征根多项式有 $m \times K$ 个特征根。本案例中有 2 个内生变量且滞后长度为 4，因此共有 8 个特征根。当 VAR 模型的所有的特征根的倒数的模小于 1（位于单位圆内），则 VAR 模型是稳定的；如果有一个特征根的倒数的模等于 1（位于单位圆上），则 VAR 模型不稳定需要重新设定。

图 10-7 所示的 Root 表示 VAR 模型的特征根的倒数，而 Modulus 表示特征根倒数的模。就图中所示的单位根倒数的模而言，所有模都小于 1，表示本案例中建立的 VAR 模型稳定。

- AR Roots Graph

单击 AR Roots Graph 按钮，弹出如图 10-8 所示的 Inverse Roots of AR Characteristic Polynominal 结果。

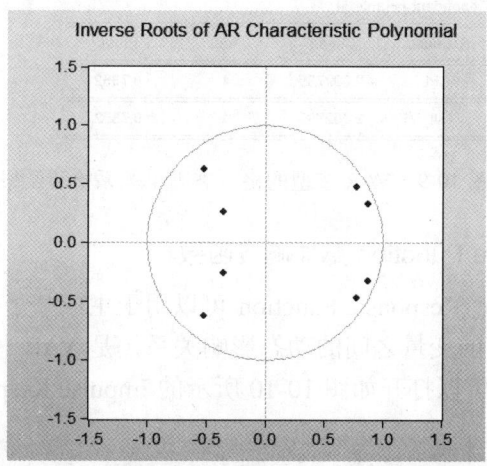

图 10-8　AR 特征根的倒数的模的单位圆图示

图 10-8 单位圆中的点表示的是 AR 特征根的倒数的模，如果这些点都落在单位圆内表示 VAR 模型平稳，反之表示 VAR 模型不平稳。该检验结果与 AR Roots Table 一致，但是要比 AR Roots Table 更加直观。案例 10.1 建立的两变量滞后 4 期的 VAR 模型共有 8 个特征根，且每个特征根倒数的模都在单位圆内，没有位于单位圆外面的根，因此案例 10.1 建立的 VAR 模型通过稳定性检验，认为模型是稳定的。

- Granger Causality/Block Exogeneity Tests

Granger Causality/Block Exogeneity Tests 表示对 VAR 模型中的变量之间进行格兰杰因果关系检验。单击 Granger Causality/Block Exogeneity Tests 按钮，弹出如图 10-9 所示的 VAR Granger Causality/Block Exogeneity Wald Tests 结果。

VAR 模型的因果关系检验给出了每个内生变量相对于其他内生变量的 Granger Causality 检验结果。从图 10-9 可见，CPI 方程中 CPI 作为被解释变量对其他解释变量 m 进行格兰杰因果检验，货币供给增长率 m 的联合统计量值是 7.628547 且在 10% 的水平（概率值为 0.1062）上构成对通货膨胀率 CPI 的格兰杰因果关系；但是在 m 方程中通货膨胀率 CPI 的概率值为 0.7352，因此不构成对货币供给增量率的格兰杰因果关系。这个检验结果是符合经济理论和经验的，因为货币供给的增加会导致过多的货币追逐有限的商品，进而导致通货膨胀，而很难想象通货膨胀会影响货币供给。

其中，ALL 表示所有解释变量的联合格兰杰因果关系检验，同样是通过显著概率 P 值来判断所有解释变量是否联合构成被解释变量的格兰杰因果关系。

菜单中的 Lag Exclusion Tests 和 Lag Length Criteria 选项用于选择 VAR 模型的最佳滞后期，选择的原理是 AIC 和 SC 最小化原则，在此不做详细介绍。

VAR Granger Causality/Block Exogeneity Wald Tests
Date: 11/25/12 Time: 22:30
Sample: 1997Q1 2008Q4
Included observations: 44

Dependent variable: CPI

Excluded	Chi-sq	df	Prob.
M	7.628547	4	0.1062
All	7.628547	4	0.1062

排除的变量 ── Excluded

卡方统计量 ── Chi-sq

检验 p 值 ── Prob.

Dependent variable: M

Excluded	Chi-sq	df	Prob.
CPI	2.002785	4	0.7352
All	2.002785	4	0.7352

图 10-9　VAR 模型的格兰杰因果关系检验结果

3. Impulse Response Function 脉冲响应函数

View 菜单下的 Impulse Response Function 可以用于生成基于 VAR 模型的脉冲响应函数图，并用于分析 VAR 模型的变量之间的动态影响关系，是 VAR 模型的主要分析工具。选择 Impulse Response Function 可以打开如图 10-10 所示的 Impulse Responses 对话框。

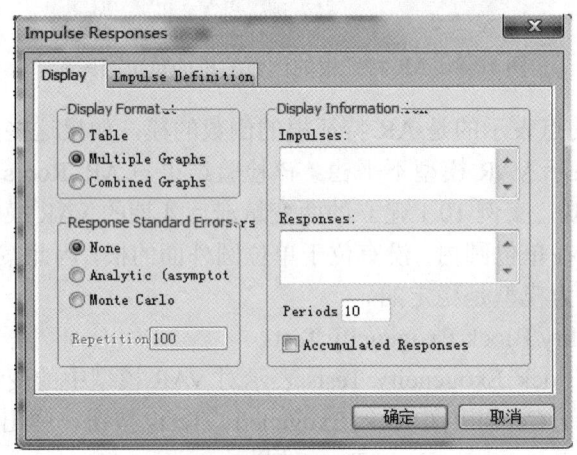

图 10-10　Impulse Responses 对话框

Impulse Responses 对话框是设定脉冲响应函数的主窗口。其中，Display 选项卡用于设定脉冲响应函数的冲击项、响应项、输出格式等；Impulse Definition 选项卡用于设定残差协方差矩阵的分解方法和冲击排序。

（1）Display 选项卡

该选项卡用于脉冲响应函数的基本设定，包括：

① Display Format 选项组，用于设定脉冲响应函数的输出形式。其中，Table 单选按钮表示输出的为表格形式；Multiple Graphs 单选按钮表示输出的是多图表形式；Combined Graphs 单选按钮表示输出的是组合图表形式，即以被冲击变量分组显示。

② Response Standard Errors 选项组，用于设定脉冲响应的标准差计算方法。其中，None 表示不计算标准差；Analytic (asymptomatic)表示采用解析方法计算渐进标准误差；Mone Carlo

表示采用蒙特卡洛方法计算的标准误差。

③ Display Information 选项组，用于具体设定脉冲响应函数的冲击形式。Impluse 文本框中用于填写冲击变量，多个冲击变量之间用空格隔开；Responses 文本框中用于填写被冲击变量，多个被冲击变量之间用空格隔开；Periods 文本框用于输入需要冲击的期数；Accumulated Responses 复选框用于选择是否输出累计脉冲响应函数，即将各期冲击值加总。

案例 10.1 中 VAR 模型内生变量有 m 和 CPI，需要分析 m 和 CPI 对通货膨胀 CPI 的冲击动态影响过程，则设定的脉冲响应函数的冲击变量为 m 和 CPI，被冲击变量为 CPI，具体在 EViews 设定：在 Responses 文本框中输入 CPI，在 Impluse 文本框中输入 CPI M，即可绘制 m 和 CPI 对通货膨胀 CPI 的冲击函数。

（2） Impulse Definition 选项卡

在 Impulse Responses 对话框中选择 Impulse Definition 选项卡，打开如图 10-11 所示的对话框。其中，案例 10.1 的脉冲响应函数设定中保持系统在 Impulse Definition 选项卡中的默认选择。

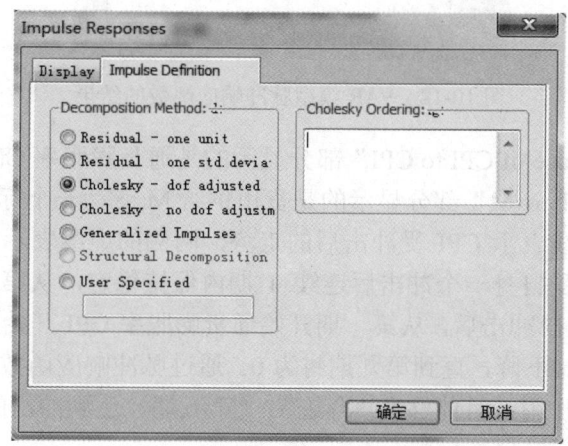

图 10-11　Impulse Definition 选项卡

Impulse Definition 选项卡用于设定残差协方差矩阵的分解方法和冲击排序。

① Decomposition Method 选项组，用于选择残差协方差矩阵的分解方法，其中：Residual-one unit 表示一个单位的残差冲击，没有进行任何分解；Residual-one std.deviation 表示残差一个标准差的冲击，对残差进行了标准化，不受单位影响；Cholesky-dof adjusted 表示对残差进行了 Cholesky 正交分解后的一个标准差冲击，并且经过自由度调整；Cholesky-no dof adjusted 对残差进行了没有经过自由度调整的 Cholesky 正交分解后的一个标准差冲击；Generalized Impuses 表示广义正交冲击，该冲击对冲击变量排序无影响；User Specified 表示用户自定义冲击形式。

② Cholesky Ordering 文本框，用于输入冲击变量的顺序，该文本框仅在 Decomposition Method 选项组选择了 Cholesky-dof adjusted 或者 Cholesky-no dof adjusted 选项后可用。

设定完毕后，单击确定按钮即可得到如图 10-12 所示案例 10.1VAR 模型脉冲响应函数的结果。

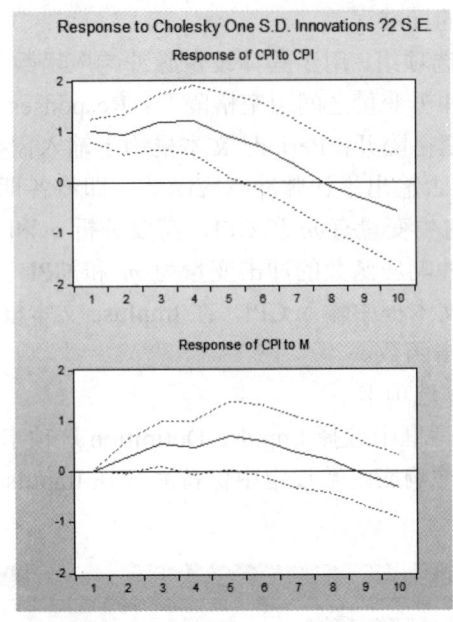

图 10-12　VAR 模型脉冲响应函数的结果

图 10-12 中"Response of CPI to CPI"部分显示的是通货膨胀率 CPI 对自身的脉冲响应函数图，"Response of CPI to M"部分显示的是货币供给 M 变动一个标准差对通货膨胀率 CPI 的脉冲函数图。图中实线表示 CPI 受冲击后的走势，两侧的虚线表示走势的两倍标准误差。可以看出，通货膨胀率受自身一个冲击后连续 4 期内保持稳定，从第五期开始下降；CPI 受到货币供给 M 的一个正向冲击后，从第一期开始通货膨胀率 CPI 开始上升并在第五期达到最高值，然后冲击作用开始下降，直到第九期将为 0。通过脉冲响应函数图可以判断，货币供给对通货膨胀有正向冲击作用，且能够在 1 年左右（第五期）达到冲击的峰值。

4. Variance Decomposition 方差分解

View 菜单下的 Variance Decomposition 可以用于生成基于 VAR 模型的方差分解图或表，也是 VAR 模型的主要分析工具。选择 Variance Decomposition 可以打开如图 10-13 所示的 VAR Variance Decomposition 对话框。

VAR Variance Decomposition 对话框是进行方差分解设定的主窗口，包含：

① Display Format 选项组，用于选择方差分解的输出形式。其中，Table 单选按钮表示输出的为表格形式；Multiple Graphs 单选按钮表示以单个图表形式输出；Combined Graphs 单选按钮表示输出的是组合图表形式，选择该选项后 Standard Errors 将变为不可用状态，即不再计算标准误差。

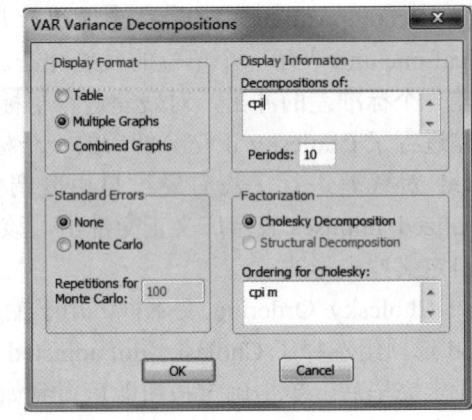

图 10-13　VAR Variance Decomposition 对话框

② Standard Errors 选项组，用于选择标准误差计算方法。其中，None 表示不计算标准误差；Monte Carlo 表示采用蒙特卡洛方法计算

的标准误差。

③ Display Information 选项组，用于设定方差分解的具体形式。Decompositions of 文本框中用于填写方差分解的变量名，多个变量之间用空格隔开；Periods 文本框用于输入需要方差分解的期数。

④ Factorization 选项组，用于选择方差分解的方法。Cholesky Decomposition 表示使用 Cholesky 方法进行方差分解；Structural 表示使用结构分解方法。Ordering for cholesky 文本框用于输入 cholesky 因子分解的顺序，因为变量之间排序对 cholesky 分解有重要影响。

对案例 10.1 的 VAR 模型进行方差分解的操作：在 Standard Errors 选项组中选择 None，在 Decompositions of 文本框中输入 CPI，分解 CPI 变量的方差变动，CPI 方差分解的结果如图 10-14 所示。

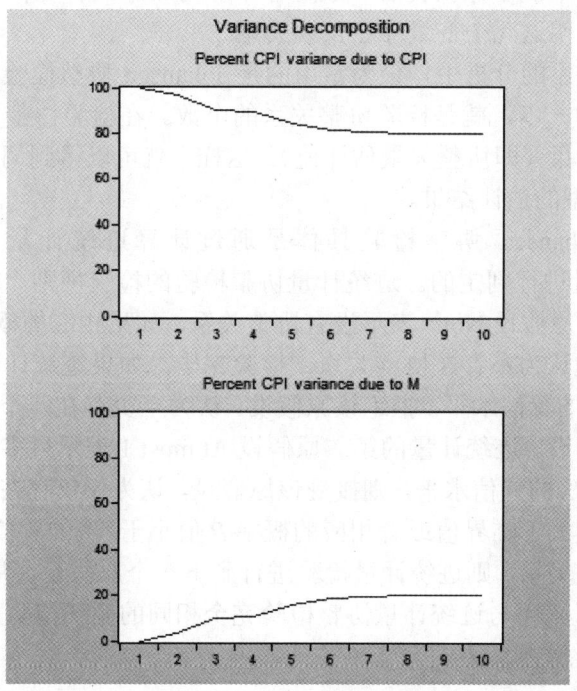

图 10-14　CPI 方差分解的结果

图 10-14 中"Percent CPI variance due to CPI"部分显示的是通货膨胀率 CPI 变动方差由自身变动导致的部分，"Percent CPI variance due to M"部分显示的是通货膨胀率 CPI 变动方差由货币供给 M 变动导致的部分。随着期数的增加，通货膨胀率 CPI 变动方差由自身变动解释的部分逐渐下降，而由货币供给 M 变动解释的部分逐渐增加，其中在第十期达到了峰值，即大约 20% 的 CPI 变动方差由货币供给 M 变动可以解释。

10.3　Johansen 协整检验和 VEC 模型的估计

对于非平稳时间序列的协整分析，传统的方法是 EG 两步法。但是 EG 两步法最多只能判断多个变量存在的一个协整关系，对于多变量协整分析最为常用的是 Johansen 协整检验方法。本节将重点讲解 Johansen 协整检验方法和 VEC 模型的操作。

10.3.1 背景知识

多个非平稳时间序列变量可以利用 Johansen 方法检验是否存在协整关系，如果存在协整关系，则可以建立 VEC 模型来分析多变量模型的动态关系。

1. Johansen 协整检验方法

由于传统的计量回归估计要求涉及的变量为平稳序列变量，所以很多情况下，如果遇到非平稳的时间序列变量影响，我们倾向于将非平稳的序列先进行去除趋势或者差分，从而将非平稳序列转换为平稳序列，然后进行其他分析。但是对于多个非平稳时间序列，有一种特殊的情况，也就是研究者非常关注的协整，即几个非平稳时间序列变量的线性组合形成的变量是平稳变量。在这种情况下，研究者一般称非平稳时间序列存在协整关系。如果几个变量存在协整关系，那么说明这几个变量存在长期关系。

在多个变量协整关系的分析中，最为常用的是 Johansen 协整检验方法。Johansen 协整检验第一步也是最重要的一步，就是检验协整关系的个数。在检验协整关系个数的同时，又会获得协整矢量的估计结果（即协整矢量估计值）。这样，就可以得到调整参数估计值，从而可以进一步得到 VEC 模型的估计结果。

在 EViews 中 Johansen 协整检验具体是通过计算迹统计量 Trace 和最大特征值 Max-Eigenvalue 统计量进行判定的。迹统计量协整检验的检验规则比较特殊，采用循环检验规则。迹统计量的第一原假设 None 表示没有协整关系，如果相应的概率 P 值大于 5% 的置信水平，则接受该原假设认为不存在协整关系，检验完毕；如果迹统计量值大于临界值或者相应的概率 P 值小于 5% 的置信水平，拒绝该原假设，认为至少存在一个协整关系，则迹统计量检验进行到下一个原假设。迹统计量的第二原假设 At most 1 表示最多有一个协整关系，如果相应的概率 P 值大于 5% 的置信水平，则接受该原假设，认为仅仅存在一个协整关系，且检验完毕；如果迹统计量值大于临界值或者相应的概率 P 值小于 5% 的置信水平，拒绝该原假设，认为至少存在两个协整关系，则迹统计量检验进行到下一个原假设，并且依次循环进行下去。Max-Eigenvalue 统计量采用与迹统计量协整检验完全相同的循环检验规则。注意，K 个变量之间最多有 $K-1$ 个协整关系。

2. VEC 模型

VEC 矢量误差修正模型，实质上是在差分序列建立的 VAR 模型中加入一个误差修正项。VEC 模型的具体表达式如公式（10.4）所示：

$$\Delta Y_t = \alpha \mathrm{ECM}_{t-1} + A_1 \Delta Y_{t-1} + A_2 \Delta Y_{t-2} + \cdots\cdots + A_p \Delta Y_{t-p} + \varepsilon_t \qquad (10.4)$$

其中，ECM 表示根据协整方程计算的误差修正项，误差修正项反映了变量之间偏离长期均衡关系的非均衡误差，而误差修正项前面的系数就是调整参数，用于反映变量当期的变化回归到长期均衡关系或者消除非均衡误差的速度。

由于误差修正模型仅仅只能应用于存在协整关系的变量序列，因此在建立误差修正模型之前需要进行 Johansen 协整检验。如果 Johansen 协整检验结果显示至少存在一个协整关系，下一步才可以建立 VEC 模型；如果 Johansen 协整检验结果显示不存在协整关系，则不可以建立 VEC 模型。

10.3.2　EViews 操作技术讲解

打开相应的数据文件或者建立一个数据文件后，可以在相应的 workfile 工作文件窗口对几个变量之间的协整关系进行 Johansen 协整检验和建立 VEC 模型。

由于变量之间的协整关系存在的前提是分析的变量都是非平稳序列，因此对变量之间的协整关系进行 Johansen 协整检验之前，必须首先进行单位根检验（单位根检验参见第 9 章）。如果分析的变量都是非平稳序列，则可以进行下一步的协整检验；如果分析的变量都是平稳序列或者部分变量是平稳序列，则就不可以进行协整检验。因此下面的讲解是建立在要分析的变量已经经过单位根检验并确认为非平稳变量的前提下进行的。

1.　Johansen 协整检验

在 workfile 工作文件窗口中选择需要进行协整分析的所有变量，依次右击选择 Open | as Group 命令，如图 10-15 所示的以对象组 Group 形式打开这些变量。

obs	CPI	M
1997Q1	4.000000	23.59966
1997Q2	2.800000	21.51135
1997Q3	1.800000	19.22425
1997Q4	0.400000	19.58128
1998Q1	0.700000	15.39944
1998Q2	-1.300000	14.33437
1998Q3	-1.500000	16.18558
1998Q4	-1.000000	14.83945
1999Q1	-1.800000	19.62656

图 10-15　以对象组 Group 的形式打开

在 Group 对象窗口的工具栏依次选择 View | Cointegration Test|Johansen System Cointegration Test 命令，打开如图 10-16 所示的 Johansen Cointegration Test 对话框。

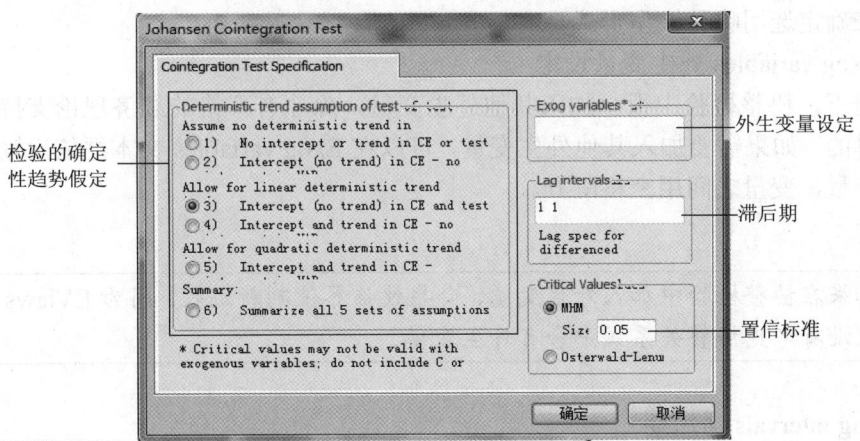

图 10-16　Johansen Cointegration Test 对话框

Johansen Cointegration Test 对话框是对变量进行 Johansen 协整检验的主要设定窗口，打开该窗口的方法除了通过 Group 对象窗口的 View 菜单，还可以首先建立变量之间的 VAR 模型，然后在 VAR 模型结果窗口的 View 菜单中选择 Cointegration Test 命令。该窗口主要包括四部分：Deterministic trend assumption 检验的确定性趋势假设，Exog variables 外生变量设定，Lag intervals 滞后期，Critical Values 置信水平设定。其中，Critical Values 置信水平设定，主要是指设定协整检验要求的临界值概率值标准。系统一般默认 5%，当然研究者可以自己调整，但一般不超过 10%。下面将对 Deterministic trend assumption，Exog variables，Lag intervals 进行详细讲解。

（1）Deterministic trend assumption 检验的确定性趋势假设

Deterministic trend assumption 检验的确定性趋势假设是指在协整方程中是否含有确定性趋势或者线性趋势，因为涉及到 VEC 模型中的趋势项假设，而趋势假设对协整检验的结果影响较大。EViews 提供了 5 种趋势项假设和一种综合设定比较假设的单选按钮：

① No intercept or trend in CE or test VAR 即假设 Y 的组成变量都不含有确定性趋势，协整矢量中也不含有确定性趋势（即常数项）。

② Intercept（no trend）in CE-no Allow for linear deterministic 即假设 Y 的组成变量都不含有确定性趋势，而协整矢量中含有确定性趋势（即常数项）。

③ Intercept（no trend）in CE and test VAR 即假设 Y 的组成变量含有线性趋势（线性趋势变量是指以时间 t 形式表现的），而协整矢量中含有截距项。

④ Intercept and trend in CE and no Allow for quadratic deterministic 即假设 Y 的组成变量和协整矢量中都含有线性趋势，但没有二次型趋势项。

⑤ Intercept and trend in CE and linear quadratic deterministic 即假设 Y 的组成变量含有二次型趋势项，协整关系等式含有线性趋势项。

⑥ Summarize all 5 sets of assumptions 即将上面 5 种情况对应的结果都报告出来的情况。

如何选择设立模型的趋势项？如果研究的序列变量都不含有趋势项，那么选用第二种情况比较好。如果怀疑变量含有随机趋势项，最好选择第三种情况对应的模型。而如果确认研究的变量含有确定性趋势（如趋势平稳变量），则选择第四种情况对应的模型。当然，如果在某些情况下，研究者无法合理地认定变量的特点，那么可以尝试所有的 5 种情况，根据相关的结果再回来确定选用哪种模型形式。

（2）Exog variables 外生变量设定

一般情况下，协整检验中很少加入其他外生变量，除非有严格的经济理论支持或者其他特殊的研究目的。如果需要加入其他外生变量，可以在 Exog variables 文本框依次输入模型中需要的外生变量，变量之间用空格隔开。

注意 如果在协整检验中加入外生变量，会导致临界值判断无效，因为 EViews 给出的临界值没有考虑协整关系式中含有外生变量。

（3）Lag intervals 滞后期

滞后期数目的选择对协整检验的结果非常敏感，因为不同的滞后期会导致协整检验的结果很可能有显著不同。在 Eveiws 中协整检验滞后期的设定是在 Lag intervals 文本框中进行的。滞后期的数目是在该文本框中通过两个数字定义的，第一个数字表示滞后期开始的数字（一般从第一期开始），第二数字表示滞后期结束的数字，两个数字之间用空格隔开。

值得注意的是，如果原序列选定的滞后期为 m，则协整检验设定的滞后期需要设定为 $m-1$，因为协整检验进行回归的序列不是原序列而是原序列的差分序列。假定研究者选定的原序列的滞后期为 4，则在 Lag intervals 文本框中输入 1 和 3，中间用空格隔开。

对于协整检验，需要注意：Johansen Cointegration 检验最多能够检验 10 个变量序列之间的协整关系，超过 10 个变量后 EViews 给出的临界值水平失效。

2.　VEC 模型的设定操作

在 EViews 主窗口的菜单栏中依次选择 Quick | Estimate VAR 命令，打开如图 10-17 所示的 VAR Specification 对话框。

VEC 模型的设定窗口与 VAR 模型的设定窗口一致，因为 VEC 模型实质上是在建立的 VAR 模型中加入一个协整项而已。在 EViews 中两者操作最主要的区别是：建立 VEC 模型需要在 VAR Specification 对话框 Basics 选项卡的 VAR Type 中选择 Vector Error Correction 选项。此时 Cointegration 选项卡和 VEC Specification 选项卡均被激活。

选择 Vector Error Correction 选项时的 Basics 选项卡中的其他设置与建立 VAR 模型（10.1 节）一致，本节不再赘述。值得注意的是，VEC 模型滞后期（Lag Intervals for D）是指对原变量的差分序列的滞后期设定。Cointegration 选项卡用于设定变量之间的协整关系，VEC Specification 选项卡用于设定矢量误差修正模型。

（1）　Cointegration 选项卡

单击 VAR Specification 对话框中的 Cointegration 按钮，打开如图 10-18 所示的对话框。

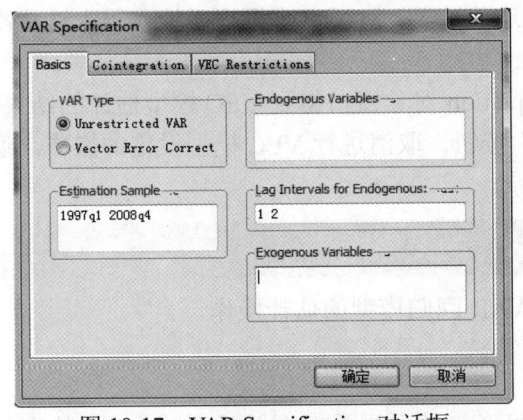

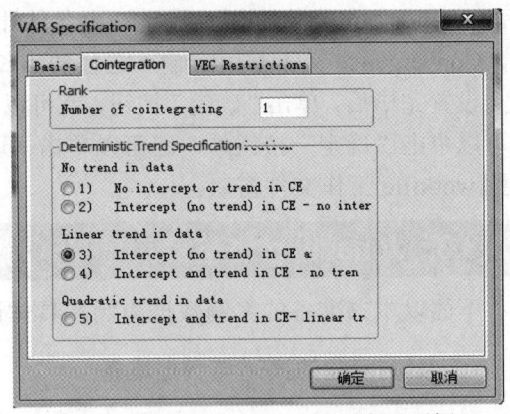

图 10-17　VAR Specification 对话框　　　　图 10-18　Cointegration 选项卡对话框

Cointegration 选项卡用于设定 VEC 模型中含有的变量协整关系式。该选项卡下主要含有两部分内容：Number of cointegrating 表示协整关系式的个数，Cointegration Test Specification 表示协整关系式中趋势项的设定。

由于建立 VEC 模型前必须进行 Johansen 协整检验，Cointegration 选项卡的设定完全根据 Johansen 协整检验的假设和结果进行设定的。Number of cointegrating 文本框中输入 Johansen 协整检验得到的协整关系个数，Cointegration Test Specification 与 Johansen 协整检验 Deterministic trend assumption 检验的确定性趋势假设设定完全一致，在此不再赘述。

（2）　VEC Specification 选项卡

单击 VAR Specification 对话框中的 VEC Specification 选项卡，打开如图 10-19 所示的对话框。

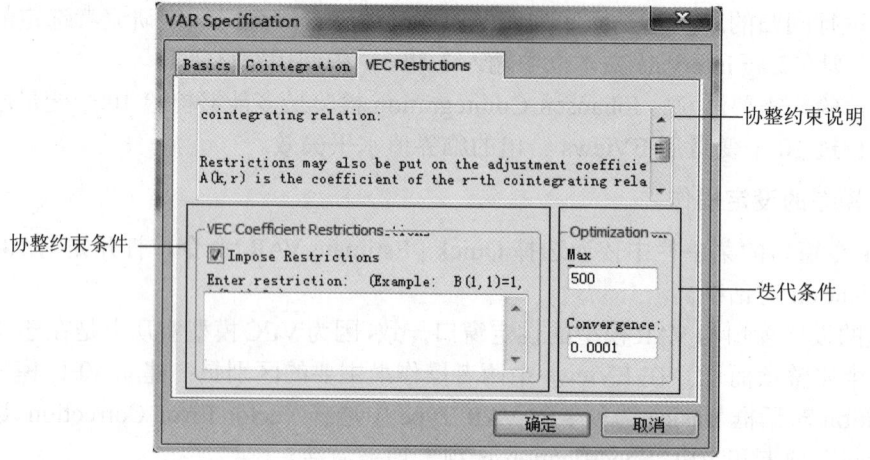

图 10-19　VEC Specification 选项卡对话框

VEC Specification 选项卡主要用于对协整矢量和调整参数矢量施加约束限制，该选项卡仅对 VEC 模型可以使用。对话框中的协整约束说明部分是对设定约束限制的解释说明。VEC Coefficient Restrictions（VEC 调整参数约束）部分用于对调整参数矢量施加约束限制，只有选中 Impose Restrictions 复选框才可以激活 Enter restrictions 文本框和 Optimization 文本框。Enter restrictions 文本框用于输入研究者自己设定的调整参数约束，具体设置规则根据相关统计理论。Optimization 文本框用于设定约束条件计算的迭代法则：Max 文本框用于输入最大迭代次数，Convergence 文本框用于输入迭代的步长。

设置完毕后，单击"确定"按钮，就可以在 Equation 对象窗口得到 VEC 模型估计的结果。除可以单击"确定"按钮外，还可以单击"取消"按钮，取消进行 VEC 模型设定的操作，返回到 workfile 工作文件窗口。

10.3.3　Johansen 协整检验与 VEC 模型估计的案例操作

下面以本书准备的案例数据为例，具体讲解 VAR 回归模型的估计操作。

1.　案例问题的描述与数据准备

经济理论认为，房地产行业的兴衰对一国国民经济的发展具有至关重要的作用，特别是房地产的繁荣发展可以促进经济迅速发展；而房地产行业的发展需要大量资金支持，只有央行实行宽松的信贷政策、保证货币供给，才能为房地产行业的繁荣提供有利的货币环境。因此可以推断国民经济、房地产价格和货币供给之间应该存在长期稳定的协整关系。本节将对国民经济、房地产价格和货币供给 3 个宏观变量之间的协整关系进行检验，并建立 VEC 模型。

本实验案例所用数据文件路径为：sample/chap10/案例 10.2。该数据文件记录了从 1997 年 1 季度至 2007 年 4 季度的中国国民生产总值、房地产价格指数和货币供给的相关数据，并且所有数据都经过对数化处理。其中，房地产价格指数和货币供给数据来源于《中国经济景气月报》，中国国民生产总值数据来源于《中华人民共和国统计年鉴》（从 1998—2009 年）。部分相关数据如表 10-2 所示。

表 10-2 中国国民生产总值、房地产价格指数和货币供给的季度数据

年份季度	国民生产总值（GDP）	房地产价格指数（HP）	货币供给（M）
1997Q1	10.73155	7.650877	11.24567
1997Q2	10.76831	7.694694	11.30117
1997Q3	10.79366	7.644473	11.35266
1997Q4	10.79761	7.631501	11.4068
1998Q1	10.81194	7.596598	11.41447
1998Q2	10.84473	7.61932	11.46869
1998Q3	10.86354	7.645564	11.49223
1998Q4	10.87672	7.63614	11.50676
1999Q1	10.9006	7.633069	11.51974
1999Q2	10.94099	7.624585	11.52211
1999Q3	10.96458	7.638567	11.52983
1999Q4	10.97331	7.685032	11.56385
2000Q1	11.00563	7.746413	11.59231
2000Q2	11.02776	7.729456	11.6251
2000Q3	11.05885	7.659731	11.65536
2000Q4	11.07536	7.742303	11.69145
2001Q1	11.0746	7.734315	11.72489
2001Q2	11.10476	7.738291	11.76109
2001Q3	11.1432	7.785799	11.8092
2001Q4	11.17519	7.75931	11.85336
2002Q1	11.1698	7.785746	11.89612
2002Q2	11.20115	7.790538	11.9673
2002Q3	11.2335	7.79647	12.0091
2002Q4	11.27576	7.80134	12.01486
2003Q1	11.25008	7.855115	12.04773
2003Q2	11.28722	7.923697	12.05033
2003Q3	11.32355	7.931774	12.06461
2003Q4	11.43467	7.948437	12.10363
2004Q1	11.54896	7.970326	12.12202
2004Q2	11.58123	8.011488	12.12651

本案例首先对国民生产总值、房地产价格和货币供给三个变量进行协整检验，然后根据协整检验的结果建立如式（10.5）VEC 模型：

$$\Delta Y_t = \alpha \mathrm{ECM}_{t-1} + A_1 \Delta Y_{t-1} + A_2 \Delta Y_{t-2} + \cdots\cdots + A_4 \Delta Y_{t-4} + \varepsilon_t, \quad \Delta Y = \begin{bmatrix} D(\mathrm{GDP}) \\ D(\mathrm{HP}) \\ D(\mathrm{M}) \end{bmatrix} \quad （10.5）$$

其中，ECM 表示根据协整方程计算的误差修正项。建立该模型的原因是，如果国民生产总值、房地产价格和货币供给 3 个变量为非平稳变量且没有协整关系，则需要对原变量差分平稳后建立普通的 VAR 模型；如果国民生产总值、房地产价格和货币供给 3 个变量为非平稳变量且存在协整关系，则需要考虑变量之间的协整关系而不仅仅建立平稳变量之间的 VAR 模型，需要在差分平稳后的变量组成的 VAR 模型中加入误差修正项构建本案例中的 VEC 模型。

按照本书提供的该实验案例的数据文件路径，打开案例 10.2 数据文件，弹出如图 10-20

所示的工作文件窗口。

図 10-20 案例 10.2 工作文件窗口

在案例工作文件窗口中有 5 个变量：c 和 resid 是系统自带的模型回归常数项（或者截距项）和模型回归残差序列；gdp 表示中国国民生产总值的对数序列，hp 表示房地产价格指数的对数序列，m 表示货币供给的对数序列。

2. 单位根检验

由于变量之间协整关系存在的前提是分析的变量都是非平稳序列，因此对变量之间的协整关系进行 Johansen 协整检验之前，必须首先进行单位根检验。本节对 gdp、hp、m 三个变量进行单位根检验的方法是 ADF 方法。检验结果如表 10-3 所示，具体检验规则参见本书第 9 章。

表 10-3

变 量 名	ADF 值	5%的临界值	概率 P 值
Gdp	−2.418499	−3.533083	0.3647
Hp	−2.104738	−3.529758	0.5271
m	−1.873533	−3.533083	0.6484
D(gdp)	−4.665724	−2.941145	0.0006
D(hp)	−7.611019	−2.941145	0.0000
D(m)	−4.376889	−2.941145	0.0013

从表中的单位根检验结果可以看出，原序列的 ADF 值都大于 5%的临界值且概率 P 值都大于 0.05，拒绝了不存在单位根的原假设，认为原序列都存在单位根，即为非平稳序列。三个变量的差分序列（D 表示差分序列）的 ADF 值都小于 5%的临界值且概率 P 值都小于 0.05，认为差分序列都不存在单位根。因此，gdp、hp、m 三个变量满足进一步协整分析的条件。

2. Johansen 协整检验操作步骤

首先在 workfile 工作文件窗口中选择 gdp、hp、m 三个变量，依次右击选择 Open | as Group 命令，以对象组 Group 的形式打开这些变量。然后打开 Johansen Cointegration Test 对话框，在 Group 对象窗口的工具栏依次选择 View | Cointegration Test|Johansen System Cointegration Test 命令，打开 Johansen Cointegration Test 对话框。Johansen Cointegration Test 对话框的具体设置如下：

由于单位根检验结果显示被检验变量存在随机趋势，因此在 Deterministic trend assumption 选项组中选择第三项 Intercept （no trend） in CE and test VAR；考虑到本案例的数据频率为季度类型，同时协整检验设定的滞后期需要设定为 $m-1$，因此在 Lag intervals 文本框中输入 13，然后单击"确定"按钮就可以得到检验结果。

3.　Johansen 协整检验结果

Johansen 协整检验的结果较长，所以本书分 3 部分列出。具体结果如图 10-21、图 10-22 和图 10-23 所示。

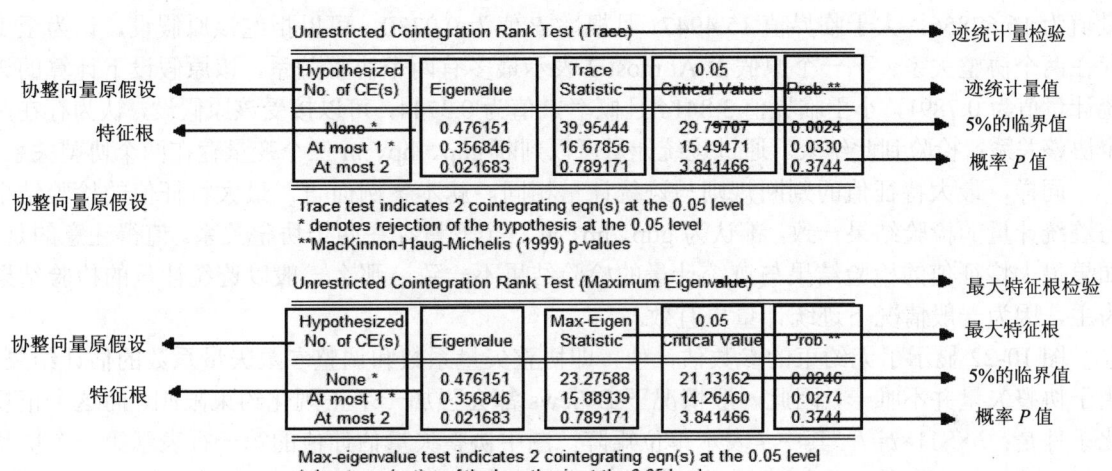

图 10-21　案例 10.2 协整检验结果

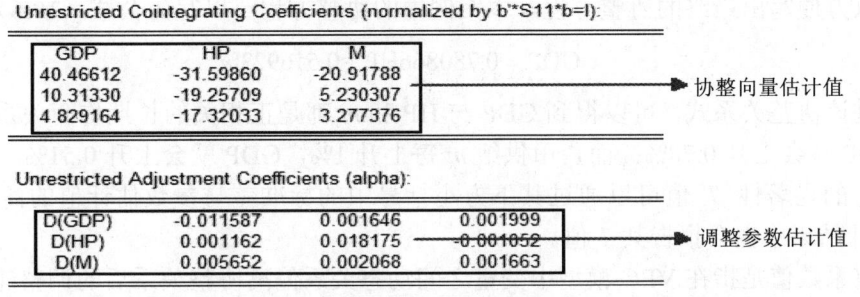

图 10-22　无约束的产权估计值

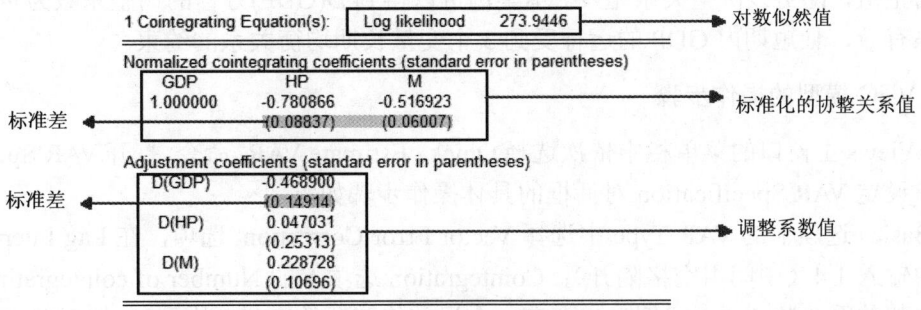

图 10-23　对数似然值最大的协整关系式

图 10-21 中显示的是迹统计量和最大特征根统计量的检验结果，这两个统计量在 Johansen 协整检验用于判断变量之间协整关系的个数。Johansen 协整检验是按照协整关系的个数从 0 到 K-1 顺序进行的，直到拒绝相应的原假设为止。

案例中迹统计量的检验判定：原假设 None 表示没有协整关系，该假设下计算的迹统计量值为 39.9544，大于临界值 29.7907 且概率 P 值为 0.0024，可以拒绝该原假设，认为至少存在一个协整关系；下一个原假设 At most 1 表示最多有一个协整关系，该原假设下计算的迹统计量值为 16.67856，大于临界值 15.49471 且概率 P 值为 0.0330，可以拒绝该原假设，认为至少存在两个协整关系；下一个原假设 At most 2 表示最多有两个协整关系，该原假设下计算的迹统计量值为 0.7891，小于临界值 3.8414 且概率 P 值为 0.3744，可以接受该原假设，认为存在两个协整关系；检验到此结束。通过迹统计量可以判断 gdp、hp、m 三个变量存在两个协整关系。

同样，最大特征值的判断规则与迹统计量相同。就本案例而言，最大特征值的检验结果与迹统计量的检验结果一致，都认为 gdp、hp、m 三个变量存在两个协整关系。值得注意的是，如果最大特征值的检验结果与迹统计量的检验结果不一致，那么一般以迹统计量的检验结果为主，因为一般情况下迹统计量更有效。

图 10-22 显示了无约束的参数估计值，即协整矢量系数和调整参数矢量系数的估计结果。由于协整矢量并不唯一，因此一般情况下 EViews 都会强加一个正规化约束限制，而这个正规化条件是：$b×S11×b=I$，其中 I 表示单位矩阵。图中协整矢量估计值的第一行表示第一个协整矢量，第二行表示第二个协整矢量，依次类推；调整参数估计值的第一列表示第一个调整参数矩阵，第二列表示第二个调整参数矩阵，依次类推。

图 10-23 显示了对数似然值最大的协整关系式，该关系式也是 VEC 中回归的协整关系式。标准化的协整关系值是指将排序第一位的变量前的系数标准化为 1 后计算的协整关系式，该形式可以方便写出最终的协整方程。本案例中的协整方程可以写为公式（10.6）：

$$GDP = 0.780866HP + 0.516923m \tag{10.6}$$

通过该协整关系式，可以得到 GDP 与 HP 和 m 都是正相关的长期均衡关系：房价每上升 1%，GDP 就会上升 0.78%；而货币供给 m 每上升 1%，GDP 就会上升 0.51%。协整关系式参数估计值的显著性 T 值可以通过其下方小括号中的标准差与参数估计值的商来计算，另外 VEC 估计结果中也会报告其 T 值。

调整系数值是指在 VEC 模型中变量之间动态关系偏离协整关系后的调整速度。如果该调整系数值为负，说明偏离非均衡误差将会得到修正；如果该调整系数值为正，说明非均衡误差不仅得不到修正，而且误差会更大。计算的调整系数多个估计值中至少有一个为负值，如果全部为正值，说明该协整关系无效。本案例可以得到 D(GDP)方程的调整系数为负值，说明协整关系有效，且短期内 GDP 的运行受到 3 个变量长期均衡关系的约束。

4. VEC 模型的操作步骤

在 EViews 主窗口的菜单栏中依次选择 Quick | Estimate VAR 命令，打开 VAR Specification 对话框。设定 VAR Specification 对话框的具体操作步骤如下。

在 Basics 选项卡的 VAR Type 中选择 Vector Error Correction 选项，在 Lag Intervals for D 输入框中输入 1 4（中间用空格隔开）；Cointegration 选项卡的 Number of cointegrating 文本框中输入协整关系个数 1（本案例建立含有一个误差修正项的 ECM 模型），然后单击"确定"按钮，就可以得到检验结果。

5. VEC 模型建模结果

VEC 模型的估计结果与 VAR 模型的估计结果形式和大部分内容（如检验统计量等）一致，本书仅列出 VEC 与 VAR 估计结果的不同之处，具体如图 10-24 所示。

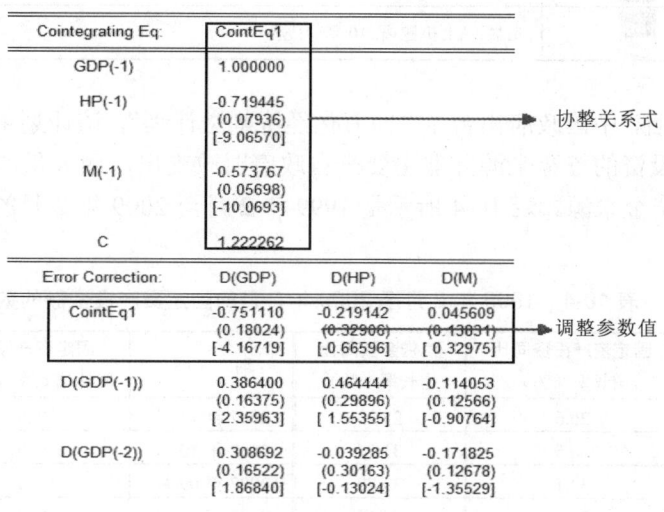

图 10-24　VEC 模型估计结果

图中上半部分为 VEC 中协整关系式的展示，但是在 VEC 模型中协整关系表达成误差修正项的形式：

$$\text{Co int EQ1} = \text{GDP} - 0.719445\text{HP} - 0.573767m + 1.22262 \tag{10.7}$$

该误差修正项的表达式与 Johansen 协整检验中得到协整关系式是一致的，只是在 Johansen 协整检验关系式中加入一个常数项，导致系数估计值略有差别。通过这个公式计算的误差修正项就是误差修正模型中的 CointEQ1 变量。

图 10-24 中下半部分为 VEC 误差修正模型的具体估计系数矢量。VEC 模型中的 3 个方程的解释变量不是原序列而是原序列的差分序列（以 D 表示），因为原序列是非平稳序列，差分后平稳保证了 VEC 模型的整体稳定性。VEC 模型的解释变量是各个因变量的滞后项，这与 VAR 的结构完全相同，唯一的差别是：VEC 在差分变量组成的 VAR 模型中加入了第一部分计算的误差修正项 CointEQ1。本案例估计的 VEC 模型可以写成：

$$\Delta Y_{t-1} = \begin{bmatrix} -0.75 \\ -0.22 \\ 0.05 \end{bmatrix} \text{Co int EQ}_{t-1} + \begin{bmatrix} 0.39 & 0.21 & 0.02 \\ 0.46 & -0.45 & -0.23 \\ -0.11 & 0.12 & -0.65 \end{bmatrix} \Delta Y_{t-1} + \cdots\cdots \Delta Y_{t-4} + \varepsilon_t ; \quad \Delta Y = \begin{bmatrix} D(\text{GDP}) \\ D(\text{HP}) \\ D(\text{M}) \end{bmatrix} \tag{10.8}$$

本案例估计的 VEC 中误差修正项 CointEQ1 的系数估计值含义：第一个系数 -0.75 表示，在 HP、m 不变的情况下，GDP 在第 t 期的变化（$D(\text{GDP}(-1)) = \text{GDP} - \text{GDP}(-1)$）可以消除前一期 75% 的非均衡误差；第二个系数 -0.22 表示，在 GDP、m 不变的情况下，HP 在第 t 期的变化可以消除前一期 22% 的非均衡误差；第三个系数 0.05 表示，在 GDP、HP 不变的情况下，m 在第 t 期的变化增加前一期 5% 的非均衡误差。

上机题

	光盘：\录像\第 10 章\上机题\······
	光盘：\上机题\第 10 章\习题\······

1. 金融危机后，中国政府出台了"四万亿经济刺激计划"，该计划主要以固定资产投资为主；但是四万亿投资的资金来源并非主要来自政府财政支出，而大量的信贷资金注入成为四万亿投资的主要资金来源。表 10-4 所示是 1999 年 2 月至 2009 年 2 月的固定资产投资额的数据。

表 10-4　1999 年 2 月至 2009 年 2 月的固定资产投资额的数据

时　　间	固定资产投资同比增长率（%）	信贷余额同比增长率（%）	时　　间	固定资产投资同比增长率（%）	信贷余额同比增长率（%）
2010 年 02 月	26.6	27.23	2007 年 11 月	26.8	17.03
2009 年 12 月	30.5	31.74	2007 年 10 月	26.9	17.66
2009 年 11 月	32.1	33.79	2007 年 09 月	26.4	17.13
2009 年 10 月	33.1	34.19	2007 年 08 月	26.7	17.02
2009 年 09 月	33.3	34.16	2007 年 07 月	26.6	16.63
2009 年 08 月	33	34.11	2007 年 06 月	26.7	16.48
2009 年 07 月	32.9	33.9	2007 年 05 月	25.9	16.52
2009 年 06 月	33.6	34.44	2007 年 04 月	25.5	16.5
2009 年 05 月	32.9	30.6	2007 年 03 月	25.3	16.25
2009 年 04 月	30.5	29.72	2007 年 02 月	23.4	17.2
2009 年 03 月	28.6	29.78	2006 年 12 月	24.3	15.07
2009 年 02 月	26.5	24.17	2006 年 11 月	26.6	14.8
2008 年 12 月	26.1	18.76	2006 年 10 月	26.8	15.2
2008 年 11 月	26.8	16.03	2006 年 09 月	28.2	15.23
2008 年 10 月	27.2	14.58	2006 年 08 月	29.1	16.1
2008 年 09 月	27.6	14.48	2006 年 07 月	30.5	16.3
2008 年 08 月	27.4	14.29	2006 年 06 月	31.3	15.24
2008 年 07 月	27.3	14.58	2006 年 05 月	30.3	16
2008 年 06 月	26.8	14.12	2006 年 04 月	29.6	15.5
2008 年 05 月	25.6	14.86	2006 年 03 月	29.8	14.7
2008 年 04 月	25.7	14.7	2006 年 02 月	26.6	14.1
2008 年 03 月	25.9	14.78	2005 年 12 月	27.2	12.98
2008 年 02 月	24.3	15.73	2005 年 11 月	27.8	14.1
2007 年 12 月	25.8	16.1	2005 年 10 月	27.6	13.8

（1）　画出固定资产投资与信贷余额同比增长率的时序图，观察固定资产投资与信贷余额同比增长率的变动趋势。

（2）　对固定资产投资与信贷余额同比增长率序列进行单位根检验，确定是否为平稳序列；如果不平稳，对其进行平稳化处理。

（3）　对固定资产投资与信贷余额同比增长率序列建立双变量 VAR 模型，并选择最优滞后期。

（4） 建立固定资产投资与信贷余额同比增长率序列的双变量 VAR 模型后，绘制两个变量的脉冲响应函数图。

2. 近年来石油价格波动频繁，成为影响中国及世界经济稳定发展的一个重大问题。为防范石油价格风险，国际通行的做法是通过建立石油期货市场进行套期保值。鉴于此，中国于 2004 年 8 月 25 日在上海期货交易所正式推出了燃料油期货。研究者搜集了从 2006 年 6 月 30 日以来的燃料油期货和华南 180st 的数据，部分原始数据如表 10-5 所示。

表 10-5 现货价格与期货价格比较

时　间	现货价格	期货价格	时　间	现货价格	期货价格
06-06-30	3550	3200	06-08-03	3630	3580
06-07-03	3560	3467	06-08-04	3670	3555
06-07-04	3560	3435	06-08-07	3680	3605
06-07-05	3580	3437	06-08-08	3640	3580
06-07-06	3580	3475	06-08-09	3660	3544
06-07-07	3580	3510	06-08-10	3700	3600
06-07-10	3620	3449	06-08-11	3740	3545
06-07-11	3570	3464	06-08-14	3690	3450
06-07-12	3560	3490	06-08-15	3650	3430
06-07-13	3560	3525	06-08-16	3640	3430
06-07-14	3580	3600	06-08-17	3630	3350
06-07-17	3580	3624	06-08-18	3620	3360
06-07-18	3720	3545	06-08-21	3640	3420
06-07-19	3720	3554	06-08-22	3630	3448
06-07-20	3660	3574	06-08-23	3600	3367
06-07-21	3650	3550	06-08-24	3550	3320
06-07-24	3580	3558	06-08-25	3630	3330
06-07-25	3580	3560	06-08-28	3640	3285
06-07-26	3580	3560	06-08-29	3600	3180
06-07-27	3580	3480	06-08-30	3530	3210
06-07-28	3580	3480	06-08-31	3530	3199
06-07-31	3610	3548	06-09-01	3460	3270
06-08-01	3600	3564	06-09-04	3380	3150
06-08-02	3600	3588	06-09-05	3370	3036

（1） 对燃料油期货价格和华南 180st 现货价格序列进行单位根检验，确定是否为平稳序列；如果不平稳，对其进行平稳化处理。

（2） 对燃料油期货价格和华南 180st 现货价格序列建立双变量 VAR 模型，然后进行协整检验，判断二者的协整关系。

（3） 如果存在协整关系，尝试建立燃料油期货价格和华南 180st 现货价格序列的误差修正模型。

（4）在燃料油期货价格和华南 180st 现货价格序列的误差修正模型基础上进行格兰杰因果关系检验。

（5）在燃料油期货价格和华南 180st 现货价格序列的误差修正模型基础上分析期货价格对现货价格的冲击影响作用。

3. 为了研究隔夜拆解市场利率与银行零售 3 个月利率的调整关系，研究者搜集了 2003 年 1 月至 2009 年 12 月的数据，部分相关数据见表 10-6 所示。

表 10-6　2003 年 1 月至 2009 年 12 月的隔夜拆解市场利率与银行零售 3 个月利率的调整关系

时　　期	隔夜利率	3 个月利率	时　　期	隔夜利率	3 个月利率
Jan-03	1.2	2.8318	Dec-04	1.17	2.1732
Feb-03	1.25	2.6875	Jan-05	1.19	2.1454
Mar-03	1.24	2.53	Feb-05	1.2	2.1384
Apr-03	1.21	2.5333	Mar-05	1.21	2.1372
May-03	1.2	2.4005	Apr-05	1.21	2.1372
Jun-03	1.16	2.1519	May-05	1.23	2.1256
Jul-03	1.06	2.13	Jun-05	1.22	2.111
Aug-03	1.05	2.1404	Jul-05	1.17	2.1194
Sep-03	1.06	2.1473	Aug-05	1.17	2.1325
Oct-03	1.07	2.1436	Sep-05	1.18	2.1391
Nov-03	1.06	2.159	Oct-05	1.18	2.1966
Dec-03	1.08	2.1463	Nov-05	1.17	2.3609
Jan-04	1.1	2.0895	Dec-05	1.2	2.4729
Feb-04	1.1	2.0706	Jan-06	1.22	2.5117
Mar-04	1.12	2.0288	Feb-06	1.23	2.6004
Apr-04	1.13	2.0488	Mar-06	1.26	2.7226
May-04	1.13	2.0859	Apr-06	1.31	2.7938
Jun-04	1.13	2.1127	May-06	1.34	2.889
Jul-04	1.14	2.116	Jun-06	1.35	2.9857
Aug-04	1.16	2.1143	Jul-06	1.36	3.1022
Sep-04	1.17	2.1186	Aug-06	1.41	3.2265
Oct-04	1.17	2.1473	Sep-06	1.43	3.3354
Nov-04	1.15	2.1703	Oct-06	1.47	3.502
Dec-04	1.17	2.1732	Nov-06	1.45	3.5972
Jan-05	1.19	2.1454	Dec-06	1.49	3.6842
Feb-05	1.2	2.1384	Jan-07	1.58	3.7519
Mar-05	1.21	2.1372	Feb-07	1.61	3.8182
Apr-05	1.21	2.1372	Mar-07	1.63	3.8909
May-05	1.23	2.1256	Apr-07	1.67	3.9753
Jun-05	1.22	2.111	May-07	1.7	4.0714
Jul-05	1.17	2.1194	Jun-07	1.73	4.1478
Aug-05	1.17	2.1325	Jul-07	1.77	4.2162
Sep-05	1.18	2.1391	Aug-07	1.85	4.5436
Oct-05	1.18	2.1966	Sep-07	1.85	4.7417

（1）　画出隔夜拆解市场利率与银行零售 3 个月利率的时序图，分析隔夜拆解市场利率与银行零售 3 个月利率的变动趋势，寻找金融危机对利率变动的冲击。

（2）　对隔夜拆解市场利率与银行零售 3 个月利率进行单位根检验，确定是否为平稳序列。

（3）　分析隔夜拆解市场利率与银行零售 3 个月利率是否有长期稳定的关系。

（4）　如果存在协整关系，尝试建立隔夜拆解市场利率与银行零售 3 个月利率的误差修正模型。

第 11 章　ARCH 效应与 GARCH 模型的估计

古典回归中通常假定模型的随机误差项服从同方差的假定，但是在金融时间序列分析中，由于金融资产价格的波动性集聚现象（即变量序列发生突然性的波动，并且一个大的波动后面常常会跟着另一个大的波动，而在一个小的波动后面常常跟着另一个小的波动）导致模型残差平方序列不满足同方差假定。这种现象经常会导致股票收益率数据的分布出现尖峰、厚尾的现象，而不是有效市场假说所形容的正态分布，条件异方差模型最初就是用来分析这种波动集群现象的。

条件异方差模型旨在对因变量的方差进行描述并预测。其中，被解释变量的方差设定依赖于因变量的过去值或者依赖于一些独立的外生变量。另外，基于 GARCH 模型计算的金融资产波动率为衡量投资者持有资产的风险和期权定价提供了有力的帮助。本章所述模型的分析框架如下：

$$建立均值模型 \to ARCH效应检验 \xrightarrow{存在ARCH效应} \begin{cases} 无非对称影响 \to 建立GARCH模型 \\ 存在非对称影响 \to 建立非对称GARCH \end{cases}$$

$$\xrightarrow{建模完毕，最终目的} \begin{cases} 模型能够更有效拟合原序列 \\ 得到或预测因变量条件方差 \end{cases}$$

本章将按照 GARCH 模型分析框架介绍常用的 GARCH、EGARCH、PGARCH 等模型的建立估计以及因变量条件方差的生成。

11.1　ARCH 效应的检验

金融资产价格或者收益率等高频数据往往会表现出一个大的波动后面常常会跟着另一个大的波动，而在一个小的波动后面常常跟着另一个小的波动现象。这种现象称之为 ARCH 效应，本节将介绍如何检验 ARCH 效应。

11.1.1　背景知识

金融高频时间序列最易表现出 ARCH 效应，而检验变量时间序列的 ARCH 效应通常有图示检验方法、自相关函数检验方法和 ARCH LM 检验方法。

1.　ARCH 效应

经典线性回归模型通常假定随机误差项 u 是同方差的，但是对于金融时间序列而言，尤其是高频数据，往往会表现出明显的集群现象，而一般的宏观经济变量（如 GDP 增长率）却没有这种聚类现象。因此高频金融时间序列数据建模后的残差具有异方差特性和自相关性，这种特征被称为"ARCH 效应"。

而 ARCH（自回归条件异方差）模型可以较好地刻画金融时间序列的"ARCH 效应"，该模型假定随机误差项的条件方差与其误差项滞后的平方有关。ARCH 模型的核心思想是，误差项在时刻 T 的方差依赖于时刻 $T-1$ 的残差平方的大小。因此，在 ARCH 模型中，要涉及两个核心的模型回归过程，即原始的回归模型（常常被称为条件均值回归模型或均值方程）和方差的回归模型（常被称为异方差回归模型或者方差方程）。ARCH（P）模型如公式（11.1）所示：

$$y_t = \phi x + u_t, \quad u_t \sim N(0, \sigma_t^2)$$
$$\sigma_t^2 = \alpha_0 + \alpha_1 u_{t-1}^2 + \cdots + \alpha_p u_{t-1}^2 \tag{11.1}$$

其中，y 和 x 分别表示因变量、自变量，u 表示无序列相关的随机扰动项，σ_t^2 表示条件方差。公式（11.1）中的第一个等式为均值方程，第二个等式为方差方程。

下面简单介绍检验 ARCH 效应的方法，其中图示检验可以参考 11.1.2 节的 ARCH 效应图示检验部分。

2. 残差自相关函数图

残差自相关函数图给出了残差序列任意指定的滞后长度的自相关函数和偏相关函数，并且计算相应滞后阶数的 Q 统计量。残差平方相关图可以用于检验残差序列是否存在 ARCH 效应。

Q 统计量的原假设是残差平方序列不存在自相关，如果相应的概率 P 值小于 0.05（置信水平为 5%），则拒绝原假设，认为残差平方序列存在自相关，则原序列存在 ARCH 效应。如果相应的概率 P 值大于 0.05（置信水平为 5%），则接受原假设，认为残差平方序列不存在自相关，则原序列不存在 ARCH 效应。如果自相关函数图出现"拖尾现象"，即由第一期开始往后呈现缓慢衰减态势，则说明残差平方序列可以用自回归模型拟合，即原序列存在 ARCH 效应。如果自相关函数图出现"截尾现象"，即由第一期开始往后的某一期之后就立刻衰减为 0，则说明残差平方序列不可以用自回归模型拟合，即原序列不存在 ARCH 效应。

3. ARCH LM 检验

ARCH LM 检验主要是通过输出 F 统计量及卡方统计量来判断是否存在 ARCH 效应。ARCH LM 检验的原假设是不存在 ARCH 效应，如果 F 统计量或卡方统计量计算的概率 P 值小于 0.05（置信水平为 5%），则拒绝原假设，认为存在 ARCH 效应。如果 F 统计量或卡方统计量计算的概率 P 值大于 0.05，则接受原假设，认为不存在 ARCH 效应。其中检验的辅助回归方程的表达式如式（11.2）：

$$u_t^2 = \alpha_0 + \sum_{i=1}^{q} \alpha_i u_{t-1}^2 + \varepsilon_t \tag{11.2}$$

如果均值方程中的残差检验存在 ARCH 效应，则引入方差方程建立 GARCH 模型才能够拟合原先的序列。

11.1.2 ARCH 效应检验的 EViews 操作

为了更好地说明如何在 EViews 中进行 ARCH 效应的检验，本节将结合一个股票收益率的案例进行讲解。

1. 案例问题的描述与数据准备

股票是最常见的金融资产，且股票价格的波动具有明显的波动性集群现象，这种现象经常导致股票收益率序列的分布出现尖峰厚尾分布。本节搜集了上证指数收益率数据，并对该股票收益率数据进行 ARCH 效应的检验。

　　本实验案例所用数据文件路径为：sample/chap11/案例 11.1。该数据文件记录了我国上海证券交易所编制的上证指数从 2005 年 10 月 25 日至 2009 年 9 月 1 日共 1010 个交易日的收益率数据。其中，股票收益率数据来源于大智慧软件，并经过作者的初步处理。部分相关数据如表 11-1 所示。

表 11-1　2005 年 10 月 25 日至 2009 年 9 月 1 日收益率数据表

时　　间	收益率 %	时　　间	收益率 %
2005-10-19	−0.00578	2005-11-14	−0.0014
2005-10-20	0.001172	2005-11-15	−0.00106
2005-10-21	0.004736	2005-11-16	0.007715
2005-10-24	−0.00012	2005-11-17	−0.00053
2005-10-25	−0.01688	2005-11-18	0.019793
2005-10-26	−0.02206	2005-11-21	0.002632
2005-10-27	0.000565	2005-11-22	−0.019
2005-10-28	−0.01541	2005-11-23	0.006453
2005-10-31	0.011056	2005-11-24	0.0069
2005-11-1	−0.00262	2005-11-25	0.001383
2005-11-2	0.013615	2005-11-28	−0.00368
2005-11-3	−0.00862	2005-11-29	−0.01245
2005-11-4	0.004355	2005-11-30	0.002078
2005-11-7	0.000555	2005-12-1	−0.00047
2005-11-8	0.008622	2005-12-2	−0.00406
2005-11-9	−0.00179	2005-12-5	−0.0138
2005-11-10	−0.01791	2005-12-6	0.007978
2005-11-11	0.001727	2005-12-7	0.010866

2.　均值模型的建立

　　进行 ARCH 效应检验的前提是已经建立了均值模型，而均值模型的具体建立准则参见本书第 5 章和第 9 章相关模型的估计。由于许多 ARCH 模型的均值方程都是根据 AR 模型建立的，因此从介绍 ARCH 效应检验的完整性考虑，本书在此仅结合案例简单介绍 AR 均值模型的建立。

　　在 EViews 主窗口的菜单栏中依次选择 Quick | Estimate Equation 命令，打开如图 11-1 所示的 Equation Estimation 对话框。Equation Estimation 对话框是建立各类均值模型的主要窗口，该窗口在本书第 5 章已经做了详细介绍，在此不再赘述。案例 11.1 中我们对股票收益率序列 M 建立一个 AR 自回归模型，具体均值方程表达式如公式（11.3）所示：

$$M_t = C + \beta M_t(-4) + \varepsilon_t \tag{11.3}$$

　　设定上述模型的理由是：一般金融资产收益率方面的研究表明，股票收益率序列服从 AR（P）自回归模型，因此本节建立股票收益率序列对自身滞后项回归的 AR 模型，同时本文参考已有的研究成果，最终建立 $P=4$ 的 AR 模型。

　　案例中均值方程（11.3）在 EViews 中的设定如图 11-1 Equation Estimation 对话框中的 Equation specification 文本框中所示，设定完毕后单击 OK 按钮，即可生成如图 11-2 所示的回归结果。

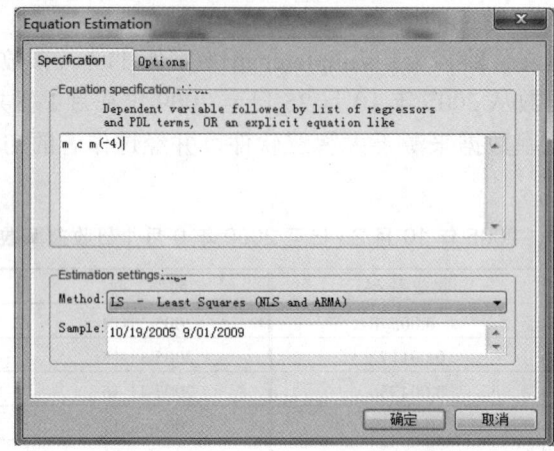

图 11-1　Equation Estimation 对话框

Dependent Variable: M
Method: Least Squares
Date: 11/26/12　Time: 13:28
Sample (adjusted): 10/25/2005 9/01/2009
Included observations: 1006 after adjustments

Variable	Coefficient	Std. Error	t-Statistic	Prob.
C	0.001164	0.000674	1.728505	0.0842
M(-4)	0.080700	0.031479	2.563590	0.0105

——AR 模型回归结果

R-squared	0.006503	Mean dependent var		0.001267
Adjusted R-squared	0.005514	S.D. dependent var		0.021385
S.E. of regression	0.021326	Akaike info criterion		-4.855800
Sum squared resid	0.456614	Schwarz criterion		-4.846031
Log likelihood	2444.467	Hannan-Quinn criter.		-4.852088
F-statistic	6.571991	Durbin-Watson stat		1.996282
Prob(F-statistic)	0.010504			

图 11-2　回归结果窗口

图 11-2 中显示了 Equation 对象窗口中的估计结果。均值模型估计是检验 ARCH 效应的第一步，也就是 ARCH 模型或者 GARCH 模型中的均值方程。本案例建立的 AR 自回归模型中的回归因子 m（-4）相应的概率 P 值为 0.0105，表明该模型是可靠的。具体回归等式可以写为表达式（11.4）：

$$m_t = C + 0.08m(-4) + \varepsilon_t \qquad (11.4)$$

3.　ARCH 效应检验图示检验

ARCH 效应检验图示检验的步骤是，首先提取均值方程回归的残差序列，然后绘制该残差序列的时序图，最后根据时序图呈现的"集群现象"判断是否存在 ARCH 效应。

- 生成均值模型的残差序列

均值模型残差序列的图示检验必须首先提取 AR 模型回归的残差序列。提取方法是在如图 11-2 所示的均值模型估计结果 Equation 对象窗口中，依次选择 Procdure | Make Residual Series，打开如图 11-3 所示的 Make Residuals 对话框。Make Residuals 对话框用于生成回归模型的残差序列。用户可以在 Residual type 中选择残差序列的形式，各按钮具体含义如图 11-3 中的标示，但是 AR 模型生产的残存序列仅限于 Ordinary 选项即原始残差序列。

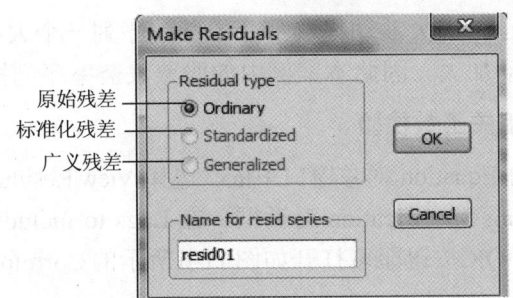

图 11-3　Make Residuals 对话框

单击 OK 按钮，可以在工作文件窗口生成一个名称为 resid01 的残差序列，同时弹出该残差序列如图 11-4 所示的数据序列窗口。注意，残差序列中的前 4 个值处于缺失状态，这是因为案例 11.1 建立的均值方程中含有一个滞后 4 期的因变量做解释变量。

	Last updated: 01/07/10 - 10:36
	Modified: 10/19/2005 9/01/2009 // makeresid
10/19/2005	NA
10/20/2005	NA
10/21/2005	NA
10/24/2005	NA
10/25/2005	-0.017575
10/26/2005	-0.023319
10/27/2005	-0.000981
10/28/2005	-0.016567
10/31/2005	0.011254
11/01/2005	-0.002001
11/02/2005	0.012405
11/03/2005	-0.008537
11/04/2005	0.002299
11/07/2005	-0.000399
11/08/2005	0.006359
11/09/2005	-0.002261
11/10/2005	-0.019428
11/11/2005	0.000518
11/14/2005	-0.003264
11/15/2005	

图 11-4　数据序列窗口

● 绘制残差序列时序图

在如图 11-4 所示的残差序列窗口中，依次选择 View | Graph，打开 Graph Options 对话框（该对话框的设定参考第 3 章），并在 Graph Options 对话框单击"确定"按钮，生成如图 11-5 所示的残差序列时序图。

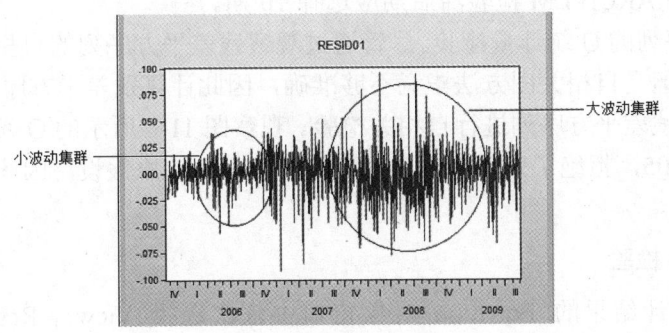

图 11-5　残差序列时序图

ARCH 效应检验的图示方法是在残差时序图中观察残差序列是否出现了波动集聚现象，即大的波动后面常常伴随着较大的波动，较小的波动后面伴随着较小的波动。观察本案例的残差序列图 11-5，可以发现：小波动集群部分中开始的小波动后面紧跟的是较小的波动，显示出残差方差序列波动较小；而大波动集群部分中残差序列一个大的波动后面就是一个大的波动，显示出方差序列波动加大。因此本案例中的股票收益率序列很可能存在 ARCH 效应。

4. ARCH 效应的自相关函数检验

在均值模型估计结果的 Equation 对象窗口中依次选择 View|Residual Diagnostics|Correlogram Squared Residuals，打开 Lag Specification 对话框，在 Lags to include 输入框中输入残差方差平方序列的滞后期数，单击OK按钮即可打开如图11-6所示的Correlogram of Residuals Squared 检验结果窗口。

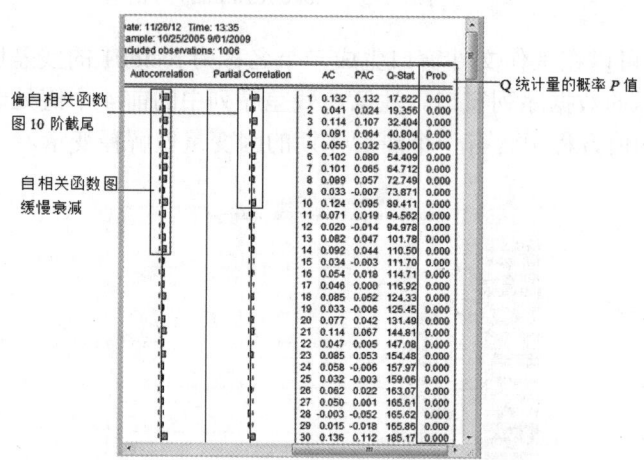

图 11-6　Correlogram of Residuals Squared 检验结果窗口

ARCH 效应的自相关函数检验的方法主要是根据残差平方序列的自相关图和由自相关函数值计算的 Q 统计量（本书在第 5 章已经做了详细介绍）判定是否存在 ARCH 效应。

① 残差平方序列的自相关图检验。如果 Correlogram of Residuals Squared 检验结果窗口中的自相关函数图出现"拖尾现象"，则说明原序列存在 ARCH 效应。如观察图 11-6 所示的自相关图，可以看到呈现缓慢衰减态势，因此可以基本判断存在 ARCH 效应。

值得注意的是，图 11-6 所示的偏相关函数图出现了 10 阶截尾现象（即偏相关函数值位于临界值内），表明 ARCH LM 检验滞后期应选择 10 期。

② 残差平方序列的 Q 统计量检验。尽管通过观察残差平方序列的自相关图可以初步判断是否存在自相关，但是自相关图方法毕竟不够准确，因此计算残差平方序列的 Q 统计量主要是在统计上严格对残差平方序列进行自相关检验。观察图 11-6 所示的 Q 统计量 P 值，基本上各期 P 值都小于 0.05，拒绝了残差平方序列不存在自相关的原假设，因此可以基本判断原序列存在 ARCH 效应。

5. ARCH LM 检验

在均值模型估计结果的 Equation 对象窗口中依次选择 View | Residual Diagnostics | Heteroskedasticity test，打开如图11-7所示的Heteroskedasticity Tests对话框，在Test type中选择 ARCH 选项，在 Number of Lags 输入框中输入残差方差平方序列的滞后期数8。其中，滞后期数的选择一般根据原始序列的周期性：季度序列选择的滞后期是 4 的倍数，月度序列选择的滞后期是 12 的倍数。设定完毕后，单击 OK 按钮，即可打开如图11-8所示的 ARCH Test 检验结果窗口。

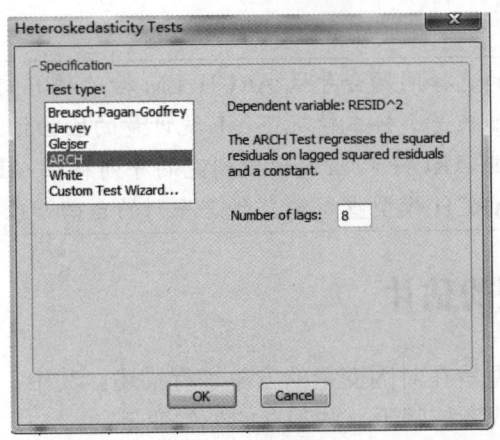

图 11-7　Heteroskedasticity Tests 对话框

ARCH LM 检验需要注意两个问题：检验滞后期的选择和检验结果的判读。

① ARCH LM 检验滞后期的选择，即 Heteroskedasticity Tests 对话框 Number of Lags 输入框中如何确定滞后期数。由于 LM 检验是对残差平方序列建立 AR（P）模型，因此滞后期长度 P 的选择主要是参考残差平方序列的偏相关函数图，如果偏相关图在 N 期之后出现截尾现象，则滞后期的长度将设定为 N。图 11-6 所示的偏相关函数图出现了 10 阶截尾现象，因此可以判断残差平方序列可以用 AR（10）来拟合，即 ARCH LM 检验滞后期选择 10 期。

② ARCH LM 检验结果的判读。ARCH LM 检验主要是通过输出 F 统计量及卡方统计量来判断是否存在 ARCH 效应。观察图 11-8 中 F 统计量和卡方统计量的概率 P 值都小于 0.05，因此 ARCH LM 检验结果认为原序列存在 ARCH 效应，与图示检验、自相关函数检验的结论一致。

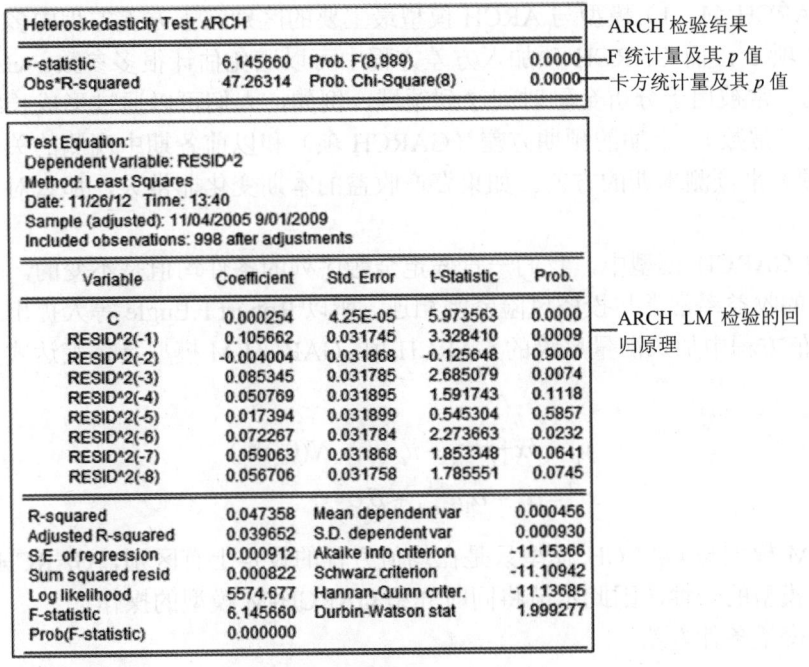

图 11-8　ARCH Test 检验结果窗口

🔑 **注意** 由于样本数量的选择问题会导致 ARCH LM 检验的 F 统计量及卡方统计量检验结果有可能不同。如果是小样本情况下，F 统计量的检验结果更有效。

一旦研究者通过 ARCH 检验发现被研究的序列存在 ARCH 效应，则需要建立 ARCH 模型或者 GARCH 模型重新拟合残差序列的自回归条件异方差特性。

11.2 GARCH 模型的估计

自回归条件异方差模型旨在对因变量的方差进行描述。其中，被解释变量的方差设定依赖于均值方程的残存平方或者依赖于一些独立的外生变量。

11.2.1 背景知识

当发现建模回归后的残差存在 ARCH 效应后，可以建立相应的 ARCH 模型重新拟合原序列。但是在 ARCH（P）模型的回归估计中，常常需要很多的滞后期数才能得到较好的拟合效果。这样，使用 ARCH（P）模型时，就不可避免地需要估计很多参数。于是，计量经济学家 Clive Granger 提出了 GARCH 模型，基本取代了 ARCH 模型。

（1） GARCH 与 GARCH-M 模型

在 GARCH 系列模型中，一个形式简单且应用最为广泛的是 GARCH（1，1）模型，其形式如公式（11.5）所示：

$$y_t = \phi x + u_t, u_t \sim N(0, \sigma^2_t)$$
$$\sigma^2_t = \alpha_0 + \alpha_1 u^2_{t-1} + \beta_1 \sigma^2_{t-1} \tag{11.5}$$

其中，GARCH（1，1）模型与 ARCH 模型最主要的区别在于方差方程中多一个条件方差项即 GARCH 项 σ^2，而 GARCH 项加入方差方程中可以避免估计很多参数。GARCH 模型的用途非常广泛，常被用于分析金融时间序列领域。例如，人们可以通过形成长线投资收益方差的加权平均（常数）、上期的预期方差（GARCH 项）和以前各期中观测的关于波动性的信息（ARCH 项）来预测本期的方差。如果资产收益的本期变化非常大，那么对下期的方差预期将会增加。

在一般的 GARCH 模型中，我们一直假定金融序列的条件均值是不变的。但是很多情况下，金融资产的收益率常常与投资风险紧密相连。所以 Robert F.Engle 等人提出了 GARCH-M 模型，即在均值方程中加入衡量风险的 GARCH 项。GARCH-M 模型具体表达式如公式（11.6）所示：

$$y_t = \phi x + \gamma \sigma^2_t + u_t, u_t \sim N(0, \sigma^2_t)$$
$$\sigma^2_t = \alpha_0 + \alpha_1 u^2_{t-1} + \beta_1 \sigma^2_{t-1} \tag{11.6}$$

GARCH-M 模型与 GARCH 模型只是在均值方程的设定上有区别，GARCH-M 模型实质上是 GARCH 模型的一种，因此本节将同时介绍 GARCH-M 模型的操作。

（2） 因变量条件方差

建立 GARCH 模型的目的除了对误差的异方差问题处理得更加合理，从而得到更有效的估计值外，就是对因变量的方差进行更加有力的描述或预测。在计量经济学发展的早期，研究者经常用残差的平方项来直接代表金融序列变量收益率的波动性 σ_t^2。然而随着理论的发展，人们已经认识到收益率变量的方差不应该表现出残差平方序列那样过分的波动，而是一个更为平稳移动的过程，而基于 GARCH 模型计算的因变量波动率更为有效。GARCH 模型为投资者衡量所持有资产的风险和期权定价提供了有力的工具。本节将为读者介绍如何在 EViews 中估计、计算 GARCH 模型并绘制因变量序列的条件方差。

11.2.2　GARCH 模型估计的 EViews 操作

打开相应的数据文件或者建立一个数据文件后，可以在相应的 workfile 工作文件窗口进行 GARCH 模型估计的 EViews 操作。

1.　GARCH 模型主窗口的打开

在 EViews 主窗口的菜单栏中依次选择 Quick | Estimate Equation 命令，打开一般线性回归的 Equation Estimation 对话框，在 Method 下拉列表框中选择 ARCH-Autoregressive Conditional Heteroskedasticity 方法，即可打开如图 11-9 所示的 Equation Estimation 对话框。

图 11-9 中 Equation Estimation 对话框是进行 GARCH 模型估计的主要窗口，该窗口不仅可以估计普通的 GARCH 模型，还可以估计非对称 GARCH 模型和成分 GARCH 模型。用于估计 GARCH 模型的 Equation Estimation 对话框，主要包括 Mean equation 均值方程、Variance and distribution specification 方差方程和分布设定、Estimation settings 估计设定。

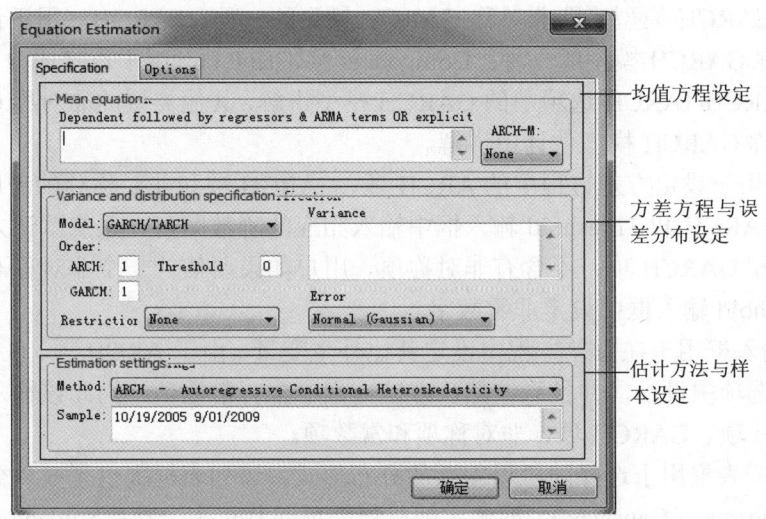

图 11-9　Equation Estimation 对话框

下面将就如何在 Equation Estimation 对话框中设定普通 GARCH 模型进行详细讲解。

2.　均值方程的设定

GARCH 模型中的均值方程是在 Equation Estimation 对话框的 Mean equation 输入框和 ARCH-M 下拉列表框中进行设定。

① Mean equation 输入框设定方法。在 Mean equation 输入框中按顺序依次输入因变量、

回归因子，其中回归因子一般是 ARMA 形式（即含有因变量的滞后项），各个变量之间用空格隔开。

② ARCH-M 下拉列表框设定方法。如果选择 ARCH-M 下拉列表框中的选项，则在均值方程中加入 GARCH 项以度量金融资产风险。打开如图 11-10 所示的 ARCH-M 下拉列表框，主要有以下选项：None 表示均值等式中没有 GARCH 项；Std. Dev.标准差，表示在均值方程中以残差的标准差以度量金融风险；Variance 方差，表示在均值方程中加入残差的方差以度量金融风险；Log(Var)对数化方差，即对方差取自然对数，表示在均值方程中加入方差的对数项。

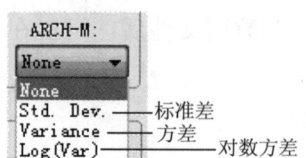

图 11-10　ARCH-M　下拉列表框

3.　方差方程的设定

Equation Estimation 对话框的 Variance and distribution specification 部分主要用于对 GARCH 模型中方差方程和误差项分布的设定。

Model 下拉列表框提供了 5 种 GARCH 模型的类型（如图 11-11 所示）供用户选择，分别是：GARCH/TARCH，用于设定一般的 GARCH 模型和 TARCH 模型，系统默认该选项；EGRCH，用于设定指数 EARCH 模型，即非对称 GARCH 模型的一种；PARCH，用于设定 PARCH 模型，也是非对称 GARCH 模型的一种；Component ARCH(1,1)，用于设定成分 GARCH 模型。本节重点对 GARCH/TARCH 选项中的 GARCH 模型讲解，其他类型的非对称 GARCH 模型将在 11.3 节非对称 GARCH 模型估计中讲解。

Order 选项用于设定方差方程中的 ARCH 项、GARCH 项和非对称项的滞后阶数。用户可以在 ARCH、GARCH 和 Threshold 输入框中输入相应的阶数即可。系统默认方差方程中含有一个 ARCH 项和 GARCH 项，不含有非对称项。用户如果要估计一个非对称 GARCH 模型，则需要在 Threshold 输入框中设定非零数字。

Variance 输入框用于在方差方程中设定其他外生变量。由于 ARCH 项、GARCH 项、非对称项在 Order 选项中设定，并且系统默认方差方程中含有常数项，因此该输入框中的外生变量不包括 ARCH 项、GARCH 项、非对称项和常数项。

Error 下拉列表框用于选择随机误差项的分布形式，该列表框提供了 5 种分布形式（如图 11-12 所示）：Normal（Gaussian），即假定随机误差项服从正态分布；Student's t，即假定随机误差项服从学生 t 分布；Generalized Error（GED），即假定随机误差项服从广义误差分布；Student's t with fixed df.，即假定随机误差项分布服从固定自由度的学生 t 分布；GED with fixed parameter，即假定随机误差项服从固定参数的 GED 分布。如果用户选择了 Normal（Gaussian）、Student's t、Generalized Error（GED）选项，则系统将会将误差项的分布假定参与 GARCH 模型的估计，并在输出结果中包含这些参数估计值；如果用户选择了 Student's t with fixed df.、GED with fixed parameter 选项，则就会打开 Parameter 输入框，用于输入这两种分布形式所需要的参数。

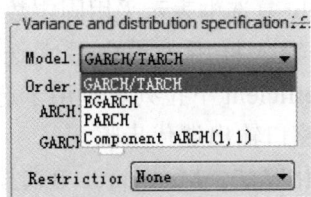

图 11-11　Model 下拉列表框

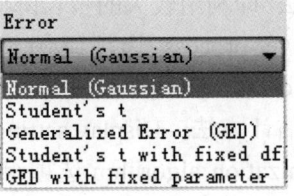

图 11-12　Error 下拉列表框

4.　估计方法与样本的设定

Equation Estimation 对话框的 Estimation settings 选项组主要用于对 GARCH 模型中估计方法和样本范围的设定。

Method 选项用于选择估计的方法，但是 EViews 中用于估计 GARCH 模型的方法默认选择 ARCH-Autoregressive Conditional Heteroskedasticity 方法，其他方法都不可用。

Sample 选项用于设定样本范围，设定方法是依次输入样本开始时间、样本结束时间，中间用空格隔开。

5.　Options 选项卡的设定

选择 Equation Estimation 对话框中的 Options 选项卡，打开如图 11-13 所示的对话框。

Backcasting 选项组用于设定 GARCH 模型估计的迭代算法。Backcast presample MA terms 复选框用于选择是否使用后推技术来确定模型估计所需要的初始值，包括均值方程的 ARMA 过程初始值；如果用户没有选择该单选项，则系统将使用无条件方差来设置初始方差值。Presample variance 下拉列表框中提供了方差方程中反推技术的初始参数值。

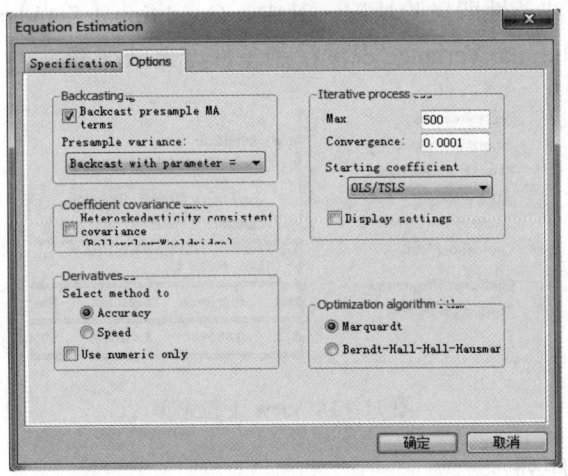

图 11-13　Options 选项卡

Coefficient covariance 选项组用于设定 GARCH 模型系数协方差的计算方法。Heteriskedasticity consistent covariance（Bollerslev-Wooldridge）复选按钮表示利用异方差估计协方差方法，估计协方差矩阵。该单选按钮仅在用户怀疑随机误差项不服从正态分布时选择。

Derivatives 选项组用于选择 GARCH 模型估计的数值导数方法。Accuracy 单选按钮表示使用精确的数值计算方法，即利用较小的步长提高精确度；Speed 单选按钮表示使用快速的数值计算方法,即利用较大的步长降低精确度;Use numeric only 复选框表示采用固定数量的步长。

　　Iterative process 选项组用于控制迭代过程。Max 输入框用于设定最大迭代次数;Convergence 输入框用于设定每次的迭代步长;Starting coefficient 下拉列表框用于选择迭代开始的系数估计方法;Display settings 用于选择是否在结果窗口输出迭代步骤。

　　Optimization algorithm 选项组用于选择数值计算的优化算法。Marquardt 单选按钮表示采用 Marquardt 算法;Barndt-Hall-Hall-Hausmans 单选按钮表示采用 BHHH 算法。

> **注意**　一般情况下用户最好采用 Options 选项卡中 EViews 系统默认的算法,如果用户精通数学算法则可以对算法进行适当的调整和改变。

　　设置完毕后,可以单击"确定"按钮,就可以在 Equation 对象窗口得到 GARCH 模型估计的结果,本书将结合案例对估计结果进行详细解释。

6. 因变量条件方差的生成

　　观察因变量(通常是金融序列变量收益率)的波动性 σ_t^2 可以通过绘制条件方差的序列图,还可以利用 GARCH 模型直接生成相应的条件方差序列。

　　● 绘制条件方差序列图

　　在 GARCH 模型估计的结果窗口中,单击 View 按钮可以打开如图 11-14 所示的下拉菜单。

　　GARCH 模型估计的结果窗口中的 View 下拉菜单比其他回归模型估计窗口的下拉菜单多了一个选项,即 Garch Graph。Garch Graph 选项用于绘制基于 GARCH 模型计算的因变量序列(通常是某种金融资产收益率序列)的条件方差(波动率)图,通过条件方差图可以判断金融序列变量收益率的波动性即风险情况。其中,Conditional Standard Deviation 表示绘制条件标准差波动率;Conditional Variance 表示绘制条件方差波动率。

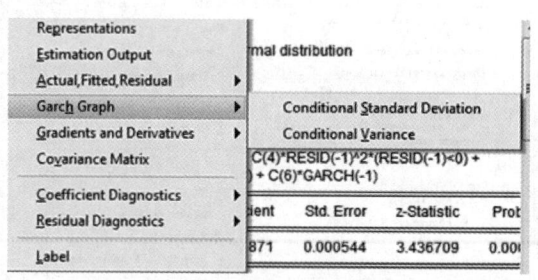

图 11-14　View 下拉菜单

　　● 生成条件方差序列

　　在 GARCH 模型估计的结果窗口中,单击 Procedure 可以打开如图 11-15 所示的下拉菜单。

　　GARCH 模型估计结果窗口中的 Procedure 下拉菜单比其他回归模型估计窗口的下拉菜单增加一个 Make GARCH Variance Series 选项。Make GARCH Variance Series 选项用于在 Workfile 文件中生成因变量序列的条件方差序列。单击该选项会弹出如图 11-16 所示的 Make GARCH Variance 命名对话框。该对话框用于对条件方差序列进行命名,在 Conditional Variance 文本框中输入新变量名,系统默认的条件方差名称为 garch01。命名完毕后单击 OK 按钮,即可在 Workfile 文件中生成因变量序列的条件方差序列。

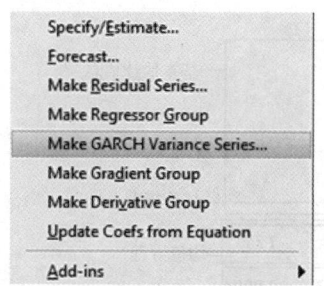

图 11-15 Procedure 下拉菜单

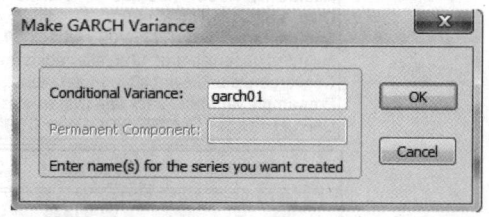

图 11-16 Make GARCH Variance 命名对话框

11.2.3 案例操作

本节仍然沿用 11.1 节案例，在完成 ARCH 效应检验的基础上，构建 GARCH 模型拟合上证指数收益率序列。

由于在 11.1 节案例中已经发现了上证指数收益率序列存在 ARCH 效应，因此单一的 AR 模型或者 ARMA 模型不能有效拟合上证指数收益率序列的"集聚效应"，需要建立 GARCH 模型。考虑到金融资产收益率与金融资产风险的相关关系，因此除了建立普通的 GARCH 模型之外，本节另外在均值方程中加入随机误差的条件方差项建立一个 GARCH-M 模型做对比。建立的模型如下公式：

GARCH 模型：
$$M_t = C + \beta M_t(-4) + \varepsilon_t, u_t \sim N(0, \sigma^2_t)$$
$$\sigma^2_t = \alpha_0 + \alpha_1 u^2_{t-1} + \beta_1 \sigma^2_{t-1}$$
(11.7)

GARCH-M 模型：
$$M_t = C + \beta M_t(-4) + \gamma \sigma^2_t + \varepsilon_t, u_t \sim N(0, \sigma^2_t)$$
$$\sigma^2_t = \alpha_0 + \alpha_1 u^2_{t-1} + \beta_1 \sigma^2_{t-1}$$
(11.8)

1. GARCH 模型和 GARCH-M 模型的估计操作

公式（11.7）中的 GARCH 模型的具体操作步骤如下。

① 打开回归主窗口：在 EViews 主窗口的菜单栏中依次选择 Quick | Estimate Equation 命令，打开一般线性回归的 Equation Estimation 对话框，在 Method 下拉列表框中选择 ARCH-Autoregressive Conditional Heteroskedasticity 方法，打开估计 GARCH 模型的 Equation Estimation 对话框。

② 均值方程设定：在 Mean equation 输入框中按顺序依次输入 M C M(-4)，各个变量之间用空格隔开。

③ 方差方程设定：在 Model 下拉列表框中选择 GARCH/TARCH，在 ARCH、GARCH 和 Threshold 输入框中分别输入 1、1、0，单击 OK 按钮。

④ 绘制条件方差图：在 GARCH 模型估计的结果窗口中，依次选择 View | Garch Graph | Conditional Variance。

公式（11.8）中的 GARCH-M 模型的操作需要重复上述 GARCH 模型的所有操作步骤，另外在 ARCH-M 下拉列表框中选择 Variance 选项即可。

2. GARCH 模型的估计结果

GARCH 模型设定完毕后，单击 OK 按钮即在 Equation 对象窗口得到如图 11-17 所示的估

计结果。

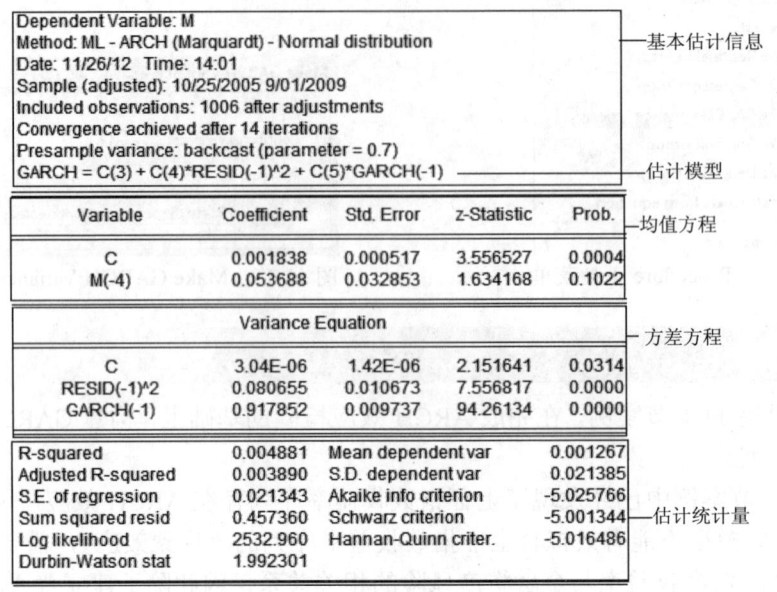

Dependent Variable: M				
Method: ML - ARCH (Marquardt) - Normal distribution				
Date: 11/26/12 Time: 14:01				
Sample (adjusted): 10/25/2005 9/01/2009				
Included observations: 1006 after adjustments				
Convergence achieved after 14 iterations				
Presample variance: backcast (parameter = 0.7)				
GARCH = C(3) + C(4)*RESID(-1)^2 + C(5)*GARCH(-1)				

基本估计信息
估计模型

Variable	Coefficient	Std. Error	z-Statistic	Prob.
C	0.001838	0.000517	3.556527	0.0004
M(-4)	0.053688	0.032853	1.634168	0.1022
Variance Equation				
C	3.04E-06	1.42E-06	2.151641	0.0314
RESID(-1)^2	0.080655	0.010673	7.556817	0.0000
GARCH(-1)	0.917852	0.009737	94.26134	0.0000

均值方程
方差方程

R-squared	0.004881	Mean dependent var	0.001267
Adjusted R-squared	0.003890	S.D. dependent var	0.021385
S.E. of regression	0.021343	Akaike info criterion	-5.025766
Sum squared resid	0.457360	Schwarz criterion	-5.001344
Log likelihood	2532.960	Hannan-Quinn criter.	-5.016486
Durbin-Watson stat	1.992301		

估计统计量

图 11-17   GARCH 模型估计结果

GARCH 模型估计结果主要分为 4 部分。

第一部分是对 GARCH 模型估计的基本说明，包含图中标示的估计方法（采用最大似然估计方法和 Marquardt 算法）、估计日期、样本范围（10/25/2005—9/01/2009）、迭代收敛的次数（本案例 13 次迭代后收敛）、模型中方差方程的表达式等。

第二部分是 GARCH 模型中均值方程的估计结果。可以看出均值方程中共有两个自变量，且两个变量的估计值、标准差、显著性概率 P 值都可以得到。通过观察显著性概率 P 值可以得到，两个参数估计值在 10% 的显著水平下都显著。

第三部分是 GARCH 模型中方差方程的估计结果。方差方程中主要有 3 个解释变量：常数项 C、残差平方项即 ARCH 项 RESID(-1)^2、方差项即 GARCH 项。通过观察 ARCH 项和 GARCH 项的显著性 P 值，可以判断两个变量都在 1% 的显著水平下显著，因此认为上证指数收益率序列存在明显的 ARCH 效应，即残差方差可以通过一个 ARMA 模型拟合。

第四部分是 GARCH 模型的一些统计量，在此不做详细介绍，读者可以参考第 5 章对回归统计量的介绍。本案例估计的 GARCH 模型的均值方程和方差方程表达式参见公式（11.9）。

$$M_t = 0.0018 + 0.053M_t(-4) + \varepsilon_t, u_t \sim N(0, \sigma^2_t)$$
$$\sigma^2_t = 0.00034 + 0.08u^2_{t-1} + 0.918\sigma^2_{t-1}$$

(11.9)

3.　上证指数收益率的条件方差图

图 11-18 展示了因变量即上证指数收益率序列的条件方差图，该图是基于 GARCH 模型估计结果绘制的。通过观察收益率序列的条件方差图，可以发现上证指数收益率的波动表现出一定的持久性特征，而不是残差序列频繁的跳跃式波动。2006 年期间上证指数收益率的波动维持低位水平，表明此段时间中国 A 股风险水平很低；而从 2007 年初开始上证指数收益率波动率开始迅速上升，其中 2008 年的波动率达到了高峰，表明此段时间中国 A 股投资风险很大，事实上此段时间内 A 股指数经历了从 3000 点到 6000 点再到 1800 点的巨幅波动。可见基

于 GARCH 模型计算的因变量条件方差序列能够很好地描述因变量的波动性。

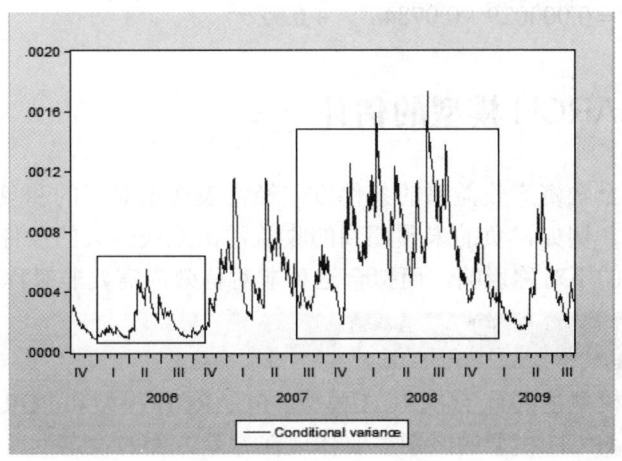

图 11-18　条件方差图

4.　GARCH-M 模型的估计结果

图 11-19 所示为 GARCH-M 模型的估计结果，该结果也主要分为四部分，且各个部分与 GARCH 模型基本相同，唯一的区别是 GARCH-M 模型的均值方程中含有一个方差（即 GARCH）项，用于测度风险与收益率的关系。通过观察图中所示的 GARCH 项，其系数估计值为-2.786671，从经济上说明股票的风险越大而收益率就越小，与经济金融理论不一致，这可能是与本案例选择的样本区间的我国股市特殊的波动行情有关。从统计显著角度，GARCH 项的概率 P 值为 0.2294，大于10%的显著性水平，因此认为 GARCH 项在均值方程中不具有统计上的显著性。总体上而言，本案例不认为用 GARCH-M 模型拟合上证指数收益率序列要比 GARCH 模型拟合得更好。但是本案例仍然可以写出相应的 GARCH-M 模型的估计表达式（11.10）。

Dependent Variable: M
Method: ML - ARCH (Marquardt) - Normal distribution
Date: 11/26/12　Time: 14:07
Sample (adjusted): 10/25/2005 9/01/2009
Included observations: 1006 after adjustments
Convergence achieved after 19 iterations
Presample variance: backcast (parameter = 0.7)
GARCH = C(4) + C(5)*RESID(-1)^2 + C(6)*GARCH(-1)

Variable	Coefficient	Std. Error	z-Statistic	Prob.
GARCH	-2.786671	2.318502	-1.201927	0.2294
C	0.002671	0.000922	2.898617	0.0037
M(-4)	0.049528	0.033443	1.480987	0.1386

GARCH-M 均值方程中的方差项

Variance Equation				
C	2.92E-06	1.35E-06	2.168573	0.0301
RESID(-1)^2	0.078382	0.010181	7.698861	0.0000
GARCH(-1)	0.920092	0.009283	99.12060	0.0000

R-squared	0.007753	Mean dependent var	0.001267
Adjusted R-squared	0.005775	S.D. dependent var	0.021385
S.E. of regression	0.021323	Akaike info criterion	-5.025357
Sum squared resid	0.456040	Schwarz criterion	-4.996050
Log likelihood	2533.754	Hannan-Quinn criter.	-5.014221
Durbin-Watson stat	2.002529		

图 11-19　估计结果

$$M_t = 0.0027 + 0.0498M_t(-4) - 2.7867\sigma^2_t + \varepsilon_t, u_t \sim N(0, \sigma^2_t)$$

$$\sigma^2_t = 0.000029 + 0.0784u^2_{t-1} + 0.92\sigma^2_{t-1}$$

$$(11.10)$$

11.3 非对称 GARCH 模型的估计

在金融市场上，金融资产收益率的条件方差经常表现出对正的和负的未预期到的收益的反应并不相同的情况。例如，负的未预期到的收益常常造成较大的条件方差。这种现象称为未知收益对条件方差的不对称影响，而拟合这种非对称效应需要非对称 GARCH 模型。

11.3.1 背景知识

非对称 GARCH 模型主要有 TGARCH 模型、EGARCH 模型和 PGRACH 模型。三种非对称 GARCH 模型与 GARCH 模型的区别主要体现在方差方程的设定上。

1. TGARCH 模型

TGARCH 模型即门限 GARCH 模型，就是指利用虚拟变量来设定一个门限（Threshold），用来区分正的和负的冲击对条件波动的影响。以 GARCH（1，1）为例，要建立只有一个门限的 TGARCH 模型，首先设立一个虚拟变量，满足以下条件即：

$$\begin{cases} I_{t-1} = 0, & u_{t-1} \geqslant 0 \\ I_{t-1} = 1, & u_{t-1} < 0 \end{cases} \quad (11.11)$$

然后设立 GARCH 模型的方差等式：

$$\sigma^2_t = \alpha_0 + \alpha_1 u^2_{t-1} + \alpha_2 u^2_{t-1} I_{t-1} + \beta_1 \sigma^2_{t-1} \quad (11.12)$$

注意 这里的方差方程通过虚拟变量 I 考虑了不同正负值的冲击项对条件波动性的影响。

2. EGARCH 模型

EGARCH 模型即指数 GARCH 模型，其方差等式分析的不是 σ^2_t，而是 $\ln\sigma^2_t$，并且分别使用均值等式的扰动项和扰动项的绝对值与扰动项的标准差之比来捕捉正负冲击对波动性的影响。EGARCH（1,1）模型的方差方程可以设定为公式：

$$\ln\sigma^2_t = \alpha_0 + \alpha_1 \frac{|u_{t-1}|}{\sigma_t} + \theta \frac{u_{t-1}}{\sigma_t} + \beta_1 \ln\sigma_{t-1} \quad (11.13)$$

EGARCH 模型的方差方程中的 $\beta_1 \ln\sigma_{t-1}$ 系数估计值为正数时，就可以捕捉实证分析中经常观察到的波动性的持久性现象（集群现象）。EGARCH 模型中的非对称性表现为：

$$\begin{cases} \ln\sigma^2_t = \alpha_0 + (\alpha_1 + \theta)\dfrac{|u_{t-1}|}{\sigma_t} + \beta_1 \ln\sigma_{t-1}, & u_{t-1} > 0 \\ \ln\sigma^2_t = \alpha_0 + (\alpha_1 - \theta)\dfrac{|u_{t-1}|}{\sigma_t} + \beta_1 \ln\sigma_{t-1}, & u_{t-1} < 0 \end{cases} \tag{11.14}$$

3. PGARCH 模型

PGARCH 模型即 Asymmetric GARCH 模型，PGARCH 模型方差等式分析的不是 σ^2_t，而是 σ^h_t（h 需要研究者自己定义）。PGARCH（1,1）模型的方差方程可以设定为公式：

$$\sigma^h_t = \alpha_0 + \alpha_1(|u_{t-1}| - \gamma_1 u_{t-1})^h + \beta_1 \ln\sigma^h_{t-1} \tag{11.15}$$

其中，h 表示幂值（POWER），非对称性由系数 γ_1 捕捉，如果 $\gamma_1 = 0$ 则模型中没有非对称性因素存在。

11.3.2　非对称 GARCH 模型估计的 EViews 操作

打开相应的数据文件或者建立一个数据文件后，可以在相应的 workfile 工作文件窗口进行 TGARCH、EGARCH、PGARCH 模型估计的 EViews 操作。

1. 案例问题的描述与数据准备

为了检测我国证券市场股票收益率序列是否存在非对称效应，本节搜集了一只股票的收益率数据，并对该股票收益率数据建立多种非对称 GARCH 模型。本实验案例所用数据文件路径为：sample/chap11/案例 11.2。该数据文件记录了我国上海证券交易上市的某只股票从 2005 年 10 月 25 日至 2009 年 9 月 1 日共 1010 个交易日的收益率数据。其中，股票收益率数据来源于大智慧软件，并经过作者的初步处理。部分相关数据如表 11-2 所示。

表 11-2　2005 年 10 月 25 日至 2009 年 9 月 1 日某支股票收益率数据表

时　间	收益率 %	时　间	收益率 %
1/19/2006	0.002988	2/14/2006	0.006223
1/20/2006	0.000374	2/15/2006	0.000247
1/23/2006	−0.00295	2/16/2006	0.001426
1/24/2006	0.004776	2/17/2006	0.005812
1/25/2006	0.023513	2/20/2006	−0.01601
1/26/2006	−0.00429	2/21/2006	0.005935
1/27/2006	0.006209	2/22/2006	−0.00336
1/30/2006	−0.01597	2/23/2006	−0.02253
1/31/2006	0.010398	2/24/2006	−0.00756
2/01/2006	−0.00235	2/27/2006	−0.00417
2/02/2006	0.005212	2/28/2006	0.000394
2/03/2006	0.00999	3/01/2006	0.011255
2/06/2006	−0.02196	3/02/2006	−0.0005
2/07/2006	−0.00254	3/03/2006	0.012525
2/08/2006	0.00011	3/06/2006	−0.00049
2/09/2006	0.016465	3/07/2006	−0.0037
2/10/2006	−0.00325	3/08/2006	0.014928
2/13/2006	0.003598	3/09/2006	0.001537

本案例设置非对称 GARCH 模型的均值方程为：

$$R_t = C + \varepsilon_t \tag{11.16}$$

均值方程中除了常数项外，没有其他解释变量。设置该均值方程的理由：对于某一只股票而言，通常无法通过某一变量来预测股票的未来收益率，而通常认为股票收益率有个固定的均值。

本案例设定非对称 GARCH 模型为 EGARCH（1,1）、PGARCH(1,1)、TGARCH(1,1)，相应的方差模型为：

EGARCH（1, 1）模型表达式：

$$\ln\sigma^2_t = \alpha_0 + \alpha_1\frac{|u_{t-1}|}{\sigma_t} + \theta\frac{u_{t-1}}{\sigma_t} + \beta_1\ln\sigma_{t-1} \tag{11.17}$$

PGARCH(1, 1)：

$$\sigma^h_t = \alpha_0 + \alpha_1\left(|u_{t-1}| - \gamma_1 u_{t-1}\right)^h + \beta_1\ln\sigma^h_{t-1}, \ h=1 \tag{11.18}$$

TGARCH(1, 1)：

$$\sigma^2_t = \alpha_0 + \alpha_1 u^2_{t-1} + \alpha_2 u^2_{t-1}I_{t-1} + \beta_1\sigma^2_{t-1} \tag{11.19}$$

设定模型形式完毕，下面将具体介绍如何估计 3 个非对称 GARCH 模型及结果的解读。

2. EGARCH 模型的建立

在 EViews 主窗口中，按照 11.2 节所述步骤打开如图 11-20 所示估计 GARCH 模型的 Equation Estimation 对话框，在该对话框 Model 下拉列表框中选择 EGARCH 选项，即可设定 EGARCH 模型。

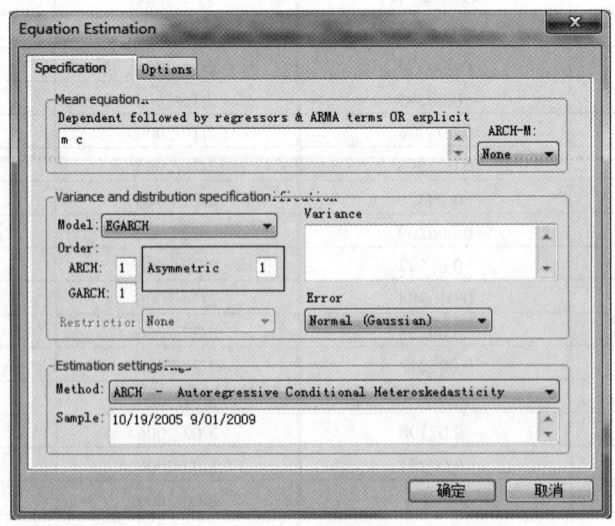

图 11-20　Equation Estimation 对话框

EGARCH 模型的设定窗口与 11.1 节中 GARCH 模型的设定基本一致，唯一的不同是 Variance and distribution specification 部分增加了一个 Asymmetric 输入框，该输入框用于设定 EGARCH 模型中的非对称项的个数，且一般设定值为 1 或者 2，分别表示方差方程中含有一个或两个非对称项。其中，系统默认的非对称个数为 1。用户如果要设定一个 EGARCH 模型，则必须在 Asymmetric 输入框中填入非零数字；如果用户在此项中填入 0 或空值，则系统仅作为一般的 GARCH 模型估计。注意：EGARCH 模型中的非对称项设定具体指 EGARCH 方差方程（11.17）中的 $\theta\frac{u_{t-1}}{\sigma_t}$ 项。

EGARCH（1,1）方差方程设定完毕后，单击 OK 按钮在 Equation 对象窗口得到如图 11-21 所示的估计结果。

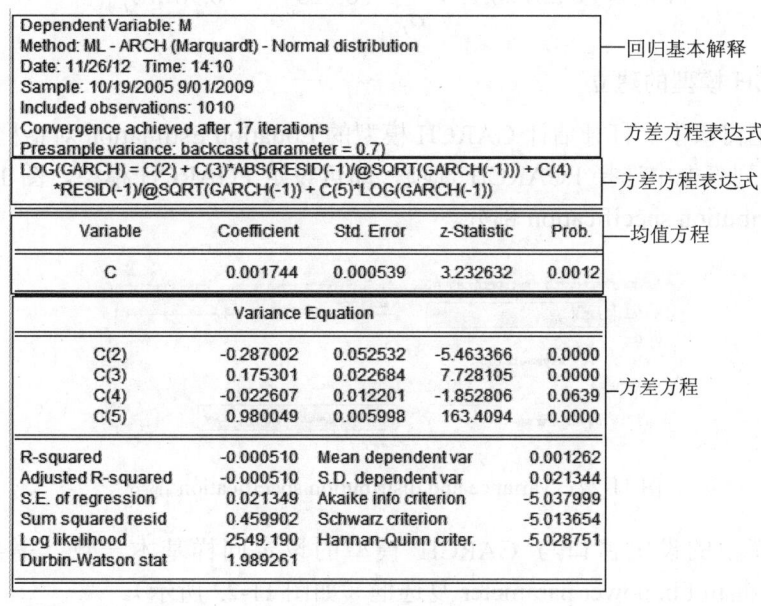

图 11-21 估计结果

图 11-21 中的 EGARCH 模型估计结果主要展示了 4 部分内容。

第一部分是对 EGARCH 模型估计的基本说明，包含图中标示的估计方法（采用最大似然估计方法和 Marquardt 算法）、估计日期、样本范围、迭代收敛的次数等。

第二部分中展示了 EGARCH 模型方差方程的表达式，其中 C(2)、C(3)、C(4)、C(5)表示回归系数估计值。

第三部分是 EGARCH 模型中均值方程的估计结果。本案例中均值方程中只有一个解释变量即常数项，图中均值方程部分提供了解释变量的估计值、标准差、显著性概率 P 值。通过观察显著性概率 P 值可以得到，常数项估计值在 1%的显著水平下显著。常数项 C 的估计值为 0.001744，因此可以认为该股票的日均收益率稳定在 0.17%左右。具体均值方程表达式参见公式：

$$R_t = 0.001744 + \hat{\varepsilon}_t \tag{11.20}$$

第四部分是 EGARCH 模型中方差方程的估计结果。方差方程中主要有 4 个解释变量：常数项 C、残差标准化的绝对值项 $\theta\frac{|u_{t-1}|}{\sigma_{t-1}}$、非对称项 $\theta\frac{u_{t-1}}{\sigma_{t-1}}$、GARCH 项 $\ln\sigma$。EGARCH 模型中，我们最为关心 EGARCH 中的非对称项 $\theta\frac{u_{t-1}}{\sigma_{t-1}}$ 的参数估计值的显著性。非对称项的参数估计值显著性 P 值为 0.0639，在 10% 的显著水平显著，因此认为该股票收益率存在显著非对称效应，即投资者对正收益和负收益的反应不一致。EGARCH 方差方程中的非对称项的参数估计值为负值，表明当出现利好消息的时候收益率的波动就会减小。本案例估计 EGARCH 模型的方差方程为：

$$\ln\sigma^2_t = -0.287 + 0.175\frac{|u_{t-1}|}{\sigma_t} - 0.023\frac{u_{t-1}}{\sigma_t} + 0.98\ln\sigma_{t-1} \qquad (11.21)$$

3. PGARCH 模型的建立

在 EViews 主窗口中，打开估计 GARCH 模型的 Equation Estimation 对话框，在该对话框中的 Model 下拉列表框中选择 PGARCH 选项，即可设定 PGARCH 模型，图 11-22 中展示了 Variance and distribution specification 部分。

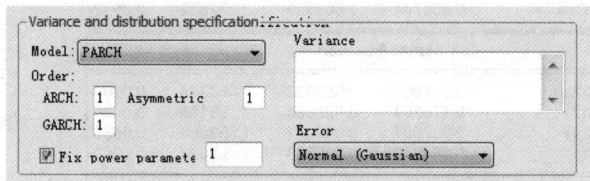

图 11-22　Variance and distribution specification 部分

PGARCH 模型的设定窗口与 GARCH 模型的设定同样基本一致，需要特别设定有 Asymmetric 输入框和 Fix power parameter 复选框（如图 11-22 所示）。

Asymmetric 输入框用于设定 PGARCH 模型中的非对称项的个数，系统默认的非对称项个数为 1，用户如果要设定一个 PGARCH 模型，则必须在 Asymmetric 输入框中填入非零数字。PGARCH 模型的非对称项设定具体指 PGARCH 方差方程中的 $\gamma_1 u_{t-1}$ 项。

Fix power parameter 复选框用于选择是否需要定义固定幂值，选择该复选框则需要在后面的文本框中输入一个用户自己设定的幂值，如果用户不选择该复选框则系统默认 PGARCH 模型的固定幂值为 1。此处的固定幂值是指 PGARCH 模型方差方程 $\sigma^h_t = \alpha_0 + \alpha_1(|u_{t-1}| - \gamma_1 u_{t-1})^h + \beta_1 \ln\sigma^h_{t-1}$ 中 GARCH 项和 ARCH 项的幂值 h。

PGARCH（1,1）方差方程设定完毕后，单击 OK 按钮，即可在 Equation 对象窗口得到如图 11-23 所示的估计结果。

图 11-23 所示的 PGARCH 模型的估计结果与 EGARCH 模型估计结果在估计解释、均值方程部分都一致，最大的差别是方差方程不同。

```
Dependent Variable: M
Method: ML - ARCH (Marquardt) - Normal distribution
Date: 11/26/12   Time: 14:16
Sample: 10/19/2005 9/01/2009
Included observations: 1010
Convergence achieved after 31 iterations
Presample variance: backcast (parameter = 0.7)
@SQRT(GARCH) = C(2) + C(3)*(ABS(RESID(-1)) - C(4)*RESID(-1)) + C(5)
    *@SQRT(GARCH(-1))
```

Variable	Coefficient	Std. Error	z-Statistic	Prob.
C	0.001728	0.000539	3.207975	0.0013
Variance Equation				
C(2)	0.000327	0.000106	3.091487	0.0020
C(3)	0.088695	0.011873	7.470026	0.0000
C(4)	0.129588	0.072940	1.776629	0.0756
C(5)	0.918308	0.010820	84.87315	0.0000
R-squared	-0.000476	Mean dependent var		0.001262
Adjusted R-squared	-0.000476	S.D. dependent var		0.021344
S.E. of regression	0.021349	Akaike info criterion		-5.035579
Sum squared resid	0.459886	Schwarz criterion		-5.011234
Log likelihood	2547.967	Hannan-Quinn criter.		-5.026331
Durbin-Watson stat	1.989329			

图 11-23　PGARCH 方差方程估计结果

PGARCH 模型方差方程中主要有四个解释变量：常数项 C、残差 ARCH 项的绝对值 $|u_{t-1}|$、非对称项 u_{t-1}、GARCH 项 $\ln \sigma_{t-1}$。PGARCH 模型中，我们最为关心的也是 PGARCH 中的非对称项 u_{t-1} 的参数估计值 γ 的显著性。非对称项的参数估计值 γ 显著性 P 值为 0.0756，在 10% 的显著水平显著，因此 PGARCH 模型同样认为该股票收益率存在显著非对称效应，即投资者对正收益和负收益的反应不一致。非对称项的参数估计值为正值，由于非对称项的参数估计值还有负值，因此 PGARCH 模型中的非对称项体现的非对称效应与 EGARCH 模型是一致的，即当出现利好消息的时候收益率的波动会减小。本案例估计 PGARCH 模型的方差方程公式为：

$$\sigma_t = -0.0003 + 0.0887\left(|u_{t-1}| + 0.1296 u_{t-1}\right) + 0.918 \ln \sigma_{t-1} \tag{11.22}$$

4. TGARCH 模型的建立

TGARCH 模型的建立完全是在估计一般 GARCH 模型的 Equation Estimation 窗口设定，唯一需要设定的是一般 GARCH 模型 Equation Estimation 窗口的 Threshold 输入框。Threshold 输入框用于设定 TGARCH 模型中的非对称项的个数，用户如果要设定一个 TGARCH 模型，则必须在 Asymmetric 输入框中填入非零数字，而系统默认的非对称个数为 0。注意：TGARCH 模型中的非对称项设定具体指 TGARCH 方差方程中的 $\alpha_2 u_{t-1}^2 I_{t-1}$ 项。

TGARCH(1,1) 方差方程设定完毕后，单击 OK 按钮，在 Equation 对象窗口得到如图 11-24 所示的估计结果。

图 11-24 所示的 TGARCH 模型的估计结果与 EGARCH、PGARCH 模型估计结果在估计解释、均值方程部分都一致，最大的差别同样是方差方程不同。

TGARCH 模型方差方程中主要有 4 个解释变量：常数项 C、残差 ARCH 项 RESID(-1)^2、非对称项 RESID(-1)^2(RESID(-1)<0)、GARCH 项。TGARCH 模型中，非对称项的参数估计值显著性 P 值为 0.6464，在 10% 的显著水平是不显著的，因此 TGARCH 模型认为该股票收益率序列不存在非对称效应，与 EGARCH 模型、PGARCH 模型估计结果不一致。对于本案例的结果，可能是由于 TGARCH 模型中非对称门限的数量不够，导致 TGARCH 模型结果有误。

在 TGARCH 模型设定窗口中的 Threshold 输入框中输入 2，从而在 TGARCH 模型中增加一个非对称门限，单击 OK 按钮后得到如图 11-25 所示的估计结果。

Dependent Variable: M
Method: ML - ARCH (Marquardt) - Normal distribution
Date: 11/26/12   Time: 14:18
Sample: 10/19/2005 9/01/2009
Included observations: 1010
Convergence achieved after 20 iterations
Presample variance: backcast (parameter = 0.7)
GARCH = C(2) + C(3)*RESID(-1)^2 + C(4)*RESID(-1)^2*(RESID(-1)<0) +
         C(5)*GARCH(-1)

Variable	Coefficient	Std. Error	z-Statistic	Prob.
C	0.001886	0.000549	3.436381	0.0006
Variance Equation				
C	3.31E-06	1.42E-06	2.325782	0.0200
RESID(-1)^2	0.071655	0.016031	4.469672	0.0000
RESID(-1)^2*(RESID(-1)<0)	0.007883	0.017185	0.458708	0.6464
GARCH(-1)	0.921219	0.009532	96.64051	0.0000
R-squared	-0.000855	Mean dependent var		0.001262
Adjusted R-squared	-0.000855	S.D. dependent var		0.021344
S.E. of regression	0.021353	Akaike info criterion		-5.033339
Sum squared resid	0.460060	Schwarz criterion		-5.008994
Log likelihood	2546.836	Hannan-Quinn criter.		-5.024091
Durbin-Watson stat	1.988576			

图 11-24   估计结果

Dependent Variable: M
Method: ML - ARCH (Marquardt) - Normal distribution
Date: 11/26/12   Time: 14:19
Sample: 10/19/2005 9/01/2009
Included observations: 1010
Convergence achieved after 15 iterations
Presample variance: backcast (parameter = 0.7)
GARCH = C(2) + C(3)*RESID(-1)^2 + C(4)*RESID(-1)^2*(RESID(-1)<0) +
         C(5)*RESID(-2)^2*(RESID(-2)<0) + C(6)*GARCH(-1)

Variable	Coefficient	Std. Error	z-Statistic	Prob.
C	0.001871	0.000544	3.436709	0.0006
Variance Equation				
C	2.37E-06	1.22E-06	1.945749	0.0517
RESID(-1)^2	0.068564	0.014882	4.607114	0.0000
RESID(-1)^2*(RESID(-1)<0)	0.077421	0.044550	1.737828	0.0822
RESID(-2)^2*(RESID(-2)<0)	-0.076901	0.042124	-1.825592	0.0689
GARCH(-1)	0.930442	0.009347	99.54070	0.0000
R-squared	-0.000815	Mean dependent var		0.001262
Adjusted R-squared	-0.000815	S.D. dependent var		0.021344
S.E. of regression	0.021353	Akaike info criterion		-5.034090
Sum squared resid	0.460042	Schwarz criterion		-5.004876
Log likelihood	2548.216	Hannan-Quinn criter.		-5.022992
Durbin-Watson stat	1.988655			

图 11-25   估计结果

重新估计的 TGARCH 模型出现了两个非对称门限 RESID(-1)^2(RESID(-1)<0) 和 RESID(-2)^2(RESID(-2)<0)。两个非对称门限的概率 P 值分别为 0.0822 和 0.0689，在 10% 的显著水平下都显著，因此修正后的 TGARCH 模型同样认为该股票收益率存在显著非对称效应。本案例估计 PGARCH 模型的方差方程公式为：

$$\sigma^2_t = -0.000023 + 0.068u_{t-1} + 0.077u^2_{t-1}I_{t-1} - 0.0769u^2_{t-1} + 0.93\sigma^2_{t-1} \tag{11.23}$$

建立合适的非对称 GARCH 模型后，读者可以自行根据 11.2 节中的绘制条件方差的方法，仔细绘制该股票收益率的条件方差并分析该股票的投资风险。

上机题

	光盘：\录像\第 11 章\上机题\……
	光盘：\上机题\第 11 章\习题\……

1. 为了研究我国人口增长的相关规律，研究者收集了 1949—2001 年中国人口时间序列数据如表 11-3 所示。

表 11-3 中国人口时间序列数据（单位：亿人）

年 份	人口 y_t	年 份	人口 y_t	年 份	人口 y_t	年 份	人口 y_t	年 份	人口 y_t
1949	5.4167	1960	6.6207	1971	8.5229	1982	10.159	1993	11.8517
1950	5.5196	1961	6.5859	1972	8.7177	1983	10.2764	1994	11.985
1951	5.63	1962	6.7295	1973	8.9211	1984	10.3876	1995	12.1121
1952	5.7482	1963	6.9172	1974	9.0859	1985	10.5851	1996	12.2389
1953	5.8796	1964	7.0499	1975	9.242	1986	10.7507	1997	12.3626
1954	6.0266	1965	7.2538	1976	9.3717	1987	10.93	1998	12.4761
1955	6.1465	1966	7.4542	1977	9.4974	1988	11.1026	1999	12.5786
1956	6.2828	1967	7.6368	1978	9.6259	1989	11.2704	2000	12.6743
1957	6.4653	1968	7.8534	1979	9.7542	1990	11.4333	2001	12.7627
1958	6.5994	1969	8.0671	1980	9.8705	1991	11.5823		
1959	6.7207	1970	8.2992	1981	10.0072	1992	11.7171		

由以下数据：

（1） 画时间序列图；

（2） 求中国人口序列的相关图和偏相关图，识别模型形式；

（3） 估计时间序列模型；

（4） 样本外预测。

2. 保险业的发展是经济发展的重要表现，同时也是经济发展的重要推动力。为了研究保险业发展和人口的关系，研究者收集了 1967—1998 年天津市保费收入（ y_t ，万元）和人口（ x_t ，万人）数据见表 11-4 所示。

表 11-4 天津市保费收入（ y_i ）和人口（ x_i ）数据

年 份	y_t（万元）	x_t（万人）	年 份	y_t（万元）	x_t（万人）
1967	259	649.72	1983	5357	785.28
1968	304	655.04	1984	6743	795.52
1969	313	650.75	1985	8919	804.8
1970	315	652.7	1986	14223	814.97
1971	322	663.41	1987	19007	828.73
1972	438	674.65	1988	23540	839.21
1973	706	683.31	1989	29264	852.35
1974	624	692.47	1990	34327	866.25
1975	632	702.86	1991	39474	872.63
1976	591	706.5	1992	49624	878.97
1977	622	712.87	1993	67412	885.89
1978	806	724.27	1994	100561	890.55
1979	1172	739.42	1995	123655	894.67
1980	2865	748.91	1996	171768	898.45
1981	4223	760.32	1997	243377	899.8
1982	5112	774.92	1998	271654	905.09

（1）建立半对数模型；

（2）检验模型误差项是否存在自相关，是否存在自相关函数拖尾?

3. 受到通货膨胀预期、欧元区经济危机、黄金消费高峰期等因素影响，黄金这个去年连续牛市的贵重金属投资产品，今年再次成为市民投资的热点话题。为了研究分析黄金价格走势规律和准确预测黄金价格走势，研究者收集了黄金价格的银行报价数据，部分原始数据如表 11-5 所示。

表 11-5　2005 年 1 月至 6 月黄金价格数据

日　期	价　格	日　期	价　格	日　期	价　格	日　期	价　格
2005-1-3	449	2005-2-22	433	2005-4-11	434	2005-5-26	423
2005-1-4	441	2005-2-23	437	2005-4-12	435	2005-5-27	423
2005-1-5	439	2005-2-24	436	2005-4-13	434	2005-5-30	423
2005-1-6	440	2005-2-25	435	2005-4-14	435	2005-5-31	423
2005-1-7	438	2005-3-1	437	2005-4-15	432	2005-6-1	421
2005-1-10	435	2005-3-2	433	2005-4-18	432	2005-6-2	421
2005-1-11	435	2005-3-3	428	2005-4-19	435	2005-6-3	427
2005-1-12	437	2005-3-4	428	2005-4-20	439	2005-6-6	426
2005-1-13	439	2005-3-7	432	2005-4-21	441	2005-6-7	428
2005-1-14	436	2005-3-8	432	2005-4-22	438	2005-6-8	427
2005-1-17	433	2005-3-9	436	2005-4-25	439	2005-6-9	427
2005-1-18	432	2005-3-10	435	2005-4-26	439	2005-6-10	427
2005-1-19	434	2005-3-11	437	2005-4-27	441	2005-6-13	429
2005-1-20	433	2005-3-14	440	2005-4-28	438	2005-6-14	432
2005-1-21	432	2005-3-15	437	2005-4-29	436	2005-6-15	432
2005-1-24	438	2005-3-16	439	2005-5-3	433	2005-6-16	433
2005-1-25	438	2005-3-17	441	2005-5-4	431	2005-6-17	439
2005-1-26	434	2005-3-18	439	2005-5-5	432	2005-6-20	442
2005-1-27	437	2005-3-21	440	2005-5-6	432	2005-6-21	442
2005-1-28	437	2005-3-22	436	2005-5-9	428	2005-6-22	442
2005-1-31	436	2005-3-23	432	2005-5-10	429	2005-6-23	442

（1）观察国际黄金价格的整体变动趋势。

（2）对黄金价格序列建立合适的 ARIMA 模型进行拟合。

（3）提取 ARIMA 模型的残差序列，绘制残差时序图并判断是否具有 GARCH 效应。

（4）如果具有 GARCH 效应，在 ARIMA 基础上建立 GARCH 模型。

4. 利用期货对现货进行套期保值，这一直是我国沪深 300 指数期货推出的主要原因之一。进行期货套期保值操作，最为重要的是估计套期保值比率，即资产组合中期货价值与现货价值的比例。为了研究沪深 300 股指期货与现货的套期保值比例，研究者搜集了一系列沪深 300 股指与股指期货的数据，部分原始数据如表 11-6 所示。

表 11-6　2009 年 6 月至 8 月沪深 300 股指与股指期货数据

日　　期	期货价格	沪深 300 指数	日　　期	期货价格	沪深 300 指数
2009-6-30	3131.2	3166.47	2009-7-30	3604	3634.82
2009-7-1	3192.8	3237.9	2009-7-31	3691.2	3734.62
2009-7-2	3206	3282.36	2009-8-3	3786	3787.03
2009-7-3	3249	3327.14	2009-8-4	3797	3786.62
2009-7-6	3241.2	3374.75	2009-8-5	3757	3740.94
2009-7-7	3257.8	3340.49	2009-8-6	3711	3663.12
2009-7-8	3272	3352.27	2009-8-7	3620	3555.1
2009-7-9	3344	3396.3	2009-8-10	3614.6	3544.54
2009-7-10	3359	3398.31	2009-8-11	3631.2	3556.38
2009-7-13	3322.4	3361.01	2009-8-12	3400	3397.4
2009-7-14	3404.4	3454.75	2009-8-13	3474.2	3440.82
2009-7-15	3460	3493.31	2009-8-14	3416	3344.46
2009-7-16	3469.8	3501.24	2009-8-17	3195.4	3140.27
2009-7-17	3510.6	3519.81	2009-8-18	3217.6	3171.99
2009-7-20	3625	3591.12	2009-8-19	3034	3014.57
2009-7-21	3593	3539.83	2009-8-20	3163	3144.39
2009-7-22	3631	3606.92	2009-8-21	3181	3203.62
2009-7-23	3611	3651.97	2009-8-24	3215	3229.6
2009-7-24	3636	3667.56	2009-8-25	3155	3109.83
2009-7-27	3718	3743.63	2009-8-26	3217.6	3172.39
2009-7-28	3719	3755.82	2009-8-27	3206	3156.3
2009-7-29	3532	3558.51	2009-8-28	3080	3046.78

（1）　对沪深 300 股指期货与现货价格序列进行单位根检验，确定是否为平稳序列。

（2）　观察并判断指数期货与现货之间是否存在稳定的关系。

（3）　如果存在协整关系，尝试建立沪深 300 股指期货与现货价格的回归模型，估计相应的套期保值比率。

（4）　检验上述回归模型的残差是否存在 ARCH 效应，如果存在该效应，根据本章的知识做出合理的调整和分析。

5. 证券市场股票收益率序列普遍存在非对称效应，研究者搜集了大同煤业股票从上市以来的共 918 个交易日的收益率数据。其中，股票收益率数据来源于大智慧软件，并经过作者的初步处理。部分相关数据如表 11-7 所示。

表 11-7　大同煤业股票上市 918 个交易日的收益率数据

日　　期	收盘价（元）	日　　期	收盘价（元）	日　　期	收盘价（元）
2006-6-23	11.04	2006-7-28	9	2006-9-1	8.13
2006-6-26	10.02	2006-7-31	8.45	2006-9-4	8.22
2006-6-27	10.24	2006-8-1	8.43	2006-9-5	8.17
2006-6-28	10.15	2006-8-2	8.86	2006-9-6	8.23
2006-6-29	10.39	2006-8-3	8.66	2006-9-7	8.1
2006-6-30	10.22	2006-8-4	8.26	2006-9-8	8.1
2006-7-3	10.24	2006-8-7	8.27	2006-9-11	8.12

日　　期	收盘价（元）	日　　期	收盘价（元）	日　　期	收盘价（元）
2006-7-4	10.35	2006-8-8	8.43	2006-9-12	8.4
2006-7-5	10.09	2006-8-9	8.34	2006-9-13	8.4
2006-7-6	10.49	2006-8-10	8.45	2006-9-14	8.32
2006-7-7	10.33	2006-8-11	8.44	2006-9-15	8.64
2006-7-10	10.36	2006-8-14	8.15	2006-9-18	8.71
2006-7-11	10.44	2006-8-15	8.36	2006-9-19	8.59
2006-7-12	10.68	2006-8-16	8.46	2006-9-20	8.48
2006-7-13	10.11	2006-8-17	8.37	2006-9-21	8.44
2006-7-14	10.13	2006-8-18	8.26	2006-9-22	8.23
2006-7-17	10.23	2006-8-21	8.21	2006-9-25	7.82
2006-7-18	10.16	2006-8-22	8.23	2006-9-26	7.76
2006-7-19	9.59	2006-8-23	8.15	2006-9-27	7.81
2006-7-20	9.64	2006-8-24	8.29	2006-9-28	7.88
2006-7-21	9.58	2006-8-25	8.34	2006-9-29	7.89
2006-7-24	9.2	2006-8-28	8.52	2006-10-9	7.93
2006-7-25	9.3	2006-8-29	8.48	2006-10-10	7.97
2006-7-26	9.21	2006-8-30	8.52	2006-10-11	7.94
2006-7-27	9.21	2006-8-31	8.3	2006-10-12	7.96
2006-7-28	9	2006-9-1	8.13	2006-10-13	7.98
2006-7-31	8.45	2006-9-4	8.22	2006-10-16	8

（1）　绘制大同煤业的收益率数据走势，从图形上判断是否存在 ARCH 效应。

（2）　利用 ARCH LM 检验判断大同煤业的收益率数据是否存在 ARCH 效应。

（3）　对大同煤业的收益率数据进行拟合 GARCH 模型，其中均值方程中只含有截距项作为唯一的回归项。

（4）　利用大同煤业的收益率数据建立 EGARCH 模型，其中均值方程中只含有截距项作为唯一的回归项。

（5）　利用大同煤业的收益率数据建立 PGARCH 模型，其中均值方程中只含有截距项作为唯一的回归项。

第 12 章　面板数据模型与混合横截面模型的估计

面板数据（panel data）也称时间序列截面数据（time series and cross section data）或混合数据（pool data）。面板数据是同时在时间和截面空间上取得的二维数据。面板数据模型能够同时反映变量在截面和时间二维空间上的变化规律和特征，具有纯时间序列数据和纯截面数据所不可比拟的诸多优点，例如，可以扩大样本容量，控制个体的异质性，控制内生性问题，增加自由度从而提高参数估计的有效性，以及用于构造更复杂的行为模型等。因此，面板数据被广泛地应用于研究消费结构、经济增长、技术进步、溢出效应等经济问题的建模实践中。

12.1　面板数据的组织

面板数据是同时包含若干个体成员和时期的二维数据，因此对于面板数据的组织需要同时对截面和时刻的观测进行组织。EViews 提供了合成数据对象（Pool）或含有面板数据结构类型的工作文件两种组织面板数据的方式，本节主要介绍这两种面板数据组织方式的 EViews操作。

12.1.1　背景知识

面板数据同时包含时间序列和截面空间两个维度的信息，是时间序列数据和截面数据的混合。表 12-1 给出了面板数据的一个实例，为西南 3 省市 2007—2009 年的人均食品消费。

表 12-1　西南 3 省市人均食品消费

	四　川	重　庆	云　南
2007	2082.18	2337.65	2105.66
2008	2156.16	2418.96	2423.40
2009	2240.65	2702.34	2506.62

面板数据从固定时间的截面上观察，是由若干个体构成的截面观测值，而从固定截面成员的时序变化上来观察，它是一个时间序列。面板数据的观测值使用双下标变量表示。例如

$$x_{it}, \quad i = 1, 2, \cdots, N; t = 1, 2, \cdots, T$$

其中，$i = 1, 2, \cdots, N$ 表示个体成员，$t = 1, 2, \cdots, T$ 代表时间跨度。

12.1.2　面板数据组织的 EViews 操作

EViews 对面板数据模型和混合横截面模型的估计是通过含有合成数据对象（Pool）或含有面板数据结构类型的工作文件实现的，在进行面板数据模型和混合横截面模型估计之前，需要先建立一个 Pool 对象或含有面板数据结构类型的工作文件并输入数据，其中最为常用

的做法是通过 Pool 对象来进行面板数据和混合横截面模型的估计，本书将重点对 Pool 对象的建立进行讲解，含有面板数据结构类型的工作文件在实际中应用较少，本书仅对其做简要提示。

1. Pool 对象的建立

本节结合一个实际案例来讲解 Pool 对象的建立。案例的数据为 2000—2002 年北京、上海和浙江的居民家庭人均消费和收入的数据（不变价格），研究者希望利用面板数据分析消费和收入的互动关系，因此需要首先建立 Pool 对象。本书利用该数据为例，讲解建立 Pool 对象的相关操作。实验案例所用数据文件路径为 sample/chap2/案例 12.1，原始数据如表 12-2 所示。

表 12-2　3 省市人均消费和收入数据

人均消费	消　费			收　入		
	2000	2001	2002	2000	2001	2002
上海	7292.3	7554.82	7979.162	8407.11	8990.35	9568.728
北京	6203.048	6807.451	7453.757	8206.271	8654.433	10473.12
浙江	4853.441	5197.041	5314.521	5522.762	6094.336	6665.005

（1）　创建新的工作文件并指定数据的时间跨度

在 EViews 主窗口的菜单栏中依次选择 New|Workfile 命令，打开如图 12-1 所示的 Workfile Create 对话框，分别在 Date specifition 选项组下的 Start date 和 End date 输入框中输入观测数据的时间起止点 2000 和 2002，单击 OK 按钮，打开如图 12-2 所示的 Workfile 窗口。

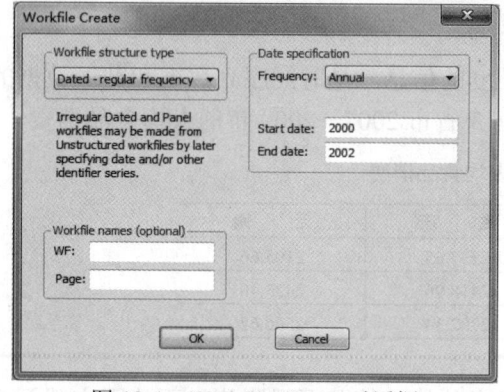

图 12-1　Workfile Create 对话框

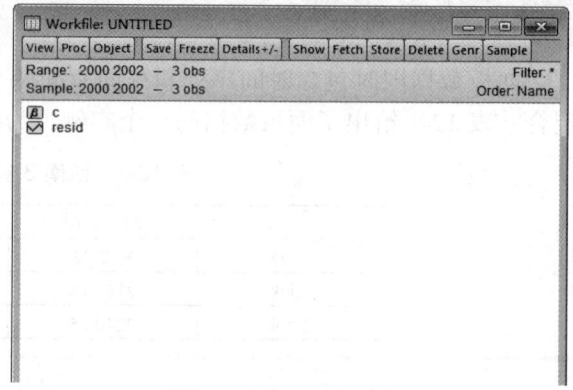

图 12-2　Workfile 窗口

（2）　建立新的 Pool 对象

在图 12-2 所示的 Workfile 窗口中，单击 Object 按钮并选择 New object 命令，打开如图 12-3 所示的 New object 对话框，在 Type of object 选项组中选择 Pool 选项，并在 Name for object 输入框中输入对象的名称 Pool。

（3）　指定截面成员

在图 12-3 所示的 New object 对话框中单击 OK 按钮，打开如图 12-4 所示的 Pool 窗口，在 Cross Section Identifiers: (Enter identifiers below this line)提示下方的空白区域中输入截面成员的识别名称 SH、BJ 和 ZJ，各截面成员的识别名称以空格或换行分隔。

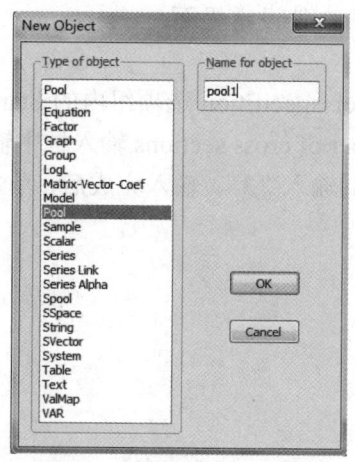

图 12-3　New object 对话框

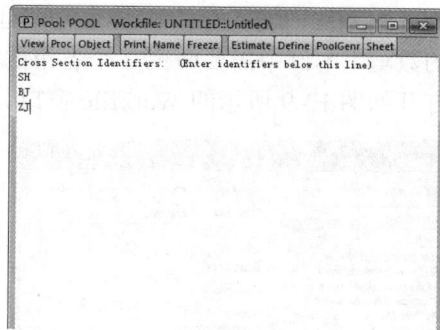

图 12-4　Pool 窗口

（4）　观测变量序列的建立

在图 12-4 所示的 Pool 窗口中，单击 Sheet 按钮，打开如图 12-5 所示的 Series List 对话框，在 List of ordinary and pool series 输入框中输入观察变量的名称 C?、I?，分别代表消费和收入。对于 Pool 对象，序列名后必须加？作为占位符。设定完成后，单击 OK 按钮，转换到如图 12-6 所示的 Pool 窗口的数据表格形式。

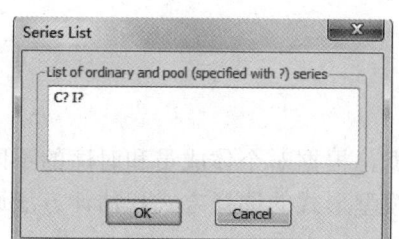

图 12-5　Series List 对话框

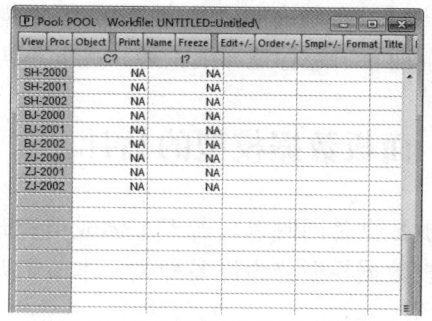

图 12-6　Pool 窗口的数据表格形式

在 Pool 窗口的数据表格形式下，用户单击 Edit+/- 按钮即可转换为数据输入模式进行数据输入，输入完成后的数据文件如图 12-7 所示。

obs	C?	I?
obs	C?	I?
SH-2000	6203.048	4542.340
SH-2001	6807.451	5656.540
SH-2002	7453.757	4343.546
BJ-2000	4203.555	6564.340
BJ-2001	7292.300	5634.560
BJ-2002	7554.820	3431.700
ZJ-2000	5197.041	4546.534
ZJ-2001	5314.521	3245.641
ZJ-2002	3451.456	6452.678

图 12-7　输入完成后的数据文件

2.　面板数据类型的工作文件的建立

（1）　打开面板数据工作文件设定界面

打开如图 12-1 所示的 Workfile Create 对话框，在 Workfile structure type 选项组中选择

Balanced panel 选项，打开为如图 12-8 所示的面板数据工作文件设定界面。

（2） 设定时间跨度和截面成员信息

在图 12-8 所示的面板数据工作文件设定界面中的 Panel specifition 选项组内的 Start date 和 End date 输入框中输入观测数据的时间起止点，在 Number of cross sections 输入框中输入截面成员的数量，本例中需要研究 3 个省市的数据，因此我们输入 "3"。输入完成后，单击 OK 按钮，打开如图 12-9 所示的 Workfile 窗口。

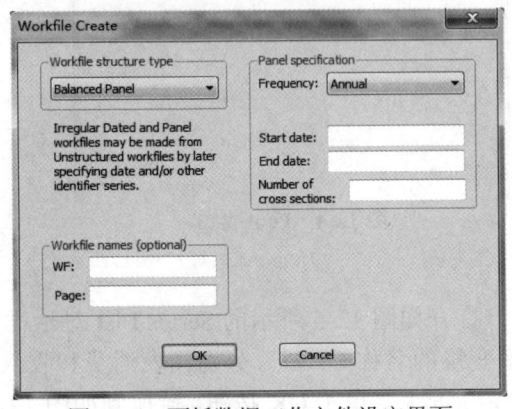

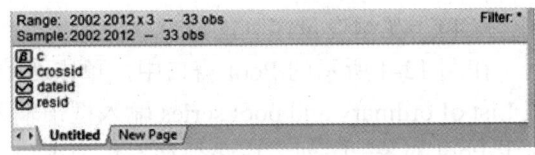

图 12-8　面板数据工作文件设定界面　　　图 12-9　面板数据类型工作文件的 Workfile 窗口

用户只需要在该窗口中建立相应的变量序列便可实现面板数据的组织，变量序列的建立在本书前面章节进行过详细论述，在此不再赘述。

12.2　面板数据模型的估计

面板数据是同时包含若干个体成员和时期的二维数据，根据对个体成员和时序的不同假定，面板数据模型分为许多种类，本节主要对面板数据模型形式的选择方式和估计方法进行简要介绍。

12.2.1　背景知识

本节主要介绍变截距模型和变系数模型的估计方法和模型形式设定的 Hausman 检验。

1.　变截距模型

根据对截面个体影响形式的不同设定，变截距模型分为固定效应变截距模型和随机效应变截距模型。

（1） 固定效应变截距模型

固定效应模型假设模型中不随时间变化的非观测效应与误差项相关，固定效应模型的表达式如公式（12.1）所示。

$$y_{it} = \alpha_i + \sum_{i=1}^{k} \beta_i x_{it} + v_{it} \tag{12.1}$$

其中，$i = 1, 2, \cdots, N$ 表示个体成员，$t = 1, 2, \cdots, T$ 代表时间跨度。

模型中不随时间变化的非观测效应 α_i 与误差项 v_{it} 相关。同时，$\alpha_i = \bar{\alpha} + \alpha^*$，其中 $\bar{\alpha}$ 代表均

值截距项，该项在不同的截面成员时间是相同的，α^* 代表截面个体成员截距项，表示个体成员的截距对整体截距的偏离。

对于固定效应模型，通常的处理方法是准差分处理后使用 OLS 估计方法或使用最小二乘虚拟变量法（LSDV）进行估计；如果其误差项 v_{it} 不满足相互独立和同方差假定，则需要使用 GLS 进行估计。

（2）随机效应变截距模型

随机效应模型假设模型中不随时间变化的非观测效应与误差项相关，即随机效应模型的表达式如公式（12.2）所示。

$$y_{it} = \alpha + \sum_{i=1}^{k} \beta_i x_{it} + u_i + v_{it} \qquad (12.2)$$

其中，$i = 1, 2, \cdots, N$ 表示个体成员，$t = 1, 2, \cdots, T$ 代表时间跨度。

模型中不随时间变化的非观测效应 u_i 与随机误差项 v_{it} 不相关。因此，随机效应模型也可以写成公式（12.3）的形式。

$$y_{it} = \alpha_i + \sum_{i=1}^{k} \beta_i x_{it} + \delta_{it} \qquad (12.3)$$

其中，$\delta_{it} = u_i + v_{it}$ 为复合扰动项。

对于随机效应模型，虽然假定模型中不随时间变化的非观测效应 u_i 与随机误差项 v_{it} 不相关，但是由于 u_i 的存在，同一个体不同时间的扰动项一般存在相关性问题。所以，对于随机效应模型，一般使用 GLS 进行估计。

（3）模型形式设定检验——Hausman 检验

Hausman 检验用于确定选择固定效应模型还是随机效应模型。其原假设为：内部估计量（最小二乘虚拟变量法（LSDV））和 GLS 得出的估计量均是一致的，但是内部估计量不是有效的。

因此在原假设下，$\hat{\beta}_w$ 与 $\hat{\beta}_{\mathrm{GLS}}$ 之间的绝对值差距应该不大，而且应该随样本的增加而缩小，并渐进趋近于 0。而在备择假设下，这一点不成立。Hausman 利用这个统计特点建立了如公式（12.4）所示的检验统计量：

$$W = (\hat{\beta}_w - \hat{\beta}_{\mathrm{GLS}})' \Sigma_\beta^{-1} (\hat{\beta}_w - \hat{\beta}_{\mathrm{GLS}}) \qquad (12.4)$$

Hausman 检验统计量渐进服从于自由度为 K 的卡方分布。

2. 变系数模型

变系数模型应用于不同个体的结构参数不同的情况，变系数模型的形式如公式（12.5）所示。

$$y_{it} = \alpha_i + \sum_{i=1}^{k} \beta_{it} x_{it} + \delta_{it} \qquad (12.5)$$

其中，$i = 1, 2, \cdots, N$ 表示个体成员，$t = 1, 2, \cdots, T$ 代表时间跨度，变系数模型假定系数 β_{1t}，

$\beta_{2t}\cdots\beta_{kt}$ 和截距 α_i 在各截面个体成员之间均不相同。与变截距模型一样，变系数模型也分为固定效应和随机效应两种形式。

<h3>12.2.2 变截距模型估计的 EViews 操作</h3>

EViews 的 Pool Estimate 模块不但可以方便地进行固定效应模型和随机效应变截距模型的估计，还内置了模型形式选择的 Hausman 检验。本节将结合一个实际案例，讲解变截距模型估计的 EViews 操作。

1. 案例问题的描述与数据准备

我国企业资本结构对企业利润率的影响一直是学术界和业界关注的焦点。本案例获取了 7 个省市 2006—2008 年的数据，研究企业资产负债率的影响因素。建立如下变量：利润率（P）、资产负债率（DM）、固定资产/总资产（PPEA）、税前利润/总资产（EBITA），数据来源于 WIND 资讯并经过作者初步整理，实验案例所用数据文件路径为：sample/chap11/案例 11.2，数据文件如表 12-3 所示。

表 12-3　案例 12.2 的部分数据

行　业	时　间	P	DM	PPEA	EBITA
北京	2008	0.330255	1.700572	0.319605	0.048148
	2007	0.206856	2.836762	0.318841	0.053672
	2006	0.356819	1.61134	0.33968	0.028305
江苏	2008	0.18765	1.726637	0.27751	0.143557
	2007	0.058346	5.54536	0.309599	0.176191
	2006	0.752944	0.475825	0.347258	0.202632
浙江	2008	0.377001	1.446836	0.47953	0.041556
	2007	0.169374	3.215643	0.473016	0.10502
	2006	0.315258	1.723834	0.516689	0.101456
山东	2008	0.583368	1.012014	0.466828	0.045638
	2007	0.264332	2.134738	0.441223	0.094894
	2006	0.451976	1.212039	0.480204	0.094172
河南	2008	0.356511	1.42094	0.357046	0.046516
	2007	0.108648	4.490673	0.351599	0.146214
	2006	0.431058	1.179349	0.38601	0.17271
福建	2008	0.635556	1.200687	0.147833	0.039877
	2007	0.401856	1.875809	0.160701	0.060963
	2006	0.73942	1.107298	0.1953	0.047678
广东	2008	0.393138	1.585007	0.160127	0.060533
	2007	0.197608	2.990869	0.162281	0.084599
	2006	0.382438	1.542007	0.178275	0.07348

2. 建立 pool 对象

在估计变截距模型之前，需要先建立一个 Pool 对象，Pool 对象的建立方法本书 12.1 节已经进行了详细介绍，在此不再赘述。Pool 对象建立完成并输入数据后，系统显示如图 12-10 所示的窗口，其中变量建立如下：P？、DM？、PPEA？和 EBITA？分别代表利润率、资产负债率、固定资产/总资产和税前利润/总资产。

3. 模型设定形式的 Hausman 检验

EViews 中 Hausman 检验统计量的计算需要以随机效应模型的估计结果为基础。因此，模型设定形式的 Hausman 检验需要分为两步进行：第一步是估计随机效应模型；第二步是计算相应的检验统计量和伴随概率。

（1）随机效应模型的估计

随机效应模型估计的主要步骤有以下两步。

第一步，在图 12-10 所示的窗口中单击 Proc 按钮并选择 Estimate 命令，打开如图 12-11 所示的 Pool Estimation 对话框。

obs	P?	DM?	PPEA?	EBITA?
BJ-2006	0.356819	0.574956	1.611341	0.339680
BJ-2007	0.206856	0.586801	2.836762	0.318841
BJ-2008	0.330255	0.561622	1.700572	0.319606
JS-2006	0.752944	0.358269	0.475825	0.347258
JS-2007	0.058346	0.323550	5.545360	0.309599
JS-2008	0.187650	0.324004	1.726637	0.277510
ZJ-2006	0.315258	0.543453	1.723834	0.516689
ZJ-2007	0.169375	0.544648	3.215643	0.473016
ZJ-2008	0.377001	0.545458	1.446836	0.479531
SD-2006	0.451976	0.547813	1.212039	0.480205
SD-2007	0.264332	0.564279	2.134737	0.441223
SD-2008	0.583368	0.590377	1.012014	0.466828
HN-2006	0.431058	0.508368	1.179349	0.386010
HN-2007	0.108648	0.487904	4.490673	0.351599
HN-2008	0.356512	0.506581	1.420940	0.357046
FJ-2006	0.739420	0.818759	1.107298	0.195300
FJ-2007	0.401856	0.753806	1.875809	0.160701
FJ-2008	0.635557	0.763104	1.200687	0.147834
GD-2006	0.382438	0.589723	1.542006	0.178275
GD-2007	0.197608	0.591020	2.990870	0.162281
GD-2008	0.393138	0.623127	1.585007	0.160127

图 12-10　输入数据后的 Pool 窗口

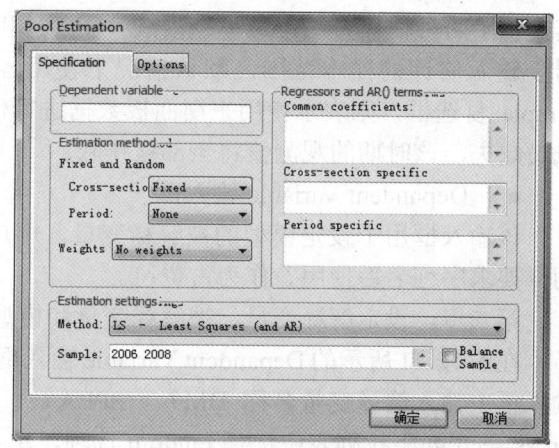

图 12-11　Pool Estimation 对话框

Pool Estimation 对话框是建立面板数据回归模型和混合横截面模型的主要设定窗口，该对话框有 4 个选项组组成。

- **Regressors and AR terms 选项组**

该选项组用于指定面板数据模型的解释变量，包括 3 个输入框，分别用不同变量设定模型的估计，其中输入的序列名后必须加？作为占位符，各输入框的含义如表 12-4 所示。

表 12-4　Regressors and AR terms 选项组中各输入框的含义

输入框名称	含　义
Common coefficients	该输入框中输入的变量对所有个体截面成员具有相同的系数，用于变截距模型
Cross-section specifics	该输入框中输入的变量对每个截面成员具有不同的系数，用于个体变系数模型
Period specific	该输入框中输入的变量对于不同的时期具有不同的系数，用于时刻变系数模型

- **Estimation method 选项组**

该选项组用于设定面板数据模型的估计形式和模型估计的权重，包括 Cross-section、Period 和 Weights 3 个下拉列表。

Cross-section 下拉列表框用于设定个体效应模型的估计形式，其中：none 表示不存在截面效应，Fixed 表示存在固定效应，Random 表示存在随机效应；Period 下拉列表框用于设定时刻效应的估计形式，其内容与 Cross-section 下拉列表框完全相同。

Weights 下拉列表框用于选择面板数据估计的权重，各选项的含义如表 12-5 所示。

表 12-5　Weights 下拉列表框各选项的含义

选　项	含　义
NO weights	无加权估计
Cross-section Weights	表示使用截面加权 GLS 估计法，用于截面误差项存在异方差的情况
Cross-section SUR	表示使用截面加权 SUR 估计法，用于同时存在截面异方差和同期相关的情况
Period Weights	表示使用时期加权的 GLS 估计法，用于随机误差项存在时期异方差的情况
Period SUR	表示使用时期加权的 SUR 估计法，用于同时存在时期异方差和同期相关的情况

● Estimation settings 选项组

该选项组主要用于设定估计方法和样本范围。其中 Method 下拉列表用于选择估计方法，其提供了两种估计方法：最小二乘法（OLS）和二阶段最小二乘法（TSLS）；Sample 输入框用于输入估计的样本范围，默认情况下使用各截面成员中的最大样本值；如勾选 Balance sample 复选框，则表示使用平衡面板数据进行估计。如果某一时期的观测值对任何一个截面成员缺失，该时期的观测值将全部被排除。

● Depandent Variable 输入框

该输入框用于设定模型的被解释变量，用户只要输入被解释变量序列名即可，该输入框同样要求序列名后使用？作为占位符。

第二步，设定解释变量、被解释变量和模型形式。

在图 12-11 所示的 Depandent Variable 输入框中输入被解释变量 P？；在 Common coefficients 输入框中输入解释变量名称 DM？、PPEA？、EBITA？；在 Estimation method 选项组下的 Cross-section 下拉列表中选择 random 选项，单击确定按钮输出如图 12-12 所示的随机效应模型输出结果窗口。

```
Dependent Variable: P?
Method: Pooled EGLS (Cross-section random effects)
Date: 11/26/12   Time: 19:40
Sample: 2006 2008
Included observations: 3
Cross-sections included: 7
Total pool (balanced) observations: 21
Swamy and Arora estimator of component variances
```

Variable	Coefficient	Std. Error	t-Statistic	Prob.
C	0.331711	0.208368	1.591946	0.1298
DM?	0.428363	0.260619	1.643632	0.1186
EBITA?	0.065248	0.259245	0.251685	0.8043
PPEA?	-0.112499	0.015231	-7.386238	0.0000
Random Effects (Cross)				
BJ–C	-0.047806			
JS–C	0.086694			
ZJ–C	-0.047609			
SD–C	-0.005639			
HN–C	-0.003701			
FJ–C	0.049490			
GD–C	-0.031429			

图 12-12　随机效应模型输出结果

（2）　Hausman 检验统计量和伴随概率的计算

EViews 内置了 Hausman 检验的相应模块，用户通过菜单操作便可完成 Hausman 检验统计量和伴随概率的计算，具体方法如下。

在如图 12-12 所示的随机效应模型输出结果窗口单击 View 按钮并依次选择 Fixed|random effect test|correlated random effects-Hausman test 命令，即可得到如图 12-13 所示的 Hausman 检验的输出结果，完成 Hausman 检验统计量和伴随概率的计算。

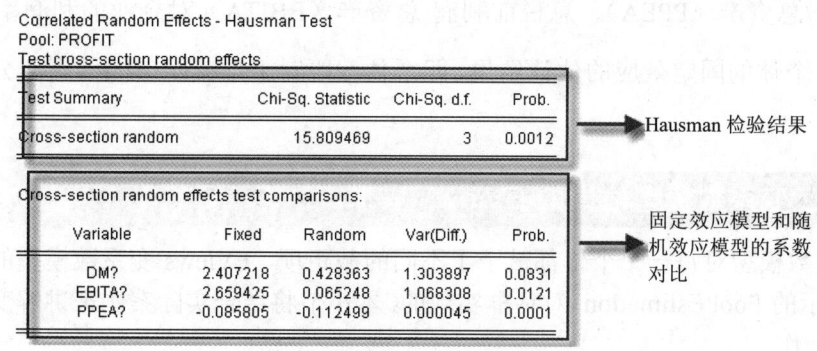

图 12-13　Hausman 检验的输出结果

通过图 12-13，可以看出 Hausman 检验的检验统计量为 15.809469，伴随概率为 0.012。因此，我们拒绝固定效应模型与随机效应模型不存在系统差异的原假设，建立固定效应模型。

4. 固定效应模型的估计

通过上一步进行的模型设定形式检验，拒绝了固定效应模型与随机效应模型不存在系统差异的原假设，因此需要建立固定效应模型进行估计。与随机模型相同，固定效应模型的估计也是通过如图 12-11 所示的 Pool Estimation 对话框实现的。固定效应模型估计的相应设置如下。

① 在 Dependent Variable 输入框中输入待模型的被解释变量，本例中输入 P?。

② 在 Regressors and AR terms 选项组下的 Common coefficients 输入框中输入解释变量名称，本例中输入 DM?、PPEA?、EBITA?。

③ 选择估计形式。本例中需要在 Estimation method 选项组下的 Cross-section 下拉列表中选择 fixed 选项，表示估计固定效应。

设置完成后，单击确定按钮，输出如图 12-14 所示的固定效应模型估计结果。

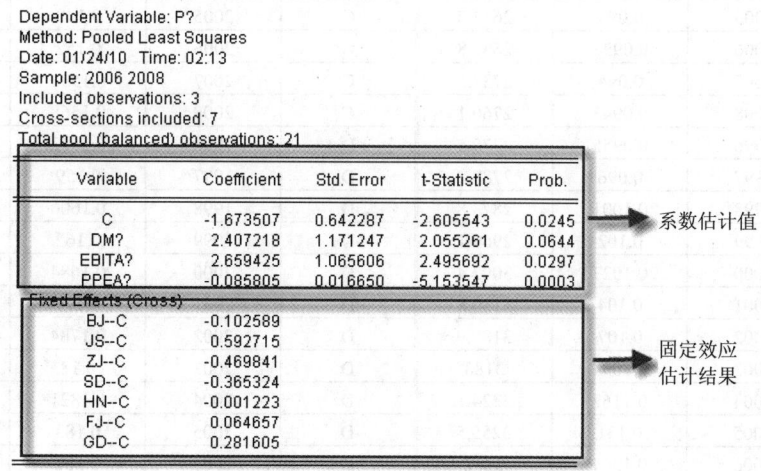

图 12-14　固定效应模型估计结果

图 12-14 给出了固定效应模型估计结果，我们可以看出模型的结果主要分为两个部分，一是各个系数的估计值、标准误差、T 统计量和伴随概率，我们可以发现资产负债率（DM）、

固定资产/总资产（PPEA）、息税前利润/总资产（EBITA）对企业的利润率有显著的影响；二是每个个体的固定效应的估计结果，即个体截距对平均截距值的偏离部分（模型的中 α_i^* 部分）。

12.2.3 变系数模型估计的 EViews 操作

变系数模型对每一个个体都赋予了不同的截距项，EViews 变系数模型的估计也是通过图 12-11 所示的 Pool Estimation 对话框实现的。本小节将结合实际案例来讲解变系数模型估计的 EViews 操作。

1. 案例问题的描述与数据准备

人力资本理论认为，人力资本的累积会对收入产生正向的影响。研究者在 4 个经济水平不同的地区进行了连续观察，获得了 1996—2008 年的连续观测数据。变量建立如下：SR，代表该地区人均纯收入；RLZB，高中以上学历的人口所占的比重，该比值越高表示人力资本的累积越高。本例通过构建固定效应变系数模型，来验证这一结论。实验案例所用数据文件路径为：sample/chap11/案例 12.2，数据文件如表 12-6 所示。

表 12-6 案例 12.2 的数据文件

地区	时间	RLZB	SR	地区	时间	RLZB	SR
A	1996	0.003	1984.6	C	1996	0.14	3419.4
A	1997	0.007	2134.1	C	1997	0.141	3459.5
A	1998	0.064	2250.5	C	1998	0.145	3509.3
A	1999	0.065	2260.2	C	1999	0.145	3546.7
A	2000	0.0672	2328.9	C	2000	0.1451	3552.4
A	2001	0.0723	2358.4	C	2001	0.146	3556.3
A	2002	0.073	2374	C	2002	0.148	3641.1
A	2003	0.082	2435	C	2003	0.1485	3665.7
A	2004	0.0841	2634.1	C	2004	0.1488	3791.4
A	2005	0.093	2644.7	C	2005	0.149	3801.8
A	2006	0.0934	2683.8	C	2006	0.152	3851.6
A	2007	0.094	2737.3	C	2007	0.1531	3904.2
A	2008	0.0943	2760.1	C	2008	0.1568	3953.1
B	1996	0.0955	2770.5	D	1996	0.1572	3997.5
B	1997	0.096	2788.2	D	1997	0.159	4044.7
B	1998	0.1001	2873.8	D	1998	0.1606	4090.4
B	1999	0.102	2969.1	D	1999	0.162	4132.3
B	2000	0.1027	3002.4	D	2000	0.1684	4191.3
B	2001	0.104	3180.8	D	2001	0.176	4293.4
B	2002	0.107	3180.9	D	2002	0.1784	4368.3
B	2003	0.1094	3183	D	2003	0.18	4773.4
B	2004	0.1162	3224.1	D	2004	0.1821	4834.8
B	2005	0.131	3255.5	D	2005	0.183	4985.3
B	2006	0.1364	3262	D	2006	0.187	5079.8
B	2007	0.1399	3341.9	D	2007	0.1872	5467.1
B	2008	0.14	3389.6	D	2008	0.188	5624

2. 建立 pool 对象

与变截距模型相同，变系数模型同样基于 Pool 对象估计。Pool 对象的建立方法在 12.1 节已经进行了详细介绍，在此不再赘述。Pool 对象建立完成并输入数据后，系统显示如图 12-15 所示的窗口，其中 SR 和 RLZB 分别代表该地区人均纯收入和高中以上学历的人口所占的比重。

obs	RLZB?	SR?
A-1996	0.003000	1984.600
A-1997	0.007000	2134.100
A-1998	0.064000	2250.500
A-1999	0.065000	2260.200
A-2000	0.067200	2328.900
A-2001	0.072300	2358.400
A-2002	0.073000	2374.000
A-2003	0.082000	2435.000
A-2004	0.084100	2634.100
A-2005	0.093000	2644.700
A-2006	0.093400	2683.800
A-2007	0.094000	2737.300
A-2008	0.094300	2760.100
B-1996	0.095500	2770.500
B-1997	0.096000	2788.200

图 12-15　案例 12.2 数据的 pool 对象

3. 变系数模型的相应设置和估计结果的解读

与变截距模型相同，EViews 变系数模型的估计也是通过如图 12-11 所示的 Pool Estimation 对话框实现的。变系数模型的相应设置如下。

① 在 Depandent Variable 输入框中输入待模型的被解释变量，本例中输入 RLZB?。

② 在 Regressors and AR terms 选项组下的 Cross-section specifics 输入框中输入解释变量名称，本例中输入 SR?。

③ 选择估计形式。本例中需要在 Estimation method 选项组下的 Cross-section 下拉列表中选择 fixed 选项，表示估计固定效应。

设置完成后，单击确定按钮，输出如图 12-16 所示的变系数模型估计结果。

Dependent Variable: RLZB?
Method: Pooled Least Squares
Date: 11/26/12   Time: 19:47
Sample: 1996 2008
Included observations: 13
Cross-sections included: 4
Total pool (balanced) observations: 52

Variable	Coefficient	Std. Error	t-Statistic	Prob.	
C	-0.040683	0.018571	-2.190692	0.0338	
A–SRA	0.000110	1.05E-05	10.46984	0.0000	不同个体系数的估计值
B–SRB	7.07E-05	1.25E-05	5.649015	0.0000	
C–SRC	2.53E-05	1.46E-05	1.734372	0.0899	
D–SRD	1.88E-05	4.63E-06	4.047016	0.0002	
Fixed Effects (Cross)					
A–C	-0.158779				
B–C	-0.065435				固定效应估计结果
C–C	0.095405				
D–C	0.128810				

图 12-16　变系数模型估计结果

图 12-14 给出了固定效应模型估计结果。可以看出，与变截距模型不同，对于不同的地

区模型估计了不同的截距。通过对估计结果的分析，我们发现 4 个地区的吸收估计值均为正且显著，这证明了前文论述的理论。同时，EViews 给出了每个个体的固定效应的估计结果，即个体截距对平均截距值的偏离部分（模型中的 α_i^* 部分）。

12.3　混合横截面模型

如果一个面板数据在时间和截面个体之间均无显著性差异，将其作为混合数据直接进行 OLS 回归便会得到较高的估计效率，这样的模型成为混合横截面模型。本节将结合相应案例对混合横截面模型的 EViews 操作进行介绍。

12.3.1　背景知识

如果认为一个面板数据在时间和截面个体之间均无显著性差异，那么就可以直接把面板数据混合在一起用普通最小二乘法估计参数，这样的模型就是混合横截面模型，如公式（12.5）所示。

$$y_{it} = \alpha + \sum_{i=1}^{k} \beta_i x_{it} + v_{it} \qquad (12.5)$$

其中，$i = 1, 2, \cdots, N$ 表示个体成员，$t = 1, 2, \cdots, T$ 代表时间跨度。

相对于一般线性回归模型，混合横截面模型可以有效地扩大样本容量，从而增强估计的有效性。在面板数据在时间和截面个体之间均无显著性差异的假设成立的前提下，混合横截面模型比固定效应模型的估计效率高。可以通过模型设定的 F 检验和 LR 检验，来确定需要建立混合横截面模型还是固定效应模型。F 检验和 LR 检验的原假设为：相对于固定效应模型，混合横截面模型更有效。公式（12.6）和公式（12.7）分别给出了 F 检验和 LR 检验的检验统计量。

$$F = \frac{(R_{ur}^2 - R_r^2)/(N-1)}{n - N - k} \qquad (12.6)$$

$$LR = 2(LR_{ur} - LR_r) \qquad (12.7)$$

其中，R_{ur}^2、R_r^2 和 LR_{ur}、LR_r 分别为固定效应变截距模型和混合横截面模型的拟合优度和对数似然函数值，n 为观测值的数量，N 为截面成员的数量，k 为待估计参数的数量。

12.3.2　混合横截面模型估计的 EViews 操作

混合横截面模型假定个体之间没有系统差异并将不同个体的观测值视为等同的观察值合并估计。本小节将结合实际案例来讲解变系数模型估计的 EViews 操作。

1.　案例问题的描述与数据准备

公司的财务困境成本会影响公司的利润率，为研究这一问题，研究者获取了 22 个行业 2006—2008 年的数据，公司的财务困境成本对利润率的影响。建立如下变量：利润率（P）、市价账面比（MB），作为财务困境成本的衡量，数据来源于 WIND 资讯并经过作者初步整理，实验案例所用数据文件路径为：sample/chap12/案例 12.3，数据文件如表 12-7 所示。

表 12-7　案例 12.3 的数据文件

行　业	年　份	P	MB	行　业	年　份	P	MB
农林牧渔	2008	0.330255	1.700572	食品饮料	2008	0.149201	2.849946
农林牧渔	2007	0.206856	2.836762	食品饮料	2007	0.064713	6.652725
农林牧渔	2006	0.356819	1.61134	食品饮料	2006	0.128942	3.383732
采掘	2008	0.18765	1.726637	纺织服装	2008	0.389852	1.381975
采掘	2007	0.058346	5.54536	纺织服装	2007	0.211341	2.378708
采掘	2006	0.752944	0.475825	纺织服装	2006	0.386817	1.367002
化工	2008	0.377001	1.446836	轻工制造	2008	0.470364	1.16551
化工	2007	0.169374	3.215643	轻工制造	2007	0.236349	2.36681
化工	2006	0.315258	1.723834	轻工制造	2006	0.482514	1.313989
黑色金属	2008	0.583368	1.012014	医药生物	2008	0.245038	1.994893
黑色金属	2007	0.264332	2.134738	医药生物	2007	0.154155	3.35741
黑色金属	2006	0.451976	1.212039	医药生物	2006	0.338031	1.584685
有色金属	2008	0.356511	1.42094	公用事业	2008	0.527229	1.284048
有色金属	2007	0.108648	4.490673	公用事业	2007	0.260793	2.228451
有色金属	2006	0.431058	1.179349	公用事业	2006	0.463063	1.244274
建筑建材	2008	0.635556	1.200687	交通运输	2008	0.437735	1.297599
建筑建材	2007	0.401856	1.875809	交通运输	2007	0.154206	3.405113
建筑建材	2006	0.73942	1.107298	交通运输	2006	0.338081	1.561181
机械设备	2008	0.393138	1.585007	房地产	2008	0.496	1.270084
机械设备	2007	0.197608	2.990869	房地产	2007	0.229822	2.722384
机械设备	2006	0.382438	1.542007	房地产	2006	0.371649	1.723043
电子元件	2008	0.313096	1.384413	金融服务	2008	0.002667	0.131906
电子元件	2007	0.161722	2.895706	金融服务	2007	0.001087	0.413344
电子元件	2006	0.351752	1.479579	金融服务	2006	0.003612	0.156393
交运设备	2008	0.47544	1.26651	商业贸易	2008	0.433631	1.454308
交运设备	2007	0.20786	2.86916	商业贸易	2007	0.231594	2.78511
交运设备	2006	0.415174	1.41464	商业贸易	2006	0.388988	1.636593
信息设备	2008	0.386921	1.507794	餐饮旅游	2008	0.264723	1.555371
信息设备	2007	0.207575	2.799819	餐饮旅游	2007	0.11986	3.496493
信息设备	2006	0.344476	1.663136	餐饮旅游	2006	0.235	1.962374
家用电器	2008	0.48488	1.305844	信息服务	2008	0.376321	1.049381
家用电器	2007	0.306289	2.107531	信息服务	2007	0.128796	2.982423
家用电器	2006	0.537639	1.188198	信息服务	2006	0.284187	1.629822

2.　建立 pool 对象

与面板数据模型相同，变系数模型同样基于 Pool 对象估计。Pool 对象的建立方法 12.1 节已经进行了详细介绍，在此不再赘述。Pool 对象建立完成并输入数据后，系统显示如图 12-17 所示的窗口，其中 P 和 MB 分别代表利润率和市价账面比。

3.　混合横截面模型的 F 检验和 LR 检验

EViews 中对混合横截面模型设定的 F 检验和 LR 检验统计量的计算，需要以固定效应模型的估计结果为基础。因此，横截面模型设定的 F 检验和 LR 检验需要分两步进行：第一步是估计固定效应模型；第二步是计算相应的检验统计量和伴随概率。

（1） 固定效应模型的估计

固定效应模型估计的主要步骤如下：

① 在图 12-17 所示的窗口中单击 Proc 按钮并选择 Estimate 命令，打开如图 12-11 所示的 Pool Estimation 对话框。

② 在 Depandent Variable 输入框中输入待模型的被解释变量，本例中输入 P?；在 Regressors and AR terms 选项组下的 Common coefficients 输入框中输入解释变量名称，本例中输入 MB?。

③ 在 Estimation method 选项组下的 Cross-section 下拉列表中选择 fixed 选项，表示估计固定效应。

设置完成后，单击确定按钮，输出如图 12-18 所示的固定效应模型估计结果。

obs	P?	MB?
NL-2006	0.356819	0.574956
NL-2007	0.206856	0.586801
NL-2008	0.330255	0.561622
CJ-2006	0.752944	0.358269
CJ-2007	0.058346	0.323550
CJ-2008	0.187650	0.324004
HG-2006	0.315258	0.543453
HG-2007	0.169375	0.544648
HG-2008	0.377001	0.545458
HJ-2006	0.451976	0.547813
HJ-2007	0.264332	0.564279
HJ-2008	0.583368	0.590377
YJ-2006	0.431058	0.508368
YJ-2007	0.108648	0.487904
YJ-2008	0.356512	0.506581
JZ-2006	0.739420	0.818759
JZ-2007	0.401856	0.753806
JZ-2008	0.635557	0.763104
JX-2006	0.382438	0.589723
JX-2007	0.197608	0.591020
JX-2008	0.393138	0.623127
DZ-2006	0.351752	0.520445

图 12-17　案例 12.3 的 Pool 对象

Dependent Variable: P?
Method: Pooled Least Squares
Date: 11/26/12　Time: 19:52
Sample: 2006 2008
Included observations: 3
Cross-sections included: 22
Total pool (balanced) observations: 66

Variable	Coefficient	Std. Error	t-Statistic	Prob.
C	-0.821647	0.402313	-2.042307	0.0473
MB?	2.175020	0.765766	2.840317	0.0069
Fixed Effects (Cross)				
NL—C	-0.129837			
CJ—C	0.425399			
HG—C	-0.075482			
HJ—C	0.020572			
YJ—C	0.030808			
JZ—C	-0.279450			
JX—C	-0.161775			
DZ—C	0.066068			
JY—C	-0.125626			
XX—C	-0.125046			
JY—C	-0.125626			
SP—C	-0.000802			
FZ—C	0.012533			
QG—C	-0.044633			
YY—C	-0.050614			
GY—C	-0.091224			
JT—C	-0.043508			
DC—C	-0.187136			
JR—C	0.823112			
SM—C	-0.213351			
CY—C	0.091473			

图 12-18　所示的固定效应模型估计结果（部分）

（2） F 检验、LR 检验的检验统计量和伴随概率的计算

EViews 内置了混合横截面模型 LR 检验的相应模块，用户通过菜单操作便可完成混合横截面模型 LR 检验统计量和伴随概率的计算，具体方法如下。

在如图 12-18 所示的固定效应模型输出结果窗口单击 View 按钮并依次选择 Fixed|random effect test|Redudant Fixed effects-Likehood ratio 命令，即可得到如图 12-19 所示的 F 检验和 LR 检验的输出结果。

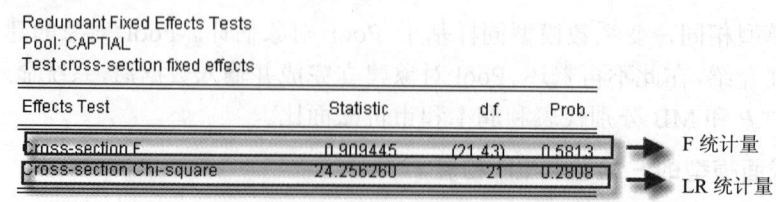

Redundant Fixed Effects Tests
Pool: CAPTIAL
Test cross-section fixed effects

Effects Test	Statistic	d.f.	Prob.	
Cross-section F	0.909445	(21,43)	0.5813	F 统计量
Cross-section Chi-square	24.256260	21	0.2808	LR 统计量

图 12-19　F 检验和 LR 检验的输出结果

从检验结果可以看出，F 统计量和 LR 检验的伴随概率分别为 0.5813 和 0.2808，均大于

0.1，无法拒绝混合横截面模型相对于固定效应模型更有效的假设，因此需要建立混合横截面模型。

4. 混合横截面模型的估计

与面板数据模型相同，混合横截面模型的估计也是通过如图 12-11 所示的 Pool Estimation 对话框实现的。混合横截面模型估计的相应设置如下：

① 在 Depandent Variable 输入框中输入待模型的被解释变量，本例中输入 P?，在 Regressors and AR terms 选项组下的 Common coefficients 输入框中输入解释变量名称，本例中输入 MB? 。

② 在 Estimation method 选项组下的 Cross-section 和 period 下拉列表中均选择 none 选项，表示估计混合横截面模型。

设置完成后，单击确定按钮，输出如图 12-20 所示混合横截面模型估计结果。

```
Dependent Variable: P?
Method: Pooled Least Squares
Date: 01/16/10   Time: 20:59
Sample: 2006 2008
Included observations: 3
Cross-sections included: 22
Total pool (balanced) observations: 66
```

Variable	Coefficient	Std. Error	t-Statistic	Prob.
MB?	0.616791	0.028738	21.46285	0.0000

→ 系数估计值

R-squared	0.404480	Mean dependent var	0.320150
Adjusted R-squared	0.404480	S.D. dependent var	0.165146
S.E. of regression	0.127443	Akaike info criterion	-1.267261
Sum squared resid	1.055710	Schwarz criterion	-1.234085
Log likelihood	42.81962	Hannan-Quinn criter.	-1.254152
Durbin-Watson stat	2.773948		

→ 模型整体统计量

图 12-20　混合横截面模型估计结果

混合横截面模型的估计结果分为两个部分：第一部分是系数估计值，可以看出系数估计值为 0.616，P 值为 0.0000，系数估计符合预期且显著，验证了案例中的介绍；第二部分是模型的整体估计量，各部分中的意义第 5 章进行了详细的介绍，在此不再赘述。

12.4　面板数据的单位根检验

由于面板数据反映了时间和截面二维上的信息。因此，与时间序列数据相同，面板数据也可能存在单位根。本节将简要介绍面板数据单位根检验的相关原理和 EViews 操作方法。

12.4.1　背景知识

面板数据单位根的检验与时间序列数据的单位根检验的思想相似，但是由于面板数据还反映截面成员的相应信息，因此面板数据的单位根检验有其特有的检验方法。

考虑如公式（12.8）所示的面板数据回归：

$$y_{it} = \rho_i y_{it-1} + X_{it}' \beta_{it} + u_{it} \qquad (12.8)$$

其中，$i = 1, 2, \cdots, N$ 表示个体成员，$t = 1, 2, \cdots, T$ 代表时间跨度，X_{it}' 代表外生变量，如果

$|\rho_i| < 1$，则序列 y_{it} 是弱平稳序列， $|\rho_i| = 1$ 则序列 y_{it} 包括一个单位根。

在进行面板数据单位根检验时，对参数 ρ_i 有两种不同假定：一是假定其对于所有截面都是相同的，该情况称为相同单位根过程下的检验，LLC 检验（Levin,Lin,Chu 检验）、Breitung 检验和 Hadri 均是基于该假设；二是假定其对于所有截面个体不同，该情况称为不相同单位根过程下的检验，IPS 检验（Im，Pesaran，Shin 检验）、Fisher-ADF、Fisher-PP 均是基于该假设。

1. 相同单位根过程下的检验

（1） LLC 检验和 Breitung 检验

LLC 检验和 Breitung 检验的原假设均为序列存在一个单位根，它均基于如公式（12.9）所示的 ADF 检验形式。

$$\Delta y_{it} = \rho_i y_{it-1} + \sum_{j=1}^{k} \gamma_{ij} \Delta y_{it-j} + X_{it}' \beta_{it} + u_{it} \tag{12.9}$$

其中， X_{it}' 代表外生变量，可以证明 LLC 和 Breitung 检验统计量渐近服从正态分布，LLC 和 Breitung 检验的区别仅在于进行检验回归时所使用的代理变量不同。

（2） Hadri 检验

Hadri 检验的原假设是面板数据中没有单位根，它基于个体的最小二乘法 y_{it} 的残差构建了如公式（12.10）和（12.11）所示的两个 LM 统计量：

$$LM_1 = \frac{1}{N} (\sum_{I=1}^{N} (\sum_{T} S_i(t)^2 / T_2) / \bar{f}_0 \tag{12.10}$$

$$LM_2 = \frac{1}{N} (\sum_{I=1}^{N} (\sum_{T} S_i(t)^2 / T^2) / f_{i0}) \tag{12.11}$$

其中， $S_i(t)^2$ 是残差的总和： $S_i(t) = \sum_{s=1}^{t} \hat{\varepsilon}_{it}$ ； $\bar{f}_0$ 是个体均值， $\bar{f}_0 = \sum_{t=1}^{n} f_{i0} / n$ ，公式（12.11）所示的 LM 统计量用于存在异方差的情况。可以证明，LHadri 检验的 LM 统计量同样渐近服从正态分布。

2. 不同单位根过程下的检验

（1） IPS 检验

IPS 检验的原假设为面板数据中没有单位根，其构建了如公式（12.12）所示的统计量。

$$\Gamma_t = (\sqrt{N}[t_{NT}(p) - a_{NT}] / \sqrt{b_{NT}} \to N(0,1)$$

$$a_{NT} = (1/N) \sum_{i=1}^{N} E[t_{NT}(p,0)] \tag{12.12}$$

$$b_{NT} = (1/N) \sum_{i=1}^{N} \text{var}[t_{NT}(p,0)]$$

其中， $t_{NT}(p)$ 是 N 个截面个体，在滞后期为 p 的 ADF-t 统计量； $E[t_{NT}(p,0)]$ 和 $\text{var}[t_{NT}(p,0)]$ 分别为 N 个部门，在滞后期为 p 的 ADF-t 统计量的均值和方差。可以证明，IPS 检验统计量渐近服从标准正态分布。

（2） Fisher-ADF 检验和 Fisher-PP 检验

Fisher-ADF 检验和 Fisher-PP 检验的原假设是面板数据中存在一个单位根，其构建了如公式（12.13）所示的统计量。

$$\chi^2 = -2\sum_{i=1}^{N} \log(p_i) \qquad (12.13)$$

其中，p_i 分别为 ADF 检验和 PP 检验对应的概率值，可以证明 Fisher-ADF 检验和 Fisher-PP 检验统计量服从自由度为 $2N$ 的 χ^2 分布。

12.4.2 面板数据单位根检验的 EViews 操作

本节将结合案例 11.3 的数据讲解面板数据单位根检验的相关操作，案例问题描述和数据准备在 12.2.3 节进行过详细介绍，在此不再赘述。在本例中，希望对收入(SR)变量进行单位根检验，详细的操作过程如下。

1. 建立 pool 对象

面板数据的单位根检验同样基于 Pool 对象估计，该案例的 pool 对象在 12.2.3 节已经介绍，读者可以参见图 12-15，在此不再赘述。

2. 面板数据单位根检验的相应设置和结果解读

在如图 12-15 所示的对话框中单击 View 按钮并选择 Unit Root Test 命令，打开如图 12-21 所示的 Unit Root Test 对话框。

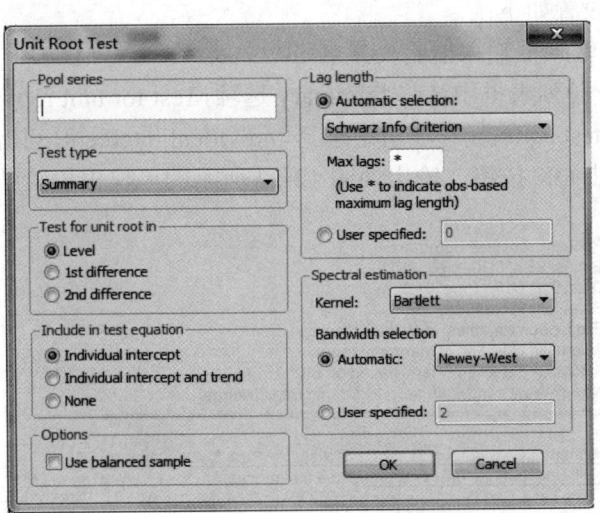

图 12-21　Unit Root Test 对话框

（1）　Pool series 输入框

该输入框用于制定需要进行单位根检验的变量，用户只需要在其中输入相应的变量名即可，其中输入的序列名后必须加？作为占位符。

（2）　Lag length 选项组

该选项组用于设置检验的滞后期，其中包括两个单选按钮：Automatic selection 单选按钮，该单选按钮表示由 EViews 自动选择检验采用的滞后期，当用户选择该单选按钮时，会激活如图 12-21 所示的 Automatic selection 下拉列表和 Maximum lags 输入框；Automatic selection 下拉列表用于设定选择滞后期的方法，Maximum lags 输入框用于输入设定的最大滞后期，如果

用户输入*，则表示由 EViews 自动选择最大滞后期。

（3） Test type 下拉列表框

该下拉列表框用于选择检验方法，EViews 提供了 Commom root –Levin，Lin，Chu、Commom root-Breitung、Individual root-Im，Pesaran，Shin、Individual root-Im，Pesaran，Shin、Individual root-Fisher-ADF、Individual root-Fisher-PP 和 Hadri 六种方法，Individual root 前缀代表该方法属于检验不同单位根过程单位根的检验方法，Common root 前缀代表该方法属于检验相同单位根过程单位根的检验方法。如果用户选择 Summary 选项，EViews 会给出不同方法的结果和简单的对比。

（4） Test for unit root in 和 Include in test eqution 选项组

这两个选项组用于设定单位根检验方程的形式，各选项含义和设置方式与时间序列单位根检验基本相同，9.2 节进行过详细介绍，在此不再赘述。

（5） Use balanced sample 复选框

如勾选该复选框则表示使用平衡面板数据进行估计，如果某一时期的观测值对任何一个截面成员缺失，该时期的观测值将全部被排除。

（6） Spectral estimation 选项组

该选项组用于设置检验的核函数的类型和带宽，核函数的相应设置需要涉及到十分复杂的统计学知识，超出了本书的范围。本书对该选项组仅作相应的提示，感兴趣的读者可以自行参考相关资料。

实验案例的相关设置如下：

① 在 Pool series 输入框输入检验变量名 SR?；

② 在 Test type 下拉列表框中选择 Summary 选项，Test for unit root in 选择组中选择 Level 单选按钮，Include in test eqution 选项组中选择 Individual intercept，其他选项选择默认设置。

设置完成后，单击 OK 按钮，输出如图 12-22 所示的单位根检验结果。

```
Pool unit root test: Summary
Series: SRA, SRB, SRC, SRD
Date: 01/17/10   Time: 01:09
Sample: 1996 2008
Exogenous variables: Individual effects
Automatic selection of maximum lags
Automatic selection of lags based on SIC: 0 to 1
Newey-West bandwidth selection using Bartlett kernel
```

Method	Statistic	Prob.**	Cross-sections	Obs
Null: Unit root (assumes common unit root process)				
Levin, Lin & Chu t*	0.55225	0.7096	4	46
Null: Unit root (assumes individual unit root process)				
Im, Pesaran and Shin W-stat	2.82451	0.9976	4	46
ADF - Fisher Chi-square	2.19743	0.9744	4	46
PP - Fisher Chi-square	3.82858	0.8722	4	48

** Probabilities for Fisher tests are computed using an asymptotic Chi
-square distribution. All other tests assume asymptotic normality.

图 12-22　单位根检验结果

由图 12-22 可以看出 Commom root –Levin，Lin，Chu、Individual root-Im，Pesaran，Shin、Individual root-Fisher-ADF 和 Individual root-Fisher-PP 检验的伴随概率 P 值均大于 0.1，因此我们无法拒绝存在单位根的原假设，即认为变量存在单位根。

上机题

	光盘：\录像\第 12 章\上机题\……
	光盘：\上机题\第 12 章\习题\……

1. 为了研究人力资本和收入水平对我国农村收入分配的影响，研究者收集了 11 个省市 2006 年和 2007 年的数据形成面板数据。研究者建立了 3 个变量，一是基尼系数，作为反映收入分配的指标；二是人均纯收入，单位是元；三是高中以上文化程度的个体在总人口中的比例，用来作为人力资本的代理变量，原始数据如表 12-8 所示。

表 12-8　2006 年至 2007 年 11 个省市人力资本与收入数据

	时　　间	耕　　地	人力资本	农村人均纯收入	户均生产资料原值
北京	2006	0.63	0.36	8275.5	7824.2
北京	2007	0.54	0.382	9439.6	7679.7
天津	2006	1.25	0.201	6227.9	10837.1
天津	2007	1.2	0.1998	7010.1	11723.7
河北	2006	1.94	0.187	3801.8	10294.7
河北	2007	1.93	0.2012	4293.4	10561.7
山西	2006	2.24	0.146	3180.9	4682.1
山西	2007	2.32	0.1488	3665.7	5086.9
内蒙古	2006	8.72	0.145	3341.9	14334.5
内蒙古	2007	8.57	0.1485	3953.1	15359.9
辽宁	2006	3.25	0.14	4090.4	8669.2
辽宁	2007	3.32	0.1399	4773.4	9247
吉林	2006	6.26	0.104	3641.1	11520.8
吉林	2007	6.84	0.1094	4191.3	13244.3
黑龙江	2006	10.4	0.102	3552.4	11822.6
黑龙江	2007	11.18	0.0955	4132.3	14017.7
上海	2006	0.33	0.307	9138.7	1883.7
上海	2007	0.3	0.333	10144.6	1436.1
江苏	2006	1.11	0.18	5813.2	7734.2
江苏	2007	1.09	0.1906	6561	8225.8
浙江	2006	0.67	0.162	7334.8	13351.1
浙江	2007	0.64	0.1821	8265.2	14066.9

（1）　利用原始数据，建立 POOL 对象。

（2）　进行模型设定形式的 Hausman 检验，确定应该建立固定效应模型还是随机效应模型？

（3）　根据上题的检验结果，选择合适的模型进行估计。

2. 研究人员为了检验一种治疗铅中毒的药品对铅在动物血液内浓度的影响，选择了 3 组不同的动物进行观测，分别在连续的 8 个时点进行了观察，部分观察数据如表 12-9 所示，SR 代表血液内铅的浓度，QT 代表了给药量，GROUP 表示观察组，TIME 表示时间。

表 12-9   治疗铅中毒的药品对铅在动物血液内浓度的影响数据

GROUP	TIME	SR	QT
A	1	0.61	0.064
A	2	0.52	0.186
A	3	0.398	0.448
A	4	0.432	0.432
A	5	0.177	0.508
A	6	0.367	0.347
A	7	0.166	0.457
A	8	0.184	0.428
B	1	0.732	0.062
B	2	0.534	0.273
B	3	0.487	0.246
B	4	0.399	0.507
B	5	0.384	0.371
B	6	0.417	0.451
B	7	0.383	0.4
B	8	0.314	0.552
C	1	0.351	0.412
C	2	0.428	0.534
C	3	0.572	0.326
C	4	0.351	0.556
C	5	0.171	0.512
C	6	0.456	0.451
C	7	0.406	0.503
C	8	0.361	0.572

（1）   课题组有研究人员认为，不同的动物选择对实验结果没有影响，请验证这种说法是否正确。

（2）   根据上述验证过程，选择合适的模型进行估计。

第 13 章　联立方程模型的估计

联立方程模型是用来分析特定经济系统内部各种复杂的经济变量之间关系的一种强有力的工具。因为在一个经济系统中往往有多个变量，而且这些变量存在着相互影响、互为因果的关系，这样由于内生解释变量问题的存在，用单方程计量经济模型就无法准确描述相关变量的数量关系，于是联立方程模型应运而生。联立方程模型系统的典型特征是它们都包含若干个内生解释变量，而且这些变量的值是由一系列相互联系的方程共同确定的。

13.1　背景知识

经济现象是错综复杂的，许多经济变量之间往往存在着交错的双向或者多项因果关系。为了描述各个经济变量之间的多项因果关系，就需要建立有多个单方程构成的这些变量的联立方程模型。联立方程模型中含有两个以上的方程，其中每个方程都描述了变量之间的一个因果关系。综上可知，联立方程模型是用于描述经济生活中多个经济变量之间错综复杂的因果关系的经济模型。

下面的例子是关于宏观经济变量之间关系的一个联立方程模型。模型包括三个方程：消费方程、投资方程、收入方程。第一个方程是消费方程，模型假定当期消费取决于当期收入并且与当期收入之间存在着线性关系；第二个方程是投资方程，模型假定当期投资取决于当期收入以及滞后一期的收入；第三个方程是收入方程，模型假定当期收入等于当期消费、当期投资、当期政府购买三者之和。由此我们可以看出，当期消费、当期投资与当期收入是一种错综复杂的互为因果的关系。

消费方程：$C_t = \alpha_0 + \alpha_1 Y_t + u_{1t}$

投资方程：$I_t = \beta_0 + \beta_1 Y_t + \beta_2 Y_{t-1} + u_{2t}$　　　　　　　　（13.1）

收入方程：$Y_t = C_t + I_t + G_t$

模型中各参数的意义是：

C_t：当期消费；

I_t：当期投资；

Y_t：当期收入；

Y_{t-1}：滞后一期的收入；

G_t：当期政府购买；

α_0、α_1、β_0、β_1、β_2 为常数项，u_{1t}、u_{2t} 为随机扰动项。

13.1.1　联立方程模型中变量的分类

在联立方程模型中，由于变量之间经常互为因果关系，对于同一变量，往往会出现其既做解释变量又做被解释变量的情形，所以对于联立方程模型中的变量不能像在单方程模型中那样直接区分为解释变量和被解释变量，而需要做以下划分。

① 内生变量：由模型内的变量所决定的变量称为内生变量。

② 外生变量：由模型外的变量所决定的变量称为外生变量。

③ 前定变量：外生变量、外生滞后变量、内生滞后变量统称为前定变量。

在前面的例子中，C_t、I_t 和 Y_t 为内生变量，G_t 为外生变量，G_t 和 Y_{t-1} 为前定变量。

13.1.2 联立方程模型中方程的分类

根据模型中方程的随机性将方程分为行为方程和定义方程。

① 随机方程（行为方程）：方程中含有随机项和未知参数的方程称作随机方程或行为方程。随机方程需要估计其中的参数。

② 非随机方程（定义方程、均衡方程）：方程中不含有随机项和未知参数的方程称为非随机方程或定义方程。定义方程没有参数需要估计。

在前面的例子中，前两个方程也就是消费方程和投资方程是随机方程，需要估计参数；第三个方程也就是收入方程是非随机方程式，不需要估计参数。

13.1.3 联立方程模型的分类

联立方程模型可分为结构模型和简化模型。

（1）结构模型

把内生变量表达为其他内生变量、前定变量与随机误差项的联立方程模型称为结构模型。结构模型中的方程称为结构方程，结构方程中变量的系数称为结构参数。所有的结构参数构成的矩阵称为结构参数矩阵。结构模型是在对经济变量的影响关系进行经济理论分析的基础上建立的，反映了内生变量受其他内生变量以及预定变量和随机项的影响的因果关系。

结构模型的一般形式如下式所示：

$$AY_t + BX_t = u_t \qquad (13.2)$$

模型中共有 m 个结构方程，结构参数矩阵为 $(A\ B)$。其中：

Y_t 为 m 个内生变量组成的矢量；

X_t 为 k 个前定变量组成的矢量；

u_t 为 m 个随机项组成的矢量。

展开如下：

$$\begin{pmatrix} a_{11} & \cdots & a_{1m} \\ \vdots & \ddots & \vdots \\ a_{m1} & \cdots & a_{mm} \end{pmatrix} \begin{pmatrix} Y_{1t} \\ Y_{2t} \\ \vdots \\ Y_{mt} \end{pmatrix} + \begin{pmatrix} b_{11} & \cdots & b_{1k} \\ \vdots & \ddots & \vdots \\ b_{m1} & \cdots & b_{mk} \end{pmatrix} \begin{pmatrix} X_{1t} \\ X_{2t} \\ \vdots \\ X_{mt} \end{pmatrix} = \begin{pmatrix} u_{1t} \\ u_{2t} \\ \vdots \\ u_{mt} \end{pmatrix} \qquad (13.3)$$

前面的关于凯恩斯宏观经济模型的例子，就是联立方程模型中的结构模型。这个模型根据宏观经济理论建立，反映了消费、投资、国民收入、政府支出等各个经济变量之间的直接的影响和被影响关系。引入哑变量 X_t，该模型就可以被表示为：

$$\begin{pmatrix} 1 & 0 & -\alpha_1 \\ 0 & 1 & -\beta_1 \\ -1 & -1 & 1 \end{pmatrix} \begin{pmatrix} C_t \\ I_t \\ Y_t \end{pmatrix} + \begin{pmatrix} -\alpha_0 & 0 & 0 \\ -\beta_0 & 1 & 0 \\ 0 & 0 & -1 \end{pmatrix} \begin{pmatrix} X_t \\ Y_{t-1} \\ G_t \end{pmatrix} = \begin{pmatrix} u_{1t} \\ u_{2t} \\ 0 \end{pmatrix} \tag{13.4}$$

联立方程模型的参数估计，实质是对其中的每个随机方程式进行参数估计。联立方程模型的最大问题是存在内生解释变量的问题，即内生变量作为解释变量与随机误差项相关。这导致参数OLS估计量是有偏的而且是不一致的，称之为联立方程的偏倚。

在结构方程中，如果不存在内生变量作为解释变量，则可以对该结构方程应用最小二乘法估计参数。

（2）简化模型

前面提到，在结构方程中，如果有内生变量作为解释变量，那么直接应用最小二乘法估计参数会得到参数的有偏的和非一致的估计量。对这种结构方程的参数估计，基本思路是解决内生变量作为解释变量的问题。简化模型就是为解决这一问题而设计的，基本思想是将每个内生变量表示为仅仅是前定变量和随机项的关系式。

由式（13.2）得：

$$Y_t = -A^{-1}BX_t + A^{-1}U^t \tag{13.5}$$

如果令：

$$C = -A^{-1}B \text{ 且 } V_t = A^{-1}U^t$$

那么就会有：

$$Y_t = CX_t + V_t \tag{13.6}$$

式（13.6）就被称为是结构模型式（13.2）所对应的简化模型，简化模型中的各个方程被称为简化方程，简化方程中变量的待估参数被称为简化参数。所有简化参数构成的矩阵被称为简化参数矩阵。简化参数矩阵与对应的结构参数矩阵的关系是：

$$C = -A^{-1}B \tag{13.7}$$

所以，如果知道结构参数矩阵，就可以根据上式计算出简化参数矩阵，再利用式（13.6）就可以得到简化模型。一般来说，利用简化参数的最小二乘法估计值和参数关系式得到的结构参数估计量仍然是有偏的，但具有一致性，所以本模型是针对直接简单应用最小二乘法估计值的一种改进。

13.1.4 联立方程模型的识别

如果联立方程模型中某个结构方程中的结构参数，可以从参数关系体系的方程组中求解得到，则称该方程为可识别的，否则为不可识别的。

对于存在内生变量作为解释变量的结构方程，其参数估计值不一定能利用简化参数的最小二乘法估计值和参数关系式体系得到，即使能得到结构参数估计值，也不一定是唯一的。利用简化参数的最小二乘法估计值和参数关系式来求解结构参数估计值，存在 3 种情况，即有唯一解、有多个解、无解。据此就可以将结构方程和结构模型分为 3 类。

（1） 恰好识别

如果利用简化参数的最小二乘法估计值和参数关系式来求解结构方程，可以得到结构方程参数估计值的唯一解，则称该结构方程为恰好识别。

如果结构模型中的每个随机方程式都是恰好识别的，则称该结构模型恰好识别。

如果某个含有内生解释变量结构方程是恰好识别的，就可以利用简化模型参数的最小二乘法估计值和参数关系式来求解结构参数估计值，相应的估计量是有偏但一致的。

（2） 过度识别

如果利用简化参数的最小二乘法估计值和参数关系式来求解结构方程，可以得到结构方程参数估计值的多个解，则称该结构方程为过度识别。

如果某个结构方程是恰好识别的或者是过度识别的，则称该结构方程可识别。如果结构模型中的每个随机方程式都是可识别的，则称该结构模型可识别。可识别但不是恰好识别的结构模型被称为过度识别。

如果某个含有内生解释变量结构方程是过度识别的，就不能利用简化模型参数的最小二乘法估计值和参数关系式来求解结构参数估计值，因为没有办法在得到的多个结构参数估计值中进行选择，但是可以通过别的途径得到该结构方程参数的有偏但一致的估计量。

（3） 不可识别

如果利用简化参数的最小二乘法估计值和参数关系式来求解结构方程不可以得到结构方程的参数估计值，则称该结构方程为不可识别。如果结构模型中存在着不可识别的结构方程，则称该结构模型不可识别。

如果某个含有内生解释变量结构方程是不可识别的，就不能通过任何方法得到结构方程参数的估计值；换言之，参数的估计是没有意义的。

13.1.5 联立方程模型的识别条件

通常情况下，一般不使用简化模型和结构模型的参数关系直接来判断联立方程的可识别性，而是使用一些更为规范而简便的方法来完成判断。这些规范而简便的方法主要是联立方程模型识别的阶条件和秩条件。

（1） 秩条件

对于第 i 个结构方程，其识别的秩条件步骤如下：

① 写出结构模型对应的参数矩阵（包括常数项、定义方程）；

② 删去第 i 个结构方程所对应的行；

③ 删去第 i 个结构方程非零元素所对应的列；

④ 对余下的子矩阵 (A_0, B_0)，如果

$\text{rank}(A_0, B_0) = G - 1$，则第 i 个结构方程可识别；

$\text{rank}(A_0, B_0) \neq G - 1$，则第 i 个结构方程不可识别；

秩条件是对结构方程是否可识别的一个充要条件，利用秩条件可以判断结构方程是否可识别，但不能确定是恰好识别还是过度识别。

（2） 阶条件

根据阶条件，排斥的外生变量的个数必须大于等于内生解释变量的个数。对于结构模型中的第 i 个结构方程，记 K 为结构模型中内生变量和前定变量的总个数，M_i 为第 i 个结构方

程中内生变量和前定变量的总数，G 为结构模型中内生变量即结构方程的个数，当 $K - M_i \geq G - 1$ 时，阶条件成立。具体而言：

① 当 $K - M_i = G - 1$ 时，此时如果第 i 个结构方程可识别，则为恰好识别；

② 当 $K - M_i > G - 1$ 时，此时如果第 i 个结构方程可识别，则为过度识别；

③ 当 $K - M_i < G - 1$ 时，此时称阶条件不成立，第 i 个结构方程一定不可识别。

阶条件仅仅是对方程结构可识别的一个必要条件，即如果阶条件不成立，则对应的结构方程不可识别；如果阶条件成立，则对应的结构方程是否可识别不能确定，还需要别的条件来判断。

综合阶条件和秩条件，我们就可以对所有的结构方程的识别情况进行判断，具体操作如下：

① 检验阶条件，若阶条件不成立，则讨论的结构方程不可识别；

② 若阶条件成立，则再检验秩条件。若秩条件不成立，则讨论的方程不可识别；若秩条件成立，则讨论的方程可识别；

③ 若秩条件成立，此时如果阶条件取等号，则结构方程是恰好识别的；如果阶条件取大于号，则结构方程是过度识别的。

（3）　其他判别规则

① 如果一个方程中包含了模型中的所有变量（即所有内生变量和前定变量），则该方程一定是不可识别的。

② 如果一个方程包含一个内生变量和全部前定变量，则该方程是恰好识别的。

③ 如果第 i 个方程排斥的变量中没有一个在第 j 个方程中出现，则第 i 个方程是不可识别的。

④ 如果模型中的两个方程具有相同的变量，则这两个方程都是不可识别的。

13.1.6　联立方程模型的估计

对于联立方程模型的估计，最常用的当属二阶段最小二乘法（2SLS, Two Stage Least Squares）。2SLS是一种既适用于恰好识别的结构方程，又适用于过度识别的结构方程的单方程估计方法。下面就依次来介绍2SLS估计的基本思想，具体计算步骤以及使用该方法得到的估计量的统计性质。

（1）　2SLS估计的基本思想

假设内生变量为 Y，设法寻找一个变量来替代变量中的内生变量 Y。替代变量应该具备两个条件：一是与被替代变量也就是内生变量 Y 高度相关，即能反映内生变量的变化；二是与方程中的随机误差项无关。实际上，用 Y 的简化式方程表示的变量恰好满足这两个条件。

设利用OLS法估计得到 Y 的简化式方程：

$$\hat{Y} = \hat{\pi}_0 + \hat{\pi}_1 X_1 + \cdots + \hat{\pi}_k X_k$$

根据内生变量的定义，Y 的取值是由模型中的所有前定变量来决定的，Y 与 $\hat{Y}$ 一般是高度相关的；另外，$\hat{Y}$ 是前定变量的函数，与随机误差项无关。因此，可以用 $\hat{Y}$ 代替结构方程中的随机解释变量 Y，并且能采用 OLS 法估计变量替代后的结构方程。由于估计过程分成两个阶段，每个阶段都利用最小二乘法估计参数，所以称之为二阶段最小二乘法。

（2） 2SLS 估计的具体计算步骤

① 利用 OLS 法估计结构方程中所有内生变量的简化式方程；

② 利用估计出的简化式方程计算内生变量的估计值；

③ 用内生变量的估计值替代解释变量中的内生变量，再利用 OLS 法估计变量替换后的结构方程。

（3） 2SLS 估计得到的估计量的统计性质

① 2SLS 估计量在小样本下是有偏的，在大样本下是渐近无偏的。

② 估计过程中需要较大的样本容量，尤其当模型中的前定变量个数较多时。

③ 对于恰好识别方程，2SLS 和 ILS 的估计结果是等价的。

④ 2SLS 的估计精度与第一阶段简化式方程的拟合优度密切相关。

二阶段最小二乘法是最受推崇也是应用最为广泛的联立方程模型估计方法。下一节的关于联立方程模型估计在 EViews 中的实现问题，就以二阶段最小二乘法来讲解。

13.2　联立方程模型估计的 EViews 操作

打开相应的数据文件或者建立一个数据文件后，可以在相应的 workfile 工作文件窗口进行联立方程模型估计的 EViews 操作。

1.　联立方程模型的建立

在 EViews 主窗口的菜单栏中依次选择 Objects | New Object 命令，打开如图 13-1 所示的 New Object 对话框。

在"Type of object"列表中选择"System"，然后单击"OK"按钮，即弹出如图 13-2 所示的对话框。

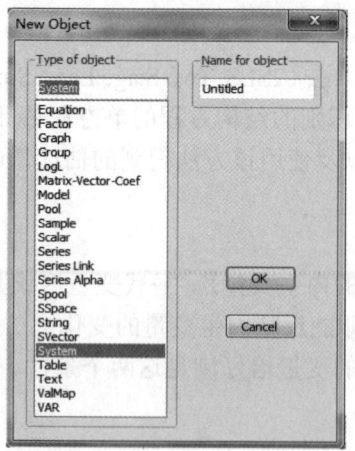

图 13-1　"New Object"对话框

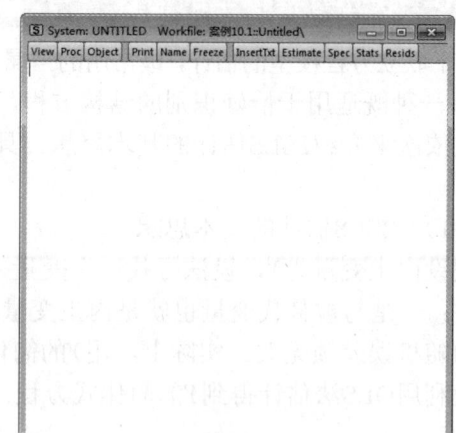

图 13-2　"System"对话框

然后在打开的系统窗口输入结构式模型的随机方程，例如以前面提到的凯恩斯宏观经济模型为例，应当在窗口中依次输入：

$$\text{inst gt yt}(-1)$$
$$\text{ct}=C(1)+C(2)\ \text{yt}$$
$$\text{it}=C(4)+C(5)\ \text{yt}+C(6)\ \text{yt}(-1)$$

这样就完成了联立方程模型的建立。

2.　联立方程模型的估计

在图 13-2 所示的对话框的菜单栏中，选择"Estimate"按钮，弹出如图 13-3 所示的对话框。

在本对话框中有两个选项卡，分别是估计方法与迭代选项。其中估计方法讲述的是系数的求解方法，系统共提供了 10 种估计方法，如图 13-4 所示。

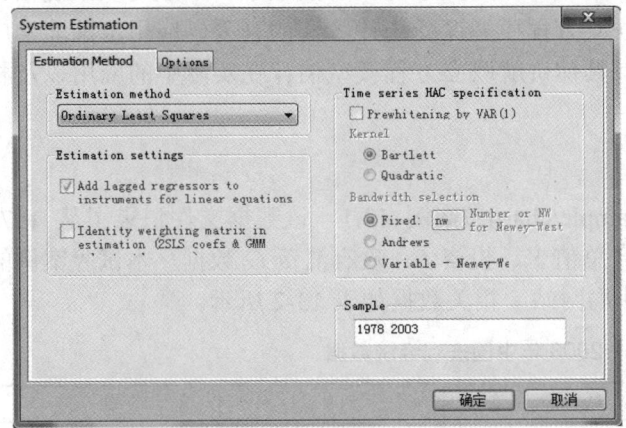

图 13-3　"System Estimation"对话框

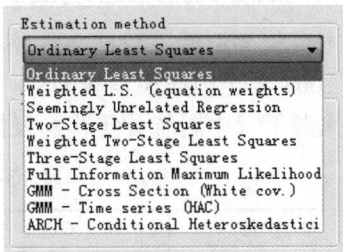

图 13-4　"Estimate method"下拉菜单

各种方法的含义如表 13-1 所示。

表 13-1　各种估计方法的含义

Ordinary Least Squares	普通最小二乘法估计
Weighted L.S. (equation weights)	加权最小二乘法估计
Seemingly unrelated Regression	似不相关回归估计
Two-Stage Least Squares	二阶段最小二乘法估计
Weighted Two-Stage Least Squares	加权二阶段最小二乘法估计
Three-Stage Least Squares	三阶段最小二乘法估计
Full information Maximum Likelihood	完全信息最大似然估计
GMM-Cross Section (White cov.)	使用怀特协方差矩阵的广义矩阵估计
GMM-Time Series(HAC)	使用 HAC 协方差矩阵的时间序列的广义矩阵估计
ARCH-Conditional Heteroskedastici	条件异方差的 ARCH 模型估计

如果选定了 Two-Stage Least Squares、Weighted Two-Stage Least Squares、Three-Stage Least Squares、Full information Maximum Likelihood、GMM-Cross Section（White cov.）、GMM-Time Series（HAC）其中的一种，则估计设置（Estimation Settings）选项组里面的"Add lagged regressors to instruments for linear"复选框就会变为可选。

如果选中"Add lagged regressors to instruments for linear"复选框，则系统就会自动使用自变量与因变量的滞后项作为工具变量来对系数进行估计，其中滞后阶数为系统设立的 AR 阶数。如果用户不想使用此设置，而是想精确地对工具变量进行设定，则可以不选此项。

如果选定了两种 GMM 估计方法中的一种，则估计设置（Estimation Settings）选项组里面的"Identity weighting matrix in estimation"复选框就会变为可选。

如果选中"Identity weighting matrix in estimation"复选框，则估计结果对于截面异方差（White cov.）或者同时含有自相关或者异方差(HAC)的时候都是稳健的；如果不选此项，则系统将使用 GMM 的权重估计和计算系数的协方差阵。

13.3 联立方程模型估计的案例操作

联立方程模型可以描述变量之间复杂的相互作用关系，二阶段最小二乘法可以准确估计方程的结构参数。基于其独特的性质，联立方程模型深受统计者们的喜爱，应用范围非常广泛。下面就以本书准备的案例数据为例，具体讲解联立方程模型估计在实际中的应用以及相应的 EViews 操作。

1. 案例问题的描述与数据准备

本实验案例所用数据文件路径为：sample/chap13/案例 13.1。该数据文件记录了从 1978 年至 2003 年全国居民消费 CS_t、国民生产总值 Y_t、投资 I_t、政府消费 G_t 数据。本试验案例的数据来源于《中国统计年鉴》及国家统计局网站。相关数据如表 13-2 所示。

表 13-2 1978—2003 年中国宏观经济数据

年　　份	CS_t	Y_t	I_t	G_t
1978	1759.100	3605.600	1377.900	468.6000
1979	1966.078	3994.118	1445.294	582.7451
1980	2143.478	4210.268	1470.860	595.9297
1981	2352.394	4427.642	1428.184	647.0641
1982	2542.465	4866.312	1560.461	763.3865
1983	2779.476	5306.812	1751.092	776.2445
1984	3121.920	6087.001	2097.366	867.7145
1985	3582.358	6863.466	2643.247	637.8610
1986	3810.751	7461.561	2832.106	818.7040
1987	4091.421	8088.332	2966.369	1030.5422
1988	4419.861	8514.186	3181.818	912.5072
1989	4190.511	8095.379	2996.559	908.3088
1990	4387.675	8820.173	3102.552	1329.9470
1991	4827.281	9958.072	3517.548	1613.2429
1992	5532.771	11484.769	4278.863	1673.1350
1993	6152.373	13534.994	5883.876	1498.7446
1994	6708.511	15051.805	6209.091	2134.2037
1995	7566.554	16430.918	6705.139	2159.2249
1996	8510.402	18086.395	7111.488	2464.5050
1997	9152.994	19667.595	7473.109	3041.4916
1998	9954.462	21300.431	7966.002	3379.9676
1999	10932.296	22977.515	8532.963	3512.2568
2000	12103.725	25209.058	9170.372	3934.9605
2001	13054.067	28041.212	10654.380	4332.7645
2002	14086.916	31094.409	12191.614	4815.8790
2003	15194.260	35047.995	14820.508	5033.2276

建立如下所示的宏观经济模型。

消费函数：$CS_t = \alpha_0 + \alpha_1 Y_t + \alpha_2 CS_{t-1} + \mu_{1t}$

投资函数：$I_t = \beta_0 + \beta_1 Y_t + \mu_{2t}$

收入方程：$Y_t = I_t + CS_t + G_t$

根据前面介绍的关于联立方程模型的识别的相关知识，容易判断该联立方程模型中投资函数方程是过度识别的，消费函数方程是恰好识别的，整个结构模型是可识别的。

具体的步骤如下面所述。

① 在我们的联立方程模型中，CS_t、I_t、Y_t 为内生变量，CS_{t-1}、G_t 为前定变量。所以结构模型中内生变量即结构方程的个数为 3，内生变量和前定变量的总个数为 5。

② 阶条件：对于投资函数方程来说，方程中内生变量和前定变量的总个数为 2，根据前面讲过的条件 $K - M_i \geqslant G - 1$，$5 - 2 > 3 - 1$，所以阶条件成立，此时如果投资函数方程可识别，则为过度识别；

对于消费函数方程来说，方程中内生变量和前定变量的总个数为 3，根据前面讲过的条件 $K - M_i \geqslant G - 1$，$5 - 3 = 3 - 1$，所以阶条件成立，此时如果消费函数方程可识别，则为恰好识别；

对于收入函数方程来说，方程中内生变量和前定变量的总个数为 3，根据前面讲过的条件 $K - M_i \geqslant G - 1$，$5 - 3 = 3 - 1$，所以阶条件成立，此时如果收入函数方程可识别，则为恰好识别。

③ 秩条件：首先整理结构模型，通过移项，得到如下新的形式。

消费函数：$-\alpha_0 + CS_t - \alpha_1 Y_t - \alpha_2 CS_{t-1} = \mu_{1t}$

投资函数：$-\beta_0 - \beta_1 Y_t + I_t = \mu_{2t}$

收入方程：$-CS_t + Y_t - I_t - G_t = 0$

结构模型对应的参数矩阵为：

$$\begin{pmatrix} -\alpha_0 & 1 & -\alpha_1 & -\alpha_2 & 0 & 0 \\ -\beta_0 & 0 & -\beta_1 & 0 & 1 & 0 \\ 0 & -1 & 1 & 0 & -1 & -1 \end{pmatrix}$$

对于投资函数方程来说，在删去其所对应的行以及其非零元素所对应的列以后，得到的子矩阵是：

$$\begin{pmatrix} 1 & -\alpha_2 & 0 \\ -1 & 0 & -1 \end{pmatrix}$$

其秩为 2=3-1，所以本方程可识别，结合阶条件，本方程为过度识别。

对于消费函数方程来说，在删去其所对应的行以及其非零元素所对应的列以后，得到的子矩阵是：

$$\begin{pmatrix} 1 & 0 \\ -1 & -1 \end{pmatrix}$$

其秩为 2=3-1，所以本方程可识别，结合阶条件，本方程为恰好识别。

对于收入方程来说，在删去其所对应的行以及其非零元素所对应的列以后，得到的子矩阵是：

$$\begin{pmatrix} -\alpha_0 & -\alpha_2 \\ -\beta_0 & 0 \end{pmatrix}$$

其秩为 2=3-1，所以本方程可识别，结合阶条件，本方程为恰好识别。

④ 综合可知，本结构模型可识别。

按照本书提供的该实验案例的数据文件路径，打开案例 13.1 数据文件，弹出如图 13-5 所示的工作文件窗口。

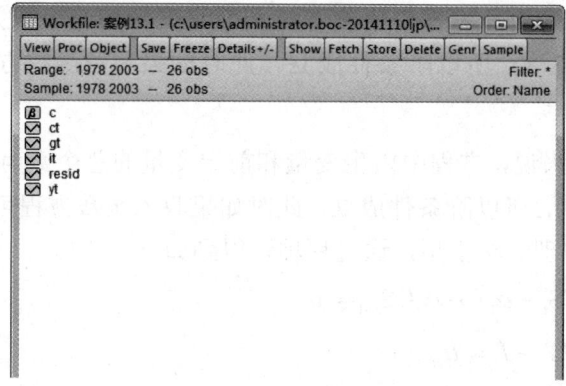

图 13-5　案例 13.1 数据文件

在本案例工作文件窗口中有 6 个变量：c 和 resid 是系统自带的模型回归常数项（或者截距项）和模型回归残差序列；ct 表示全国居民消费序列，gt 表示政府消费序列，it 表示投资序列，yt 表示国民生产总值序列。

2.　联立方程模型的建立与 OLS 估计

具体操作步骤如下所述。

① 在 EViews 主窗口的菜单栏中依次选择 Objects | New Object 命令，打开 New Object 对话框。在 Type of object 列表框中选择 "System"，然后单击 "OK" 按钮。

② 在弹出的 "System" 窗口中，依次输入：

$$ct=C(1)+C(2)\ yt+C(3)\ ct(-1)$$
$$it=C(4)+C(5)\ yt$$
$$INST\ gt\ ct(-1)$$

完成联立方程模型的建立。

③ 在弹出的 "System" 窗口中单击 "Estimate" 按钮，弹出 "System Estimation" 对话框。在 "System Estimation" 中 "Estimate method" 的下拉菜单中选择 "Two-Stage Least Squares"。

3. 联立方程模型估计结果

设定模型结束后，单击"确定"按钮，得到如图 13-6 所示的本案例模型回归的结果文件。

从左至右分别是系数值、标准值、T 统计量、显著性 P 值

方程中设定的参数

消费方程

投资方程

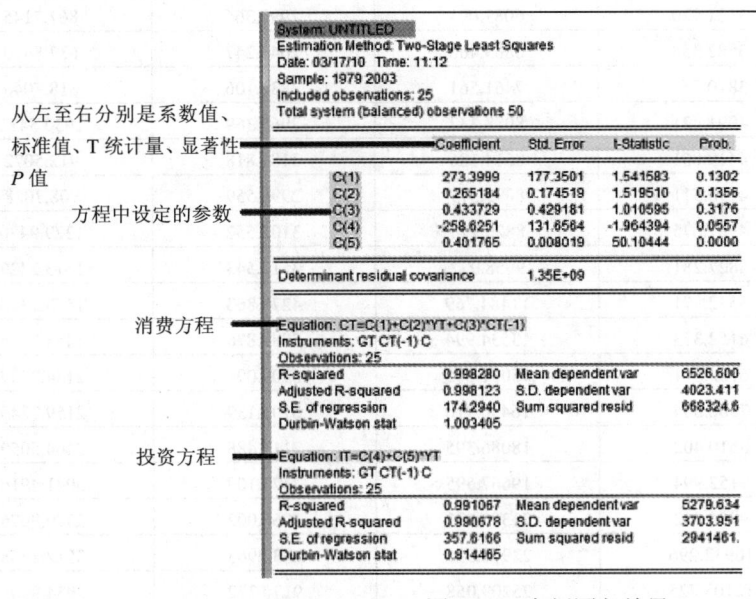

图 13-6　案例回归结果

通过本回归结果，可以写出最后的如下模型。

消费函数：$CS_t = 273.3999 + 0.265184 \times Y_t + 0.433729 \times CS_{t-1}$

投资函数：$I_t = -258.6251 + 0.401765 \times Y_t$

收入方程：$Y_t = I_t + CS_t + G_t$

通过本模型可以看出，我国居民的消费和投资都与其可支配收入存在着正相关关系，但是消费与收入的正相关关系并不显著，而投资与收入的正相关关系极为显著（可以观察图 13-6 中各个参数的显著性 P 值）。这从一定程度上说明收入增长对我国居民的消费需求并无显著刺激作用。

本章习题

习题数据文件路径为：sample/chap13/习题 13。该数据文件记录了从 1978 年至 2000 年全国居民消费 CS_t、国民生产总值 Y_t、投资 I_t、政府消费 G_t 数据。本试验案例的数据来源于《中国统计年鉴》及国家统计局网站。相关数据如表 13-3 所示。

表 13-3　1978—2000 年中国宏观经济数据

年　份	CS_t	Y_t	I_t	G_t
1978	1759.100	3605.600	1377.900	468.6000
1979	1966.078	3994.118	1445.294	582.7451
1980	2143.478	4210.268	1470.860	595.9297
1981	2352.394	4427.642	1428.184	647.0641

（续表）

年　　份	CS_t	Y_t	I_t	G_t
1982	2542.465	4866.312	1560.461	763.3865
1983	2779.476	5306.812	1751.092	776.2445
1984	3121.920	6087.001	2097.366	867.7145
1985	3582.358	6863.466	2643.247	637.8610
1986	3810.751	7461.561	2832.106	818.7040
1987	4091.421	8088.332	2966.369	1030.5422
1988	4419.861	8514.186	3181.818	912.5072
1989	4190.511	8095.379	2996.559	908.3088
1990	4387.675	8820.173	3102.552	1329.9470
1991	4827.281	9958.072	3517.548	1613.2429
1992	5532.771	11484.769	4278.863	1673.1350
1993	6152.373	13534.994	5883.876	1498.7446
1994	6708.511	15051.805	6209.091	2134.2037
1995	7566.554	16430.918	6705.139	2159.2249
1996	8510.402	18086.395	7111.488	2464.5050
1997	9152.994	19667.595	7473.109	3041.4916
1998	9954.462	21300.431	7966.002	3379.9676
1999	10932.296	22977.515	8532.963	3512.2568
2000	12103.725	25209.058	9170.372	3934.9605

建立宏观经济模型如下。

消费函数：$CS_t = \alpha_0 + \alpha_1 Y_t + \alpha_2 Y_{t-1} + \mu_{1t}$；

投资函数：$I_t = \beta_0 + \beta_1 Y_t + \beta_2 Y_{t-1} + \mu_{2t}$；

收入方程：$Y_t = I_t + CS_t + G_t$。

要求：

（1）判断模型中各个结构方程，以及整个结构模型的可识别情况；

（2）结合题目提供的数据，在 EViews 中运用二阶段最小二乘法对结构模型进行估计；

（3）对估计结果进行解释。

第 14 章　模型预测专题

建立计量经济模型主要有三个目的，包括结构分析、预测未来和政策评价。结构分析，指应用计量经济模型对变量之间的关系做出定量的度量；政策评价，指通过计量经济模型仿真各种政策的执行效果，对不同的政策进行比较和评价；预测未来，指应用已建立的计量经济模型求因变量未来一段时期的预测值。因此，预测未来是建模最为实际的目的。如通过建立一个需求函数模型，给出未来一年的商品价格、替代品价格及消费者偏好的估计值，那么就可以预测出未来一年的商品需求量，从而为该商品的生产和供给提供可靠的依据。

由于模型预测具有重要意义，因此本书将模型预测作为一个专题并在本章详细讲解。

14.1　背景知识

所谓预测，实际上就是利用序列已观测到的样本值对序列在未来某个时刻的取值进行估计。但是利用建立好的模型进行预测，必须清楚样本内预测与样本外预测、动态预测与静态预测、预测偏差等几个重要概念。

（1）样本内预测与样本外预测

样本内预测，指利用估计模型来预测估计样本期内的因变量值。而样本外预测，指利用估计模型来预测估计样本外的因变量值。计量经济模型的预测未来是指样本外预测。

（2）动态预测与静态预测

模型预测方法主要有两种，分别是动态预测方法和静态预测方法。动态预测方法是指，除了第一个预测值是用解释变量的实际值预测外，其后各期预测值都采用递归预测的方法，即用滞后的被解释变量的前期预测值带入预测模型来预测下一期的预测值。静态预测方法是指用解释变量的真实值来进行预测。只要真实数据可以获得就可以使用静态预测方法。正确理解动态预测和静态预测的差别对于准确执行预测非常重要，因此本书用以下一个含有因变量滞后项的方程来说明动态预测和静态预测的预测机制。

假定研究者设定的回归方程公式为：

$$GDP = C + GDP(-1) + \varepsilon_t \qquad (14.1)$$

其中，样本区间为 1949—2008，预测区间为 2009—2012，并定义因变量 GDP 的预测值序列为 GDPF。

动态预测的预测机制是：系统将以 2008 年 GDP 的真实值为基础，根据回归方程（14.1）计算 2009 年的 GDPF。而 2010 年的 GDPF 则根据 2009 年的 GDPF 带入回归方程计算，以后各年份的预测值 GDPF 都是如此。

静态预测的预测机制是：系统将以 2008 年 GDP 的真实值为基础根据回归方程计算 2009 年的 GDPF，然后 2010 年的 GDP 则根据 2009 年的 GDP 真实值而非 GDPF 带入回归方程计算，以后各年份的预测值都是如此。

（3） 预测偏差

预测是通过回归方程或者其他统计方程得到的。在一次回归中，给定自变量的观测值，通过回归系数可以计算出相应因变量的预测值。因此，预测都带有误差。对于一个设定适当的方程，预测误差有两种来源：第一种是因为不知道预测期内的方程误差。最好的处理方法是令这些残差等于期望值 0，残差的不确定性通常是预测误差的最大来源，方程的标准差是测量残差即偏离的一种方法。另一种来源于模型回归系数估计值的不确定性。方程中的估计系数随机地偏离真实系数，回归结果中的系数标准误差度量了估计系数拟合真实系数的准确程度。由于在预测的计算中，外生变量要与估计系数相乘，因此估计系数不确定性越大就会导致预测的误差越大。衡量预测偏差的主要指标如表 14-1 所示。

表 14-1　预测偏差主要指标

测度指标	中文名称	基本含义
Root Mean Squared Error	预测误差的均方根	误差均方根通过计算预测值与真实值偏离的标准差，来对预测效果进行综合评价
Mean Absolute Error	绝对预测误差均值	绝对误差均值通过预测值与真实值偏离的平均值，测度预测效果
Mean Absolute Percentatge Error	相对误差绝对值平均	该指标通过计算预测值与真实值的偏离占真实值的比例来测度预测效果
Theil inequality coefficient	Theil 不等系数	Theil 不等系数的取值在 0 到 1 之间，该值越接近 0 表示预测效果越好，反之则表示预测效果越差
Bias proportion	偏倚比率	偏倚比率测度平均值与实际值之差的平方占误差均方的比率
Variance proportion	方差比率	方差比率表示因变量预测值与实际值的分布偏倚标准差的平方占误差均方的比例
covariance proportion	协方差比率	协方差比率测量预测值与实际值的分布偏倚的协方差占误差均方的比例

14.2　技术操作

对所建立的回归模型估计结束后，可以在相应估计结果的 Equation 窗口进行模型的预测操作。

在回归模型估计的 Equation 窗口工具栏中，单击如图 14-1 所示的 Forecast 快捷菜单按钮，打开如图 14-2 所示的 Forecast 对话框。Forecast 对话框是用户利用回归模型进行预测分析的主窗口。Forecast 对话框的设定包括命名预测变量、设定预测区间、选择预测方法和设定预测输出结果等部分。

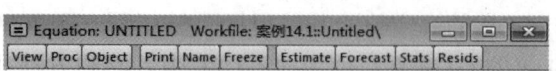

图 14-1　Equation 窗口

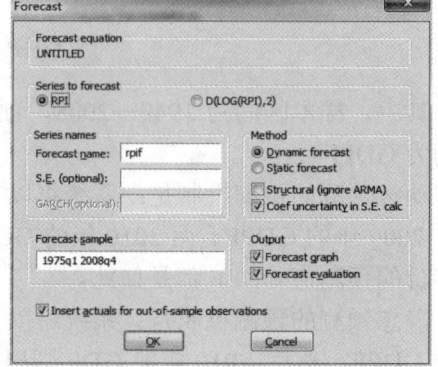

图 14-2　Forecast 对话框

（1）　命名预测变量

Series names 选项组用于命名模型预测的变量、预测误差变量和 GARCH 条件方差变量。其中，Forecast 文本框用于输入因变量的预测变量名，系统默认的预测变量名是在当前使用的因变量名称前加英文字母 f。注意，该名称要区别于方程中被解释变量名称，以防止预测值替代被解释变量的真实值。S.E.文本框用于输入预测变量的预测标准差名称。GARCH（optional）输入框用于定义 GARCH 条件方差变量名，该输入框仅在 GARCH 系列模型的回归窗口中可用。如果这些变量名都被定义，则可以在 Workfile 工作文件窗口中得到相应预测变量。

（2）　设定预测方法

Method 选项组用于选择预测的方法。其中，Dynamic forecast 单选按钮表示采用动态预测方法来预测被解释变量。该方法除了第一个预测值是用解释变量的实际值预测外，其后各期预测值都是采用递归预测的方法，即用滞后的被解释变量的前期预测值带入预测模型来预测下一期的预测值。注意，Dynamic forecast 单选按钮只有在动态模型中使用，即模型中存在被解释变量的滞后项时该选项才可以被激活。Static forecast 单选按钮表示采用静态预测方法来预测被解释变量。该方法用解释变量的真实值来进行预测。只要真实数据可以获得就可以使用静态预测，因此绝大部分数据模型下该种方法都可以使用。

Structural(ignore ARMA)复选框，用于计算预测值时是否考虑模型中含有的 ARMA 项。该选项系统默认不选择状态，即计算预测值将考虑模型中含有的 ARMA 项。注意，该选项仅在回归模型含有 AR、MA 或者 ARMA 项时被激活。Structural(ignore ARMA)复选框是针对用户运用 AR 或 MA 设定项修正序列自相关的情况。对于带有 AR 误差项的方程，系统首先根据方程计算预测期之前所有观测值的残差，系统根据 AR 设定预测各个预测期内的残差，最后系统根据残差的预测值以及自变量或滞后因变量的值计算各个预测期内的预测值。对带有 MA 的方程，EViews 将根据方程计算预测期之前的观测值的新息（ARMA 模型的残差）；然后用该方程预测各个预测期的残差，此过程要求估计方程所涉及的整个时期没有丢失数据。

Coef uncertainty in S.E.复选按钮表示系统预测因变量时，会考虑系数不确定性对预测偏差的影响。注意，EViews 默认选择该选项。

（3）　预测区间设定

Forecast sample 输入框用于定义预测的样本区间，系统默认的预测区间是当前估计模型的样本区间。预测区间不能超出工作文件样本范围，即默认预测都是做样本内预测。如果用户需要进行样本外预测，则需要先扩大工作文件的样本范围或者设定的估计样本范围小于工作文件整体样本范围。

扩大工作文件样本范围的方法是：将鼠标移到如图所示的工作文件窗口样本范围 Range 区域（即图 14-3 中盒形标示区域），然后双击该区域即可打开如图 14-4 所示的 Workfile Structure 窗口。Workfile Structure 窗口用于定义工作文件的数据类型、数据频率以及样本范围，2.2 节已经做了具体介绍，在此不再赘述。用户如果需要扩大工作文件样本范围，只需要在 End 输入框中输入一个新的时间点替代原有的样本结束时间点，且新输入的结束时间点要使得更改后的样本区间大于原有的样本区间。

注意　无论扩大工作文件样本范围还是预先设定的模型估计样本范围小于工作文件整体样本范围，目的都是预留足够的额外样本区间用于样本外预测。

图 14-3　工作文件窗口

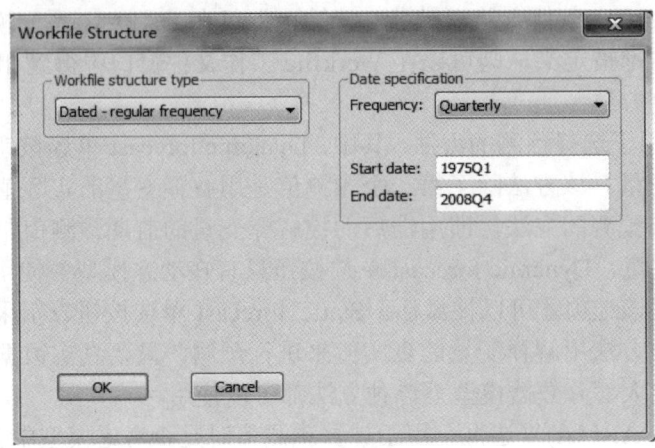

图 14-4　Workfile Structure 窗口

（4）　设定输出结果

Output 选项组用于设定输出的预测结果类型。其中，Forecast graph 复选框表示输出结果为图表形式，包含预测变量的线形图和 95%的预测置信区间。如果预测区间是单一观测值，图形将是条形图，否则图形会是折线图。图形见图 14-9 所示。

Forecast evaluation 复选框表示输出预测的评价指标，这些评价指标包括预测误差的均方根（Root Mean Squared Error）、绝对预测误差的均值（Mean Absolute Error）、Theil 不等系数、偏倚比率、方差比率等指标。

14.3　案例分析

ARMA 模型是时间序列分析中最为常用的预测模型，在模型预测领域具有很强的代表性。本节将结合一个 ARMA 模型的例子来具体阐释预测的操作和解读。

1.　案例问题的描述与数据准备

商品零售价格指数，是指反映一定时期内商品零售价格变动趋势和变动程度的相对数。零售物价的调整变动直接影响到城乡居民的生活支出和国家的财政收入，影响居民购买力和市场供需平衡，影响消费与积累的比例。因此，预测零售价格指数的走势，可以从一个侧面加强对经济活动进行预测和分析。本节搜集了我国零售价格指数的数据，并对该指数建立 ARIMA 模型同时对 2008 年第三季度到第四季度的零售价格指数进行预测操作。

本实验案例所用数据文件路径为：sample/chap14/案例14.1。该数据文件记录了我国零售价格指数从 1975 年 1 季度到 2008 年 4 季度的数据，其中，数据来源于《中华人民共和国统计年鉴》（从 1976—2009 年），并经过作者的初步处理。部分相关数据如表 14-2 所示。

表 14-2 零售价格指数部分相关数据

年份季度	零售价格指数	年份季度	零售价格指数
1975Q1	56.04	1982Q3	65.28
1975Q2	56.21	1982Q4	65.37
1975Q3	56.41	1983Q1	65.63
1975Q4	56.67	1983Q2	65.79
1976Q1	56.77	1983Q3	66.17
1976Q2	57.01	1983Q4	66.47
1976Q3	56.99	1984Q1	67.04
1976Q4	57.58	1984Q2	67.55
1977Q1	57.58	1984Q3	67.81
1977Q2	57.57	1984Q4	68
1977Q3	57.92	1985Q1	68.44
1977Q4	58.58	1985Q2	68.56
1978Q1	58.76	1985Q3	68.86
1978Q2	58.8	1985Q4	68.96
1978Q3	59	1986Q1	68.88
1978Q4	58.74	1986Q2	69.22
1979Q1	59.38	1986Q3	69.54
1979Q2	59.58	1986Q4	69.65
1979Q3	59.45	1987Q1	70.23
1979Q4	59.77	1987Q2	70.48
1980Q1	60.27	1987Q3	70.62
1980Q2	60.65	1987Q4	71.08
1980Q3	6.10E+01	1988Q1	71.41
1980Q4	61.4	1988Q2	71.46

2. 零售价格指数序列特征分析

首先，绘制零售价格指数 RPI 的折线图。在序列 RPI 的窗口工具栏中依次选择 View | Graph |OK 命令，会打开如图 14-5 所示的序列 RPI 的折线图。

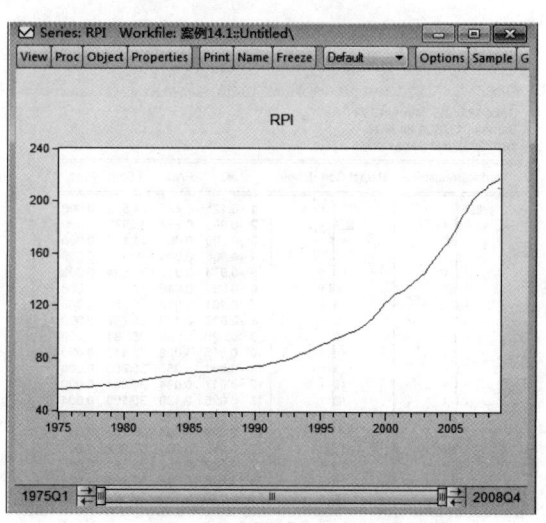

图 14-5 序列 RPI 的折线图

从图 14-5 中可以看到，序列 RPI 存在明显的时间趋势。为了消除序列 RPI 的时间趋势，对序列进行一阶自然对数差分。在 EViews 命令窗口中输入命令：series r=d(log(RPI))，即对序列 RPI 取对数后进行差分，然后按 Enter 键，即可生成新的序列 R。然后绘制序列 R 的自相关图和 Q 统计量，在序列 R 窗口工具栏中依次选择 View | Correlogram |OK 选项，打开如图 14-6 所示的序列 R 的自相关图和 Q 统计量。

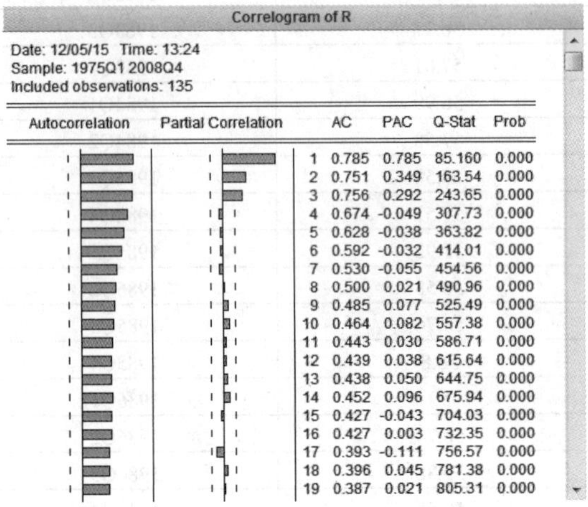

图 14-6　序列 R 自相关图和 Q 统计量

从序列 R 的自相关图和 Q 统计量可以看出，序列 R 的自相关函数呈指数衰减，但衰减速度非常缓慢，因此可以基本判断序列 R 是非平稳序列。为了消除序列 R 的非平稳性，需要对序列 R 进行差分处理。在 EViews 命令窗口中输入命令：series ir = r − r(−1)，然后按 Enter 键，即可生成新的序列 IR。为了判断差分后的序列 IR 的平稳性和 ARMA 结构的识别，需要绘制序列 IR 的自相关图和 Q 统计量，在序列 IR 窗口工具栏中依次选择 View | Correlogram |OK 命令，会打开如图 14-7 所示的序列 IR 的自相关图和 Q 统计量。从图 14-7 中可以发现，序列 IR 的自相关函数衰减速度非常快，在第 3 期就衰减为 0，因此可以判断序列 IR 为平稳序列，可以进行 ARMA 建模。

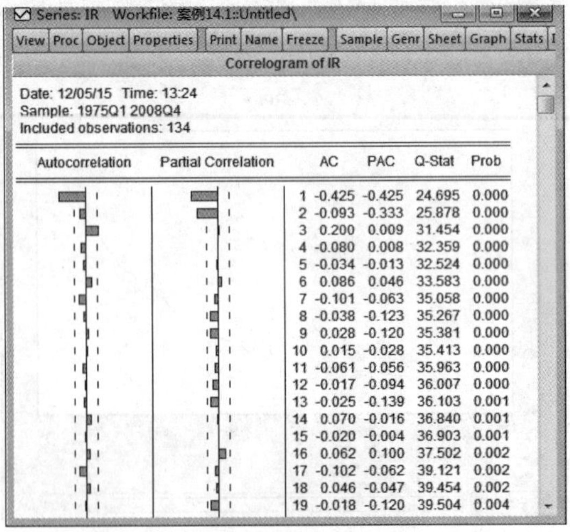

图 14-7　序列 IR 自相关图和 Q 统计量

3.　ARMA 模型的识别

根据对序列 RPI 特征的分析，打算建立一个 ARIMA（P,D,Q）模型，在估计模型之前首先要确定模型的形式即 P、D、Q 的阶数。为了消除序列 RPI 的趋势和非平稳性，对序列 RPI 进行过两次差分，因此 $D=2$；观察图 14-7 中序列 IR 的相关图，序列 IR 的偏相关函数在第二期后截尾，因此 $P=2$；序列 IR 的自相关图在第一期后基本衰减为零，因此可以判断 $Q=1$。

综上分析，本案例考虑建立一个 ARIMA（2,2,1）模型。

4.　模型估计

对本案例 ARIMA（2,2,1）模型进行估计，操作过程如下：

单击 EViews 主菜单中的 Quick | Estimate Equation 命令，在弹出的 Equation Estimation 对话框中的 Estimation specification 输入框中输入：d[log(RPI),2] c ar(1) ar(2) ma(1)，其中，d[log(RPI),2]表示对序列 RPI 取对数后进行两次差分。在 Sample 输入框中改变估计样本范围：1975Q1 2008Q2，然后单击确定按钮，即可得到如图 14-8 所示的模型估计结果。

```
Dependent Variable: D(LOG(RPI),2)
Method: Least Squares
Date: 11/26/12   Time: 20:12
Sample (adjusted): 1976Q1 2008Q2
Included observations: 130 after adjustments
Convergence achieved after 6 iterations
MA Backcast: 1975Q4
```

Variable	Coefficient	Std. Error	t-Statistic	Prob.
C	3.45E-05	0.000189	0.182119	0.8558
AR(1)	-0.611303	0.251985	-2.425951	0.0167
AR(2)	-0.349264	0.130003	-2.686588	0.0082
MA(1)	0.045999	0.268520	0.171304	0.8643

R-squared	0.272047	Mean dependent var	1.43E-05
Adjusted R-squared	0.254715	S.D. dependent var	0.004689
S.E. of regression	0.004048	Akaike info criterion	-8.151075
Sum squared resid	0.002064	Schwarz criterion	-8.062843
Log likelihood	533.8199	Hannan-Quinn criter.	-8.115223
F-statistic	15.69605	Durbin-Watson stat	1.991899
Prob(F-statistic)	0.000000		

Inverted AR Roots	-.31+.51i	-.31-.51i
Inverted MA Roots	-.05	

图 14-8　ARIMA（2,2,1）模型估计结果

在图 14-8 中，AR 过程有两个复根，这两个根的倒数分别是-0.31+0.51i 和-0.21-0.51i，这两个根的模都小于 1；MA 过程有 1 个复根，这个根的倒数为-0.05，这个根的模也小于 1；因此各个滞后多项式倒数根的模都在单位圆内，从而表明 ARIMA 模型是平稳的也是可逆的。根据图 14-8 可以写出公式（14.2）所示的 ARIMA（2,2,1）模型估计结果：

$$(1+0.611L+0.349L^2)(1-L)^2\log(RPI_t)=0.00034+(1+0.046L)\varepsilon_t \tag{14.2}$$

5.　模型预测

下面将利用前面建立的 ARIMA（2,2,1）模型对 2008 年第三季度至第四季度的零售价格指数 RPI 进行预测操作。

在如图 14-8 所示的模型估计结果窗口工具栏中单击 Forecast 功能按钮，并在弹出的如图 14-2 所示的模型预测对话框中将 Forecast Sample 更改为 2008Q3 2008Q4，预测方法采用系统默认的 Dynamic 动态方法，并将预测值序列命名为 rpif，预测对话框的其他选项采用 EViews 默认设置，然后单击 OK 按钮即可得到如图 14-9 所示的预测结果。

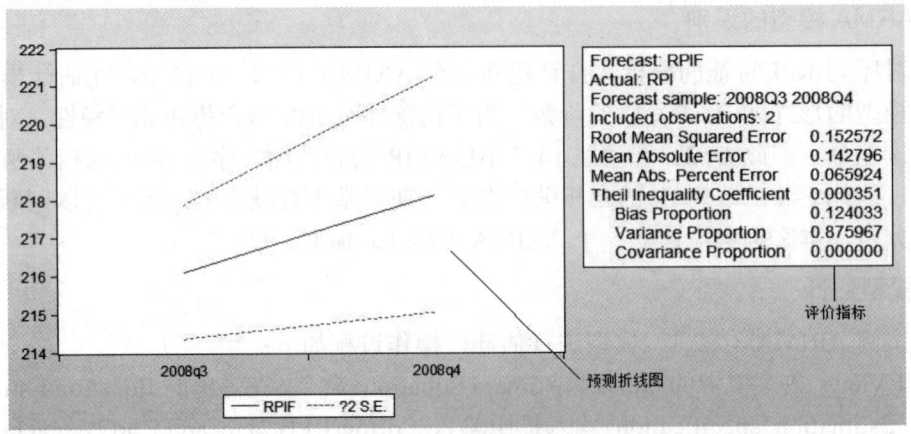

图 14-9　ARIMA（2,2,1）模型的预测结果

　　在图 14-9 中，虚线是预测置信区间，可以看到随着向后预测期的增加，预测置信区间也变大，从而表明预测期越往后，模型的预测精度越差。这是因为动态模型中的 AR 项和 MA 项依赖于新息（innovation），因此新息的不确定性实际上是逐渐累积，而 EViews 令他们等于其期望值，从而导致了新的随机误差。这种额外的不确定性往往会随着预测区间的扩大而增加，导致了预测期越往后，模型的预测精度越差。

　　另一方面，图 14-9 中的评价指标也显示了此次预测精度非常高。如 Theil 不等系数的取值在 0，1 之间，等于 0 表示预测与真值完全相同，本案例的 Theil 不等系数为 0.000351，表明 ARIMA（2,2,1）模型对 2008 年第三、四季度的零售价格指数 RPI 的预测准确度极高。表 14-3 中列示了 2008 年第三、四季度的零售价格指数 RPI 的真实值、预测值和预测误差。

表 14-3　零售价格指数 RPI 的真实值、预测值和预测误差

	2008Q3	2008Q4
实际值 RPI	215.89	218.21
预测值 RPIF	216.0865	218.1209
预测误差	0.0909%	0.0408%

　　从表 14-3 中可以发现，2008 年第三季度的预测值为 216.0865 而实际值为 215.89，实际值与预测值之间的差距非常小，预测偏差为 0.0909%；2008 年第四季度的预测值为 218.1209 而实际值为 218.21，实际值与预测值之间的差距同样非常小，预测偏差为 0.0408%。可见相对预测误差都控制在 1% 以内，因此模型预测的精度非常高，同时也表明本案例建立的 ARIMA（2，2，1）模型非常优良。

上机题

光盘：\录像\第 14 章\上机题\……
光盘：\上机题\第 14 章\习题\……

1. 力度空前的全球性财政刺激、量化宽松政策以及货币供应量的加大，这三者结合可能导致大范围的货币贬值、负实际利率和重回高通涨率。这对金价维持在前期高点之上运行提供了非常有力的基本面支撑。为了研究分析台湾地区黄金价格走势规律和准确预测黄金价格走势，研究者收集了 2005 年至 2007 年黄金价格的银行报价数据，部分原始数据如表 14-4 所示。

表 14-4 2005 年至 2007 年黄金价格的银行报价数据

日　期	价　格	日　期	价　格	日　期	价　格	日　期	价　格
2005-1-3	449	2005-2-22	433	2005-4-11	434	2005-5-26	423
2005-1-4	441	2005-2-23	437	2005-4-12	435	2005-5-27	423
2005-1-5	439	2005-2-24	436	2005-4-13	434	2005-5-30	423
2005-1-6	440	2005-2-25	435	2005-4-14	435	2005-5-31	423
2005-1-7	438	2005-3-1	437	2005-4-15	432	2005-6-1	421
2005-1-10	435	2005-3-2	433	2005-4-18	432	2005-6-2	421
2005-1-11	435	2005-3-3	428	2005-4-19	435	2005-6-3	427
2005-1-12	437	2005-3-4	428	2005-4-20	439	2005-6-6	426
2005-1-13	439	2005-3-7	432	2005-4-21	441	2005-6-7	428
2005-1-14	436	2005-3-8	432	2005-4-25	438	2005-6-8	427
2005-1-17	433	2005-3-9	436	2005-4-25	439	2005-6-9	427
2005-1-18	432	2005-3-10	435	2005-4-26	439	2005-6-10	427
2005-1-19	434	2005-3-11	437	2005-4-27	441	2005-6-13	429
2005-1-20	433	2005-3-14	440	2005-4-28	438	2005-6-14	432
2005-1-21	432	2005-3-15	437	2005-4-29	436	2005-6-15	432
2005-1-24	438	2005-3-16	439	2005-5-3	433	2005-6-16	433
2005-1-25	438	2005-3-17	441	2005-5-4	431	2005-6-17	439
2005-1-26	434	2005-3-18	439	2005-5-5	432	2005-6-20	442
2005-1-27	437	2005-3-21	440	2005-5-6	432	2005-6-21	442
2005-1-28	437	2005-3-22	436	2005-5-9	428	2005-6-22	442
2005-1-31	436	2005-3-23	432	2005-5-10	429	2005-6-23	442

（1）画出黄金价格的时序图，观察黄金价格的变动趋势。

（2）对黄金价格序列进行单位根检验，确定是否为平稳序列；如果不平稳，对其进行平稳化处理。

（3）绘制平稳化处理的黄金价格序列的自相关函数图和偏相关函数图，并根据自相关函数图和偏相关函数图判断 ARIMA 的阶数。

（4）对黄金价格序列建立合适的 ARIMA 序列，并选择样本期的最后三天进行样本外预测。

（5）利用指数平滑方法对未来黄金价格走势进行预测。

（6）试比较指数平滑方法和 ARIMA 方法的预测精度。

2. 银行间隔夜拆解利率一直是金融行业资金面紧张与否的风向标。受金融危机影响，欧洲央行及美联储几次降息影响，为了研究隔夜拆解市场利率变动规律关系，研究者搜集了从 2003 年 1 月份至 2009 年 12 月份的数据，部分相关数据见表 14-5 所示。

表 14-5　银行隔夜拆解市场利率变动数据规律数据

时　　期	隔夜利率	时　　期	隔夜利率	时　　期	隔夜利率
Jan-03	2.8318	Dec-04	2.1732	Nov-06	3.5972
Feb-03	2.6875	Jan-05	2.1454	Dec-06	3.6842
Mar-03	2.53	Feb-05	2.1384	Jan-07	3.7519
Apr-03	2.5333	Mar-05	2.1372	Feb-07	3.8182
May-03	2.4005	Apr-05	2.1372	Mar-07	3.8909
Jun-03	2.1519	May-05	2.1256	Apr-07	3.9753
Jul-03	2.13	Jun-05	2.111	May-07	4.0714
Aug-03	2.1404	Jul-05	2.1194	Jun-07	4.1478
Sep-03	2.1473	Aug-05	2.1325	Jul-07	4.2162
Oct-03	2.1436	Sep-05	2.1391	Aug-07	4.5436
Nov-03	2.159	Oct-05	2.1966	Sep-07	4.7417
Dec-03	2.1463	Nov-05	2.3609	Oct-07	4.6874
Jan-04	2.0895	Dec-05	2.4729	Nov-07	4.6385
Feb-04	2.0706	Jan-06	2.5117	Dec-07	4.8484
Mar-04	2.0288	Feb-06	2.6004	Jan-08	4.4815
Apr-04	2.0488	Mar-06	2.7226	Feb-08	4.3621
May-04	2.0859	Apr-06	2.7938	Mar-08	4.5964
Jun-04	2.1127	May-06	2.889	Apr-08	4.7835
Jul-04	2.116	Jun-06	2.9857	May-08	4.8574
Aug-04	2.1143	Jul-06	3.1022	Jun-08	4.9405
Sep-04	2.1186	Aug-06	3.2265	Jul-08	4.961
Oct-04	2.1473	Sep-06	3.3354	Aug-08	4.9652
Nov-04	2.1703	Oct-06	3.502	Sep-08	5.0192

（1）　画出银行间隔夜拆解利率的时序图，观察银行间隔夜拆解利率的变动趋势。

（2）　对银行间隔夜拆解利率序列进行单位根检验，确定是否为平稳序列；如果不平稳，对其进行平稳化处理。

（3）　绘制平稳化处理的银行间隔夜拆解利率序列的自相关函数图和偏相关函数图，并根据自相关函数图和偏相关函数图判断 ARIMA 的阶数。

（4）　对银行间隔夜拆解利率序列建立合适的 ARIMA 序列，并选择样本期外进行样本外预测。

（5）　利用指数平滑方法进行预测未来银行间隔夜拆解利率走势。

第 15 章　EViews 编程

作为一种功能强大而且应用广泛的计量分析软件，EViews 不仅提供了方便快捷的交互式菜单操作方式，而且也提供了功能强大的程序语句，通过使用系统提供的这种编程功能，用户可以方便快捷地完成很多操作和任务。本章将介绍 EViews 编程的一系列相关的基本内容，以及在计量经济模型分析中经常遇到的一些模型的编程命令，包括 EViews 命令基础、单方程模型命令、时间序列模型命令以及联立方程模型命令，等等。

15.1　EViews 命令基础

在学习编程之前，需要先学习关于 EViews 的一些基础命令，包括工作文件的建立与保存、工作对象的建立与赋值，以及数据的导入与导出。

15.1.1　工作文件的基本操作

工作文件的基本操作包括工作文件的建立、工作文件的保存、工作文件的打开、工作文件的关闭等一系列内容，下面一一介绍这些操作的 EViews 命令实现形式。

1.　工作文件的建立

EViews 可以轻松地实现截面数据、时间序列数据和面板数据的输入。不同类型的工作文件有着不同的命令格式。

截面数据命令格式：

wfcreate（选项）　　u　　观测值个数

时间序列数据命令格式：

wfcreate（选项）　　时间频率选项　　起始日期　　终止日期

面板数据命令格式：

wfcreate（选项）　　时间频率选项　　起始日期　终止日期　截面个数

时间频率选项包括：a/s/q/m/w/d/7/u

其中：a 为年度数据，s 为半年度数据，q 为季度数据，m 为月度数据，w 为周数据，d 为日数据（每周一至周五），7 为日数据（每周 7 天）

选项包括：

Wf=为工作文件命名；

Page=为工作文件的文件页命名。

例 15.1：试用 EViews 命令的方法建立一个名为 working 的工作文件，并在此文件中建立名为 p1 的工作页，数据为截面数据，共 43 个截面。

按照前面讲述的截面数据命令格式，在 EViews 的命令窗口中输入：

wfcreate (wf=working ,page=p1) u 43

单击键盘上的"enter"键，即弹出如图 15-1 所示的对话框。

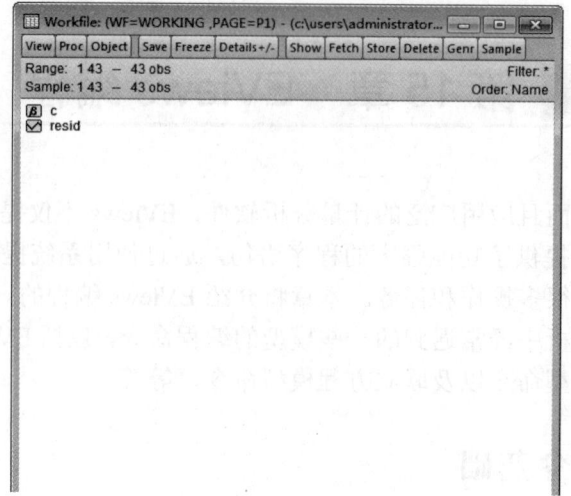

图 15-1　工作页 p1

如图 15-1 所示，成功地建立了工作文件 working，并在此文件中建立工作页 p1，数据为截面数据，共 43 个截面。

例 15.2：试用 EViews 命令的方法建立一个名为 working 的工作文件，并在该文件中建立名为 p2 的工作页，数据为季度时间序列数据，区间为 1960 年第一季度至 2008 年第四季度。

按照前面讲述的时间序列数据命令格式，在 EViews 的命令窗口中输入：

wfcreate (wf=working ,page=p2) q 1960q1 2008q4

单击键盘上的"enter"键，即弹出如图 15-2 所示的对话框。

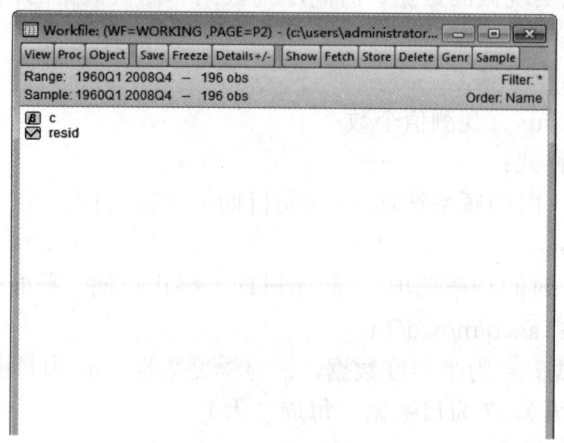

图 15-2　工作页 p2

如图 15-2 所示，成功地建立了工作文件 working，并在此文件中建立工作页 p2，数据为季度数据，区间为 1960 年第一季度至 2008 年第四季度。

例 15.3：试用 EViews 命令的方法建立一个名为 working 的工作文件，并在此文件中建立名为 p3 的工作页，数据为面板数据，时间跨度为 1930 年至 2007 年，共 20 个截面。

按照前面讲述的面板数据命令格式，在 EViews 的命令窗口中输入：

wfcreate (wf=working ,page=p3) a 1930a1 2007a1 20
单击键盘上的"enter"键，即弹出如图 15-3 所示的对话框。

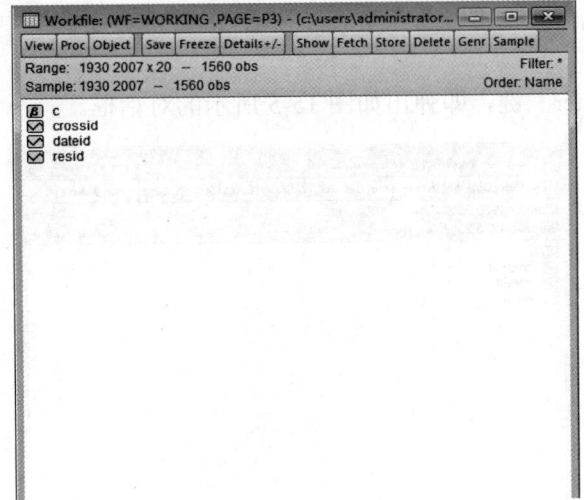

图 15-3　工作页 p3

如图 15-3 所示，成功地建立了工作文件 working，并在此文件中建立了工作页 p3，数据为面板数据，时间跨度为 1930 年至 2007 年，共 20 个截面。

2.　工作文件的保存

新建工作文件的保存命令格式：

wfsave 　保存位置\ 保存文件名

例 15.4：承接例 15.3，试用 EViews 命令的方法将工作文件 working 保存在 d 盘。

按照前面讲述的新建工作文件的保存命令格式，在 EViews 的命令窗口中输入：

wfsave d:\working

单击键盘上的"enter"键，即弹出如图 15-4 所示的对话框。

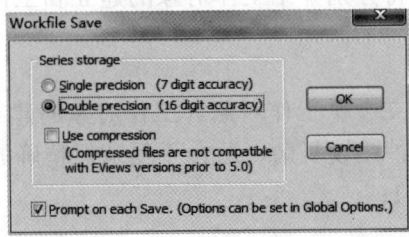

图 15-4　"Workfile Save"对话框

在本对话框中单击"OK"按钮，即成功地实现了工作文件的保存，文件被保存到 d 盘。

3.　工作文件的打开与关闭

工作文件打开命令格式：

load 　文件名

工作文件关闭命令格式：

close 　文件名

例 15.5：承接例 15.4，试用 EViews 命令的方法打开工作文件 working，然后再关闭此文件。

按照前面讲述的工作文件打开命令格式，在 EViews 的命令窗口中输入：

load d:\working

单击键盘上的"enter"键，即弹出如图 15-5 所示的对话框。

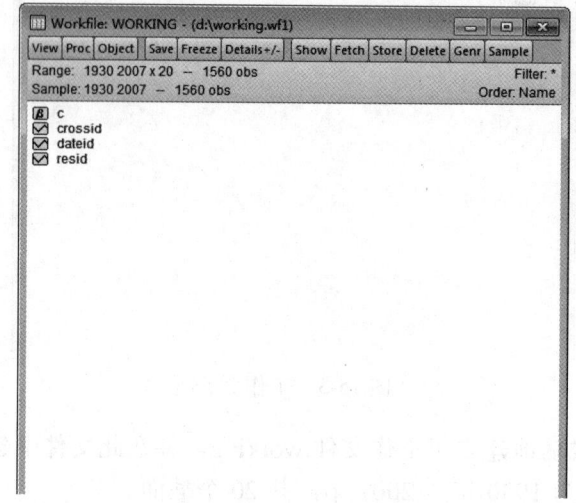

图 15-5　工作文件 working

如图 15-5 所示，成功地打开了工作文件 working。

按照前面讲述的工作文件关闭命令格式，在 EViews 的命令窗口中输入：

close working

单击键盘上的"enter"键，即关闭了工作文件 working。

15.1.2　工作对象的基本操作

对工作对象的基本操作，将分别介绍工作对象的建立和工作对象的赋值。

1.　工作对象的建立

在编写程序时，首先要建立一个工作对象。工作对象的建立有两种命令格式，第一种简单，应用于简单的操作；第二种比较复杂，适合于复杂但精确的操作。

工作对象建立的命令格式 1：

对象类别　对象名称

工作对象建立的命令格式 2：

操作方式　对象名称　观察/程序（选项）　观察/程序语句

其中，操作方式有 4 种，分别为 do<执行命令>、freeze<生成表格>、print<打印处于激活状态的对象>、show<显示对象>。

例 15.6：承接例 15.5，试用 EViews 命令的方法在工作文件 working 中建立方程 eq1、建立序列 lgdp、建立 4×4 阶的矩阵 mal。

在 EViews 的命令窗口中分别输入：

equation eq1　　　　　　　　　　　　　　　　　（表明对象类别是方程，对象名称是 eq1）

series lgdp　　　　　　　　　　　　　　（表明对象类别是序列，对象名称是 lgdp）
matrix(4,4)mal　　　　　　　　　　　　（表明对象类别是矩阵，对象名称是 mal）
并分别单击键盘上的"enter"键，即成功地完成了题目的要求，如图 15-6 所示。

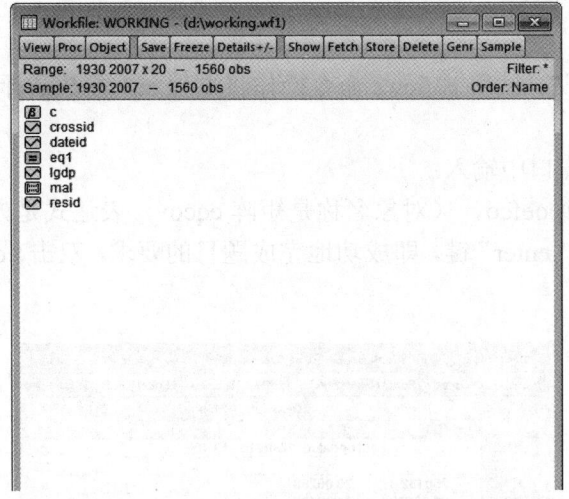

图 15-6　建立工作对象 eq1、lgdp、mal

例 15.7：打开数据 working1，试用 EViews 命令操作普通最小二乘法估计 gdp 对常数项 c 和 r 的回归。

在 EViews 的命令窗口中首先输入：

equation eq1　　　　　　　　　　　　（建立方程 eq1）

单击键盘上的"enter"键，完成对 eq1 的定义，再在命令窗口中输入：

do eq1.ls gdp c r　　　　　　　　　　（使用普通最小二乘法对方程 eq1 进行估计）

即成功地完成了题目的要求，双击"eq1"即弹出如图 15-7 所示的对话框。

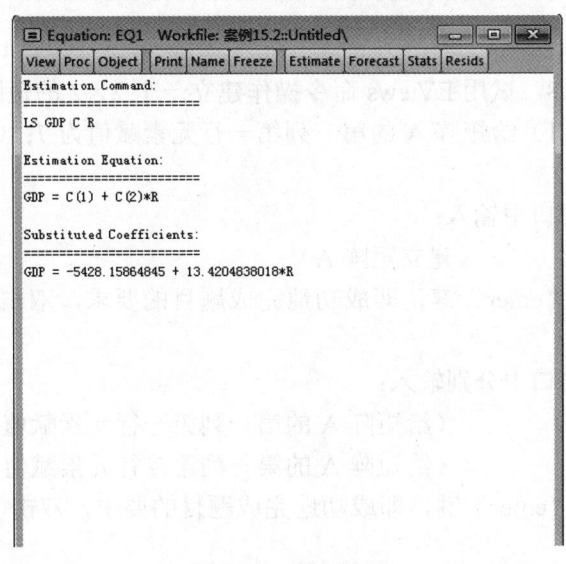

图 15-7　回归结果

2. 工作对象的赋值

对象赋值命令可以为 EViews 的工作对象指派数据。

工作对象赋值的命令格式：

对象名称＝表达式

例 15.8：承接例 15.7，试用 EViews 命令操作将方程 eq1 参数估计的协方差矩阵保存在矩阵对象 eqcov 中。

在 EViews 的命令窗口中输入：

matrix eqcov=eq1.@coefcov （对象名称是矩阵 eqcov，表达式是方程 eq1 的协方差矩阵）

然后单击键盘上的"enter"键，即成功地完成题目的要求，双击"eqcov"即弹出如图 15-8 所示的对话框。

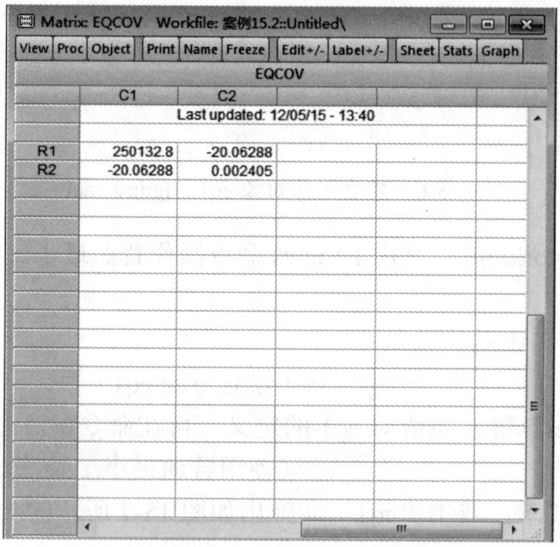

图 15-8　对工作对象 eqcov 赋值

例 15.9：承接例 15.8，试用 EViews 命令操作建立一个 2×2 的矩阵 A，矩阵 A 的每个元素都是零。然后要求：（1）给矩阵 A 的第一列第一行元素赋值为 7；（2）给矩阵 A 的第一列第二行元素赋值为 3。

在 EViews 的命令窗口中输入：

matrix(2,2) a　　　　　　　　（建立矩阵 A）

然后单击键盘上的"enter"键，即成功地完成题目的要求，双击"a"即弹出如图 15-9 所示的对话框。

在 EViews 的命令窗口中分别输入：

a(1,1)=7　　　　　　　　　　（给矩阵 A 的第一列第一行元素赋值为 7）

a(2,1)=3　　　　　　　　　　（给矩阵 A 的第一列第二行元素赋值为 3）

然后单击键盘上的"enter"键，即成功地完成题目的要求，双击"a"即弹出如图 15-10 所示的对话框。

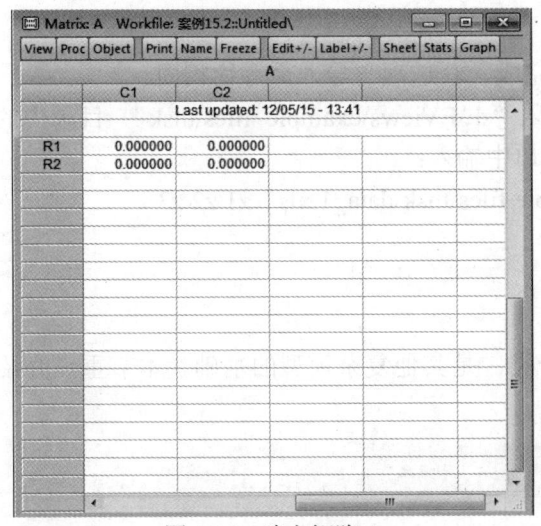
图 15-9　建立矩阵 A

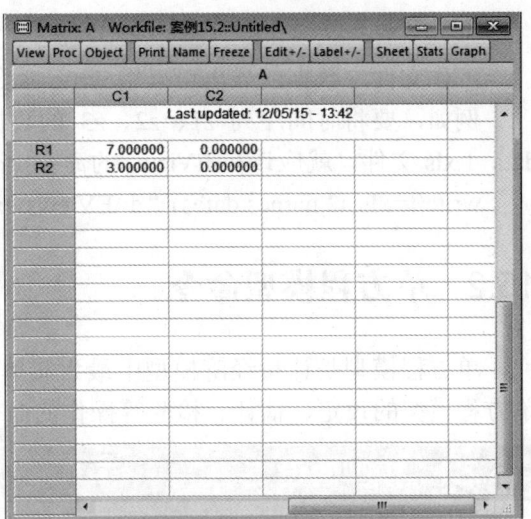
图 15-10　对矩阵 A 赋值

15.1.3　数据的导入与导出

所谓数据的导入是指把其他数据文件中的数据读入到工作文件中，数据的导出是指把工作文件中的数据导出到其他数据文件中。

1.　数据的导入

从其他文件中读入数据到工作文件中，可以用 read 命令来完成。

数据导入的命令格式：

read　（选项）　路径\文件名　序列 1　序列 2 ……

选项包括：

t=xls<读取 excel/xls 格式的文件>；

t=dat/txt<ASCII 纯文本文件>；

t=wkl/wk3<Lotus 文件>。

其中，对于 Excel 和 Lotus 文件的选项有：

t=按照行读入数据，否则按列读取数据；

s=数表名称<例如：s=sheet2>。

对于纯文本文件的选项有：

t=按照行读入数据，否则按列读取数据；

d=t/c/s/a <t/c/s/a 分别表示将 Tab/逗号/空格/字母视作分隔符>；

mult =将多个分隔符视作一个；

name=文件中的序列名；

label=整数<标题名与数据相隔的行数>。

例如，我们要读取 "d:\EViews\example files\tdhj" 目录下的 data.xls 文件工作表 data 中的 b3 起的三列数据，按列读入 EViews 工作文件中，并分别命名 gdp、price 和 cost。

应该在 EViews 的命令操作窗口中这样输入：

read (t=xls,s=data,b3,name) "d:\EViews\example files\tdhj\data.xls"　　gdp price cost

2. 数据的导出

工作文件中数据的导出可以用 write 命令来完成，其选项与导入命令均相同。

例如，要将时间序列 z1、z2、z3 的数据存入"d:\EViews\example files\thsk"目录中的 data_1.xls 文件，就应该在 EViews 的命令操作窗口中输入：

write(t=xls,a2,names,dates)"d:\EViews\example files\thsk\data_1.xls" z1 z2 z3

15.2 单方程模型命令

单方程模型是计量经济模型中最为简单的一类，是其他复杂模型的基础。本节重点介绍单方程模型的设定、估计、检验等操作的命令。

15.2.1 模型的设定

单方程模型的设定命令格式：

equation 方程名称.估计方法（选项）模型设定形式

对命令格式的几点说明：

（1）回归方程中所有的回归系数均用 $c(i)$ 表示。

例 15.10：打开数据 working3，用 LS 方法估计模型，其中 y 表示 gdp，x_1、x_2 分别表示 r、gov。试使用 EViews 命令来操作。

在命令窗口中输入：

equation eq.ls gdp=c(1)+c(2) r+c(3) gov（方程名称是 eq，估计方法是 ls，模型设定形式是 gdp=c(1)+c(2) r+c(3)gov）。

单击键盘上的"enter"键，即成功地完成了题目的要求；双击"eq"即弹出如图 15-11 所示的对话框。

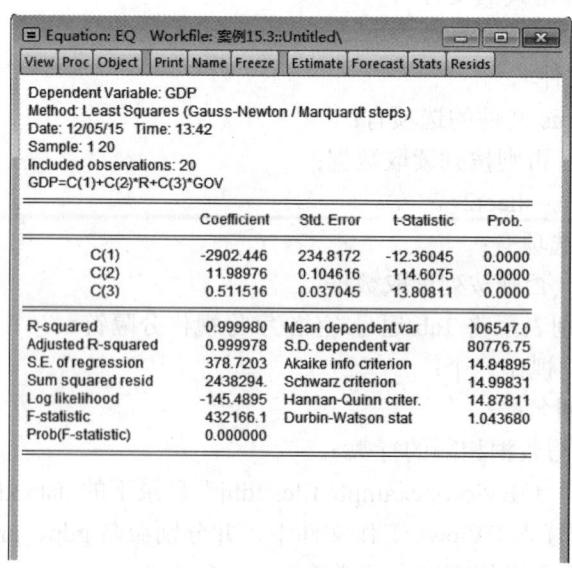

图 15-11 回归结果（1）

（2） 当模型的形式没有明确表示时，则 Eviews 默认项选择线性模型，则例 15.10 中模型命令也可写成：

equation eq.ls gdp c r gov（方程名称是 eq，估计方法是 ls，模型设定形式为线性），得到的结果如图 15-12 所示。

Equation: EQ Workfile: 案例15.3::Untitled\
View | Proc | Object | Print | Name | Freeze | Estimate | Forecast | Stats | Resids

Dependent Variable: GDP
Method: Least Squares
Date: 12/05/15 Time: 13:43
Sample: 1 20
Included observations: 20

Variable	Coefficient	Std. Error	t-Statistic	Prob.
C	-2902.446	234.8172	-12.36045	0.0000
R	11.98976	0.104616	114.6075	0.0000
GOV	0.511516	0.037045	13.80811	0.0000

R-squared	0.999980	Mean dependent var	106547.0
Adjusted R-squared	0.999978	S.D. dependent var	80776.75
S.E. of regression	378.7203	Akaike info criterion	14.84895
Sum squared resid	2438294.	Schwarz criterion	14.99831
Log likelihood	-145.4895	Hannan-Quinn criter.	14.87811
F-statistic	432166.1	Durbin-Watson stat	1.043680
Prob(F-statistic)	0.000000		

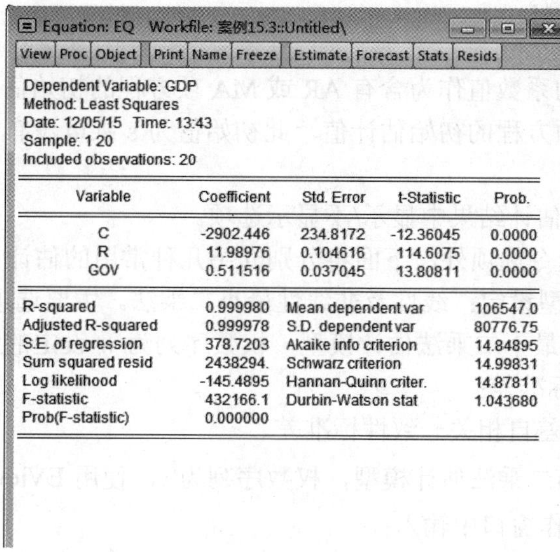

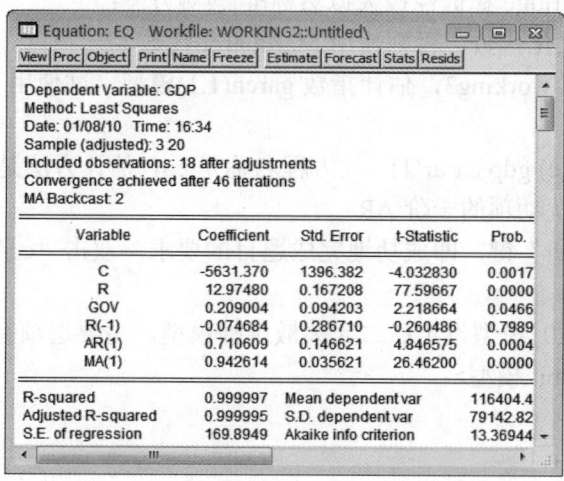

图 15-12 回归结果（2）

（3） EViews 中可以加入自回归（AR）、移动平均（MA）、季节自回归（SAR）、季节移动平均（SMA）等项，或者变量的滞后项和超前项。

例 15.11：承接例 15.10，使用 LS 方法估计模型，。则在命令窗口中输入：

Equation eq.ls gdp c r gov r(-1) ar(1) ma(1) （方程名称是 eq，估计方法是 ls，模型设定形式为线性，选项是随机扰动项的一阶 AR 及一阶 MA）

单击键盘上的“enter”键，即成功地完成题目的要求；双击“eq”即弹出对话框如图 15-13 所示。

Equation: EQ Workfile: WORKING2::Untitled\
View | Proc | Object | Print | Name | Freeze | Estimate | Forecast | Stats | Resids

Dependent Variable: GDP
Method: Least Squares
Date: 01/08/10 Time: 16:34
Sample (adjusted): 3 20
Included observations: 18 after adjustments
Convergence achieved after 46 iterations
MA Backcast: 2

Variable	Coefficient	Std. Error	t-Statistic	Prob.
C	-5631.370	1396.382	-4.032830	0.0017
R	12.97480	0.167208	77.59667	0.0000
GOV	0.209004	0.094203	2.218664	0.0466
R(-1)	-0.074684	0.286710	-0.260486	0.7989
AR(1)	0.710609	0.146621	4.846575	0.0004
MA(1)	0.942614	0.035621	26.46200	0.0000

R-squared	0.999997	Mean dependent var	116404.4
Adjusted R-squared	0.999995	S.D. dependent var	79142.82
S.E. of regression	169.8949	Akaike info criterion	13.36944

图 15-13 回归结果（3）

15.2.2　模型的估计方法

EViews 中设定的模型的估计方法有很多，包括 ls、arch、binary、censored、count、gmm、ordered、tsls。不同估计方法所应对的选项也不尽相同，但存在一些通用的命令选项，主要包括：

m =设定最大迭代次数；

c =设定收敛标准；

s =使用现有的 c 中的系数值作为含有 AR 或 MA 项方程的初始估计值；

s=设定 AR 或 MA 项方程的初始估计值，此初始值为 s 乘以没有 AR 或 MA 项时的系数估计值；

showopts/-showopts=估计结果中显示/不显示选项。

除了以上的通用的命令选项外，下面将分别介绍几种常用的估计方法所适用的选项。

（1）ls（选项）模型设定：线性及非线性最小二乘法。主要选项有：

w=序列名<使用加权最小二乘法估计模型，权数序列为 w 设定的序列>；

h =怀特异方差一致标准差；

n =Newey-West 异方差自相关一致性标准差。

例如，使用加权最小二乘法估计模型，权数序列为 s，使用 EViews 命令操作来完成，就应该在 EViews 的命令操作窗口中输入：

equation eq.ls (w=sr) y c x1 x2/x1。

（2）arch（p，q，选项）模型设定：广义自回归条件异方差，p 为 ARCH 项阶数，q 为 GARCH 项阶数。主要选项有：

e =指数 GARCH；

t =门槛（非对称）GARCH；

c =成分 GARCH；

a =非对称成分 GARCH；

v =均值方程中包含条件方差项；

m =均值方程中包含条件标准差项；

h =Bollerslev-Wooldridge 稳健性极大似然标准差/协方差；

b =使用 BHHH 极大化代数，否则使用 Marquardt 代数。

例 15.12：打开数据 working3，估计指数 garch(1,1)模型，试使用 EViews 命令来操作。

在命令窗口中输入：

equation eq.arch(1,1,e) gdp c r ar(1)　　（方程名称是 eq，估计方法是 arch(1,1,e)，模型设定形式为线性，选项是随机扰动项的一阶 AR）

单击键盘上的"enter"键，即成功地完成题目的要求，双击"eq"即弹出如图 15-14 所示的对话框。

（3）binray（选项）模型设定：二元离散选择模型。主要选项有：

d=n(默认选项) <probit 模型>；

d=l <logit 模型>；

d=x <gompitt 模型>；

h=拟极大似然标准差；

g =广义线性模型标准差。

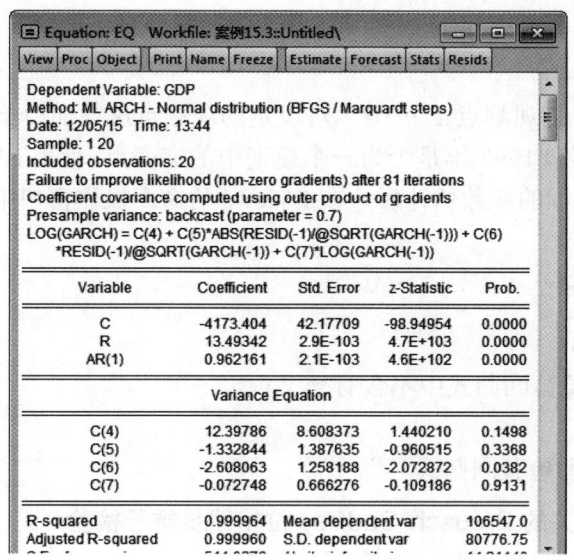

图 15-14　garch(1,1)模型回归结果

例如，估计 y 与 w、e、k 的 logit 模型，标准差计算使用拟极大似然法，并使用 EViews 命令操作来完成。就应该在 EViews 的命令操作窗口中输入：

equation eq.binary (d=l,h) y c w e k

（4）　tsls（选项）模型设定：@工具变量：二阶段最小二乘回归。主要选项有：

w =加权的二阶段最小二乘法；

h =White 异方差一致标准差；

n =Newey-West 异方差、自相关一致标准差。

例如，使用二阶段最小二乘法估计方程，工具变量是 m1，m2，使用 EViews 命令操作来完成。就应该在 EViews 的命令操作窗口中输入：

equation eq.tsls y c x1 x2 @ m1 m2。

15.2.3　方程的设定检验

EViews 中对模型设定的检验多种多样，下面将主要介绍几种常用的设定检验。

1.　Ramsey 模型设定误差检验

命令格式：

方程.reset(p) <检验方程中加入拟合值的 2 至 p+1 次方是否合适>

2.　系数约束的 Wald 检验

命令格式：

方程名称.wald 系数约束

例如，检验一个模型中第一个估计参数和第二个是否同时为 0，使用 EViews 命令操作来完成，就应该在进行完回归方程的参数估计以后，在 EViews 的命令操作窗口中输入：

eq.wald c(1)=0 c(2)=0

3. 邹检验

命令格式：

方程.chow 观测点 1 观测点 2 …… <对设定的观测点进行邹检验>

例如，检验 1988 年和 1997 年是否为一个模型中的突变点，使用 EViews 命令操作来完成，就应该在进行完回归方程的参数估计后，在 EViews 的命令操作窗口中输入：

eq.chow 1988 1997

4. White 异方差检验

命令格式 1：

方程.White <辅助检验回归式中不含有交叉项>

命令格式 2：

方程.White(c) <辅助检验回归式>

5. 残差序列自相关的 Breusch-Godfrey 拉格朗日乘子检验

命令格式：

方程.auto(p) <p 为滞后阶数>

例如，检验方程 eq 的残差项到滞后 10 阶是否存在序列自相关现象，使用 EViews 命令操作来完成，就应该在进行完回归方程的参数估计后，在 EViews 的命令操作窗口中输入：

eq.auto(10)

6. 检验残差项是否具有条件异方差现象

命令格式：

方程.archtest(p) <p 为滞后阶数>

15.3 时间序列模型命令

本节将依次介绍时间序列的滤波方法、季节调整方法、变量的单位根检验、非平稳变量的协整检验，以及格兰杰因果关系检验的 EViews 操作命令。

15.3.1 时间序列的滤波方法

本节将介绍时间序列的 HP 滤波方法及 BP 滤波方法的 EViews 命令操作。

1. HP 滤波

HP 是一种双端线性滤波，是一种数据季节调整的方法，它将时间序列分解为趋势成分和周期成分两部分。如果设一个平滑序列为 s_t，HP 滤波的效果是使得下面的函数取值为最小：

其中，η 决定了平滑程度，其取值越大表示序列越平滑。EViews 提供了两种方法来设定 η 的取值。一种方法是由用户自行设定，例如直接令其为 500；另一种是根据频幂规则，η 取决于数据的频率和设定的幂，η。其中 n 表示每年的期数，p 表示幂。

HP 滤波命令格式：

序列名称.hpf（选项）滤波名称

选项包括：

lamda=，表示用户自行设定平滑参数值；

Power=，表示根据频幂规则设定平滑参数，Power 为幂的取值。

例 15.13：打开数据 working1，试用 EViews 命令操作对 r 序列进行 HP 平滑，平滑参数为 1500，平滑后的序列为 r_hp。

在 EViews 的命令窗口中输入：

r.hpf   r_hp（序列名称是 r，滤波名称是 r_hp）

单击键盘上的"enter"键，弹出如图 15-15 所示的对话框。

在 Lambda 框中输入"1500"，单击"OK"，即完成题目的要求。双击"r_hp"即弹出如图 15-16 所示的对话框。

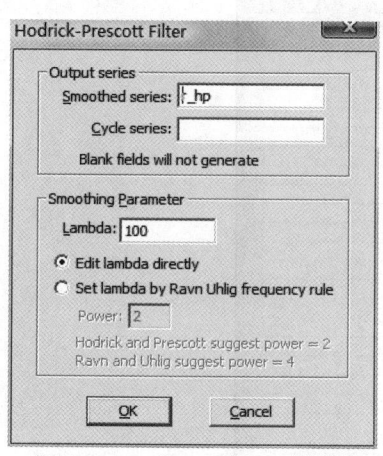

图 15-15   "HP 滤波"对话框

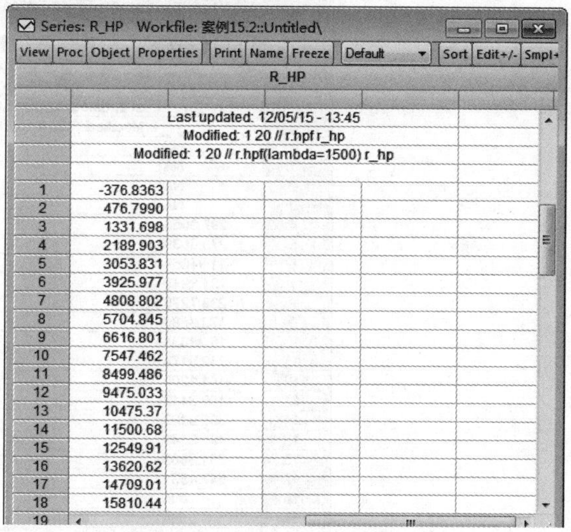

图 15-16   r 序列 HP 平滑结果

2. BP 滤波

BP 滤波的原理是通过设定不同周期持续的长度，从而分离出周期成分。在 EViews 中操作时，需要设定拟提取的周期的上界和下界。例如，想要提取周期时间在 3～5 年的周期，那么就需要把上界设定为 5，下界设定为 3。

BP 滤波命令格式：

序列名称.bpf（选项）周期成分存放的序列名称

选项包括：type=bk/cffix/cfasym，<bk 表示 BK 固定长度对称滤波，cffix 表示 CF 固定长度对称滤波，cfasym 表示完全样本非对称滤波>

low=，<设定周期长度的上界和下界，上界和下界必须满足>

lag=，<设定固定长度滤波的滞后/超前阶数（适用于 bk/cffix），lag 必须小于样本容量的一半>

iorder=0/1，<用于计算 CF 滤波权数（适用于 cffix/cfasym），设定序列的单整阶数，0 表示序列为协方差平稳过程，1 表示序列为单位根序列>

detrend=n/c/t/d，<CF 滤波的退势方法，其中 n 表示不进行退势处理，c 表示均值退势，t 表示剔除常数项和线性趋势项，d 表示当 iorder =1 时剔除漂移项>

nogain=，<对固定长度对称滤波（bk/cffix）不画出其频率响应图>

noncyc=，<设定非周期序列（实际值-滤波值）>

w=，<设定滤波权数>

例 15.14：打开数据 working1，试用 EViews 命令操作对序列 r 进行 BP 滤波处理，具体参数采用系统默认值。

在 EViews 的命令窗口中输入：

r.bpf　cyc0（序列名称是 r，周期成分存放的序列名称是 cyc0）

单击键盘上的"enter"键，即成功地完成题目的要求；双击"cyc0"即弹出如图 15-17 所示的对话框。

	CYC0
	Last updated: 12/05/15 - 13:46
	Modified: 1 20 // r.bpf cyc0
1	NA
2	NA
3	NA
4	-297.0658
5	-275.6639
6	-11.94054
7	181.8349
8	238.7270
9	173.3680
10	-16.38831
11	-212.5174
12	-141.1200
13	-160.3412
14	-385.9123
15	-495.3140
16	-281.8865
17	-547.4531
18	NA
19	NA
20	

图 15-17　r 序列 BP 平滑结果

15.3.2　时间序列的季节调整方法

本节将介绍几种时间序列季节调整方法的 EViews 命令操作。

1. 移动平均方法

移动平均方法命令格式：

序列名称.seas（选项）调整后的序列名称【调整因子序列名称】

选项包括：m，表示乘法模型；a，表示加法模型。

例如，对序列 gdp 进行乘法季节调整，调整后的序列为 gdp_adj，调整因子序列名为 gdp_fac，使用 EViews 命令操作来完成，就应该在 EViews 的命令操作窗口中输入：

gdp.seas（m）gdp_adj gdp_fac

2. X11 方法

X11 方法命令格式：

序列名称.X11（选项）调整后的序列名称【调整因子序列名称】

选项包括：m，表示乘法模型；a，表示加法模型。

值得说明的是，本方法只适用于月度数据或季度数据。对于月度数据，时间长度至少为 4 年，至多为 20 年；对于季度数据，时间长度至少为 4 年，至多为 30 年。

例如，对序列 gdp 进行乘法季节调整，调整后的序列为 gdp_adj，调整因子序列名为 gdp_fac，使用 EViews 命令操作来完成，就应该在 EViews 的命令操作窗口中输入：

gdp. X11（m）gdp_adj gdp_fac

15.3.3　变量的单位根检验

本节讲述变量单位根检验问题的 EViews 操作命令。

变量的单位根检验命令格式：

序列名称.uroot（选项）

选项主要包括以下一些。

1.　检验方程形式的设定

Const=检验方程中包含常数项；

Trend=检验方程中包含时间趋势项；

None=检验方程中不包含常数项，也不包含时间趋势项。

2.　检验方法的设定

ADF：ADF 检验

DFGLS：DFGLS 检验

PP：PP 检验

KPSS：KPSS 检验

ERS：ERS 检验

NP：NP 检验

3.　其他选项

dif=整数：<检验差分序列的平稳性，dif={0,1,2}>

例如，对 r 进行单位根检验，检验方法为 KPSS 检验，使用 EViews 命令操作来完成，就应该在 EViews 的命令操作窗口中输入：

r.uroot(trend,2,kpss)

15.3.4　非平稳变量的协整检验

要检验几个变量之间是否存在协整关系，必须把这几个变量存放在一个数组或者一个 VAR 模型中。

非平稳变量的协整检验命令格式：

数组名/VAR 名称.coint（选项）　@ 外生变量

选项包括：

a:表示数据空间中没有时间趋势项，协整方程中没有常数项和时间趋势项；

b:表示数据空间中没有时间趋势项，协整方程中有常数项但没时间趋势项；

c:表示数据空间中有时间趋势项，协整方程中有常数项但没时间趋势项；

d:表示数据空间中有时间趋势项，协整方程中有常数项和时间趋势项；

e:表示数据空间中有二次时间趋势项，协整方程中有常数项和时间趋势项；

s:表示综合 a、b、c、d、e 五种选择；

p:表示滞后阶数；

m=:表示施加约束的协整估计最大迭代次数；

c=:表示施加约束的协整估计收敛标准；

save=:表示将检验统计量存放在设定的矩阵中。

例如，对数组 r 中的序列进行协整检验，滞后阶数选择为 1～2 阶，外生解释变量为 z1、z2；检验形式为第二种，将检验统计量存放在矩阵 mat 中，使用 EViews 命令操作来完成，就应该在 EViews 的命令操作窗口中输入：

r.coint(b,2,save=mat) @ z1 z2

15.3.5　格兰杰因果关系检验

格兰杰因果关系检验命令格式：

数组名.cause(p)，其中 p 为滞后阶数。

例如，检验数组 gdp 中所有序列两两之间的格兰杰因果关系，滞后阶数为 2，使用 EViews 命令操作来完成，就应该在 EViews 的命令操作窗口中输入：

gdp.cause(2)

15.4　联立方程模型命令

正如本书前面章节所提到的，联立方程模型的估计、检验等操作要在 EViews 的操作对象"系统"中进行。

本部分将一一介绍系统的建立与设定、系统的估计、系统估计结果中统计量和序列的提取、系统特征的结果显示等内容的 EViews 命令操作。

15.4.1　系统的建立与设定

系统建立的命令格式：

system 系统名称

系统设定的命令格式：

系统名称.append 联立方程的设定形式

例 15.15：打开工作文件 working1，用 EViews 命令操作建立系统 mac1 并设定联立方程。在命令窗口中依次进行如下操作：

输入 system mac1；（建立系统 mac1）

单击"enter"键，即完成系统 mac1 的建立；

输入 mac1.append cons=c1+c2*gdp+c3*cons(-1)；（设定方程 cons）

单击"enter"键，即完成对联立方程 cons 的设定；

输入 mac1.append inv=a1+a2*tb+a3*d(gdp)；（设定方程 inv）

单击"enter"键，即完成对联立方程 inv 的设定；

输入 mac1.append gdp=cons+inv+gov；（设定方程 gdp）

单击"enter"键，即完成对联立方程 gdp 的设定。

至此，成功地建立系统 mac1 并设定了系统内的各个联立方程，如图 15-18 所示。

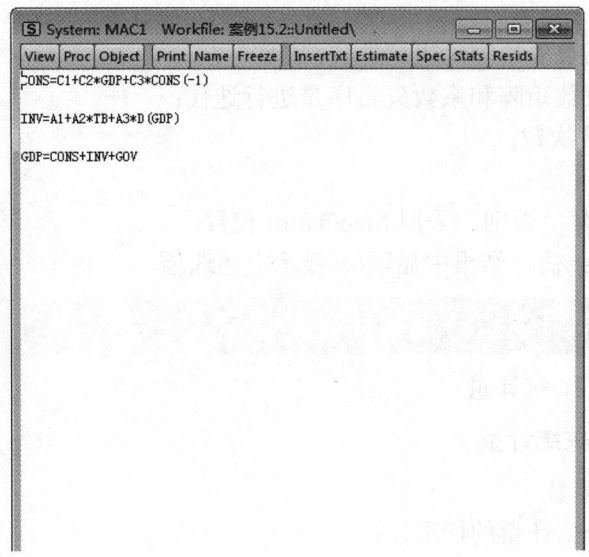

图 15-18　系统 mac1

15.4.2　系统的估计

系统估计的命令格式：

系统名称.估计方法（选项）

EViews 中联立方程的估计方法有很多，主要有普通最小二乘法（ols）、加权最小二乘法（wls）、二阶段最小二乘法（stls）、加权二阶段最小二乘法（wtsls）、三阶段最小二乘法（3sls）、极大似然法（fiml）、广义矩估计法（gmm）和似不相关回归法（sur）。

ols 选项与单方程 ols 估计方法选项相同；wls 与 tsls 选项主要同前面所述的一般通用选项；gmm 选项同单方程 gmm 估计方法的选项；sur 同 3sls 估计方法的选项。因此本章节重点介绍其余估计方法的选项。

1.　wtsls（选项）

选项包括：

i =对权数矩阵和系数矢量同时进行迭代；

s =对权数矩阵和系数矢量序贯进行迭代；

o（默认选项）=权数矩阵一步迭代后，只对系数矢量进行反复迭代；

c =权数矩阵的一步迭代跟着系数矩阵的一步迭代；

m=设定最大的迭代次数；

c=设定收敛标准。

2.　3sls（选项）

除了包括 wtsls 的选项外还有 showopts/-showopts=估计结果中显示/不显示上述选项。

3. fiml（选项）

选项包括：

i=对权数矩阵和系数矢量同时进行迭代；

s(默认选项)=对权数矩阵和系数矢量序贯进行迭代；

m=设定最大的迭代次数；

c=设定收敛标准；

b=采用 BHHH 代数；否则，采用 Maequardt 代数；

showopts/-showopts=估计结果中显示/不显示上述选项。

15.4.3 系统估计结果中统计量和序列的提取

命令格式：系统名称.统计量

1. 参数估计的相关统计量

@coefs(i)=第 i 个系数；

@stderrs(i)=第 i 个估计量的标准差；

@tstats(i)=第 i 个估计量的 t 统计量；

@coefcov(i,j)=第 i 个系数和第 j 个系数的协方差；

@se(k)=第 k 个方程的回归标准差。

2. 方程估计的检验统计量

@dw(k)=第 k 个估计方程的 DW 统计量；

@r2(k)=第 k 个方程的拟合优度；

@ssr(k)=第 k 个方程的残差平方和。

15.4.4 系统特征的结果显示

命令格式：系统名称.观测特征选项

1. 系统估计结果的显示

命令格式：系统名称.results

2. 系统参数估计量的方差协方差矩阵的显示

命令格式：系统名称.coefcov

3. 系统残差图的显示

命令格式：系统名称.resids

4. 残差序列的相关系数矩阵的显示

命令格式：系统名称.residcor

5. 系统中的内生变量的显示

命令格式：系统名称.endog

本章习题

1. 试用 EViews 命令的方法建立一个名为 aa 的工作文件,并在此文件中建立名为 a1 的工作页,数据为截面数据,共 40 个截面。

2. 试用 EViews 命令的方法建立一个名为 bb 的工作文件,并在该文件中建立名为 a2 的工作页,数据为季度时间序列数据,区间为 1978 年第一季度至 2008 年第四季度。

3. 试用 EViews 命令的方法建立一个名为 cc 的工作文件,并在此文件中建立名为 a3 的工作页,数据为面板数据,时间跨度为 1939 年至 2007 年,共 10 个截面。

4. 试用 EViews 命令的方法将第三小题建立的工作文件进行保存、打开、关闭等操作。

5. 承接上题,试用 EViews 命令的方法在工作文件 cc 中建立方程 eq1、建立序列 lgdp、建立 4×4 阶的矩阵 mal。

6. 打开数据 working1,试用 EViews 命令操作普通最小二乘法估计 r 对常数项 c 和 gdp 的回归。

7. 承接上题,试用 EViews 命令操作将方程 eq1 参数估计的协方差矩阵保存在矩阵对象 eqcov 中。

8. 承接上题,试用 EViews 命令操作建立一个 2×2 的矩阵 C,矩阵 C 的每个元素都是零。然后要求:(1)给矩阵 C 的第一列第一行元素赋值为 5;(2)给矩阵 C 的第一列第二行元素赋值为 4。

9. 打开数据 working3,用 LS 方法估计模型,其中 y 表示 r,x1、x2 分别表示 gdp、gov。试使用 EViews 命令来操作。

10. 承接上题,使用 LS 方法估计模型,。

11. 打开数据 working3,估计指数 garch(1,1)模型,其中 y 表示 r,x 表示 gdp。试使用 EViews 命令来操作。

12. 打开数据 working1,试用 EViews 命令操作对 gdp 序列进行 HP 平滑,平滑参数为 1500,平滑后的序列为 r_hp。

13. 打开数据 working1,试用 EViews 命令操作对序列 gdp 进行 BP 滤波处理,具休参数采用系统默认值。

14. 打开工作文件 working3,参照正文中的形式,用 EViews 命令操作建立系统 mac1 并设定联立方程。

第16章 综合案例：行业视角下的
企业资本结构影响因素分析

随着管理精确化的发展和统计分析方法的进步，定量分析在科学研究和实际的生产实践中得到了广泛的应用。计算机技术和统计软件在定量分析中扮演了重要的角色。由于 EViews 具有界面友好、操作简单、功能强大、软件交互性好和结果易于判读等优良特点，在经济管理数据分析中广泛应用。

资本结构的影响因素作为资本结构理论和研究中的核心命题，成为学术界研究的热点和实务界关注的焦点。中国证券市场是在转轨经济的背景中由政府行为主导发展起来的，具有与发达国家市场显著不同的特征，因此，我国资本结构的研究对于相关理论的发展和投资实践的指导都具有重要的意义。

16.1 研究背景和研究目的

上市公司的资本结构一直是学术界研究的热点和实务界关注的焦点。自从莫里迪安尼和米勒提出无税收和完全市场中公司资本结构与公司价值无关的理论后（MM 定理），公司的资本结构问题得到了学者们的广泛研究，在逐步放松假设条件的情况下不断得到更加符合现实的结论，丰富和发展了资本结构理论。随着研究的深入，税收因素、破产成本、代理成本理论和信息不对称理论等因素被考虑进来，资本结构的研究日益深入。最优资本结构的影响因素作为资本结构理论和研究中的核心命题，它的研究对于发展资本结构的相关理论及指导投资实践都具有重要的意义。

中国证券市场是在转轨经济的背景中由政府行为主导发展起来的，具有与发达国家市场显著不同的特征，如上市公司以国有企业为主、股份分为流通股和不可流通股份、上市资格是稀缺资源等。西方资本结构理论是否对中国上市公司的融资行为具有解释能力？企业的财务整块、债务融资能力、产业集中度等因素在中国特有的制度环境下如何影响企业资本结构？这些问题的研究和探索对于了解中国资本市场的现状和特点及对投资的指导都具有重要的意义。

16.2 研究设计

16.2.1 研究假说的提出

目前国内外对该问题的研究多是基于个股的数据，而基于行业数据的考察较少。而不同行业由于行业特征的不同可能会对资本结构产生影响，从而造成估计误差。因此有必要从行业的视角去审视资本结构的问题。本研究基于行业的角度，选取 22 个代表性行业，通过选取相应的代理变量建立回归模型，实证分析影响我国企业资本结构的因素。

依据西方经典的资本结构理论，提出以下研究假说。

① 权衡理论认为，企业存在一个最优的资本结构，最优资本结构是企业权衡负债融资的边际收益和边际成本的结果。由于不同的企业具有不同的财务困境成本，使得企业之间具有不同的资本结构。相对于股权和债权融资，债权融资的收益包括税盾效应和降低股权融资下的代理成本等。负债融资的成本包括破产成本、财务困境成本和债务融资下的代理成本等。

依据权衡理论，提出如下假说：

假说一：财务困境成本与企业的资产负债率成反比

② 现代财务理论认为，公司是否采用债务融资，以及公司的资本结构的决定取决于公司的利益最大化考虑，这是在理想条件的情况。但是现实中，公司是否能够逼近最优均衡点，取决于公司的债务融资能力。特别是信贷配给条件下，更是如此。我国目前仍处于金融市场未完全市场化的状态，企业无法以市场均衡利率获得贷款。因此，我们要考虑到企业融资能力的影响。为此，提出第二个待验证的假说。

假说二：企业获得抵押贷款能力与企业的资产负债率成正比

③ 现代产业经济学的"结构—行为—绩效"分析范式（SCP 范式）认为，产业结构决定了产业内的竞争状态，并决定了企业的行为及其战略，从而最终决定企业的绩效。首先，市场竞争和规模经济的关系决定了某一产业的集中程度，当产业集中度达到一定程度的时候便形成垄断。垄断者凭借其垄断地位与其他垄断者共谋限制产出和提高价格以获得超额利润，因此更倾向于利用债权融资。

基于"结构—行为—绩效"分析范式，提出第三个待验证的假说：

假说三：产业资本集中度的提高，将对产业内企业的资产负债率产生正向的影响

16.2.2 变量选取

对于相应的假说，选取相应的代理变量进行验证，变量选取如下：

① 资产负债率（D/M）。作为资本结构的代理变量，是指负债总额与资产总额的比率，其计算公式为，资产负债率＝负债总额÷资产总额×100%，即代表负债总额与资产总额的比例关系。资产负债率反映在总资产中有多大比例是通过借债来筹资的。

② 市价账面比（M/B）。其计算公式为：市价账面比=股票市值/企业账面资产价值，它作为财务困境成本的代理变量。该比例越高，表示企业面临较高的财务困境成本。

③ 固定资产占总资产比重（PPE/A）。该变量作为企业抵押贷款能力的代理变量，在我国现在银行股份制改造的大背景下，各商业银行对风险控制的要求增强，信贷门槛提高。而固定资产由于其特性使得其成为良好的贷款抵押品，因而相对于无形资产收账款等更容易获得信贷。因此该变量可以作为企业抵押贷款能力的代理变量。

④ 赫芬达尔指数（HHI）。该指数表示行业的集中度，X_i 表示第 i 个企业的销售额。该指数越大，表示行业的集中程度越高。

此外，为控制其他因素对估计结果的影响，引入两个控制变量：

① 单位资本利润率（$EBIT/A$）。由于本文在分析中采用行业的数据，而不同行业拥有不

同的利润率，这有可能对分析结果产生影响，因此选取该变量作为控制变量以控制利润率的差异对资本结构的影响。

② 企业的销售额[log(S)]。由于不同行业的企业规模不同，这可能会影响对资本结构的影响因素的考察。因此选择企业的销售额作为企业规模的代理变量，由于销售额数额与其他变量相差太大，因此对其取对数，以减少计算的误差。各变量指标的选取依据及预期影响方向，如表 16-1 所示。

表 16-1　各变量指标的选取依据及预期影响方向

指　标	选取依据	预期影响方向
M/B	权衡理论中的财务困境成本的代理变量	−
HHI	SCP 范式中的市场结构以及行业竞争强度的代理变量	+
PPE/A	抵押借款能力的代理变量	+
EBIT/A	控制变量：代表行业的盈利能力	\
log（S）	控制变量：公司规模的代理变量	\

16.3　研究方法

考虑到一些不随时间变化的非观察因素可能与误差项相关从而导致内生性的问题，建立面板数据模型进行回归分析。面板数据模型（Panel Data）能够同时反映变量在截面和时间二维空间上的变化规律和特征，具有纯时间序列数据和纯截面数据所不可比拟的诸多优点，例如可以扩大样本容量、控制个体的异质性、控制内生性问题、增加自由度从而提高参数估计的有效性，以及用于构造更复杂的行为模型等。

16.4　数据描述

数据来源方面，本研究选取了我国 A 股市场所有上市公司 2005—2008 年的相关数据，数据来源于 WIND 资讯和申银万国金融数据库，根据分析的需要，首先剔除不符合要求的样本公司。数据剔除过程分为以下 3 步。

① 剔除 2002 年 12 月 31 日以后上市的公司，这是因为公司的上市将会使得资本结构发生巨大的变化，而这种变化需要较长时间的调整才能恢复企业根据自身情况和外界条件所选择的资本结构。因此，要剔除上市时间较短的公司。

② 剔除在 2005—2008 年之间被 ST 过的公司。因为这些公司由于其亏损，被证券交易所限制交易，因此面对的资本市场结构发生了变化，这些因素干扰了对相应理论的验证，而且由于不同公司被 ST 的持续时间差异很大，即使使用虚拟变量控制误差依然较大，鉴于这一部分公司数量较少，故将其从样本中剔除。

③ 剔除资产负债率大于 1 的公司，这些公司在理论上已经资不抵债，如果将其纳入分析必然将由于极端值的出现造成回归结果的系统性偏误。因此将这些公司从研究中剔除。

将剩余的公司按照行业进行分类，行业的分类标准和各个上市公司所属的行业参照申银万国金融数据库的分类，分类的结果如表 16-2 所示。

表 16-2　上市公司的行业分类

行业代码	所属申万行业	企业数	行业代码	所属申万行业	企业数
1	采掘	13	12	交通运输	41
2	餐饮旅游	9	13	交运设备	35
3	电子元器件	16	14	金融服务	11
4	房地产	57	15	农林牧渔	10
5	纺织服装	15	16	轻工制造	16
6	公用事业	38	17	商业贸易	46
7	黑色金属	24	18	食品饮料	23
8	化工	60	19	信息服务	19
9	机械设备	60	20	信息设备	20
10	家用电器	8	21	医药生物	53
11	建筑建材	24	22	有色金属	17

　　我们分别计算出相应的数据并按照行业为组分别求平均，从而得到行业的相关观测值，作为回归模型建立的数据基础。处理完成后的数据如表 16-3 所示。

表 16-3　处理完成后的数据

		D/M	D/A	M/B	PPE/A	EBIT/A	logS	HHI
农林牧渔	2008	0.330255	0.561622	1.700572	0.319605	0.048148	10.97703	0.149893
农林牧渔	2007	0.206856	0.586801	2.836762	0.318841	0.053672	10.87469	0.139874
农林牧渔	2006	0.356819	0.574956	1.61134	0.33968	0.028305	10.79231	0.128715
采掘	2008	0.18765	0.324004	1.726637	0.27751	0.143557	12.15271	0.646382
采掘	2007	0.058346	0.32355	5.54536	0.309599	0.176191	12.03255	0.673957
采掘	2006	0.752944	0.358269	0.475825	0.347258	0.202632	11.94279	0.685832
化工	2008	0.377001	0.545458	1.446836	0.47953	0.041556	12.2722	0.844073
化工	2007	0.169374	0.544648	3.215643	0.473016	0.10502	12.20146	0.822642
化工	2006	0.315258	0.543453	1.723834	0.516689	0.101456	12.14147	0.824662
黑色金属	2008	0.583368	0.590377	1.012014	0.466828	0.045638	12.08955	0.135193
黑色金属	2007	0.264332	0.564279	2.134738	0.441223	0.094894	11.98848	0.152682
黑色金属	2006	0.451976	0.547813	1.212039	0.480204	0.094172	11.86633	0.165942
有色金属	2008	0.356511	0.506581	1.42094	0.357046	0.046516	11.60469	0.159171
有色金属	2007	0.108648	0.487904	4.490673	0.351599	0.146214	11.58726	0.165499
有色金属	2006	0.431058	0.508368	1.179349	0.38601	0.17271	11.46751	0.188279
建筑建材	2008	0.635556	0.763104	1.200687	0.147833	0.039877	12.03684	0.195986
建筑建材	2007	0.401856	0.753806	1.875809	0.160701	0.060963	11.93916	0.196871
建筑建材	2006	0.73942	0.818758	1.107298	0.1953	0.047678	11.85797	0.202499
机械设备	2008	0.393138	0.623127	1.585007	0.160127	0.060533	11.62036	0.15397
机械设备	2007	0.197608	0.59102	2.990869	0.162281	0.084599	11.56384	0.174224
机械设备	2006	0.382438	0.589723	1.542007	0.178275	0.07348	11.45994	0.175526
电子元件	2008	0.313096	0.433454	1.384413	0.336417	0.008166	10.90156	0.171565
电子元件	2007	0.161722	0.4683	2.895706	0.287288	0.059699	10.94607	0.146677
电子元件	2006	0.351752	0.520445	1.479579	0.316208	0.025323	10.90227	0.135395
交运设备	2008	0.47544	0.602149	1.26651	0.20511	0.047285	11.68308	0.169874
交运设备	2007	0.20786	0.596384	2.86916	0.210938	0.076841	11.63364	0.188114
交运设备	2006	0.415174	0.587322	1.41464	0.231321	0.042864	11.41277	0.111671
信息设备	2008	0.386921	0.583396	1.507794	0.129703	0.043914	11.14854	0.192379
信息设备	2007	0.207575	0.581172	2.799819	0.1254	0.053826	11.13425	0.179344

275

（续表）

		D/M	D/A	M/B	PPE/A	EBIT/A	logS	HHI
信息设备	2006	0.344476	0.57291	1.663136	0.136321	0.032782	11.09859	0.147391
家用电器	2008	0.48488	0.633177	1.305844	0.165382	0.052676	11.43031	0.143953
家用电器	2007	0.306289	0.645514	2.107531	0.151574	0.048444	11.39269	0.135617
家用电器	2006	0.537639	0.638821	1.188198	0.179455	0.006723	11.33163	0.143018
食品饮料	2008	0.149201	0.425214	2.849946	0.322917	0.1042	11.16542	0.138368
食品饮料	2007	0.064713	0.430517	6.652725	0.336008	0.124785	11.12561	0.140568
食品饮料	2006	0.128942	0.436304	3.383732	0.371894	0.091656	11.04543	0.132882
纺织服装	2008	0.389852	0.538766	1.381975	0.279751	0.058246	10.93823	0.130034
纺织服装	2007	0.211341	0.502717	2.378708	0.261149	0.076745	10.90221	0.113831
纺织服装	2006	0.386817	0.528779	1.367002	0.337419	0.048518	10.85952	0.113207
轻工制造	2008	0.470364	0.548214	1.16551	0.415602	0.056108	10.99545	0.137802
轻工制造	2007	0.236349	0.559394	2.36681	0.42914	0.083175	10.95243	0.143131
轻工制造	2006	0.482514	0.634018	1.313989	0.424153	0.057642	10.86022	0.141043
医药生物	2008	0.245038	0.488824	1.994893	0.254431	0.084856	11.34358	0.122975
医药生物	2007	0.154155	0.517563	3.35741	0.265007	0.078597	11.29337	0.121504
医药生物	2006	0.338031	0.535673	1.584685	0.278866	0.049998	11.23529	0.122559
公用事业	2008	0.527229	0.676988	1.284048	0.534326	0.025434	11.50252	0.171565
公用事业	2007	0.260793	0.581163	2.228451	0.551706	0.072886	11.42812	0.159284
公用事业	2006	0.463063	0.576177	1.244274	0.583313	0.070489	11.36353	0.158166
交通运输	2008	0.437735	0.568005	1.297599	0.515034	0.039343	11.71703	0.156958
交通运输	2007	0.154206	0.52509	3.405113	0.532745	0.101798	11.67679	0.148123
交通运输	2006	0.338081	0.527805	1.561181	0.555435	0.067305	11.54239	0.129658
房地产	2008	0.496	0.629961	1.270084	0.032912	0.055851	11.31904	0.208568
房地产	2007	0.229822	0.625663	2.722384	0.038902	0.065846	11.2507	0.221953
房地产	2006	0.371649	0.640368	1.723043	0.048756	0.051939	11.0914	0.180441
金融服务	2008	0.002667	0.000352	0.131906	0.009492	0.013791	12.24551	0.148801
金融服务	2007	0.001087	0.000449	0.413344	0.009912	0.016675	12.18436	0.145668
金融服务	2006	0.003612	0.000565	0.156393	0.013203	0.011497	12.02554	0.154057
商业贸易	2008	0.433631	0.630633	1.454308	0.220068	0.061478	11.72983	0.167577
商业贸易	2007	0.231594	0.645014	2.78511	0.204851	0.070626	11.65854	0.126145
商业贸易	2006	0.388988	0.636615	1.636593	0.23187	0.059977	11.59499	0.160879
餐饮旅游	2008	0.264723	0.411742	1.555371	0.318169	0.069343	10.3208	0.199213
餐饮旅游	2007	0.11986	0.41909	3.496493	0.280764	0.074766	10.33281	0.207758
餐饮旅游	2006	0.235	0.461159	1.962374	0.329215	0.058886	10.23573	0.199062
信息服务	2008	0.376321	0.394904	1.049381	0.585979	0.041895	11.33259	0.692467
信息服务	2007	0.128796	0.384123	2.982423	0.515974	0.088291	11.18527	0.632487
信息服务	2006	0.284187	0.463174	1.629822	0.528717	0.046219	11.15146	0.651037

16.5　EViews 操作

16.5.1　POOL 对象的建立

（1）　创建新的工作文件并指定数据的时间跨度

在 EViews 主窗口的菜单栏中依次选择 New|Workfile 命令，打开如图 16-1 所示的 Workfile

Create 对话框，分别在 Date specifition 选项组下的 Start date 和 End date 输入框中输入观测数据的时间起止点 2006 和 2008，单击 OK 按钮，打开如图 16-2 所示的 Workfile 窗口。

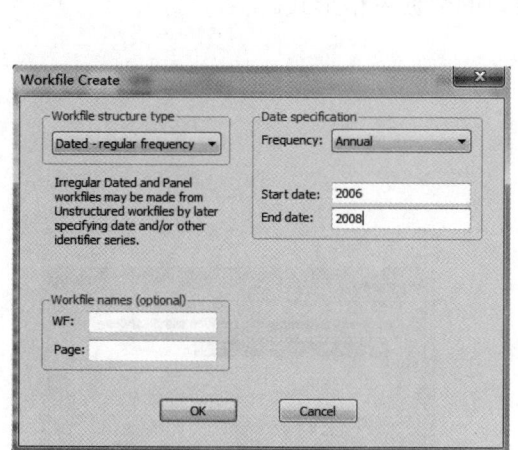

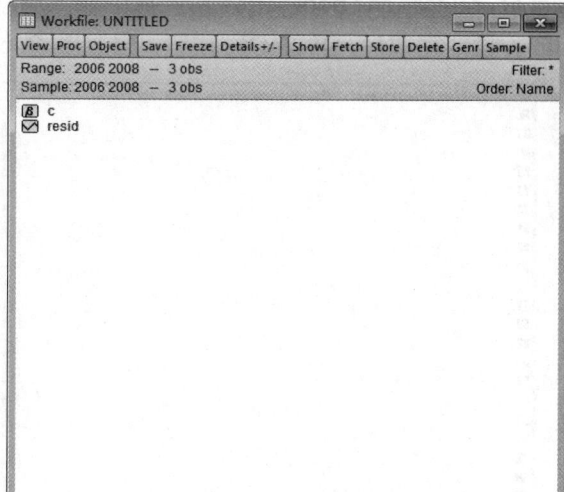

图 16-1　Workfile Create 对话框　　　　　　图 16-2　Workfile 窗口

（2）　建立新的 Pool 对象

在图 16-2 所示的 Workfile 窗口中，单击按钮并选择 New Object 命令，打开如图 16-3 所示的 New Object 对话框，在 Type of object 选项组中选择 Pool 选项并在 Name for object 输入框中输入对象的名称 Captial。

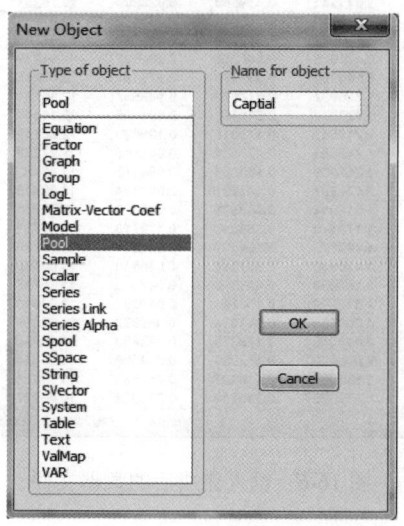

图 16-3　New Object 对话框

（3）　指定截面成员

在图 16-3 所示的 New Object 对话框中单击 OK 按钮，打开如图 16-4 所示的 Pool 窗口，在 Cross Section Identifiers：(Enter identifiers below this line)提示下方的空白区域中输入截面成员的识别名称 NL、CJ、HG、HJ、YJ、JZ、JX、DZ、YS、XX、JY、SP、FZ、QZ、YY、GY、JT、DC、JR、SM、CY 和 XF，分别代表各个行业。

（4） 观测变量序列的建立

在图 16-2 所示的 Pool 窗口中，单击按钮，打开如图 16-5 所示的 Series List 对话框，在 List of ordinary and pool series 输入框中输入观察变量的名称 dm?、mb?、ppea?、ebita?、logs?、hhi?。设定完成后，单击 OK 按钮，转换到 Pool 窗口的数据表格形式。

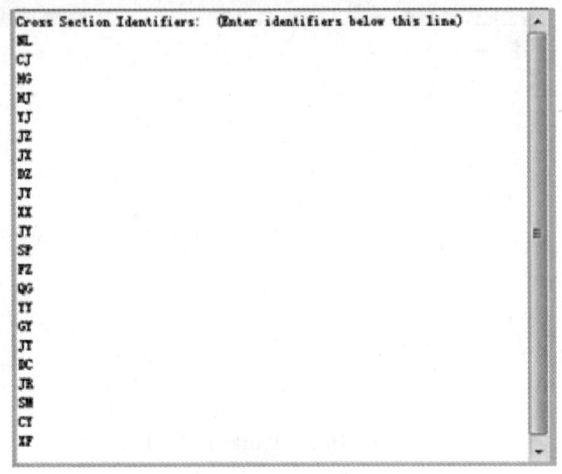

图 16-4　Pool 窗口

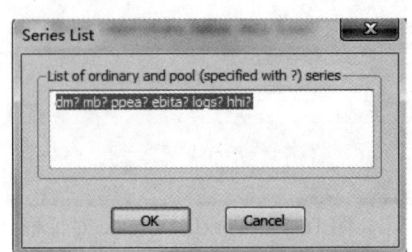

图 16-5　Series List 对话框

在 Pool 窗口的数据表格形式下，用户单击按钮即可转换为数据输入模式进行数据输入，输入完成后的数据文件如图 16-6 所示。

obs	DM?	MB?	PPEA?	EBITA?	LOGS?	HHI?
NL-2006	0.356819	1.611341	0.339680	0.028305	10.79231	0.128715
NL-2007	0.206856	2.836762	0.318841	0.053672	10.87469	0.139874
NL-2008	0.330255	1.700572	0.319606	0.048148	10.97703	0.149893
CJ-2006	0.752944	0.475825	0.347258	0.202632	11.94279	0.685832
CJ-2007	0.058346	5.545360	0.309599	0.176191	12.03255	0.673957
CJ-2008	0.187650	1.726637	0.277510	0.143557	12.15271	0.646382
HG-2006	0.315258	1.723834	0.516689	0.101456	12.14147	0.824662
HG-2007	0.169375	3.215643	0.473016	0.105020	12.20146	0.822642
HG-2008	0.377001	1.446836	0.479531	0.041556	12.27220	0.844073
HJ-2006	0.451976	1.212039	0.480205	0.094172	11.86633	0.165942
HJ-2007	0.264332	2.134737	0.441223	0.094894	11.98848	0.152682
HJ-2008	0.583368	1.012014	0.466828	0.045638	12.08955	0.135193
YJ-2006	0.431058	1.179349	0.386010	0.172710	11.46751	0.188280
YJ-2007	0.108648	4.490673	0.351599	0.146214	11.58726	0.165499
YJ-2008	0.356512	1.420940	0.357046	0.046516	11.60469	0.159171
JZ-2006	0.739420	1.107298	0.195300	0.047678	11.85797	0.202499
JZ-2007	0.401856	1.875809	0.160701	0.060963	11.93916	0.196871
JZ-2008	0.635557	1.200687	0.147834	0.039877	12.03684	0.195986
JX-2006	0.382438	1.542006	0.178275	0.073480	11.45994	0.175526
JX-2007	0.197608	2.990870	0.162281	0.084599	11.56384	0.174224
JX-2008	0.393138	1.585007	0.160127	0.060533	11.62036	0.153970
DZ-2006	0.351752	1.479579	0.316208	0.025323	10.90227	0.135395
DZ-2007						

图 16-6　输入完成后的数据文件

16.5.2　模型设定形式检验

（1） 随机效应模型的估计

在图 16-7 所示的窗口中单击按钮并选择 Estimate 命令，打开如图 16-8 所示的 Pool Estimation 对话框。

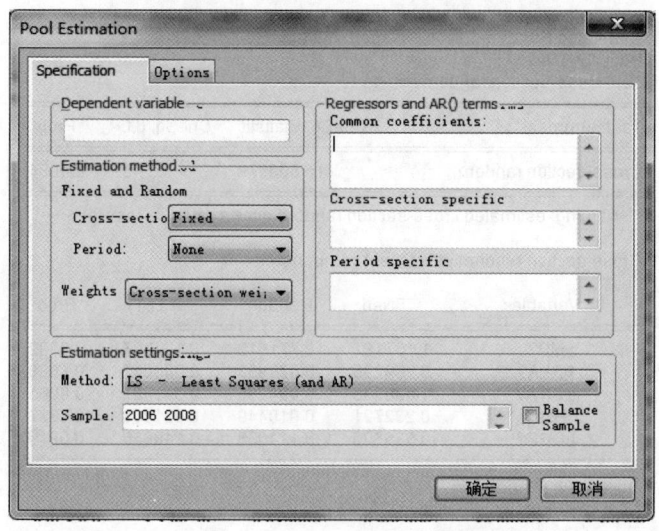

图 16-8　Pool Estimation 对话框

　　在 Depandent Variable 输入框中输入被解释变量 DM?；在 Common coefficients 输入框中输入解释变量名称 MB?、HHI?、PPEA?、EBITA?、LOGS?；在 Estimation method 选项组下的 Cross-section 下拉列表中选择 random 选项，单击确定按钮输出如图 16-9 所示的随机效应模型输出结果窗口。

Dependent Variable: DM?
Method: Pooled EGLS (Cross-section random effects)
Date: 11/26/12　Time: 20:42
Sample: 2006 2008
Included observations: 3
Cross-sections included: 22
Total pool (balanced) observations: 66
Swamy and Arora estimator of component variances

Variable	Coefficient	Std. Error	t-Statistic	Prob.
C	0.637857	0.698047	0.913774	0.3645
MB?	-0.102574	0.011867	-8.643429	0.0000
PPEA?	0.277538	0.189877	1.461668	0.1490
EBITA?	0.117631	0.475579	0.247344	0.8055
LOGS?	-0.017976	0.061044	-0.294469	0.7694
HHI?	-0.016193	0.166547	-0.097230	0.9229
Random Effects (Cross)				
NL–C	-0.024158			
CJ–C	0.070944			
HG–C	-0.039786			
HJ–C	0.021696			
YJ–C	-0.001608			
JZ–C	0.232001			
JX–C	0.045108			
DZ–C	-0.050578			
JY–C	0.105158			
XX–C	0.035971			

图 16-9　随机效应模型输出结果

　　（2）　Hausman 检验统计量和伴随概率的计算

　　在如图 16-9 所示的随机效应模型输出结果窗口单击按钮并依次选择 Fixed/random effect test|correlated random effects-Hausman test 命令，即可得到如图 16-10 所示的 Hausman 检验的输出结果，完成 Hausman 检验统计量和伴随概率的计算。

```
Correlated Random Effects - Hausman Test
Pool: CAPTIAL
Test cross-section random effects
```

Test Summary	Chi-Sq. Statistic	Chi-Sq. d.f.	Prob.
Cross-section random	15.509879	5	0.0084

** Warning: estimated cross-section random effects variance is zero.

Cross-section random effects test comparisons:

Variable	Fixed	Random	Var(Diff.)	Prob.
MB?	1.157181	0.771513	0.162807	0.3392
PPEA?	-0.069295	-0.078953	0.000047	0.1588
EBITA?	1.636335	0.094285	0.321587	0.0065
HHI?	0.232721	0.010449	0.021963	0.1337
LOGS?	-0.535705	0.114538	0.148855	0.0919

Cross-section random effects test equation:

图 16-10　Hausman 检验的输出结果

通过图 16-10 所示，可以看出 Hausman 检验的检验统计量为 15.509879，伴随概率为 0.0084。因此，拒绝固定效应模型与随机效应模型不存在系统差异的原假设，建立固定效应模型。

16.5.3　固定效应模型估计

与随机模型相同，固定效应模型的估计也是通过如图 16-8 所示的 Pool Estimation 对话框实现的。固定效应模型估计的相应设置如下：

① 在 Dependent Variable 输入框中输入待模型的被解释变量，本例中输入 DM?；

② 在 Regressors and AR terms 选项组下的 Common coefficients 输入框中输入解释变量名称，本例中输入 MB?、HHI?、PPEA?、EBITA?、LOGS?；

③ 选择估计形式。本例中需要在 Estimation method 选项组下的 Cross-section 下拉列表中选择 fixed 选项，表示估计固定效应。

设置完成后，单击确定按钮，输出如图 16-11 所示的固定效应模型估计结果。

```
Dependent Variable: DM?
Method: Pooled EGLS (Cross-section weights)
Date: 03/18/10   Time: 15:10
Sample: 2006 2008
Included observations: 3
Cross-sections included: 22
Total pool (balanced) observations: 66
Linear estimation after one-step weighting matrix
```

Variable	Coefficient	Std. Error	t-Statistic	Prob.
C	0.040145	0.875115	0.045874	0.9636
MB?	-0.090932	0.006558	-13.86509	0.0000
PPEA?	0.848063	0.363622	2.332267	0.0249
EBITA?	-0.626677	0.243449	-2.574160	0.0140
LOGS?	0.003299	0.073298	0.045009	0.9643
HHI?	0.887872	0.391697	2.266732	0.0290

图 16-11　固定效应模型估计结果

通过对固定效应模型的估计结果的观察可以看出：市价账面比（M/B）的回归系数符号为负，对应的伴随概率值为 0.0000，因此认为市价账面比对资产负债率（D/M）的影响为负向且显著；固定资产占总资产比重（PPE/A）的回归系数符号为正，对应的伴随概率值为 0.0249，因此认为固定资产占总资产比重对资产负债率的影响为正向且显著；赫芬达尔指数（HHI）系数的估计值的伴随概率为 0.0290，其对资产负债率的影响为正且显著。

16.6　模型结果解读和研究结论

通过 Hausman 检验，可以看出其检验统计量为 15.509879，伴随概率为 0.0084。因此，拒绝固定效应模型与随机效应模型不存在系统差异的原假设，建立固定效应模型。

通过观察图 16-11 所示的固定效应模型估计结果，发现市价账面比的回归系数符号为负，对应的伴随概率值为 0.0000，因此认为市价账面比对资产负债率的影响为负向且显著；固定资产占总资产比重的回归系数符号为正，对应的伴随概率值为 0.0249，因此认为固定资产占总资产比重对资产负债率的影响为正向且显著；赫芬达尔指数（HHI）系数的估计值的伴随概率为 0.0290，其对资产负债率的影响为正向且显著。

通过对模型回归结果的解读，可以对前文提出的 3 个假定进行相应的分析。

① 由于市价账面比对资产负债率的影响为负向且显著，因此其代表的因素即财务困境成本对企业的资产负债率呈现显著的负向影响，故此我们证明了假设一：财务困境成本与企业的资产负债率成反比。

② 固定资产占总资产比重对资产负债率的影响为正向且显著，因此其代表的因素即企业抵押贷款能力对企业的资产负债率呈现显著的正向影响，故此证明了假设二：企业获得抵押贷款能力与企业的资产负债率成正比。

③ 赫芬达尔指数系数对资产负债率的影响为正向且显著，因此其代表的因素即行业的集中度对企业的资产负债率呈现显著的正向影响，故此证明了假设三：产业资本集中度的提高，将对产业内企业的资产负债率产生正向的影响。

实证分析表明：当产业集中度达到一定程度的时候，厂商可以凭借其市场力量获得超额利润，因此更倾向于利用债权融资，使得现有股东的利润最大化。在我国目前信贷约束较强的条件下，企业获得抵押贷款能力与企业的资产负债率成正比。企业的财务困境成本与企业的资产负债率成反比。当产业集中度达到一定程度的时候便形成垄断，垄断者凭借其垄断地位与其他垄断者共谋限制产出和提高价格以获得超额利润，因此更倾向于利用债权融资。

上机题

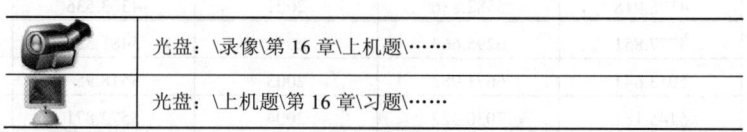

	光盘：\录像\第 16 章\上机题\……
	光盘：\上机题\第 16 章\习题\……

1. 表 16-4 给出了我国东部 11 个省市 1995—2006 年家庭人均可支配收入（PINC）和家庭人均消费量（PCS）的数据。

表 16-4　我国东部 11 个省市 1995—2006 年家庭人均可支配收入（PINC）
和家庭人均消费量（PCS）的数据

YEAR	PCS	PINC	YEAR	PCS	PINC
	北　京			山　东	
1995	5019.8	6235	1995	3285.5	4264.1
1996	5133.961	6569.892	1996	3440.693	4461.953
1997	5558.979	6649.532	1997	3585.271	4605.856
1998	5794.514	7042.394	1998	3700	4803.661
1999	6191.99	7582.824	1999	4060.342	5223.921
2000	6778.532	8259.936	2000	4508.079	5825.853
2001	6906.115	8961.146	2001	4631.746	6261.993
2002	8104.492	9821.828	2002	4970.071	6762.345
2003	8752.006	10922.58	2003	5328.709	7374.802
2004	9501.869	12178.97	2004	5655.763	7998.136
2005	10164.39	13547.97	2005	6214.417	8954
2006	10295.42	13873.26	2006	6114.368	8803.032
	天　津			广　东	
1995	4064.1	4929.5	1995	6253.7	7438.7
1996	4293.211	5474.954	1996	6295.421	7624.112
1997	4630.071	5879.359	1997	6287.615	7854.771
1998	4893.56	6360.018	1998	6586.461	8253.688
1999	5290.687	6916.637	1999	7152.997	8683.064
2000	5559.491	7393.733	2000	7520.544	9157.223
2001	6266.547	8034.709	2001	7648.347	9834.939
2002	6479.279	8412.252	2002	8609.674	10667.82
2003	7018.287	9199.732	2003	9177.429	11790.86
2004	7674.281	9997.559	2004	9884.288	12594.92
2005	8293.213	10857.9	2005	10668.38	13342.28
2006	8260.063	11184.89	2006	10300.08	13268.93
	河　北			河　南	
1995	3162	3921.4	1995	3760.3	4770.4
1996	3197.386	4148.273	1996	3658.006	4723.298
1997	3613.448	4475.361	1997	3718.934	4614.558
1998	3514.574	4660.495	1998	3746.237	4743.793
1999	3762.897	5014.019	1999	3993.837	5306.461
2000	4075.445	5305.717	2000	4014.356	5268.732
2001	4178.918	5582.836	2001	4363.536	5832.967
2002	4777.851	6295.664	2002	5481.526	6850.1
2003	5013.641	6671.982	2003	5518.957	7281.143
2004	5145.181	7030.327	2004	5573.871	7431.124
2005	5815.712	7905.469	2005	5609.082	7685.809
2006	5697.052	7994.259	2006	6133.219	8085.284

（续表）

辽　宁			浙　江		
1995	3113.4	3706.5	1995	5263.4	6221.4
1996	3237.257	3899.166	1996	5342.261	6446.525
1997	3345.234	4063.04	1997	5563.661	6635.437
1998	3520.995	4178.462	1998	5621.971	7085.714
1999	3663.82	4498.255	1999	5966.606	7710.887
2000	4003.768	4924.449	2000	6358.877	8405.072
2001	4277.941	5328.125	2001	7222.888	9504.723
2002	4965.242	6063.662	2002	7986.343	10738.41
2003	5555.667	6618.464	2003	8734.622	11852.07
2004	5775.199	7067.608	2004	9200.779	12583.39
2005	6413.664	7926.545	2005	10464.3	13914.43
2006	6364.542	8262.629	2006	10059.16	13764.2
上　海			福　建		
1995	5868.1	7191.8	1995	3848.1	4507
1996	6193.315	7489.469	1996	4011.804	4884.703
1997	6072.93	7514.604	1997	4583.101	5704.364
1998	6114.337	7812.199	1998	4824.488	6038.734
1999	7241.176	9597.542	1999	4949.906	6447.18
2000	7592.637	10032.53	2000	5192.173	6843.738
2001	7993.236	11030.39	2001	5611.101	7754.757
2002	8913.118	11286.03	2002	6215.276	8612.371
2003	9396	12653.19	2003	6836.71	9293.216
2004	10517.07	13890.76	2004	7293.298	9986.953
2005	11354.82	15370.98	2005	7694.138	10779.79
2006	10846.29	15185.82	2006	7722.598	10829.37
江　苏					
1995	3772.3	4634.4			
1996	3712.26	4744.556			
1997	4076.978	5184.532			
1998	4424.796	5446.063			
1999	4592.942	5992.851			
2000	4874.725	6227.289			
2001	5029.727	6704.636			
2002	5533.516	7488.645			
2003	6087.659	8405.172			
2004	6387.021	9130.575			
2005	7356.485	10510.75			
2006	7277.853	10645.73			

　　我国东部地区居民人均收入对消费的影响。根据凯恩斯绝对收入消费理论，消费是可支配收入的函数，建立模型如下：

$$PCS_{it} = \alpha_i + \beta_i PINC_{it} + u_{it}$$

① 进行模型比较，同时输出随机效应模型和固定效应模型的估计结果，并进行模型设定形式检验，确定需要使用的模型。

② 有人认为，我国东部地区的经济发展水平相似，地区差异不明显，应该建立混合回归模型。试输出混合回归模型和固定效应模型的估计结果，并判断需要采用的模型形式。

2. 表 16-5 给出了凯洛格公司、仙童公司、尚德公司和沃顿公司的前一年市场价值（F）、实际总投资（I）和资本存量（K）的相关数据，数据跨度为 1990—2009 年。

表 16-5　凯洛格公司、仙童公司、尚德公司和沃顿公司在 1990—2009 年间 F、I、K 的相关数据

凯洛格公司				仙童公司			
年　份	I	F	K	年　份	I	F	K
1990	33.1	1170.6	97.8	1990	209.9	1362.4	53.8
1991	45	2015.8	104.4	1991	355.3	1807.1	50.5
1992	77.2	2803.3	118	1992	469.9	2673.3	118.1
1993	44.6	2039.7	156.2	1993	262.3	1801.9	260.2
1994	48.1	2256.2	172.6	1994	230.4	1957.3	312.7
1995	74.4	2132.2	186.6	1995	361.6	2202.9	254.2
1996	113	1834.1	220.9	1996	472.8	2380.5	261.4
1997	91.9	1588	287.8	1997	445.6	2168.6	298.7
1998	61.3	1749.4	319.9	1998	361.6	1985.1	301.8
1999	56.8	1687.2	321.3	1999	288.2	1813.9	279.1
2000	93.6	2007.7	319.6	2000	258.7	1850.2	213.8
2001	159.9	2208.3	346	2001	420.3	2067.7	232.6
2002	147.2	1656.7	456.4	2002	420.5	1796.7	264.8
2003	146.3	1604.4	543.4	2003	494.5	1625.8	306.9
2004	98.3	1431.8	618.3	2004	405.1	1667	351.1
2005	93.5	1610.5	647.4	2005	418.8	1677.4	357.8
2006	135.2	1819.4	671.3	2006	588.2	2289.5	341.1
2007	157.3	2079.7	726.1	2007	645.2	2159.4	444.2
2008	179.5	2371.6	800.3	2008	641	2031.3	623.6
2009	189.6	2759.9	888.9	2009	459.3	2115.5	669.7
尚德公司				沃顿公司			
年　份	I	F	K	年　份	I	F	K
1990	317.6	3078.5	2.8	1990	12.93	191.5	1.8
1991	391.8	4661.7	52.6	1991	25.9	516	0.8
1992	410.6	5387.1	156.9	1992	35.05	729	7.4
1993	257.7	2792.2	209.2	1993	22.89	560.4	18.1
1994	330.8	4313.2	203.4	1994	18.84	519.9	23.5
1995	461.2	4643.9	207.2	1995	28.57	628.5	26.5
1996	512	4551.2	255.2	1996	48.51	537.1	36.2
1997	448	3244.1	303.7	1997	43.34	561.2	60.8
1998	499.6	4053.7	264.1	1998	37.02	617.2	84.4
1999	547.5	4379.3	201.6	1999	37.81	626.7	91.2

（续表）

尚德公司				沃顿公司			
年　份	I	F	K	年　份	I	F	K
2000	561.2	4840.9	265	2000	39.27	737.2	92.4
2001	688.1	4900	402.2	2001	53.46	760.5	86
2002	568.9	3526.5	761.5	2002	55.56	581.4	111.1
2003	529.2	3245.7	922.4	2003	49.56	662.3	130.6
2004	555.1	3700.2	1020.1	2004	32.04	583.8	141.8
2005	642.9	3755.6	1099	2005	32.24	635.2	136.7
2006	755.9	4833	1207.7	2006	54.38	732.8	129.7
2007	891.2	4924.9	1430.5	2007	71.78	864.1	145.5
2008	1304.4	6241.7	1777.3	2008	90.08	1193.5	174.8
2009	1486.7	5593.6	2226.3	2009	68.6	1188.9	213.5

$$I_{it} = \alpha_i + \beta_i F_{it} + \delta_i K_{it} + u_{it}$$

（1）　假设固定效应模型是正确的，使用固定效应模型估计上述回归方程；

（2）　并进行模型设定形式检验，确定需要使用的模型，判断固定效应模型的假设是否成立。

第 17 章　综合案例：中央银行货币
供给变动规律及预测的研究

货币存量是一国在某一时点流通手段和支付手段的总和，一般表现为金融机构的存款、流通中现金等负债，亦即金融机构和政府之外，企业、居民、机关团体等经济主体的金融资产。货币供应的数量、流动性状况是社会总需求变化的货币表现，是各国的主要经济统计指标之一，也是中央银行执行货币政策的重要依据。因此研究货币供应量的变化规律并准确预测货币供应量的未来变化非常重要。

17.1　研究背景和研究目的

流动性过剩是当前我国宏观经济运行中面临的一个突出问题。这种流动性过剩突出表现在 5 方面：一是以狭义货币占广义货币份额计算的货币流动性比率攀升，流动性更加活跃；二是非金融企业资金很宽松；三是贷款投放过多的势头较为明显；四是金融机构特别是商业银行流动性充足；五是市场利率水平总体较低。货币供给形成过程可以分解为基础货币和货币乘数两个方面，而货币供给的过快增长主要是由于基础货币的过快增长与货币乘数的持续上升。我国货币供给形成过程存在自身的特殊性，货币政策在我国国民宏观经济运行中起着重要作用，货币当局肩负着人民币汇率稳定、物价平稳以及经济增长等多个任务，在采用我国货币政策进行宏观调控时存在多个选择。

我国中央银行将货币供应量划分为 3 个层次：一是流通中现金 M0，即在银行体系外流通的现金；二是狭义货币供应量 M1，即 M0 加上企事业单位活期存款；三是广义货币供应量 M2，即 M1 加上企事业单位定期存款、居民储蓄存款和其他存款。1993 年底，中国人民银行制定的金融改革规划明确提出，我国的货币政策将以货币供应量为中介目标。我国于 1994 年 10 月开始按季向社会公布货币供应量。1995 年，中国人民银行尝试把货币供应量纳入货币政策目标体系，1996 年开始把货币供应量作为中介目标。从那时起，关于以狭义货币 M1 还是以广义货币 M2 作为货币政策的中介目标，在国内学术界始终存在争议。1998 年以来，中国人民银行每年年初在确定当年的调控目标时，都会同时提出 M1、M2 两个层次的货币供应和信贷增长三个总量调控目标。中国人民银行在 2007 年 1 月的工作会议上提出，"按照 2007 年 GDP 预计增长 8%左右、消费物价上涨预计不超过 3%的初步考虑，货币信贷总量预期目标为，广义货币供应量 M2 增长 17%左右。"

自 2007 年以后，中国人民银行没有再提出狭义货币 M1 的增长目标。中国人民银行调控目标的转变，说明现阶段的货币政策操作中更加注重广义货币供应 M2。在上述背景下，进一步加强对 M2 变动机制和预测的研究是具有理论意义和现实意义的。

17.2　研究设计

　　ARIMA 是一种针对非平稳时间序列的良好预测方法，在已有的大量经验数据的基础上，通过实证检验一般预期可以达到比较好的预测效果。所谓 ARIMA 模型，是指将非平稳时间序列转化为平稳时间序列，然后将因变量仅对它的滞后值以及随机误差项的现值和滞后值进行回归所建立的模型。ARIMA 模型根据原序列是否平稳以及回归中所含部分的不同，包括移动平均过程（MA）、自回归过程（AR）、自回归移动平均过程（ARMA）以及 ARIMA 过程。基于 ARIMA 模型在面对非平稳时序序列预测中的良好效果，许多研究者将其运用于期货交易、股票市场和黄金市场的预测，有效地提高了预测的精度。

　　本章通过建立 ARIMA 模型对我国广义货币供应量 M2 进行拟合，同时利用本章建立的 ARIMA 模型对一段时期内的货币供应量 M2 进行预测。本章 ARIMA(p,d,q)模型的建立过程如图 17-1 所示。

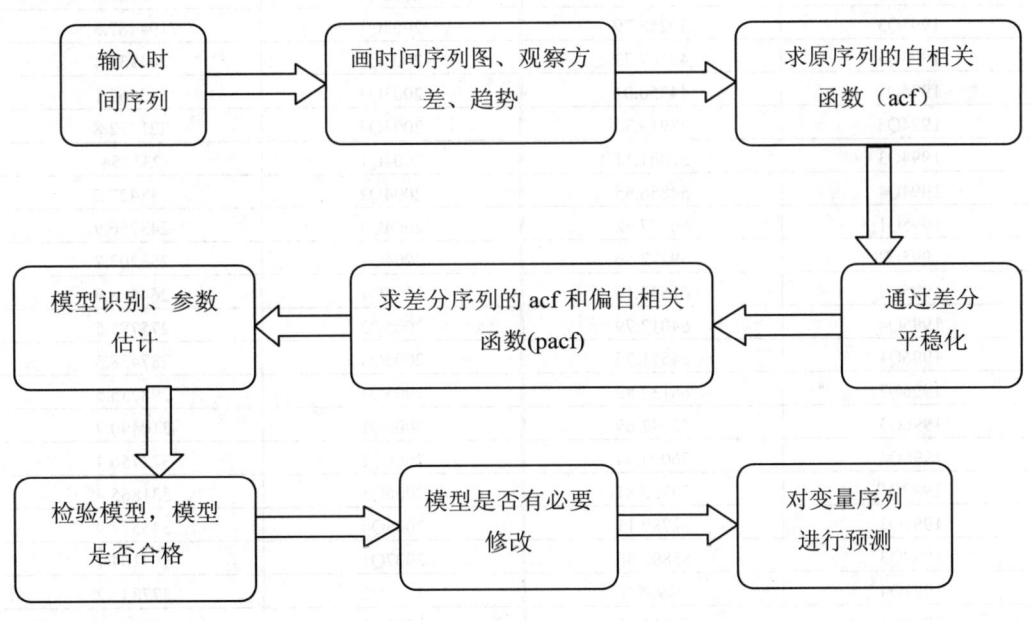

图 17-1　ARIMA(p,d,q)模型建立过程

17.3　数据描述

　　本章搜集了我国广义货币供应量 M2 从 1990 年第一季度至 2008 年第四季度的数据，数据来源《中国人民银行季报》《中国经济景气月报》，并经过作者的初步整理。其中，1990 年第一季度到 2008 年第二季度的数据为样本估计期间，2008 年第三、四季度为本章利用 ARIMA 模型进行样本外预测的预测区间。相关数据见表 17-1 所示。

表 17-1　广义货币供给量 M2

年份季度	M2	年份季度	M2
1990Q1	17332.6	1999Q3	115986
1990Q2	17263.73	1999Q4	121376.2
1990Q3	18674.8	2000Q1	124804.1
1990Q4	19693.37	2000Q2	129353.3
1991Q1	20744.51	2000Q3	133700.5
1991Q2	22000.78	2000Q4	138356.5
1991Q3	23907.02	2001Q1	143428
1991Q4	25356.4	2001Q2	147887.7
1992Q1	26451.63	2001Q3	151919.2
1992Q2	29673.47	2001Q4	158419.4
1992Q3	32156.81	2002Q1	174064.6
1992Q4	34971.12	2002Q2	179601
1993Q1	37688.78	2002Q3	176982
1993Q2	40503.26	2002Q4	185007.3
1993Q3	39258.79	2003Q1	194487.3
1993Q4	42147.73	2003Q2	204931.4
1994Q1	44350.01	2003Q3	213567.1
1994Q2	48919.33	2003Q4	221222.8
1994Q3	52001.11	2004Q1	231754
1994Q4	54856.45	2004Q2	238427.5
1995Q1	56727.52	2004Q3	243756.9
1995Q2	59272.56	2004Q4	253207.7
1995Q3	61532.15	2005Q1	264588.9
1995Q4	64012.79	2005Q2	275785.5
1996Q1	64511.35	2005Q3	287438.3
1996Q2	68132.82	2005Q4	298755.5
1996Q3	72042.69	2006Q1	310490.7
1996Q4	76094.94	2006Q2	322756.4
1997Q1	79735.81	2006Q3	331865.4
1997Q2	82789.11	2006Q4	345577.9
1997Q3	85892.36	2007Q1	364104.7
1997Q4	90995.3	2007Q2	377832.2
1998Q1	92014.68	2007Q3	393098.9
1998Q2	94656.41	2007Q4	403401.3
1998Q3	99794.54	2008Q1	423054.5
1998Q4	104498.5	2008Q2	443141
1999Q1	110074	2008Q3	452898.7
1999Q2	113077.2	2008Q4	475176.6

17.4　模型创建和估计的 EViews 操作

17.4.1　工作对象的创建

（1）　创建新的工作文件

在 EViews 主窗口的菜单栏中依次选择 New|Workfile 命令，打开如图 17-2 所示的 Workfile

Create 对话框，分别在 Date specification 选项组下的 Freqency 列表框中选择 Quaterly，在 Start date 和 End date 输入框中输入观测数据的时间起止点 1990q01 和 2008q04，单击 OK 按钮，打开如图 17-3 所示的 Workfile 窗口。

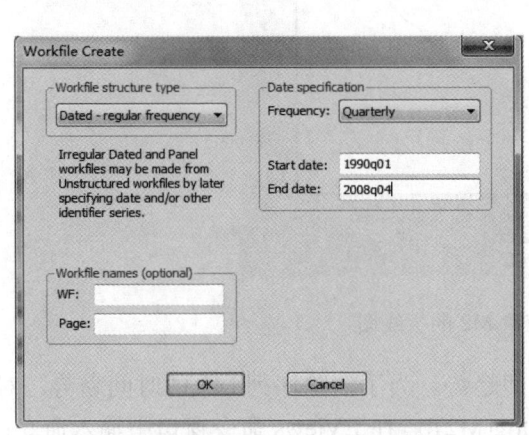

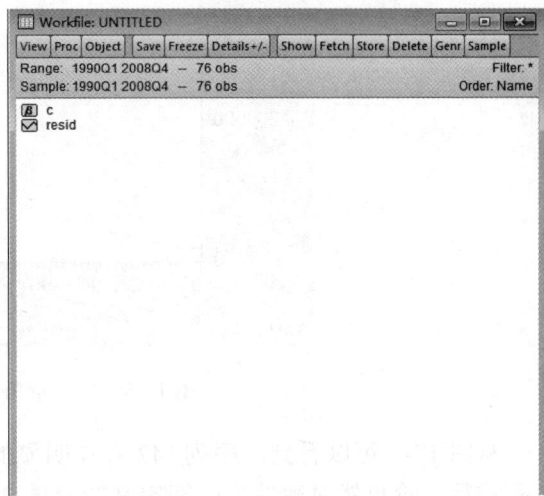

图 17-2　Workfile Create 对话框　　　　　　　　图 17-3　Workfile 窗口

（2）　创建变量序列

在图 17-3 所示的 Workfile 窗口中，单击 Object 按钮并选择 New Object 命令，打开如图 17-4 所示的 New Object 对话框，在 Type of object 选项组中选择 series 选项，并在 Name for object 输入框中输入对象的名称 M2，单击 OK 按钮即可生成 M2 序列。

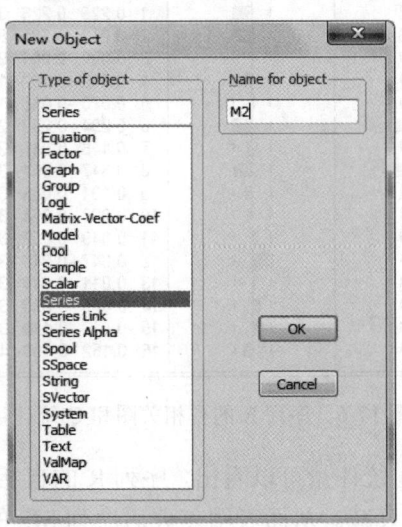

图 17-4　New Object 对话框

17.4.2　广义货币供应量 M2 的特征描述

首先，本章绘制广义货币供应量 M2 的折线图，观察广义货币供应量 M2 的基本特征，从而判断 M2 序列是否有趋势和是否非平稳。在序列 RPI 的窗口工具栏中依次选择 View | Graph |OK 命令，打开如图 17-5 所示的序列 RPI 的折线图。

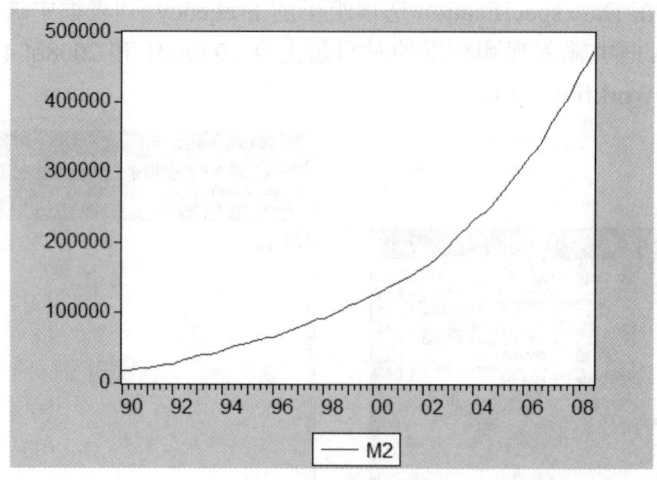

图 17-5　广义货币供应量 M2 的折线图

从图 17-5 可以看到，序列 M2 存在明显的时间趋势。为了消除序列 M2 的时间趋势，对序列进行一阶自然对数差分，即定义新变量 R=d[log(M2)]。在 EViews 命令窗口中输入命令：series r=d[log(m2)]，即对序列 M2 取对数后进行差分，然后按 Enter 键，即可生成新的序列 R。然后绘制序列 R 的自相关图和 Q 统计量，在序列 R 窗口工具栏中依次选择 View | Correlogram |OK 选项，打开如图 17-6 所示的序列 R 的自相关图和 Q 统计量。

Autocorrelation	Partial Correlation		AC	PAC	Q-Stat	Prob
		1	0.226	0.226	3.9891	0.046
		2	0.242	0.201	8.6116	0.013
		3	0.090	0.001	9.2640	0.026
		4	0.212	0.162	12.923	0.012
		5	0.070	-0.015	13.325	0.021
		6	0.294	0.239	20.565	0.002
		7	0.148	0.045	22.425	0.002
		8	0.317	0.201	31.104	0.000
		9	0.191	0.085	34.287	0.000
		10	0.228	0.054	38.896	0.000
		11	0.049	-0.057	39.114	0.000
		12	-0.047	-0.248	39.314	0.000
		13	0.011	-0.014	39.325	0.000
		14	0.045	-0.096	39.514	0.000
		15	-0.018	-0.119	39.546	0.001
		16	0.152	0.103	41.799	0.000

图 17-6　序列 R 的自相关图和 Q 统计量

从序列 R 的自相关图和 Q 统计量可以看出，序列 R 的自相关函数并没有像原序列 M2 那样呈指数缓慢衰减，而是迅速衰减。从而表明差分后序列 M2 的趋势基本得到了消除。但是，序列 R 的自相关函数在滞后 4 期、8 期、16 期超出了 95%的置信区间，因此这些自相关函数显著地不为零。因此可以认为序列 R 存在周期为 4 的季节性。

为了消除序列 R 的季节性，需要对序列 R 进行季节差分处理。重新定义新变量 SR，令 SR=R−R(−4)。在 EViews 命令窗口中输入命令：series sr = r − r(−4)，然后按 Enter 键，即可生成新的序列 SR。

为了判断季节差分后的序列 SR 的平稳性，本章对序列 SR 进行了单位根检验，其中单位

根检验方法采用 ADF 方法。在序列 SR 数据窗口依次选择 View | Unit Root Test 命令，打开如图 17-7 所示的 Unit Root Test 窗口。

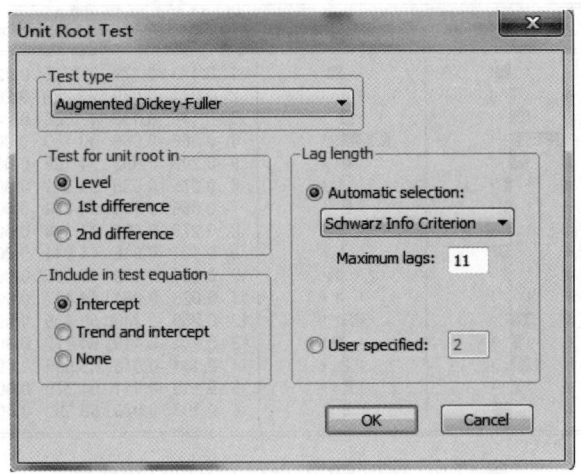

图 17-7 Unit Root Test 窗口

由于序列 SR 已经去除趋势，因此在图 17-7 所示的 Unit Root Test 窗口中 Test for unit root in 和 Include in test equation 选项卡中分别选择 Level 和 Intercept 选项，其他保持默认设置。设定完毕后，单击 OK 按钮即可得到如图 17-8 所示的单位根检验结果。

Augmented Dickey-Fuller Unit Root Test on SR		
Null Hypothesis: SR has a unit root		
Exogenous: Constant		
Lag Length: 3 (Automatic based on SIC, MAXLAG=11)		
	t-Statistic	Prob.*
Augmented Dickey-Fuller test statistic	-8.260612	0.0000
Test critical values: 1% level	-3.531592	
5% level	-2.905519	
10% level	-2.590262	

图 17-8 ADF 检验结果

通过图 17-8 所示单位根检验结果可以看出，ADF 检验的 t 值为-8.26 小于 1%的临界水平-3.53，相应的概率 P 值为 0.0000，可以拒绝序列非平稳的原假设，因此经过差分后的序列 SR 是平稳的，可以建立 ARMA 模型。

17.4.3 ARIMA 模型的建立和识别

本章对序列 M2 建立如式（17.1）所示的 ARIMA(p,d,q)(P,D,Q)[4] 模型

$$\phi_p(L)\Phi_P(1-L)^d(1-L^s)^D y_t = \theta_q\Theta_Q(L)\varepsilon_t \tag{17.1}$$

其中，p,d,q 分别表示非季节自回归过程 AR 的阶数、对序列 M2 的非季节差分阶数和非季节移动平均过程 MA 的阶数；P,D,Q 分别表示季节自回归过程 SAR 的阶数、对序列 M2 的季节差分阶数和季节移动平均过程 SMA 的阶数。

为了识别 ARIMA（p,d,q)(P,D,Q)[4] 模型的阶数，需要绘制序列 SR 的自相关图和偏相关图。

在序列 SR 窗口工具栏中依次选择 View | Correlogram |OK 选项，打开如图 17-9 所示的序列 R 的自相关图和 Q 统计量。

Autocorrelation	Partial Correlation		AC	PAC	Q-Stat	Prob
		1	0.179	0.179	2.3775	0.123
		2	-0.044	-0.079	2.5236	0.283
		3	-0.148	-0.130	4.1838	0.242
		4	-0.586	-0.569	30.789	0.000
		5	-0.206	-0.083	34.106	0.000
		6	0.075	0.035	34.551	0.000
		7	0.065	-0.101	34.894	0.000
		8	0.279	-0.095	41.314	0.000
		9	0.181	0.015	44.041	0.000
		10	0.064	0.170	44.385	0.000
		11	0.023	0.064	44.432	0.000
		12	-0.269	-0.240	50.805	0.000
		13	-0.104	0.119	51.772	0.000
		14	-0.141	-0.048	53.589	0.000
		15	-0.113	-0.111	54.779	0.000
		16	0.193	-0.070	58.292	0.000

图 17-9　序列 SR 的自相关图和 Q 统计量

通过图 17-9 的序列 SR 的自相关图和 Q 统计量，可以识别本章建立 ARIMA 模型。由于序列 M2 经过 1 阶自然对数差分（即序列 R），序列的趋势被消除，因此 $D=1$；经过一阶季节差分（即序列 SR），季节性变动都被基本消除，因此 $D=1$。观察序列 SR 的相关图，序列 SR 的偏相关函数仅仅在第四阶显著不为零，因此 $p=4$(含有 AR(4))。序列 SR 的自相关函数直到滞后 4 阶后才降为 0，表明 MA 过程应该是低阶的，因此 $q=1$。由于在滞后 4 阶处，序列 SR 的自相关函数和偏相关函数都显著不为零，因此 $P=1$、$Q=1$ 或 0。

综上分析，考虑建立模型 ARIMA$(4,1,1)(1,1,0)^4$ 或者 ARIMA$(4,1,1)(1,1,1)^4$。

17.4.4　ARIMA 模型估计

由于本章对原序列 M2 进行过两次差分，因此为方便对 M2 进行预测，本章利用 EViews 提供的差分算子实现操作：

$$d(y,n,s) = (1-L)^n(1-L^s)y \tag{17.2}$$

式（17.2）表示对序列 y 进行 n 阶差分和一次步长为 s 的季节差分。

所以对序列 M2 的 ARIMA$(4,1,1)(1,1,0)^4$ 建模可以表示成：

$$d(m2,1,1) = c + ar(4) + sar(1) + ma(1) + \varepsilon \tag{17.3}$$

对序列 M2 的 ARIMA$(4,1,1)(1,1,1)^4$ 建模可以表示成：

$$d(m2,1,1) = c + ar(4) + sar(1) + ma(1) + sma(1) + \varepsilon \tag{17.4}$$

本章利用 EViews 对模型 ARIMA$(4,1,1)(1,1,0)^4$ 和 ARIMA$(4,1,1)(1,1,1)^4$ 进行估计。

单击 EViews 主菜单中的 Quick | Estimate Equation 命令，在弹出的 Equation Estimation 对话框中的 Estimation specification 输入框中输入 d(log(M2),1,4) c ar(4) ma(1),在 Sample 输入框中改变估计样本范围：1992Q4 2008Q2，然后单击"确定"按钮，即可得到如图 17-10 所示的 ARIMA$(4,1,1)(1,1,0)^4$ 模型的估计结果。

图 17-10 所示的估计结果中，AR 过程有 1 个实数根和 4 个复根，这 5 个根的模都小于 1；

MA 过程有 1 个复根，这个根的倒数为-0.15，这个根的模也小于 1；因此各个滞后多项式倒数根的模都在单位圆内，从而表明 ARIMA 模型是平稳的也是可逆的。模型估计的拟合优度、SIC 值、AIC 值等统计量需要与进行 $ARIMA(4,1,1)(1,1,1)^4$ 对比。

```
Dependent Variable: D(LOG(M2),1,4)
Method: Least Squares
Date: 11/26/12   Time: 21:25
Sample (adjusted): 1992Q2 2008Q2
Included observations: 65 after adjustments
Convergence achieved after 8 iterations
MA Backcast: 1992Q1
```

Variable	Coefficient	Std. Error	t-Statistic	Prob.
C	-0.001189	0.001965	-0.604925	0.5474
AR(4)	-0.570479	0.104412	-5.463711	0.0000
MA(1)	0.148693	0.125066	1.188923	0.2390

R-squared	0.355975	Mean dependent var	-0.001286
Adjusted R-squared	0.335200	S.D. dependent var	0.026610
S.E. of regression	0.021697	Akaike info criterion	-4.778241
Sum squared resid	0.029187	Schwarz criterion	-4.677885
Log likelihood	158.2928	Hannan-Quinn criter.	-4.738644
F-statistic	17.13474	Durbin-Watson stat	1.972358
Prob(F-statistic)	0.000001		

Inverted AR Roots	.61+.61i	.61+.61i	-.61-.61i	-.61-.61i
Inverted MA Roots	-.15			

图 17-10　$ARIMA(4,1,1)(1,1,0)^4$ 估计结果

ARIMA 模型估计完毕后，应该检验模型的设定是否正确，下面对估计结果的残差进行白噪声假设检验。对回归残差的白噪声检验最常用的是 Q 统计量检验，该检验的原假设是残差序列不存在自相关。在检验原假设成立的条件下，Q 渐进地服从自由度为 m-p-q 的卡方分布。如统计量 Q 相应的概率值大于检验水平，则授受原假设；否则拒绝原假设认为序列不存在自相关的原假设。在图 17-10 所示的估计结果窗口工具栏中，依次选择 View | Residual Diagnosticss |Correlogram-Q-statistics 选项，打开如图 17-11 所示的 $ARIMA(4,1,1)(1,1,1)^4$ 回归残差的白噪声检验 Q 统计量。

```
Date: 11/26/12   Time: 21:15
Sample: 1992Q2 2008Q2
Included observations: 65
Q-statistic probabilities adjusted for 2 ARMA term(s)
```

Autocorrelation	Partial Correlation		AC	PAC	Q-Stat	Prob
		1	0.018	0.018	0.0211	
		2	0.089	0.089	0.5712	
		3	-0.237	-0.242	4.5127	0.034
		4	0.019	0.026	4.5386	0.103
		5	-0.177	-0.145	6.8040	0.078
		6	0.130	0.090	8.0427	0.090
		7	-0.100	-0.085	8.7966	0.117
		8	0.294	0.242	15.388	0.017
		9	0.084	0.130	15.943	0.026
		10	0.154	0.064	17.819	0.023
		11	-0.136	-0.022	19.309	0.023
		12	-0.077	-0.096	19.800	0.031
		13	-0.066	0.087	20.168	0.043
		14	-0.000	-0.083	20.168	0.064
		15	-0.159	-0.162	22.377	0.050
		16	0.094	0.036	23.165	0.058
		17	0.022	-0.028	23.210	0.080

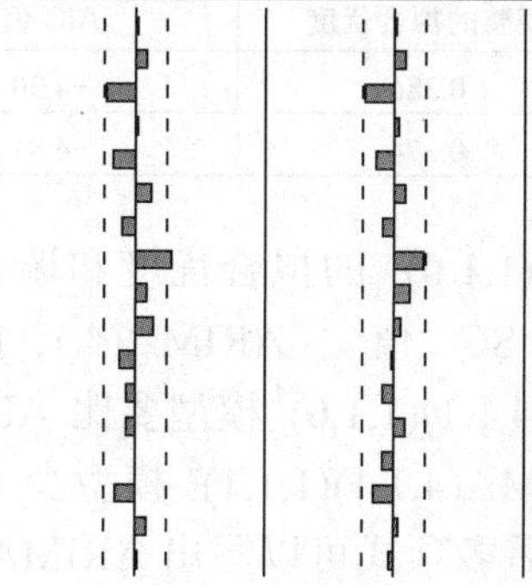

图 17-11　回归残差的白噪声检验

从图 17-11 中可以看到，残差序列的样本自相关函数都在 95% 的置信区间以内，从滞后 1 期到 17 期的自相关函数相应的 Q 统计量概率值都大于检验水平 5%，因此不能拒绝原假设，

即可以认为模型 ARIMA(4,1,1)(1,1,1)^4 残差序列不存在自相关，基本为白噪声序列。

在 Equation Estimation 对话框中的 Estimation specification 输入框中输入：d(log(M2),1,4) c ar(4) ma(1) sma(1)，然后在 Sample 输入框中改变估计样本范围：1991Q1 2008Q2，单击"确定"按钮，即可得到如图 17-12 所示 ARIMA(4,1,1) (1,1,1)^4 模型的估计结果。

```
Dependent Variable: D(LOG(M2),1,4)
Method: Least Squares
Date: 11/26/12   Time: 21:19
Sample (adjusted): 1992Q2 2008Q2
Included observations: 65 after adjustments
Convergence achieved after 11 iterations
MA Backcast: 1991Q4 1992Q1
```

Variable	Coefficient	Std. Error	t-Statistic	Prob.
C	-0.001296	0.001716	-0.755488	0.4529
AR(4)	-0.569460	0.105680	-5.388547	0.0000
MA(1)	-0.287739	0.201336	-1.429149	0.1581
SMA(1)	0.395808	0.190562	2.077056	0.0420

R-squared	0.360847	Mean dependent var	-0.001286
Adjusted R-squared	0.329413	S.D. dependent var	0.026610
S.E. of regression	0.021791	Akaike info criterion	-4.755066
Sum squared resid	0.028966	Schwarz criterion	-4.621258
Log likelihood	158.5397	Hannan-Quinn criter.	-4.702270
F-statistic	11.47961	Durbin-Watson stat	1.917319
Prob(F-statistic)	0.000005		

Inverted AR Roots	.61+.61i	.61+.61i	-.61-.61i	-.61-.61i
Inverted MA Roots	.29	-.40		

图 17-12   ARIMA(4,1,1)(1,1,1)^4 估计结果

从图 17-12 中可以发现，ARIMA(4,1,1) (1,1,1)^4 估计结果的各滞后多项式的倒数根的模也都小于 1，从而表明该模型也是平稳可逆的。并且经过残差检验，模型 ARIMA(4,1,1) (1,1,1)^4 残差序列满足随机性假设。出于篇幅考虑，本章在此不再赘述检验过程，具体检验方法参考 ARIMA(4,1,1)(1,1,0)^4 估计残差的检验。

对这两个模型的估计结果进行比较，从而选择最合适的 ARIMA 模型。表 17-2 所示是根据图 17-9 和图 17-11 的估计结果列出了主要的比较统计量。

表 17-2   模型比较结果

模　　型	拟合优度	调整的拟合优度	AIC 值	SC 值
ARIMA(4,1,1)(1,1,0)^4	0.415	0.386	-4.90	-4.77
ARIMA(4,1,1)(1,1,1)^4	0.414	0.374	-4.87	-4.70

从表 17-2 中可以发现，ARIMA(4,1,1)(1,1,0)^4 的拟合优度和调整后的拟合优度都大于 ARIMA(4,1,1)(1,1,1)^4；对于 AIC 值和 SC 值，ARIMA(4,1,1)(1,1,0)^4 模型都要比 ARIMA(4,1,1)(1,1,1)^4 模型小；并且 ARIMA(4,1,1)(1,1,0)^4 模型要比 ARIMA(4,1,1)(1,1,1)^4 模型更简洁，因为 ARIMA(4,1,1)(1,1,0)^4 比 ARIMA(4,1,1)(1,1,1)^4 模型少 sma 一项。因此，选择 ARIMA(4,1,1)(1,1,0)^4 模型比较合适。利用滞后多项式可以写出 ARIMA(4,1,1)(1,1,0)^4 模型的估计结果：

$$(1+0.575L^4)(1+0.675L^4)(1-L)(1-L^4)\log(M2_t) = -0.002 + (1+0.840L)\varepsilon_t$$

$$R^2 = 0.415 \qquad \overline{R^2} = 0.386 \qquad AIC = -4.90 \qquad SC = -4.77$$

(17.5)

17.5　模型的预测

本节利用上文所估计的公式 ARIMA(4,1,1)(1,1,0)^4 模型对 2008 年第三季度到第四季度的广义货币供应量 M2 进行预测。在如图 17-10 所示的 ARIMA(4,1,1)(1,1,0)^4 模型估计结果窗口工具栏中单击 Forecast 功能键，并在弹出的如图 17-13 所示的模型预测对话框中将 Forecast Sample 更改为 2008Q3 2008Q4，预测方法采用系统默认的 Dynamic 动态方法，并将预测值序列命名 m2f，预测对话框的其他选项采用 EViews 默认设置，然后单击 OK 按钮，即可得到如图 17-14 所示的预测结果。

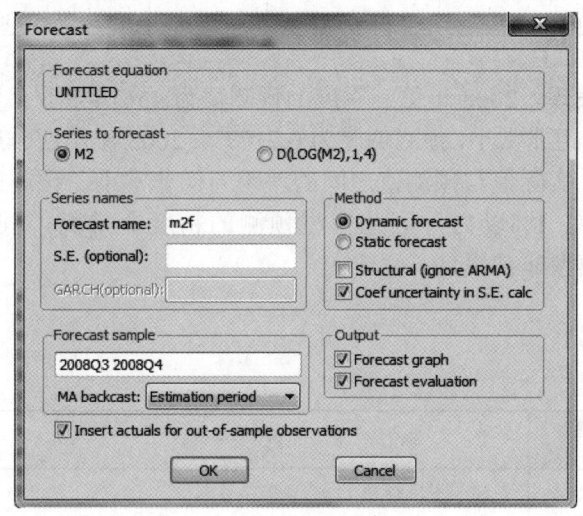

图 17-13　模型预测对话框

在图 17-14 中，虚线是预测置信区间，可以看到随着向后预测期的增加，预测置信区间也变大，从而表明预测期越往后，模型的预测精度越差。这是因为动态模型中的 AR 项和 MA 项依赖于新息（innovation），因此新息的不确定性实际上是逐渐累积，而 EViews 令它们等于其期望值，从而导致了新的随机误差。这种额外的不确定性往往会随着预测区间的扩大而增加，导致预测期越往后，模型的预测精度越差。

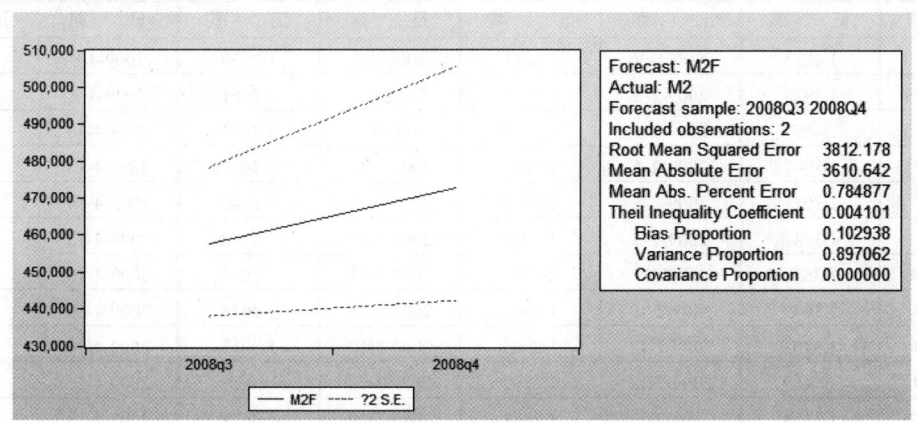

图 17-14　ARIMA(4,1,1)(1,1,0)^4 模型的预测结果

　　另一方面，图 17-14 中的评价指标也显示了此次预测精度非常高。如 Theil 系数的取值在 0，1 之间，等于 0 表示预测与真值完全相同，本案例的 Theil 不等系数为 0.003917，表明上文所估计的 ARIMA$(4,1,1)(1,1,0)^4$ 模型对 2008 年第三、四季度的广义货币供应量 M2 的预测准确度极高。表 17-3 列示了 2008 年第三、四季度的广义货币供应量 M2 的真实值、预测值和预测误差。

表 17-3　2008 年第三、四季度 M2 实测值和预测值比较

	2008Q3	2008Q4
实际值 M2	452898.7	475176.6
预测值 M2	456144.8	471180.9
预测误差	0.7177%	0.8384%

　　从表 17-3 中可以发现，2008 年第三季度的预测值为 456144.8，而实际值为 452898.7，实际值与预测值之间的差距非常小，预测偏差为 0.7177%；2008 年第四季度的预测值为 471180.9 而实际值为 475176.6，实际值与预测值之间的差距同样非常小，预测偏差为 0.8384%。可见相对预测误差都控制在 1% 以内，因此模型预测的精度非常高，同时也表明本章建立的 ARIMA$(4,1,1)(1,1,0)^4$ 模型非常优良。

上机题

光盘：\录像\第 17 章\上机题\……

光盘：\上机题\第 17 章\习题\……

　　1. 希腊作为欧盟的成员之一，在希腊出现债务危机后，欧元区经济受到了一定的冲击和影响，而作为经济走向的风向标——欧元汇率也出现了较大幅度的波动。为了研究欧元汇率的变动汇率和预测欧元的未来走势，研究者搜集了从 2008 年 12 月 26 日至 2010 年 3 月 25 日的欧元汇率走势的数据，部分原始数据如表 17-4 所示。

表 17-4　2008 年 12 月 26 日至 2010 年 3 月 25 日的欧元汇率走势的数据（部分）

日　　期	汇　率	日　　期	汇　率	日　　期	汇　率	日　　期	汇　率
2008-12-26	1.4023	2009-1-30	1.2811	2009-3-5	1.2539	2009-4-8	1.3265
2008-12-29	1.3929	2009-2-2	1.2847	2009-3-6	1.2651	2009-4-9	1.3156
2008-12-30	1.4057	2009-2-3	1.3038	2009-3-9	1.2603	2009-4-10	1.3133
2008-12-31	1.3947	2009-2-4	1.2848	2009-3-10	1.2679	2009-4-13	1.3366
2009-1-2	1.3913	2009-2-5	1.2787	2009-3-11	1.2846	2009-4-14	1.3261
2009-1-5	1.3631	2009-2-6	1.2938	2009-3-12	1.2908	2009-4-15	1.3213
2009-1-6	1.3532	2009-2-9	1.3003	2009-3-13	1.2913	2009-4-16	1.318
2009-1-7	1.3642	2009-2-10	1.2913	2009-3-16	1.2976	2009-4-17	1.3042
2009-1-8	1.3702	2009-2-11	1.2905	2009-3-17	1.3013	2009-4-20	1.2923
2009-1-9	1.3459	2009-2-12	1.2863	2009-3-18	1.351	2009-4-21	1.2945
2009-1-12	1.3358	2009-2-13	1.2861	2009-3-19	1.3671	2009-4-22	1.3002
2009-1-13	1.3181	2009-2-16	1.2807	2009-3-20	1.3564	2009-4-23	1.3132

（续表）

日 期	汇 率	日 期	汇 率	日 期	汇 率	日 期	汇 率
2009-1-14	1.3192	2009-2-17	1.2581	2009-3-23	1.3619	2009-4-24	1.3242
2009-1-15	1.312	2009-2-18	1.253	2009-3-24	1.347	2009-4-27	1.3017
2009-1-16	1.3267	2009-2-19	1.2673	2009-3-25	1.3575	2009-4-28	1.3136
2009-1-19	1.3087	2009-2-20	1.2826	2009-3-26	1.3525	2009-4-29	1.3251
2009-1-20	1.2908	2009-2-23	1.2693	2009-3-27	1.3287	2009-4-30	1.3224
2009-1-21	1.3027	2009-2-24	1.2845	2009-3-30	1.3201	2009-5-1	1.3265
2009-1-22	1.3002	2009-2-25	1.2723	2009-3-31	1.3243	2009-5-4	1.3415
2009-1-23	1.2961	2009-2-26	1.2739	2009-4-1	1.3236	2009-5-5	1.331
2009-1-26	1.3187	2009-2-27	1.2671	2009-4-2	1.3466	2009-5-6	1.331
2009-1-27	1.3165	2009-3-2	1.2577	2009-4-3	1.3486	2009-5-7	1.3388
2009-1-28	1.3165	2009-3-3	1.256	2009-4-6	1.3397	2009-5-8	1.3625
2009-1-29	1.2955	2009-3-4	1.2654	2009-4-7	1.3266	2009-5-11	1.3573

（1）　画出欧元汇率的时序图，观察欧元汇率的变动趋势。

（2）　对欧元汇率序列进行单位根检验，确定是否为平稳序列；如果不平稳，对其进行平稳化处理。

（3）　绘制平稳化处理的欧元汇率序列的自相关函数图和偏相关函数图，并根据自相关函数图和偏相关函数图判断 ARIMA 的阶数。

（4）　利用指数平滑方法进行预测未来欧元汇率走势。

2. 金融危机后全球各国经济出现了明显的衰退迹象，与此同时各国政府出台了一系列刺激经济的计划，而中国政府更是表现突出，出台了"四万亿经济刺激计划"，该刺激计划主要以固定资产投资为主。研究者搜集了从 1999 年 2 月至 2009 年 2 月的固定资产投资额的数据，部分原始数据如表 17-5 所示。

表 17-5　1999 年 2 月至 2009 年 2 月的固定资产投资额的数据（部分）

日 期	固定资产投资额	日 期	固定资产投资额	日 期	固定资产投资额
Feb-99	845.19	Feb-01	4235.73	Feb-03	15072.64
Mar-99	2022.83	Mar-01	6199.14	Mar-03	18753.3
Apr-99	3269.99	Apr-01	8928.03	Apr-03	22365
May-99	4750.25	May-01	11111.13	May-03	26512.58
Jun-99	6686.57	Jun-01	13311.23	Jun-03	30466.52
Jul-99	8297.64	Jul-01	15919.44	Feb-03	15072.64
Aug-99	9908.15	Aug-01	18423.79	Mar-03	18753.3
Sep-99	11764.17	Sep-01	21163.72	Apr-03	22365
Oct-99	13746.8	Oct-01	30001.2	May-03	26512.58
Nov-99	16108.32	Nov-01	1407.99	Jun-03	30466.52
Dec-99	23732	Dec-01	3263.69	Jul-03	34618.03
Jan-00	954.87	Jan-02	5416.42	Aug-03	45811.7
Feb-00	2235.36	Feb-02	7827.64	Sep-03	3287.03
Mar-00	3611.19	Mar-02	11103.52	Oct-03	7058.48
Apr-00	5232.62	Apr-02	13794	Nov-03	11047.44
May-00	7537.61	May-02	16535	Dec-03	15437.2

（续表）

日　　期	固定资产投资额	日　　期	固定资产投资额	日　　期	固定资产投资额
Jun-00	9382.52	Jun-02	19788.13	Jan-04	21843.97
Jul-00	11194.68	Jul-02	22869.16	Feb-04	27115.8
Aug-00	13470.48	Aug-02	26119	Mar-04	32185.95
Sep-00	15687.13	Sep-02	35488.8	Apr-04	38028.34
Oct-00	18191.01	Oct-02	1936	May-04	43556.28
Nov-00	26221.85	Nov-02	4478.58	Jun-04	49274.32
Dec-00	1130.73	Dec-02	7264.89	Jul-04	59028.2
Jan-01	2560.19	Jan-03	10577.8	Aug-04	4221.78

（1）　画出固定资产投资的时序图，观察固定资产投资的变动趋势。

（2）　对固定资产投资序列进行单位根检验，确定是否为平稳序列；如果不平稳，对其进行平稳化处理。

（3）　绘制平稳化处理的固定资产投资序列的自相关函数图和偏相关函数图，并根据自相关函数图和偏相关函数图判断是否要进行季节差分处理。

（4）　对固定资产投资序列建立合适的季节 ARIMA 序列。

第 18 章　综合案例：我国银行信贷与
房地产价格之间的动态关系

我国房地产市场形成以来，房地产投资和房地产价格不断攀高，从 2000 年第一季度到 2007 年第四季度，商品房实际平均销售价格由 2126 元/平方米到了 3788 元/平方米，年均涨幅达到了 22%，直到近期我国房地产价格才出现了较大幅度的下调。同时期，我国金融机构中长期贷款增加了近 5 倍，其中住房抵押贷款和房地产开发贷款迅速扩张，2000 年以来我国房地产开发贷款和个人住宅贷款的年均增速分别为 25.99% 和 59.19%，远远高于同期金融机构贷款的年均增速（13.06%）。与此同时，我国银行贷款的增长幅度也呈现出时而扩张、时而紧缩的势头，这与房地产价格波动出现很大的一致性。因此，对我国银行信贷与房地产价格之间的影响机制和效应进行深入研究，这对我国避免出现银行业危机和确保房地产市场的健康发展不仅具有重要的理论意义，更具有重要的实践指导价值。

18.1　研究背景和研究目的

1998 年住房分配体制改革以来房地产投资和房地产价格不断攀高，房地产市场出现过热的势头。另一方面，我国住房抵押贷款和房地产开发贷款迅速扩张，房地产贷款占金融机构贷款的比重从 2000 年的 6.04% 上升至 14.12%。就现象本身来说，房地产价格的快速上涨并不意味者房地产泡沫和银行可能出现的信贷危机。但是，在 20 世纪 80 年代美国银行业危机和近期的美国次贷危机中，房地产信贷损失及其诱发的风险就是银行倒闭及巨额亏损的重要原因。20 世纪 90 年代以来，特别是日本泡沫经济的破灭及亚洲金融危机中，房地产都扮演着重要的角色。进入 21 世纪，由于国际低利率与较多的流动性使得主要发达国家房地产价格不断攀升，住房抵押贷款在金融部门占有重要的地位，如果房地产价格出现急剧调整，这些国家的银行体系资产质量就会迅速下降，经济金融将会受到严重冲击。这种情况下，关于全球地产泡沫的危言不绝于耳，中国置身其中。

在理论层面上，许多文献认为银行信贷与房地产价格之间存在互为因果关系。

一方面，房地产价格可以通过多种财富渠道影响银行信贷的规模。首先，在不完美的金融信贷市场上，企业和家庭总是受到信贷约束的。也就是说，只有在企业和家庭提供抵押品和担保物情况下，他们才能够得到银行的贷款。因此，他们的借款能力就是抵押品净值的一个函数。由于在信贷市场上房地产总是经常被用作抵押品，所以房地产价格就自然成为了私人部门借贷能力的一个重要决定因素。其次，房地产价格的变化可以显著地影响消费大众可以预见的终身财富，从而为了平衡分配自己一生的消费量，消费居民就会改变他们的支出和借贷计划，进而改变了自己的信贷需求。最终，房地产价格的变化影响了银行资本，这种影响不仅是银行拥有资产的规模，而且间接影响由房地产担保的银行贷款的价值。事实上，房地产价格的波动影响的是银行资产的风险，从而影响银行放贷的意愿。

另一方面，银行借贷可以通过多个流动性效应影响房地产价格。首先，从资产定价角度，房地产价格可以看做资产的价格，于是房价就由未来房产带来的现金回报的折现价值决定。信贷可得性的增加一定程度上可以降低融资难度即降低实际利率，并刺激当期和未来经济体的活力。于是预期未来回报的增加和折现率的降低就会导致房地产价格的上升。其次，房地产还可以看做一种耐用消费品，并且它的供给在短期内是固定的。因此在私人贷款受到约束的不完美信贷市场上，信贷可能性的增加可以缓解消费者面临的流动性约束，进而增加对房产的需求。由于建造新房子需要一段时间，短期内房地产的供给无弹性，所以信贷可得性的增加导致房价的上升。

所以在理论上，关于银行信贷和房价的双向因果关系可以互为加强信贷市场和房地产市场的循环周期。对未来经济更为乐观的预期导致的房地产价格增长，通过抵押品价值的上涨提高了企业和家庭的借贷能力。部分增加的信贷被用来购买房地产，从而推动房地产价格的进一步上涨：一个自我推动机制产生了。

因此，对我国银行信贷与房地产价格之间的影响机制和效应进行理论分析和实证研究，对我国避免出现银行业危机和确保房地产市场的健康发展不仅具有重要的理论意义，更具有重要的实践指导价值。

18.2 数据及研究方法

18.2.1 变量的选择

关于房价，本章收集了全国商品房销售面积和销售额的季度数据，并将这些原始数据换算成全国商品房季度平均销售价格，然后将其标准化处理为以 1998 年第一季度为基期的价格指数（HP）。为了得到实际房价指数，本章对名义房价指数用以 1998 年第一季度为基期的 CPI 进行了平减。

关于信贷，本章主要研究的是银行总体信贷与房价的关系，而不是银行信贷中按揭贷款与房价的关系，所以本章采用我国金融机构中长期信贷季度余额作为银行信贷的样本数据。

关于控制变量的选择。信贷和房地产周期受共同的经济因素驱动。一方面，信贷周期主要由宏观经济和预期（特别是 GDP、利率等）决定。另一方面，经济活动的状态对房地产市场也施加了重要影响。宏观经济的变化将引起房地产的供需调整，进而影响房地产投资和价格的变化。这些外部冲击既可以是来自需求方面，如收入、利率和人口因素的变化，也可以是来自供给方面，如劳动力和建筑成本，以及土地开发的限制发生变化等。为了更加准确地反映信贷与房地产价格的真实关系，本章利用我国实际 GDP、3～5 年期实际贷款利率作为控制变量来控制来自需求方面的外部冲击，同时在模型中加入我国 CPI 变量来控制来自供给方面的冲击。其他控制变量如城市化程度、人口规模变动、建筑成本、土地开发、工业增加值、政策变化（用虚拟变量表示）等因素并没有在模型中出现，一方面某些变量季度数据（城市化程度、人口规模、建筑成本缺乏季度数据，土地开发的数据只有 1998 以后的数据）不可得，更重要的一方面是部分变量（工业增加值、实际值）加入模型中皆不显著，对模型缺乏解释力且导致模型因自由度下降而失效。

本章对所有（除利率外）的数据都进行了标准指数化处理，即以 1996 年第一季度为 100；

为了得到可比的实际数据,本章对名义值用以 1998 年第一季度为基期的 CPI 指数进行了平减,
剔除了物价影响;为了消除可能存在的异方差影响,对除利率外的所有变量都取对数。表 18-1
给出了模型中涉及的变量名称、标识及其含义。

表 18-1　模型中的变量、符号及含义

变　量	符　号	含　义
房地产价格	HP	我国实际房地产销售价格指数,已经取过对数
实际信贷	LOAN	我国金融机构实际贷款余额,已经取过对数
国内生产总值	GDP	我国实际国民生产总值,已经取过对数
消费者物价指数	CPI	我国消费者物价指数,已经取过对数
利率	R	我国 3～5 年贷款实际利率

18.2.2　研究方法

本文将首先对实际信贷和实际房价的平稳性进行分析。接着利用协整检验的方法从整体
上判断两者的变动是否存在长期均衡。本文最终没有利用协整分析,而是对数据差分处理后
建立了多变量的 VAR 模型;基于建立的 VAR 模型和运用 Granger 检验分析两者变动的因果联
系。最后运用脉冲响应函数和方差分解方法,分析一个误差项的变化对系统的动态影响。

18.2.3　数据来源及描述

研究中选取了从 1996 年第一季度至 2006 年第四季度我国银行中长期信贷数据和我国房
地产销售平均价格的季度数据,总共 44 组季度数据。在稳健性分析时,数据会延展到 2008
年第四季度。信贷、房地产销售平均价格、GDP、CPI 的数据来源于《中国经济景气月报》
从 2000 年第一期至 2009 年第一期,利率来源于中国人民银行网站。部分数据如表 18-2 所示。

表 18-2　部分原始数据

	HP	LOAN	GDP	CPI	R
1996Q1	100	100	100	100	0.0552
1996Q2	96.60489	106.9541	123.4401	97.12474	0.064
1996Q3	87.77722	107.4375	128.4502	99.86021	0.0528
1996Q4	95.31348	118.0738	186.1182	101.5637	0.051
1997Q1	122.3734	124.4538	109.527	102.2505	0.0743
1997Q2	103.9335	132.8301	135.9207	98.41238	0.0893
1997Q3	119.8608	133.7144	137.4052	100.0818	0.0997
1997Q4	105.4707	143.0695	211.5318	100.5805	0.093
1998Q1	115.6328	146.4277	117.399	100.7661	0.0974
1998Q2	123.0282	180.2485	144.5032	96.29863	0.1095
1998Q3	110.156	187.9135	146.5571	98.32625	0.0898
1998Q4	106.1271	195.817	239.2218	98.42379	0.0863
1999Q1	113.4815	181.3752	127.7225	97.91862	0.0897
1999Q2	121.8994	197.4582	153.963	94.04998	0.0871
1999Q3	114.5574	199.2555	157.6925	96.89029	0.0693
1999Q4	118.1062	229.4491	261.5531	97.17573	0.0673
2000Q1	120.814	237.0443	139.7675	96.56077	0.0596
2000Q2	120.7349	251.9963	170.0596	93.40795	0.0566
2000Q3	118.2642	255.7338	175.2278	95.75565	0.0593

（续表）

	HP	LOAN	GDP	CPI	R
2000Q4	121.2238	266.7947	294.8942	97.39106	0.047
2001Q1	136.1157	328.7497	154.1282	97.09733	0.0523
2001Q2	130.9519	352.8407	183.1202	94.97524	0.045
2001Q3	118.8154	364.409	189.6697	96.21362	0.0566
2001Q4	126.8862	378.6278	333.5261	96.40557	0.0656
2002Q1	136.5578	401.7902	186.7667	95.91038	0.0628
2002Q2	133.1877	429.5344	198.9607	94.09871	0.0651
2002Q3	142.1833	447.3425	208.3511	95.51546	0.0631
2002Q4	126.0629	467.657	374.1374	96.75898	0.0581
2003Q1	142.1181	499.7818	185.9057	96.84994	0.0488
2003Q2	137.0501	551.1503	217.2737	94.54284	0.0508
2003Q3	144.5978	576.2141	227.8427	97.21422	0.0431
2003Q4	124.7531	590.6183	418.7095	99.86201	0.0245
2004Q1	146.1507	623.8909	204.8098	100.4611	0.0261
2004Q2	152.7422	656.9719	241.1832	99.45877	0.0068
2004Q3	158.4023	667.0697	256.7957	101.2567	0.0065
2004Q4	143.6239	701.9288	492.8302	101.6602	0.0348
2005Q1	181.7055	728.6	280.1887	102.251	0.0305
2005Q2	180.8189	752.9185	313.3187	101.2301	0.0412
2005Q3	187.357	764.5677	329.7276	102.5512	0.0472
2005Q4	185.6062	782.4192	423.1371	103.987	0.0425

18.3 EViews 操作

18.3.1 工作对象的创建

（1） 创建新的工作文件

在 EViews 主窗口的菜单栏中依次选择 New|Workfile 命令，打开如图 18-1 所示的 Workfile Create 对话框，分别在 Date specifition 选项组下的 Freqency 列表框中选择 Quaterly，在 Start date 和 End date 输入框中输入观测数据的时间起止点 1996q01 和 2008q04，单击 OK 按钮，打开如图 18-2 所示的 Workfile 窗口。

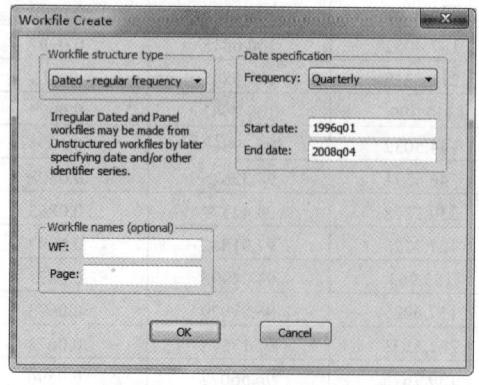

图 18-1 Workfile Create 对话框

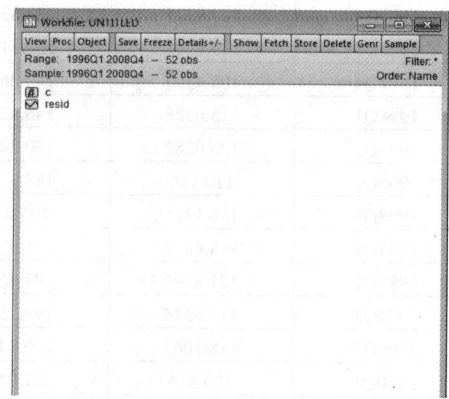

图 18-2 Workfile 窗口

（2）　创建变量序列

在图 18-2 所示的 Workfile 窗口中，单击 Object 按钮并选择 New Object 命令，打开如图 18-3 所示的 New Object 对话框，在 Type of object 选项组中选择 series 选项并在 Name for object 输入框中输入对象的名称 HP，单击 OK 按钮即可生成 hp 序列。按照相同的操作方法，依次生成 loan、cpi、r、gdp 序列，并将相应的数据导入到各个变量中。

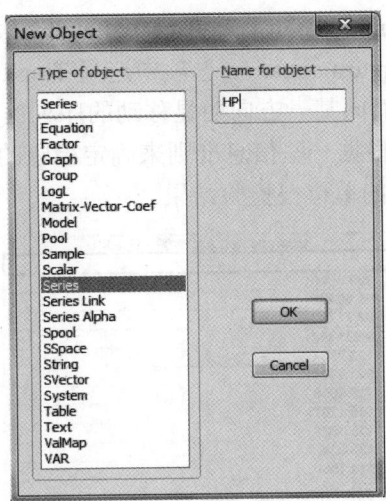

图 18-3　New Object 对话框

18.3.2　变量的对数化处理

为了消除原始变量的异方差影响，我们首先对所有变量进行对数化处理，即在 Workfile 窗口中单击 generate 按钮，打开如图 18-4 所示的 Generate Series by Equation 对话框。在 Enter Equation 输入框中输入 lnhp=log(hp)，即可生成房地产价格 hp 序列的对数序列。按照相同的方法，依次生成 loan、cpi、gdp 序列的对数序列 lnloan、lncpi、lngdp。

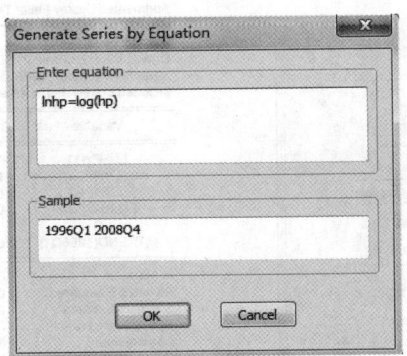

图 18-4　Generate Series by Equation 对话框

18.3.3　单位根检验

对时间序列进行分析的前提是保证序列的平稳性，而非平稳的时间序列参与回归建模分析，会导致伪回归问题。因此一般情况下进行分析之前，需要对原变量序列进行单位根检验，判断序列的平稳性。如果序列为平稳序列，则可以继续建模；如果序列为非平稳序列，则需要进行差分处理或者采用协整等分析方法。下面以房地产价格 hp 序列为例，进行对 hp 序列单位根检验的操作。

在 Workfile 窗口中，双击 lnhp 序列打开如图 18-5 所示的 lnhp 序列窗口。在 hp 序列窗口依次选择 View | Unit Root Test，打开如图 18-6 所示的 Unit Root Test 对话框，单位根检验的方法采用 ADF 方法，在 Test for unit root in 选项中选择 Level（表示对序列的水平值（原序列）进行单位根检验），在 Include in test equation 选项中选择 Trend and intercept（表示用于含有截距项和时间趋势，序列随时间而向某一方向明显移动的序列的检验），在 Lag length 选项组中选择 Automatic selection（表示根据一些信息准则来确定检验的滞后期），选择完毕后点击 OK 按钮，即可生成如图 18-7 所示的单位根检验结果。

	Last updated: 04/19/09 - 17:29		
1996Q1	100.0000		
1996Q2	96.60489		
1996Q3	87.77722		
1996Q4	95.31348		
1997Q1	122.3734		
1997Q2	103.9335		
1997Q3	119.8608		
1997Q4	105.4707		
1998Q1	115.6328		
1998Q2	123.0282		
1998Q3	110.1560		
1998Q4	106.1271		
1999Q1			

图 18-5　hp 序列窗口

Null Hypothesis: LNHP has a unit root
Exogenous: Constant, Linear Trend
Lag Length: 3 (Automatic - based on SIC, maxlag=10)

			t-Statistic	Prob.*
Augmented Dickey-Fuller test statistic			-2.035969	0.5672
Test critical values:	1% level		-4.161144	
	5% level		-3.506374	
	10% level		-3.183002	

*MacKinnon (1996) one-sided p-values.

Augmented Dickey-Fuller Test Equation
Dependent Variable: D(LNHP)
Method: Least Squares
Date: 11/26/12　Time: 21:35
Sample (adjusted): 1997Q1 2008Q4
Included observations: 48 after adjustments

Variable	Coefficient	Std. Error	t-Statistic	Prob.
LNHP(-1)	-0.514332	0.252622	-2.035969	0.0481
D(LNHP(-1))	-0.423044	0.224672	-1.882943	0.0666
D(LNHP(-2))	-0.351887	0.190881	-1.843486	0.0723
D(LNHP(-3))	-0.356428	0.140259	-2.541201	0.0148
C	2.394744	1.145833	2.089960	0.0427
@TREND(1996Q1)	0.006460	0.003634	1.777498	0.0827

R-squared	0.537547	Mean dependent var	0.013155
Adjusted R-squared	0.482464	S.D. dependent var	0.094915
S.E. of regression	0.068280	Akaike info criterion	-2.413942
Sum squared resid	0.195809	Schwarz criterion	-2.180042
Log likelihood	63.93461	Hannan-Quinn criter.	-2.325551
F-statistic	9.764013	Durbin-Watson stat	1.721472
Prob(F-statistic)	0.000003		

Unit Root Test 对话框

Test type: Augmented Dickey-Fuller

Test for unit root in:
- ● Level
- ○ 1st difference
- ○ 2nd difference

Include in test equation:
- ○ Intercept
- ● Trend and intercept
- ○ None

Lag length:
- ● Automatic selection: Schwarz Info Criterion
  Maximum lags: 10
- ○ User specified: 1

OK　Cancel

图 18-6　Unit Root Test 对话框　　　　图 18-7　单位跟检验结果

从图 18-7 所示的单位根检验结果可以发现，ADF 值的概率 P 值为 0.5672，因此不能拒绝 HP 序列有一个单位根的原假设，认为 HP 序列非平稳，需要对该序列进行差分处理或者进行协整分析。按照同样的步骤对序列 lnloan 进行单位根检验，将检验结果列出表 18-3 所示。

表 18-3　单位根检验结果

变　　量	检验类型（c,t,k）	ADF 值	P 值	结　　论
Lnhp	(c,t,3)	−2.0360	0.5672	不平稳
lnloan	(c,t,3)	0.3598	0.9984	不平稳

注：① HP 表示标准化后平均实际的对数值；

　　② c、t、k 分别表示截距项、趋势项和滞后阶数，滞后期的选择标准参考 AIC 和 SC 准则。

18.3.4　协整检验

当分析的时间序列变量都为非平稳序列时，除了对原序列变量进行差分处理外，还可以进行协整分析，即检验这几个非平稳变量的线性组合是否为平稳序列，如果非平稳序列的线性组合为平稳变量，则认为这些变量之间存在长期均衡关系。在多个变量协整关系的分析中，最为常用的是 Johansen 协整检验方法。

在 workfile 工作文件窗口中选择需要进行协整分析的所有变量即 lnhp 序列和 lnloan 序列，依次右击选择 Open | as Group 命令，如图 18-8 所示的以对象组 Group 的形式打开这些变量。

在 Group 对象窗口的工具栏依次选择 View|Cointegration Test|Johansen System Cointegration Test 命令，打开如图 18-9 所示的 Johansen Cointegration Test 对话框。Johansen Cointegration Test 对话框的具体设置如下：由于单位根检验结果显示被检验变量存在随机趋势，因此在 Deterministic trend assumption 选项组中选择第三项 Intercept（no trend）in CE and test VAR；考虑到本案例的数据频率为季度类型，同时协整检验设定的滞后期需要设定为 $m-1$，因此在 Lag intervals 文本框中输入 1 3，然后单击"确定"按钮就可以得到图 18-10 和图 18-11 的检验结果。

obs	LNLOAN	LNHP
1996Q1	4.605170	4.605170
1996Q2	4.672400	4.570629
1996Q3	4.676909	4.474802
1996Q4	4.754226	4.557171
1997Q1	4.823934	4.807077
1997Q2	4.889071	4.643752
1997Q3	4.895706	4.786331
1997Q4	4.963330	4.658433
1998Q1	4.986532	4.750420
1998Q2	5.076726	4.812414
1998Q3	5.123449	4.701897
1998Q4	5.277181	4.664638
1999Q1	5.200568	4.731640
1999Q2	6.285627	4.803196
1999Q3		

图 18-8　Group 对象

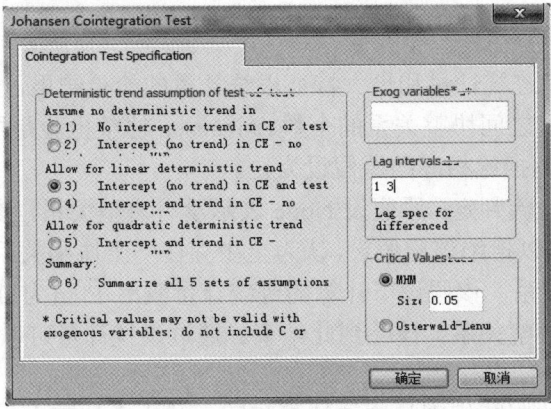

图 18-9　Johansen Cointegration Test 对话框

Date: 11/26/12   Time: 21:39
Sample (adjusted): 1997Q1 2008Q4
Included observations: 48 after adjustments
Trend assumption: Linear deterministic trend
Series: LNLOAN LNHP
Lags interval (in first differences): 1 to 3

Unrestricted Cointegration Rank Test (Trace)

Hypothesized No. of CE(s)	Eigenvalue	Trace Statistic	0.05 Critical Value	Prob.**
None *	0.307946	19.34743	15.49471	0.0125
At most 1	0.034375	1.679013	3.841466	0.1951

Trace test indicates 1 cointegrating eqn(s) at the 0.05 level
* denotes rejection of the hypothesis at the 0.05 level
**MacKinnon-Haug-Michelis (1999) p-values

Unrestricted Cointegration Rank Test (Maximum Eigenvalue)

Hypothesized No. of CE(s)	Eigenvalue	Max-Eigen Statistic	0.05 Critical Value	Prob.**
None *	0.307946	17.66841	14.26460	0.0139
At most 1	0.034375	1.679013	3.841466	0.1951

Max-eigenvalue test indicates 1 cointegrating eqn(s) at the 0.05 level
* denotes rejection of the hypothesis at the 0.05 level
**MacKinnon-Haug-Michelis (1999) p-values

图 18-10　Johansen Cointegration 检验结果

Unrestricted Adjustment Coefficients (alpha):

D(LNLOAN)	0.015158	-0.004641
D(LNHP)	0.027992	0.007694

1 Cointegrating Equation(s):	Log likelihood	162.2417

Normalized cointegrating coefficients (standard error in parentheses)

LNLOAN	LNHP
1.000000	-5.940058
	(0.61320)

Adjustment coefficients (standard error in parentheses)

D(LNLOAN)	0.032189
	(0.01135)
D(LNHP)	0.059443
	(0.01982)

图 18-11　Johansen Cointegration 检验表达式

图 18-10 中显示的是迹统计量和最大特征根统计量的检验结果，这两个统计量在 Johansen 协整检验中用于判断变量之间协整关系的个数。Johansen 协整检验是按照协整关系的个数从 0 到 $K-1$ 顺序进行的，直到拒绝相应的原假设为止。

案例中迹统计量的检验判定：原假设 None 表示没有协整关系，该假设下计算的迹统计量的概率 P 值为 0.0125，可以拒绝该原假设，认为至少存在一个协整关系；下一个原假设 At most 1 表示最多有一个协整关系，该假设下计算的迹统计量概率 P 值为 0.1951，不可以拒绝该原假设，不认为存在两个协整关系；检验到此结束。通过迹统计量可以判断 lnhp、lnloan 两个变量存在一个协整关系。

同样，最大特征值的判断规则与迹统计量相同。就本案例而言，最大特征值的检验结果与迹统计量的检验结果一致，都认为 lnhp、lnloan 两个变量存在一个协整关系。值得注意的是，如果最大特征值的检验结果与迹统计量的检验结果不一致，那么一般以迹统计量的检验结果为主，因为一般情况下迹统计量更有效。

图 18-11 显示了对数似然值最大的协整关系式，该关系式也是 VEC 中回归的协整关系式。标准化的协整关系值是指将排序第一位的变量前的系数标准化为 1 后计算的协整关系式，该形式可以方便地写出最终的协整方程。本案例中的协整方程可以写为：

$$\ln hp = 0.1683 \ln loan \qquad (18.1)$$

通过该协整关系式，可以得到 lnhp 和 lnloan 都是正相关的长期均衡关系：信贷每上升 1%，房价就会上升 0.16%。协整关系式参数估计值的显著性 T 值可以通过其下方小括号中的标准差与参数估计值的商来计算，另外 VEC 估计结果中也会报告其 T 值。

调整系数值是指在 VEC 模型中变量之间动态关系偏离协整关系后的调整速度。案例中 $D(LNHP)$ 方程的调整系数为 -0.35309，$D(LNLOAN)$ 方程的调整系数为 -0.1912，如果该调整系数值为负，说明偏离非均衡误差将会得到修正；如果该调整系数值为正，说明非均衡误差不仅得不到修正，而且误差会更大。计算的调整系数多个估计值中至少有一个为负值，如果全部为正值，说明该协整关系无效。本案例可以得到 $D(LNHP)$ 方程的调整系数为负值，说明协整关系有效，且短期内房价的运行受到信贷变量长期均衡关系的约束。

18.3.5 矢量误差修正模型

序列 EC_t 是矢量误差修正模型的核心部分，但是协整关系式只能说明各个解释变量之间的长期均衡关系和趋势。实际信贷余额和实际房价之间的正相关关系可能是因为信贷的增长促进了房价的上升，也可能是房价的上涨带动了信贷余额的增加。为了明确实际信贷余额与房价之间的相互关系，下文基于变量之间存在的协整关系，进一步建立将短期波动与长期均衡联系在一起的矢量误差修正模型（VECM），对实际信贷余额与实际房价进行 Granger 因果关系检验，从而进一步明确它们之间存在的影响是正向、逆向，抑或是双向。

在 EViews 主窗口的菜单栏中依次选择 Quick | Estimate VAR 命令，打开 VAR Specification 对话框。设定 VAR Specification 对话框的具体操作步骤如下：

在 Basics 选项卡的 VAR Type 中选择 Vector Error Correction 选项，在 Lag Intervals for D 输入框中输入 1 4（中间用空格隔开）；在 Exogenous Variables 文本框输入 d(lnhp) d(lnloan) r；Cointegration 选项卡的 Number of cointegrating 文本框中输入协整关系个数 1（本案例建立含有一个误差修正项的 ECM 模型），然后单击"确定"按钮，就可以得到如图 18-12 所示的模型结果。

图 18-12 中为 VEC 中协整关系式的展示，但是在 VEC 模型中协整关系表达成误差修正项的形式为：

$$Co\, int\, EQ1 = \ln HP + 0.6163 \ln LOAN - 0.036 \qquad (18.2)$$

该误差修正项的表达式与 Johansen 协整检验中得到协整关系式是一致的，只是在 Johansen 协整检验关系式中加入一个常数项，导致系数估计值略有差别。通过这个公式计算的误差修正项，就是误差修正模型中的 CointEQ1 变量。

```
Vector Error Correction Estimates
Date: 11/26/12   Time: 21:58
Sample (adjusted): 1997Q1 2008Q4
Included observations: 48 after adjustments
Standard errors in ( ) & t-statistics in [ ]
```

Cointegrating Eq:	CointEq1		
D(LNHP(-1))	1.000000		
D(LNLOAN(-1))	0.616362		
	(0.19756)		
	[3.11982]		
R(-1)	-0.210564		
	(0.15217)		
	[-1.38371]		
C	-0.035694		

Error Correction:	D(LNHP,2)	D(LNLOAN,2)	D(R)
CointEq1	-2.620808	-0.514883	0.006317
	(0.33382)	(0.22384)	(0.05399)
	[-7.85085]	[-2.30023]	[0.11701]
D(LNHP(-1),2)	0.847308	0.408151	-0.005800
	(0.24002)	(0.16094)	(0.03882)

图 18-12　VECM 模型结果

图 18-12 中下半部分为 VEC 误差修正模型的具体估计系数矢量。VEC 模型中的 3 个方程的解释变量不是原序列而是原序列的差分序列（以 D 表示），因为原序列是非平稳序列，差分后平稳保证了 VEC 模型的整体稳定性。VEC 模型的解释变量是各个因变量的滞后项，这与 VAR 的结构完全相同，唯一的差别是：VEC 在差分变量组成的 VAR 模型中加入了第一部分计算的误差修正项 CointEQ1。本案例估计的 VEC 模型可以写成：

$$\Delta Y_{t-1} = \begin{bmatrix} -2.62 \\ -0.51 \end{bmatrix} \mathrm{Coint\,EQ}_{t-1} + \Delta Y_{t-1} + \cdots \Delta Y_{t-4} + \theta + \varepsilon_t; \quad \Delta Y = \begin{bmatrix} D\ln HP \\ D\ln LOAN \end{bmatrix} \tag{18.3}$$

18.3.6　格兰杰因果检验

格兰杰因果关系实质上是利用了 VAR 模型来进行一组系数显著性检验。格兰杰因果关系可以用来检验某个变量的所有滞后项是否对另一个或几个变量的当期值有影响。如果影响显著，说明该变量对另一个变量或几个变量存在格兰杰因果关系；如果影响不显著，说明该变量对另一个变量或几个变量不存在格兰杰因果关系。

在图 18-12 所示的对象窗口的工具栏依次选择 View | Lag Structure| Granger Causality/Block Exogeneity Tests 命令，打开如图 18-13 所示格兰杰因果检验结果窗口。

从 VAR 模型的统计显著性检验结果可以看出，在短期中，实际银行信贷增长率的变动（DLOAN）是实际房价增长率变动的 Granger 原因，其中 P 值为 0.065，可见这种 Granger 原因是非常显著的，实际银行信贷余额增长率（DLOAN）的滞后期能够非常显著地解释或者预测实际房价的增长率（DHP）。这种检验结果是和前文的理论预期是一致的。

而检验结果显示实际房价增长率的变动并不是实际银行信贷变动的 Granger 原因，即实际房价的增长率（DHP）的滞后期不能够解释或者预测实际银行信贷余额的增长率（DLOAN）。一方面，本文认为银行信贷在中国更多地表现为政策变量，在一定程度上具有外生性；另一方面，由于影响银行信贷增长的因素很多，包括国民经济的各个行业，因此在本文控制了国民生产总值、利率等变量后，很难发现实际房价增长率显著影响实际银行信贷增长率变动。

```
VEC Granger Causality/Block Exogeneity Wald Tests
Date: 03/23/10   Time: 16:14
Sample: 1996Q1 2008Q4
Included observations: 47
```

Dependent variable: D(LNHP)

Excluded	Chi-sq	df	Prob.
D(LNLOAN)	8.828958	4	0.0655
All	8.828958	4	0.0655

Dependent variable: D(LNLOAN)

Excluded	Chi-sq	df	Prob.
D(LNHP)	0.715849	4	0.9494
All	0.715849	4	0.9494

图 18-13　格兰杰因果检验结果

Granger 因果检验较好地提供了两个变量之间的因果作用方向，这种方向是从实际银行信贷到实际房价的，而反过来并不成立，这意味着双向因果关系在经验上很可能是不存在的。

18.3.7　脉冲响应函数

脉冲响应函数用于衡量来自随机扰动项的一个标准差冲击，对内生变量当前和未来取值影响的变动轨迹，能比较直观地刻画出变量之间的动态交互作用及其效应。基于上文中建立的 VAR 模型，将刻画信贷余额与房地产价格之间的脉冲响应函数（IRF），以进一步分析二者之间的短期动态关系。

在图 18-12 的对象窗口的工具栏依次选择 View | Impulse Response Function 命令，打开如图 18-14 所示的 Impulse Responses 对话框，在 Impulse Responses 对话框中单击"确定"按钮，即可生成如图 18-15 所示的脉冲响应函数结果。

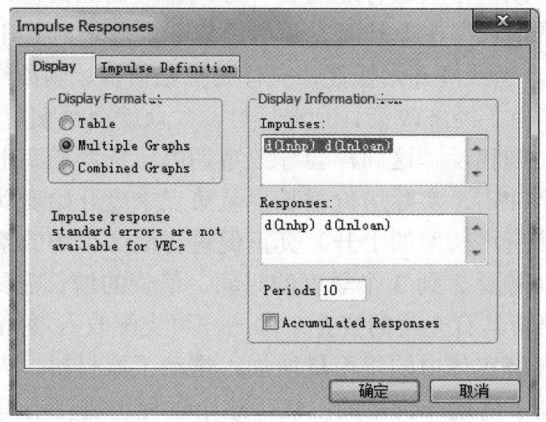

图 18-14　Impulse Responses 对话框

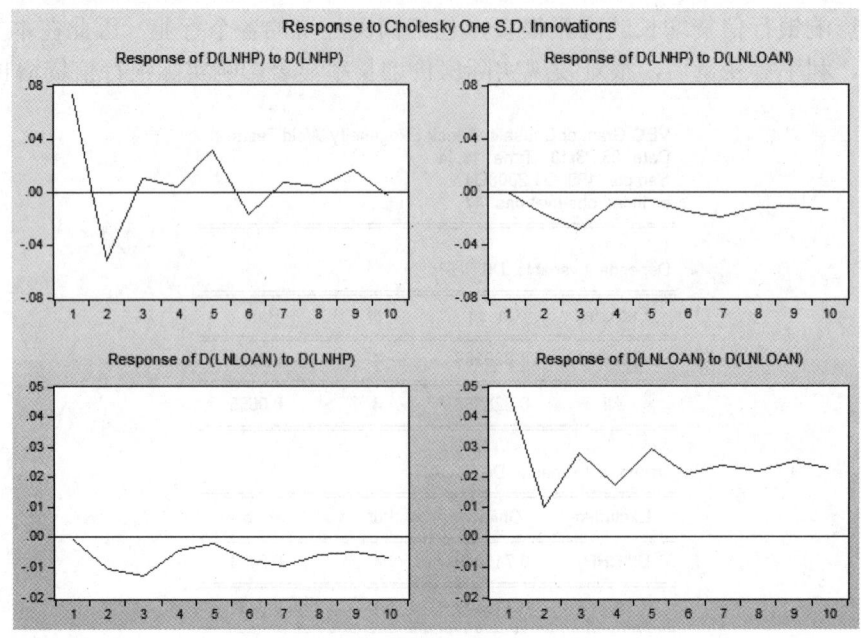

图 18-15　脉冲响应函数结果

　　从图 18-15 右上角的脉冲响应值的轨迹可以看出房价增长率受到信贷增长率一个正的冲击后，在第一季度为正，但紧接着开始波动下行为负值，并持续下行到第三季度达到最小值，然后开始出现上扬为正值，到第四期达到最大值，随后开始围绕 0 值上下波动，最终这种影响趋于消失。

　　通过这个轨迹图可以清楚地看出，受到信贷增长率正向的一个冲击，实际房价增长率在前 3 个季度是下行并且为负值，这可能与我们的直觉相违背——实际信贷一个更快的增长结果导致了实际房价增长率的下降甚至负增长。但是经过仔细分析本文有比较充分的证据来解释这种看似蹊跷的变动：

　　① 宏观调控下的政策变量影响。在本文样本期间，我国银行信贷更多的表现为一个宏观经济政策变量，具有一定的外生性。当经济繁荣过热时，此时往往伴随着房价的快速上涨，中央银行往往紧缩信贷、收紧流动性，防止经济过热导致严重的通胀；当经济状况下滑时，此时往往伴随着房价的下跌，中央银行通过各种方式影响商业银行，促进其增加信贷、刺激经济。因此，短期内信贷增长率在上升而实际房价却不见得立刻上升。

　　② 大众预期的影响。当经济开始低迷，央行要扩张信贷、刺激经济的时候，大众认为央行已经承认经济的低迷，由于经济政策具有滞后性，大众就会预期短期内经济会进一步恶化、房价会进一步下跌；反之则相反。这同样会导致短期内信贷增长率上升但是房价却下降。受到信贷增长率正向的一个冲击，实际房价增长率从第三季度开始变动上升并为正，说明了银行信贷的扩张（即实际信贷增长率的上升）真正促进房地产市场的繁荣向上、实际房价增长率的上升，这个过程至少需要 2 到 3 个季度的时间。信贷的增长需要一段较长的时间才能使房地产的投资、投机和消费具有充足的资金来源——可支配收入增加，从而推动房价的上升；另外，信贷的扩张使得经济实体内的货币量增加，推动了原材料、人工等价格的上涨，增加了房地产开发成本，推动了房地产价格的上涨，这个过程也需要不短的时间。

　　从图中第二部分的脉冲响应值的轨迹可以看出实际信贷增长率受到实际房价增长率一个

正的冲击后，实际信贷增长率的变动并不是特别明显，从第一期开始上升直到第三期达到了最大值，然后开始下降，但基本上围绕 0 值上下小幅波动。这样的结果和前文中 Granger 因果检验中显示的实际房价增长率变动并不能显著地影响实际信贷增长率的变动是一致的。

18.4　研究结论

与国外发达国家相比，作为新兴和转轨的中国信贷和房地产市场，银行信贷和房地产价格之间的关系与国外市场相比具有特殊性，即长期中两者不具有恒定的关系，短期中银行信贷对房价的影响占主导地位，反过来不成立。基于实证结果，本文得到以下结论：

① 在样本期内，本文认为实际银行信贷和实际房地产价格之间不存在长期协整关系。银行信贷一直在我国更多地表现为一个宏观政策变量，再者我国房地产市场建立较晚、发展不够成熟，并且伴随着政府对房地产市场政策的多变，因此很难发现银行信贷与房地产价格之间长期恒定的协整关系。

② 短期内，实际信贷增长率的变化居于支配地位且在一定时期内具有统计的稳定性，即实际银行信贷和实际房地产价格之间的因果关系和解释能力是从实际信贷增长率到实际房价增长率的，而反方向却明显不成立。一方面，由于银行信贷具有政策性，因此在一定程度上具有外生性；另一方面，影响银行信贷增长的因素很多，包括国民经济的各个行业，因此在本文控制了国民生产总值、利率等变量后，很难发现实际房价增长率显著影响实际银行信贷增长率的变动。

上机题

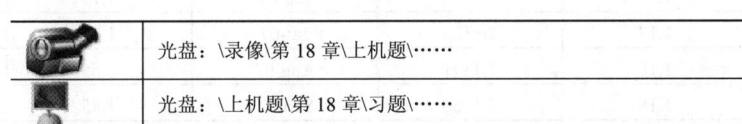

| 光盘：\录像\第 18 章\上机题\…… |
| 光盘：\上机题\第 18 章\习题\…… |

1. 利率转嫁（pass-through）在货币政策传导机制的研究中是重要的一环，指货币市场利率改变造成的成本，转移到银行零售利率的过程。受金融危机影响，欧洲央行几次降息，但德国银行的零售利率并未及时完全地随之调整，两者之间产生了边际差异。为了研究隔夜拆解市场利率与银行零售 3 个月利率的调整关系，研究者搜集了从 2003 年 1 月份至 2009 年 12 月份的数据，部分相关数据见表 18-4 所示。

表 18-4　2003 年 1 月至 2009 年 12 月利率调整的部分数据

时　期	隔夜利率	3 个月利率	时　期	隔夜利率	3 个月利率
Jan-03	1.2	2.8318	Dec-04	1.17	2.1732
Feb-03	1.25	2.6875	Jan-05	1.19	2.1454
Mar-03	1.24	2.53	Feb-05	1.2	2.1384
Apr-03	1.21	2.5333	Mar-05	1.21	2.1372
May-03	1.2	2.4005	Apr-05	1.21	2.1372
Jun-03	1.16	2.1519	May-05	1.23	2.1256
Jul-03	1.06	2.13	Jun-05	1.22	2.111
Aug-03	1.05	2.1404	Jul-05	1.17	2.1194

时　　期	隔夜利率	3个月利率	时　　期	隔夜利率	3个月利率
Sep-03	1.06	2.1473	Aug-05	1.17	2.1325
Oct-03	1.07	2.1436	Sep-05	1.18	2.1391
Nov-03	1.06	2.159	Oct-05	1.18	2.1966
Dec-03	1.08	2.1463	Nov-05	1.17	2.3609
Jan-04	1.1	2.0895	Dec-05	1.2	2.4729
Feb-04	1.1	2.0706	Jan-06	1.22	2.5117
Mar-04	1.12	2.0288	Feb-06	1.23	2.6004
Apr-04	1.13	2.0488	Mar-06	1.26	2.7226
May-04	1.13	2.0859	Apr-06	1.31	2.7938
Jun-04	1.13	2.1127	May-06	1.34	2.889
Jul-04	1.14	2.116	Jun-06	1.35	2.9857
Aug-04	1.16	2.1143	Jul-06	1.36	3.1022
Sep-04	1.17	2.1186	Aug-06	1.41	3.2265
Oct-04	1.17	2.1473	Sep-06	1.43	3.3354
Nov-04	1.15	2.1703	Oct-06	1.47	3.502
Dec-04	1.17	2.1732	Nov-06	1.45	3.5972
Jan-05	1.19	2.1454	Dec-06	1.49	3.6842
Feb-05	1.2	2.1384	Jan-07	1.58	3.7519
Mar-05	1.21	2.1372	Feb-07	1.61	3.8182
Apr-05	1.21	2.1372	Mar-07	1.63	3.8909
May-05	1.23	2.1256	Apr-07	1.67	3.9753
Jun-05	1.22	2.111	May-07	1.7	4.0714
Jul-05	1.17	2.1194	Jun-07	1.73	4.1478
Aug-05	1.17	2.1325	Jul-07	1.77	4.2162
Sep-05	1.18	2.1391	Aug-07	1.85	4.5436
Oct-05	1.18	2.1966	Sep-07	1.85	4.7417

（1）　画出隔夜拆解市场利率与银行零售3个月利率的时序图，分析隔夜拆解市场利率与银行零售3个月利率的变动趋势，寻找金融危机对利率变动的冲击。

（2）　对隔夜拆解市场利率与银行零售3个月利率进行单位根检验，确定是否为平稳序列。

（3）　分析隔夜拆解市场利率与银行零售3个月利率是否有长期稳定的关系。

（4）　如果存在协整关系，尝试建立隔夜拆解市场利率与银行零售3个月利率的误差修正模型。

（5）　具体分析隔夜拆解市场利率与银行零售3个月利率之间的互动关系和引导关系。

2. 经过多年的发展，我国的资本市场不断完善和成熟，完全具备了重新推出股指期货的条件。沪深300指数的诞生及沪深300股指期货合约仿真交易的推出，预示着我国的股指期货时代即将来临。为了研究沪深300股指期货与现货的关系，研究者搜集了一系列沪深300股指与股指期货的数据，部分原始数据如表18-5所示。

表 18-5 沪深 300 股指与股指期货数据

日 期	期货价格	沪深 300 指数	日 期	期货价格	沪深 300 指数
2009-6-30	3131.2	3166.47	2009-7-30	3604	3634.82
2009-7-1	3192.8	3237.9	2009-7-31	3691.2	3734.62
2009-7-2	3206	3282.36	2009-8-3	3786	3787.03
2009-7-3	3249	3327.14	2009-8-4	3797	3786.62
2009-7-6	3241.2	3374.75	2009-8-5	3757	3740.94
2009-7-7	3257.8	3340.49	2009-8-6	3711	3663.12
2009-7-8	3272	3352.27	2009-8-7	3620	3555.1
2009-7-9	3344	3396.3	2009-8-10	3614.6	3544.54
2009-7-10	3359	3398.31	2009-8-11	3631.2	3556.38
2009-7-13	3322.4	3361.01	2009-8-12	3400	3397.4
2009-7-14	3404.4	3454.75	2009-8-13	3474.2	3440.82
2009-7-15	3460	3493.31	2009-8-14	3416	3344.46
2009-7-16	3469.8	3501.24	2009-8-17	3195.4	3140.27
2009-7-17	3510.6	3519.81	2009-8-18	3217.6	3171.99
2009-7-20	3625	3591.12	2009-8-19	3034	3014.57
2009-7-21	3593	3539.83	2009-8-20	3163	3144.39
2009-7-22	3631	3606.92	2009-8-21	3181	3203.62
2009-7-23	3611	3651.97	2009-8-24	3215	3229.6
2009-7-24	3636	3667.56	2009-8-25	3155	3109.83
2009-7-27	3718	3743.63	2009-8-26	3217.6	3172.39
2009-7-28	3719	3755.82	2009-8-27	3206	3156.3
2009-7-29	3532	3558.51	2009-8-28	3080	3046.78

（1） 对沪深 300 股指期货与现货价格序列进行单位根检验，确定是否为平稳序列；如果不平稳，对其进行平稳化处理。

（2） 对沪深 300 股指期货与现货价格序列建立双变量 VAR 模型，然后进行协整检验，判断二者的协整关系。

（3） 如果存在协整关系，尝试建立沪深 300 股指期货与现货价格序列的误差修正模型。

（4） 在沪深 300 股指期货与现货价格序列的误差修正模型基础上进行格兰杰因果关系检验。

（5） 在沪深 300 股指期货与现货价格序列的误差修正模型基础上分析期货价格对现货价格的冲击影响作用。

第 19 章 综合案例：我国外贸行业
资本市场 β 系数稳定性分析

β 系数是资本资产定价模型（CAPM）中的重要概念，也是用于衡量证券市场系统风险的重要概念。现实经济环境中的 β 系数必须用过去的数据来估计，因此检验 β 系数的相对稳定性，进而才能对证券市场未来系统风险进行无偏差估计。因此，β 系数的稳定性检验对于认识现实证券市场情况和估计资本市场风险都具有较大的意义。

EViews 具有界面友好、操作简单、功能强大以及与其他软件交互性好和结果易于判读等优良特点，特别对于计量分析中的部分模型检验能够较为简便地实现，因此在数据分析中广泛应用，本案例中的数据分析和模型检验都能够通过 EViews 软件较为简便地获得。

19.1 研究背景和目的

自从资本资产定价模型诞生以来，β 系数就是用于测量证券市场系统风险的一个重要概念，也是资本资产定价模型中最为重要的参数之一。β 系数被广泛用于衡量证券的系统风险，通过对 β 系数的估计，投资者可以预测证券现在或将来的系统风险性。就方法论而言，β 系数需要从过去证券市场的收益率数据中进行估计，而过去的数据估计出来的只能是过去的 β 系数。过去的 β 系数要能用于反映现在或将来的风险，必须具有一定的稳定性。因此，β 系数的稳定性检验就显得非常重要。

我国的股票市场分成了不同板块、不同行业，目前证券市场上被业内分析人士和广大投资者接受并获广泛应用的分类方法是在进行投资时为了分析方便而逐渐形成的。本案例选取了外贸行业作为研究对象。因为对外贸易行业作为我国经济的重要支撑，一直是经济发展的重要组成部分。近年以来，我国外贸继续保持快速增长，呈现出"大进大出"的增长态势，贸易出口增速攀升，出口产品不断增加，贸易顺差逐渐加大。因此研究贸易行业的资本市场 β 系数稳定性，对于评价研究外贸行业资本市场表现和相关股票预测都具有一定意义。

19.2 研究设计

19.2.1 研究方法的选择

在对 β 系数进行稳定性分析方面，早期的研究主要是考察 β 系数在相邻期间的变化特征，即先验地假定 β 系数的估计值在一定的期间内固定不变，采用静态意义上的 β 系数估计方法。随着计量经济学的发展，20 世纪 80 年代以来，学者们开始尝试采用一些动态模型来估计 β 系数，并分析 β 系数的时变特征，试图从中找到 β 系数的变化规律，这些研究提出

了时变 β 系数的概念。

　　通过对理论文献的分析总结并针对本案例所要研究的内容，最终选择通过股票的日收益率和市场平均收益率序列利用 OLS 估计方法获得 β 系数的回归拟合值，然后利用 CHOW 检验方法对我国外贸行业资本市场 β 系数稳定性进行实证性检验分析。

1.　β 系数模型构建

　　根据资本资产定价模型的含义，β 系数可表示为：

$$\beta_i = \frac{\sigma_{im}}{\sigma_i^2} = \frac{\text{COV}(R_i, R_m)}{\text{VAR}(R_m)} \text{ 或者 } R_i = R_f + \beta_i(R_m - R_f)$$

式中，是证券 i 的 β 系数，是无风险收益率，是资本市场收益率，是风险收益率。由于 CAPM 模型本身无法进行实证检验，因此需要将 CAPM 模型转化为可检验形式，例如：

$$R_i = \alpha_i + \beta_i R_m + \varepsilon_i$$

　　这是 CAPM 模型的"单一指数模型"。在单一指数模型中，所有参数都是以其预期形式表示，但事实上 β 系数的预期值非常难以确定，所以绝大多数的 CAPM 模型检验最终需要通过观察值替代。如果通过历史数据检验得到的 β 数据不具备稳定性，那么也就无法进行无偏估计。

　　本案例的 β 系数模型构建基于 CAPM 的单一指数模型，通过个股日收益率对市场收益率进行回归，获得 β 系数的估计量，即为待检验的资本市场 β 系数。在国外的研究当中一般以 3 个月的短期国债利率作为无风险利率，但是我国目前国债大多为长期品种，因此无法用国债利率作为无风险利率。本案例采用证券交易市场价格指数作为市场指数计算市场收益率。在收益率的选择上，因为我国证券市场成立的时间还很短，所以选择日收益率进行测算。其中，个股日收益率采用公式：其中 P_t 是个股 t 日的收盘价格；市场收益率采用公式：计算得到，其中 LP_t 是 t 日的证券交易所收盘指数。

2.　β 系数稳定性检验模型构建

　　对 β 系数的稳定性检验有很多种方法，如主要采用描述性统计分析、转移矩阵分析法、虚拟变量法、White 异方差检验法、非参数检验方法、系数约束的 Wald 检验等。本案例根据沈艺峰（1994）、沈艺峰和陈浪南（1995）、陈周敏（1998）的研究成果，对本案例的 β 系数采用可以克服相关分析法局限性，能有效检验 β 系数稳定性的 CHOW 检验法进行测算。CHOW 检验能够检测不同时间段的 β 系数有无发生稳定性变化，因此能够较好地达到预期的研究效果。

　　CHOW 稳定性检验的基本思想是将数据分成两个集合，通过检验整体估计与分组估计的差异，或者通过检验预测值与观测值的差异，从而判断模型的稳定性。若两个集合差异较大或预测值与观测值差异较大，则说明模型不具备稳定特点。CHOW 稳定性检验原假设 H0 为两个子样本回归系数无显著变化。构建 F 统计量：

$$F = \frac{\left[\text{RSS}_N - (\text{RSS}n_1 + \text{RSS}n_2)\right]/\left[(N-k-1)-(n_1-k-1+n_2-k-1)\right]}{(\text{RSS}n_1 + \text{RSS}n_2)/(n_1-k-1+n_2-k-1)}$$

$$= \frac{\left[\text{RSS}_N - (\text{RSS}n_1 + \text{RSS}n_2)\right]/(k-1)}{(\text{RSS}n_1 + \text{RSS}n_2)/(N-2k-2)} \sim F(k-1, N-2k-2)$$

式中，N、n_1、n_2 分别是大样本和两个子样本各自的观测值个数，k 为解释变量个数。如果计算出，为检验水平，接受原假设 H0，即两个子样本回归系数无显著变化。

19.2.3　研究的数据选择

1.　股票的选择

中国的股票市场包括深、沪证券交易所，由于这两个交易所的经营、交易的股票不同，交易规则和各种指数的计算存在着很多差异，很难找出各种指数等价的转换方法，所以在选择数据时，本案例尝试只选取上海证券交易所的股票数据来进行研究。表 19-1 显示了 16 只样本股票的基本信息。

表 19-1　我国上证外贸行业 16 只股票数据情况

股票名称	股票代码	有效样本个数
东方创业	600278	1214
时代万恒	600241	1188
弘业股份	600128	1206
五矿发展	600058	1203
建发股份	600153	1210
厦门国贸	600755	1202
江苏舜天	600287	1209
申达股份	600626	1212
新华锦	600735	1115
兰生股份	600826	1201
浙江东方	600120	1207
辽宁成大	600739	1194
中大股份	600704	1111
上海物贸	600822	1192
中国高科	600730	1199
中化国际	600500	1205

2.　股票样本时间跨度选择

为了研究 β 系数的稳定性特征，提高检验的准确性，需要较长的样本观测时间段。本案例选取了尽可能长的时间窗口，最终选取了 2005 年 1 月 4 日至 2010 年 2 月 22 日超过五年的日交易样本数据，并剔除各股停牌的交易日数据。研究的单只股票观测样本达到 1100 个以上，16 支股票的总观测样本达到了 19068 个，较大的样本容量为本案例的实证研究提供了重要支撑。样本部分数据如表 19-2 所示。

表 19-2　我国上证外贸行业部分股票收益率及其市场收益率

时　　间	建发股份 Ri	建发股份 Rm	时　　间	弘业股份 Ri	弘业股份 Rm
2005-1-4	−0.00184	−0.01873	2005-1-4	−0.01235	−0.01873
2005-1-5	0.012891	0.007371	2005-1-5	0.0175	0.007371
2005-1-6	−0.00909	−0.00998	2005-1-6	0.012285	−0.00998
2005-1-7	0.023853	0.004284	2005-1-7	0.012136	0.004284
2005-1-10	0.03405	0.006154	2005-1-11	−0.00959	0.00404
2005-1-12	0.010399	−0.00043	2005-1-12	0.009685	−0.00043
2005-1-13	0.001715	−0.00049	2005-1-13	−0.0048	−0.00049
2005-1-14	−0.03425	−0.00851	2005-1-14	−0.01205	−0.00851
2005-1-17	−0.00532	−0.02326	2005-1-17	−0.02683	−0.02326
2005-1-18	0.010695	0.007233	2005-1-18	0.017544	0.007233
2005-1-19	−0.00882	−0.006	2005-1-19	0.002463	−0.006
2005-1-20	−0.0089	−0.01126	2005-1-20	−0.0172	−0.01126
2005-1-21	−0.02334	0.024975	2005-1-21	0.0225	0.024975
2005-1-24	−0.01103	0.017254	2005-1-24	0.00978	0.017254
2005-1-25	0.016729	−0.00123	2005-1-25	−0.00726	−0.00123
2005-1-26	−0.0128	−0.00979	2005-1-26	−0.00732	−0.00979
2005-1-27	−0.02222	−0.01293	2005-1-27	−0.00491	−0.01293
2005-1-31	−0.04167	−0.01801	2005-1-28	−0.01728	−0.00997
2005-2-1	0.005929	−0.00242	2005-1-31	−0.0402	−0.01801
2005-2-2	0.062868	0.053468	2005-2-1	0.007853	−0.00242
2005-2-3	−0.02403	−0.00814	2005-2-2	0.067532	0.053468
2005-2-4	0.003788	0.021492	2005-2-3	−0.01946	−0.00814
2005-2-16	0.001887	0.007786	2005-2-4	0.002481	0.021492
2005-2-17	0.003766	−0.00215	2005-2-16	0.007426	0.007786
2005-2-18	−0.02814	−0.01345	2005-2-17	−0.00491	−0.00215
2005-2-21	0.009653	0.020271	2005-2-18	−0.01235	−0.01345
2005-2-22	0.026769	0.0193	2005-2-21	0.0175	0.020271
2005-2-23	0.031657	0.000153	2005-2-22	0.02457	0.0193

19.3　EViews 操作

19.3.1　前期序列对象建立

为了研究外贸行业 16 只股票β系数的稳定性特征，需要对每支股票进行单一模型估计并进行 CHOW 稳定性检验，因此需要在 EViews 工作文件中依次生成 16 只股票的个股日收益率序列及其对应的市场日收益率序列。每支股票样本序列对象的建立非常相似，此处以东方创业（600278）为例进行讲解。

（1）创建工作文件

在 EViews 主窗口的菜单栏中依次选择 New|Workfile 命令，打开如图 19-1 所示的 Workfile Create 对话框，分别在 Workfile structure type 选项组下的下拉列表中选择工作文件的类型为 Unstructured/Undated，在 Data range 选项组的 Obervations 输入框中输入样本观测值最多的样

本个数 1214，单击 OK 按钮，打开如图 19-2 所示的 Workfile 窗口。

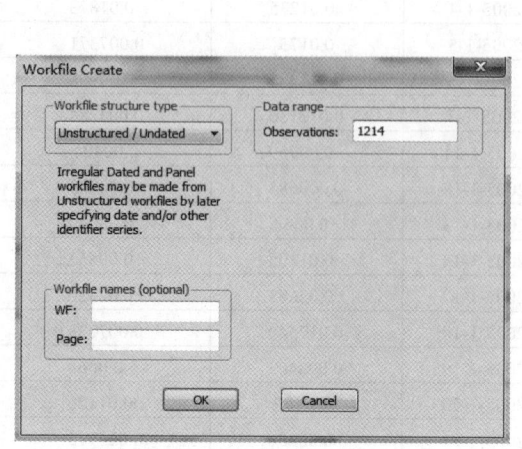

图 19-1　Workfile Create 对话框

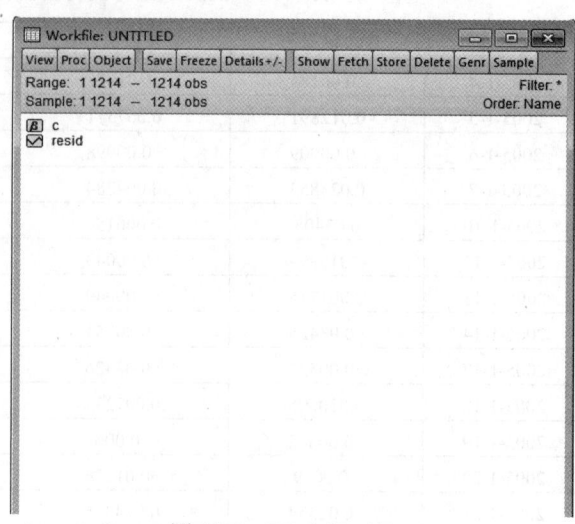

图 19-2　Workfile 窗口

（2）　建立序列对象

在图 19-2 所示的 Workfile 窗口中，单击 Object 按钮并选择 New Object 命令，打开如图 19-3 所示的 New Object 对话框，在 Type of object 选项组中选择 Series 选项，并在 Name for object 输入框中输入序列对象的名称，例如股票东方创业（600278）市场收益率序列输入序列名 R_M_DFCY。最后单击 OK 按钮完成序列创建。

完成序列创建后，在工作文件中双击序列对象，转换到如图 19-4 所示的序列窗口的数据表格形式。在序列窗口的数据表格形式下，用户单击 Edit+/−按钮即可转换为数据输入模式进行数据输入，输入完成后的序列对象如图 19-5 所示。

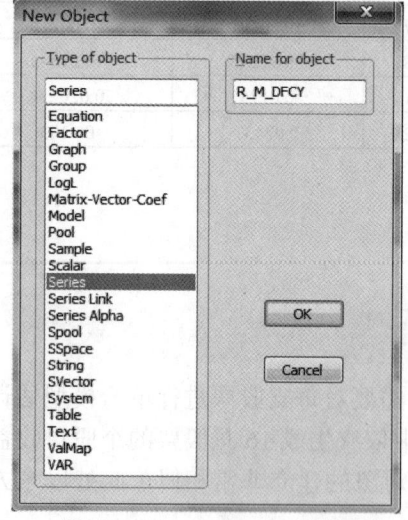

图 19-3　New Object 对话框

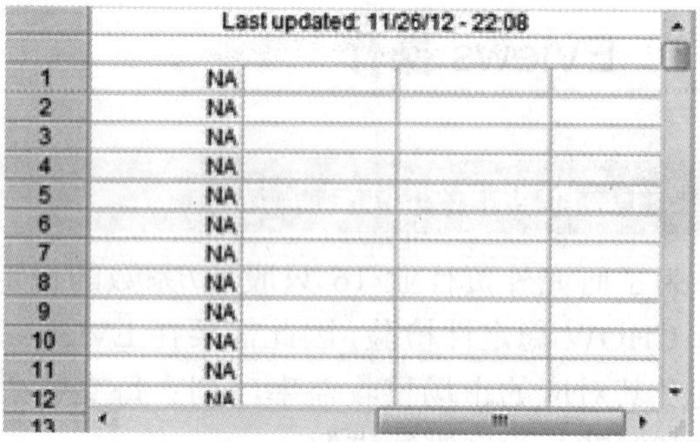

图 19-4　序列窗口

以同样的方法创建其他各只股票的个股日收益率序列 R_I 以及市场日收益率序列 R_M，并输入相应数据。

	Last updated: 03/24/10 - 08:42	
1	-0.018729	
2	0.007371	
3	-0.009985	
4	0.004284	
5	0.006154	
6	0.004040	
7	-0.000429	
8	-0.000485	
9	-0.008509	
10	-0.023257	
11	0.007233	
12	-0.005998	
13	-0.011255	
14	0.024975	
15	0.017254	
16	-0.001226	
17		

图 19-5　输入数据后的序列窗口

19.3.2　回归模型的建立和 β 系数的估计

根据 CAPM 理论中的单一指数模型原理，对 β 系数估计时需要建立股票日收益率和市场日收益率的一元线性回归模型并对其进行回归。针对行业中的 16 只股票要依次建立对应的回归模型进行回归，此处仍然以东方创业（600278）为例进行讲解。

在 EViews 主菜单栏中，选择 Quick|Estimate Equation 命令，弹出如图 19-6 所示的 Equtaion Estimation 对话框。在 Specification 选项卡中的 Equation specification 输入框中，依次输入单一指数模型的变量，R_I_DFCY、C、R_M_DFCY。Estimation settings 选项组中的 Method 下拉列表选择 LS-Least Squares(NLS-ARMA)方法。最后单击确定按钮，可得到如图 19-7 所示单一模型回归结果，其中 R_M_DFCY 对应的 Coefficient（系数）1.227 即为股票东方创业（600278）的 β 系数估计值，其伴随概率为 0 表明 β 系数值较为显著。

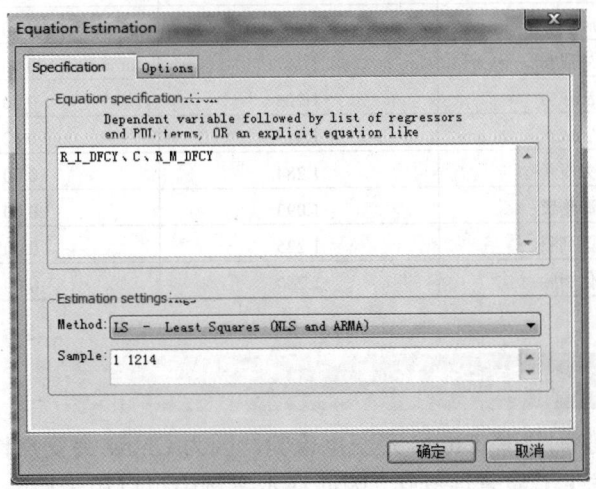

图 19-6　Equation Estimation 对话框

单击回归模型估计窗口的 Name 按钮，在弹出的如图 19-8 所示的 Object Name 对话框中对回归模型进行命名，此处我们以股票的拼音首字母进行命名。最后单击 OK 按钮，将回归模型保存在 EViews 工作文件中。

Dependent Variable: R_I_DFCY
Method: Least Squares
Date: 11/26/12   Time: 22:12
Sample: 1 1214
Included observations: 1214

Variable	Coefficient	Std. Error	t-Statistic	Prob.
C	0.000305	0.000793	0.384267	0.7008
R_M_DFCY	1.227078	0.038891	31.55205	0.0000

R-squared	0.450971	Mean dependent var	0.001412
Adjusted R-squared	0.450518	S.D. dependent var	0.037239
S.E. of regression	0.027604	Akaike info criterion	-4.340056
Sum squared resid	0.923530	Schwarz criterion	-4.331651
Log likelihood	2636.414	Hannan-Quinn criter.	-4.336892
F-statistic	995.5320	Durbin-Watson stat	1.891300
Prob(F-statistic)	0.000000		

图 19-7　单一模型估计结果

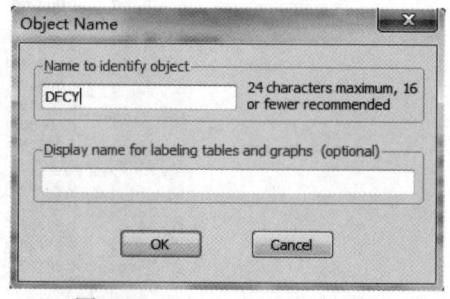

图 19-8　Object Name 对话框

　　依次对其他各只股票建立单一指数模型并对其进行回归操作，最终获得如表 19-3 所示的我国上证外贸行业 16 只股票 β 系数及其伴随概率。可以看到各只股票的 β 系数伴随概率为 0，表明估计的 β 系数值较为显著。

表 19-3　我国上证外贸行业 16 只股票 β 系数

股票名称	β 系数	伴随概率
东方创业	1.227	0.00
时代万恒	0.972	0.00
弘业股份	1.181	0.00
五矿发展	1.305	0.00
建发股份	1.115	0.00
厦门国贸	1.246	0.00
江苏舜天	1.253	0.00
申达股份	1.152	0.00
新华锦	0.800	0.00
兰生股份	1.167	0.00
浙江东方	1.223	0.00
辽宁成大	1.313	0.00
中大股份	1.284	0.00
上海物贸	1.093	0.00
中国高科	1.225	0.00
中化国际	1.260	0.00

19.3.3　β 系数的 Chow 稳定性检验

　　对 β 系数稳定性检验时选择 Chow 突变点检验，因为 Chow 突变点检验用于检验突变时点前后的模型系数是否发生了显著性变化，因此在本案例中可以用来检验 β 系数在检验时期内是否具备稳定性。本案例的样本时间跨越 2005 年 1 月 4 日至 2010 年 2 月 22 日，在此期间宏观经济形势变化、金融危机等因素都会对其稳定性造成冲击。针对我国具体的经济环境，设定了 2008 年 6 月第一个交易日为突变点对我国外贸行业股票 β 系数进行稳定性检验。此处仍以东方创业（600278）为例进行讲解。

在东方创业（600278）单一指数回归模型窗口，依次选择 View|Stability Tests|Chow Breakpoint Tests 命令。弹出如图 19-9 所示的 Chow Tests 对话框，在 Enter one or more breakpoint dates 栏目下输入突变点的位置数，东方创业（600278）2008 年 6 月第一个交易日数据对应着第 797 个观测值，因此输入 797。Regressors to vary across breakpoints 栏目下是进行突变点检验的解释变量，通常检验与估计模型一致所以此处设置为默认。最后单击 OK 按钮，输出如图 19-10 所示的检验结果。可以看到统计量的伴随概率都比较大，因此接受 Chow 稳定性检验的原假设，认为 2008 年 6 月前后东方创业（600278）股票的模型系数即 β 系数并没有发生显著变化，因此东方创业（600278）股票 β 系数具有稳定性。

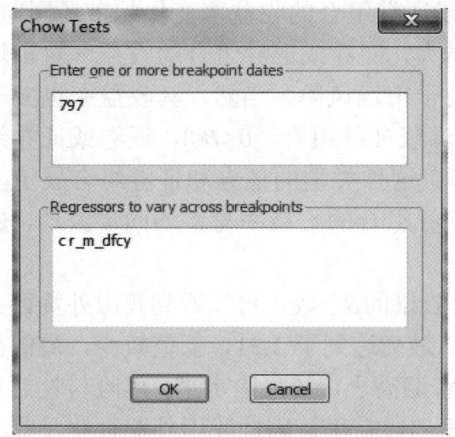

| Chow Breakpoint Test: 797 |
| Null Hypothesis: No breaks at specified breakpoints |
| Varying regressors: All equation variables |
| Equation Sample: 1 1214 |

F-statistic	0.575998	Prob. F(2,1210)	0.5623
Log likelihood ratio	1.155253	Prob. Chi-Square(2)	0.5612
Wald Statistic	1.151995	Prob. Chi-Square(2)	0.5621

图 19-9　Chow Tests 对话框　　　　图 19-10　东方创业的 β 系数的 CHOW 稳定性检验结果

依次对其他各只股票进行 Chow 稳定性检验操作，最终获得如表 19-4 所示的我国外贸行业 16 只股票 β 系数稳定性检验结果。

表 19-4　我国外贸行业 16 支股票 β 系数稳定性检验结果

股票名称	Chow 稳定性伴随概率	是否具备稳定性
东方创业	0.562	是
时代万恒	0.375	是
弘业股份	0.737	是
五矿发展	0.254	是
建发股份	0.230	是
厦门国贸	0.392	是
江苏舜天	0.768	是
申达股份	0.583	是
新华锦	0.00	否
兰生股份	0.780	是
浙江东方	0.582	是
辽宁成大	0.583	是
中大股份	0.630	是
上海物贸	0.401	是
中国高科	0.649	是
中化国际	0.891	是

19.4 模型结果解读和研究结论

本文利用 Chow 检验方法对我国外贸行业资本市场 β 系数进行实证分析，结果表明在我国外贸行业资本市场 β 系数具有相对稳定性，β 系数在相对短期内会不断地发生变化，但是从长期来看，它总是围绕某个均值上下波动。

（1）外贸行业 β 系数分析

β 系数作为证券或证券组合的特征线的斜率，它刻画了证券或证券组合的实际收益率的变化对于市场收益率变动的敏感性程度。$\beta>0$，证券或证券组合的收益率变化与市场同向；$\beta<0$，证券或证券组合的收益率变化与市场反向；$|\beta|$ 越大，证券或证券组合的收益率对市场变化的反映就越敏感。$\beta>1$，证券或证券组合的风险大于市场风险。当然，其收益率也大于市场收益率。这种证券或证券组合，称之为进攻型证券或证券组合。$0<\beta<1$，证券或证券组合的风险小于市场风险，其收益率也小于市场收益率。这种类型的证券和证券组合属于防御型，其收益率的波动比市场要缓和。$\beta=1$，证券或证券组合的收益率与市场同步波动，属于中性型。

通过 OLS 回归估计计算得到如表 19-3 所示的各个股票的 β 系数，可以看到我国外贸行业资本市场 β 系数围绕 1 波动，绝大多数的 β 系数大于 1，最高达到了 1.31，低值较少，最低在 0.8 附近浮动。表明我国外贸行业资本市场的系统风险普遍高于市场风险水平。风险与收益是相伴而生的，较高的风险也意味着较高于市场平均水平的收益率。因此我国外贸行业股票属于进攻型股票。

（2）外贸行业 β 系数稳定性分析

对 β 系数进行了 Chow 稳定性检验，结果如表 19-4 显示。在 5% 的显著性水平下，为使原假设 H0 β 系数在两个期间存在稳定性成立，Chow 检验的 F 值的伴随概率需要大于 0.05。我国上证外贸行业被检验的 16 只股票中除了新华锦之外，F 值的伴随概率均大于检验显著水平 5%，应该接受 Chow 稳定性检验的原假设 H0，认为两个分期间的 β 观察值属于同一个回归模型，即 β 系数具有稳定性。这与国外学术界的普遍看法："作为 β 系数稳定性研究的总结，结果认为单个股票的 β 系数一般是不稳定的"并不相同，表明我国外贸行业资本市场拥有较为稳定的预期收益模型。

上机题

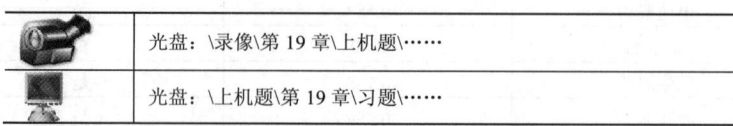

光盘：\录像\第 19 章\上机题\……

光盘：\上机题\第 19 章\习题\……

1. 某大学实验组为了研究情商和成绩对大学生求职薪酬的影响进行了为期五年的实验。选取了 100 位大学本科生，对其中的 50 位大学生在校四年期间进行了情商训练，每年培训四次。在大学生毕业一年后获得了如表 19-5 所示的 100 位大学生的学习成绩和月工资薪酬的相关数据资料。

表 19-5　100 位大学生的学习成绩和月工资薪酬的相关数据资料

编　　号	学习成绩	月工资薪酬（元）	是否参加训练
1	93	3590	否
2	88	3210	否
3	72	3100	否
4	91	3500	否
5	74	2905	否
6	89	2788	否
7	69	2387	否
8	74	2593	否
9	90	2191	否
10	75	2309	否
11	74	3209	否
12	67	3019	否
13	82	2201	否
14	83	3678	否
15	73	3210	否
16	85	3516	否
17	94	4517	否
18	73	3683	否
19	62	3110	否
20	83	3520	否
21	82	3412	否
22	62	3016	否
23	93	3590	否
24	64	2310	否
25	89	2390	否
26	82	3176	否
27	75	2898	否
28	67	3190	否
29	91	3786	否
30	72	3462	否
31	88	3489	否
32	73	2291	否
33	77	2801	否
34	62	2650	否
35	69	3000	否
36	98	3790	否
37	84	3290	否
38	84	3387	否
39	73	3021	否
40	71	2989	否
41	60	2601	否
42	81	3590	否
43	82	2305	否
44	90	2690	否
45	88	2897	否
46	66	3012	否
47	76	3902	否
48	82	3201	否
49	83	3300	否
50	77	2900	否

（续表）

编　号	学习成绩	月工资薪酬（元）	是否参加训练
51	64	2400	是
52	89	3700	是
53	82	3581	是
54	75	3075	是
55	67	2905	是
56	91	3890	是
57	72	3420	是
58	88	3810	是
59	73	3778	是
60	77	3680	是
61	74	3512	是
62	89	3989	是
63	69	2990	是
64	74	3198	是
65	90	3885	是
66	75	3280	是
67	71	3129	是
68	60	2909	是
69	81	3601	是
70	82	3589	是
71	90	4120	是
72	88	3692	是
73	66	2505	是
74	76	3690	是
75	82	3903	是
76	83	3800	是
77	77	3870	是
78	64	2650	是
79	77	3410	是
80	62	3010	是
81	69	3201	是
82	98	3987	是
83	84	3518	是
84	84	3090	是
85	73	2905	是
86	62	3210	是
87	69	2810	是
88	98	4200	是
89	84	2710	是
90	84	3812	是
91	88	4102	是
92	75	3319	是
93	62	3012	是
94	83	3290	是
95	93	3780	是
96	80	3510	是
97	69	3015	是
98	81	3465	是
99	72	3025	是
100	65	2786	是

（1）建立线性模型研究学习成绩与工资薪酬之间是否存在相关关系；

（2）将是否参加情商训练作为虚拟变量，加入（1）中的线性模型中，研究情商训练对工资薪酬的影响。

2. 某饮料厂生产一种新型果味饮料，发现饮料的透明度与其饮料中添加的果味添加剂有一定相关关系。饮料厂想通过模型估计方法确定饮料中添加剂与透明度之间的较精确相关关系，观察得到如表 19-6 所示的 50 个样本数据。

表 19-6　观察得到的 50 个样本数据

编　　号	饮料透明度（y）	添加剂含量（x）	编　　号	饮料透明度（y）	添加剂含量（x）
1	34	63	26	52	61
2	40	64	27	30	69
3	81	40	28	20	74
4	100	42	29	16	87
5	40	74	30	20	99
6	20	154	31	15	110
7	50	50	32	48	56
8	44	54	33	54	54
9	56	58	34	80	43
10	50	60	35	110	43
11	80	42	36	150	36
12	190	31	37	70	52
13	50	52	38	52	58
14	60	53	39	50	56
15	190	32	40	110	39
16	68	48	41	80	49
17	140	35	42	120	37
18	20	210	43	20	100
19	41	60	44	25	65
20	20	74	45	180	34
21	20	74	46	25	76
22	16	87	47	30	79
23	16	89	48	20	76
24	27	122	49	15	110
25	15	105	50	20	100

（1）建立线性模型 $y=a+bx+u$，估计添加剂和透明度之间的相关关系。

（2）建立线性模型 $y=a+b(1/x)+u$，估计添加剂和透明度之间的相关关系。

（3）建立线性模型 $\ln y=a+b(1/x)+u$，估计添加剂和透明度之间的相关关系。

（4）比较以上 3 种模型的估计效果哪个更好（即解释能力更强）。

第 20 章　综合案例：EViews 在社会学中的应用
——我国农村劳动力非农参与影响因素研究

随着统计分析方法的进步和学科的交叉，计量方法和定量分析技术在经济管理学科以外的社会科学中也得到了广泛的应用，定量研究方法成为目前社会学研究方法的新应用。计算机技术和统计软件在定量分析中扮演了重要的角色。作为一款经典的定量分析软件，EViews在社会学的研究和数据分析中也获得了广泛应用。

农村劳动力的非农参与作为农村社会转型的重要方面，对我国农村的社会变迁和文化转化都产生了深远的影响。同时，形成了"农民工"这一转型社会背景下的特殊阶层，成为中国社会结构的转型和变迁的特有现象。因此，对我国农村劳动力的非农参与影响因素的研究，对把握转型时期中国农村和城市的社会、政治和文化的发展具有重要的参考价值。

20.1　研究背景和研究目的

改革开放以来，我国农民就业结构发生了显著的变化，带来了农村社会、农村文化和农民收入结构的显著变化。据统计，我国农村劳动力转移人数有 2.1 亿人左右。农村劳动力的转移对于缓解农村就业压力、促进城市化的发展和城乡的文化交流都发挥了重要作用。同时，我国农村劳动力的非农参与形成了"农民工"这一转型社会背景下的特殊阶层，对于社会阶层的多样化和利益主体的分散化过程产生了重要的影响。同时，"农民工"阶层的特殊性也带来了一系列的社会问题，如"留守儿童"、"二代农民工认同感危机"等，对我国的社会管理和社会稳定提出了新的问题和挑战。

我国农村劳动力的非农参与影响因素，作为农村劳动力非农参与系列问题的基础，成为专家学者，特别是社会学者广泛讨论和研究的重要问题：什么因素是农村劳动力非农参与的重要影响因素？个体因素还是社会因素是农村劳动力非农参与过程的主要推力？地区之间的差异是否影响了农村劳动力非农参与的过程？对这些问题的研究和探索，对全面把握中国转型社会的特殊问题具有重要的意义。

20.2　研究设计

20.2.1　研究假说的提出

目前，对这一问题的研究多是基于人力资本理论进行的，且多以对单个人力资本变量的研究分析为主。缺乏对问题整体的全面把握。因此，本研究基于农民个体因素的角度，考虑并控制区域差异，选取东、中、西部 9 个代表省市的数据，通过选取相应的代理变量建立回归模型，实证分析影响我国农村劳动力非农参与的因素。

根据相关社会学理论及已有研究经验，提出以下研究假设：

① 人力资本演化理论认为，随着年龄的增长，个体通过"干中学"而积累的人力资本趋于增长，另一方面，人力资本折旧又会使得个体的人力资本存量趋于下降。因此，人力资本存量的变化取决于正反两方面力量的对比。当个体年龄较轻时，其学习能力强，通过"干中学"所积累的人力资本超过了因折旧而损失的人力资本，从而使得个体的人力资本存量趋于上升。但是，随着年龄的增长，个体的学习能力是逐年下降的，由于折旧率不变从而使得个体人力资本存量上升的速度呈递减趋势。最终，"干中学"所积累的人力资本与因折旧而损失的人力资本相互抵消。此时，人力资本存量达到最大。随着年龄的进一步增长，个体的学习能力继续下降，通过"干中学"所积累的人力资本越来越不能弥补因人力资本折旧带来的损失。从而使得个体在某一年龄以后，人力资本存量便开始加速下降。

依据人力资本演化理论，我们提出如下假说。

假说一：农村劳动力的非农参与和年龄之间呈现"倒 U 形"关系。

② 人力资本形成理论认为，受教育程度的提高会增加农民适应非农岗位和城市生活的能力，因此受教育程度的提高会增加农民在非农工作部门找到工作的概率；此外受教育程度的提高由于在非农就业部门具有更大的边际收入提高效应，因此将会提高非农就业的净收益。此外，受教育程度的提高还会通过对城市生活方式和文化融入能力的提高，从而通过减少城市生活成本而增加非农就业的净收益。

同时，人力资本形成理论认为，健康是人力资本的重要组成部分，健康状况的提高通过增加农民的工作能力和减少农民进入城市的风险等方面对农民从事非农工作的净收益产生促进作用。此外，较好健康状况也将增加农民在非农行业的就业概率。

依据人力资本形成理论，我们提出如下假说。

假说二：受教育程度的提高将推动农民的非农劳动参与行为。

假说三：健康状况良好的农业劳动力更倾向于非农劳动参与行为。

③ 婚姻家庭社会学相关理论认为，中国农村社会继承了一直以来的"男主外女主内"的传统，男性成为收入的主要提供者，而女性更多地提供的是家务劳动，如照顾老人和小孩等，家庭的相关压力使得女性更倾向于对家庭进行照料而不是参与非农劳动。

依据婚姻家庭社会学相关理论，我们提出如下假说。

假说四：相对于女性，男性农业劳动力更倾向于非农劳动参与。

④ 农业劳动任务的增加（例如拥有更大面积的耕地）将通过促进农业就业收入的提高来降低非农产业的相对于农业的净收益。同时，农业劳动任务的增加使得农村的半劳动力无力承担种植业的相关劳动，使得家庭的主要劳动力无法进行非农劳动参与。

根据上述的分析，我们提出如下假说。

假说五：农业劳动任务的增加，将阻碍农村劳动力的非农参与。

20.2.2 变量选取

对于相应的假说，我们选取相应的代理变量进行验证，变量选取如下：

① 职业选择（ZY）。个体的职业类型共分为 13 类，其中第 5 类为农民、渔民和猎人，其他 12 类均为非农职业。因此，构造职业二值选择变量："0"表示农业，"1"表示非农业。

② 年龄及年龄的平方（NL、NL^2）。我们将被调查者调查时所填写的年龄作为年龄变量，年龄平方变量将年龄变量进行平方得到。

③ 受教育程度（JY）。我们将个体的受教育程度按照学历，即小学、初中、高中（中等技术学校）、大学（大专）、硕士以上 5 个等级换算为受教育年限，分别记为 6 年、9 年、12 年、16 年和 19 年。

④ 农业劳动任务（GD）。选取家庭耕地数量作为相应的代理变量，单位是亩。

⑤ 性别。本文对性别的衡量采用二值虚拟变量。其中："0"代表女性，"1"代表男性。

⑥ 健康状况（JK）。我们采用自评健康状况。健康状况转化为二值变量，身体健康、一般均以"1"代表，差以"0"代表。

此外，为控制其他因素对估计结果的影响，引入了如下控制变量：

① 婚姻状况（HY）。婚姻状况可以通过对家庭负担和人口结构的影响对农村非农劳动的参与产生影响，因此，我们将其作为控制变量选入，本文对婚姻状况的衡量同样采用二值虚拟变量。其中："0"代表未婚，"1"代表已婚。

② 区域（QY）。本文的数据涉及我国 9 个省份，地区内农业生产条件和社区特征大致相同，而地区间条件则可能存在较大差异，为了控制诸生产条件差异和社区特征等对非农劳动参与的影响，本文采取的办法是在计量检验中加入区域虚拟变量。这是因为，加入省虚拟变量在一定程度上能够控制住个体的家庭特征对非农劳动参与的影响。根据东西部经济发展区域划分，省域变量将样本划分为东部、中部、西部 3 个区域。"1"代表东部，"2"代表中部，"3"代表西部。

各变量指标的选取依据，以及预期影响方向如表 20-1 所示。

表 20-1　各变量指标的选取依据已经预期影响方向

指　标	选取依据	预期影响方向
年龄	人力资本演化理论	+
年龄平方	人力资本演化理论	−
受教育程度	人力资本形成理论	+
耕地数量	收益权衡	−
性别	婚姻家庭社会理论	+
健康状况	人力资本形成理论	+
婚姻状况	控制变量：控制劳动力婚姻家庭情况差异	\
区域	控制变量：控制地区生产条件和社会条件差异	\

20.3　研究方法

由于该研究中因变量是农业和非农业劳动选择，只取有限多个离散的值。因此我们就不能建立简单的线性回归模型并使用 OLS 或者其他变化形式去估计模型的参数，而需要选择二值选择模型进行研究。本案例采用 Logistic 回归分析模型进行估计，农民非农参与意愿的模型可以由公式（20.1）表示为：

$$P(y_i = 1 \mid X_i, \beta) = 1 - F(-\beta_0 - \beta_1 X_1 - \cdots - \beta_k X_k) = 1 - F(-X_i^{'}\beta) \qquad (20.1)$$

其中，X_i 是包括常数项在内的全部解释变量所构成的矢量。在上式中，P_i 表示农村劳动力非农参与的概率，i 为样本编号；j 为影响因素的编号，β_j 表示各自变量的回归系数，表示回归截距。

20.4 数据描述

本文的数据来源于北卡卡罗莱纳人口中心提供的中国健康和营养调查（China Health and Nutrition Survey, CHNS）。CHNS 数据是包括中国 9 个省份（广西、贵州、黑龙江、河南、湖北、湖南、江苏、辽宁、山东）、7 个年度（1989、1991、1993、1997、2000、2004 和 2006 年）对约 4400 户、16000 个个人的调查数据。CHNS 项目设计的目标是检测健康、营养、计划生育政策和国家及地方政府补贴项目的实施效果，考察中国社会和经济转型如何影响人口的健康和营养状况，也用于测算社区组织及计划的改变、家庭和个人经济、人口及社会因素的改变对营养和健康行为及结果的影响。

该调查对中国 9 个省份进行长期固定追踪调查，它遵循从多水平、随机群体样本的程序，收集了有关人口健康、医疗保健、保险、营养、计划生育、家庭收入、社会服务和社会人口学等方面的信息。因此本文所使用的数据具有有效的质量控制，可靠性强。此外，该调查根据加权采样模式对九省区的各县按照收入水平进行划分并随机抽取。在采样中，同时选取了省会城市和低收入城市。农业县中随机选取县城和乡村，城市中随机选取市区和郊区。

根据分析的需要，我们首先剔除不符合要求的样本。数据剔除过程分为以下 2 步。

① 我们的研究目的是分析农村非农劳动参与的影响因素，鉴于不同年份的调查个体不完全相同，因此不符合组成面板数据的条件，为此我们采用截面数据分析。进行如下处理：选择 2006 年的调查数据，剔除其他年份的调查数据，选择农村观测点数据，剔除城市观测数据。

② 剔除主要问题缺失的样本和调查时还在上学的样本。

完成数据处理后，共得到有效样本 3132 个，作为回归模型建立的数据基础。处理完成后的部分数据如表 20-2 所示。

表 20-2 中国人口的健康和营养状况相关影响因素抽样数据表

职 业	年龄平方	年 龄	性 别	婚姻状况	教育程度	健康状况	地 区	农业劳动任务
1	576	24	0	0	9.00	1	1	3.00
1	441	21	0	0	9.00	1	1	5.05
0	841	29	1	1	9.00	1	1	5.00
1	1,444	38	1	1	9.00	1	1	2.00
0	1,156	34	0	1	9.00	1	1	5.05
0	361	19	0	1	9.00	1	1	3.00
0	2,809	53	1	1	9.00	1	1	5.05
1	1,681	41	0	1	9.00	1	1	1.00
0	1,849	43	0	1	6.00	1	1	5.00
1	1,444	38	0	1	6.00	1	1	2.00

（续表）

职　业	年龄平方	年　龄	性　别	婚姻状况	教育程度	健康状况	地　区	农业劳动任务
0	3,481	59	1	1	9.00	1	1	5.05
0	2,704	52	1	1	12.00	1	1	1.00
0	1,681	41	0	1	6.00	1	1	3.00
0	1,521	39	0	1	9.00	0	1	5.05
0	2,401	49	1	1	9.00	1	1	5.05
1	1,849	43	1	1	9.00	1	1	5.05
1	1,600	40	1	1	6.00	1	1	1.00
0	2,401	49	1	1	9.00	1	1	8.00
1	1,521	39	1	1	12.00	1	1	5.00
1	1,225	35	0	1	12.00	1	1	1.00
1	2,209	47	1	1	12.00	1	1	7.00
1	1,849	43	1	1	9.00	1	1	1.00
0	1,849	43	1	1	9.00	1	1	3.00
1	324	18	1	0	9.00	1	1	4.00
0	1,849	43	1	1	9.00	1	1	5.05
0	1,936	44	1	1	9.00	1	1	15.00
1	900	30	0	1	9.00	1	1	6.00
0	2,209	47	0	1	8.41	1	1	1.00
1	1,521	39	1	1	8.41	1	1	1.00
1	1,849	43	1	1	9.00	1	1	1.00
0	1,849	43	0	1	9.00	1	1	5.05
0	2,304	48	0	1	12.00	1	1	2.00
1	2,401	49	1	1	6.00	0	1	2.00
0	1,764	42	1	1	6.00	1	1	5.05
1	1,089	33	1	1	9.00	1	1	42.00
0	2,209	47	0	1	8.41	1	1	6.00
0	2,209	47	1	1	12.00	1	1	4.00
1	1,225	35	1	1	9.00	1	1	3.00
0	3,600	60	0	1	6.00	1	1	2.00
0	1,764	42	0	1	8.41	1	1	5.05
1	1,225	35	0	1	9.00	1	1	1.00
0	2,809	53	0	1	8.41	1	1	4.00
0	3,025	55	0	1	8.41	1	1	5.05
0	961	31	1	1	12.00	1	1	2.00
0	1,849	43	0	1	9.00	1	1	5.05
0	3,249	57	0	1	6.00	1	1	4.00
1	1,849	43	1	1	6.00	1	1	4.00
1	2,025	45	1	1	9.00	1	1	4.00
1	1,600	40	1	1	12.00	1	1	7.00
1	2,500	50	1	1	6.00	1	1	5.05
1	1,296	36	1	1	9.00	1	1	2.00
0	4,225	65	0	1	8.41	1	1	4.00
1	1,444	38	0	1	9.00	1	1	1.00

（续表）

职　　业	年龄平方	年　龄	性　别	婚姻状况	教育程度	健康状况	地　区	农业劳动任务
1	324	18	1	0	6.00	1	1	5.05
0	2,025	45	0	1	9.00	1	1	5.05
1	729	27	0	1	9.00	1	1	5.00
0	2,116	46	1	1	9.00	1	1	2.00
1	1,225	35	1	1	9.00	1	1	1.00
1	1,156	34	0	1	6.00	1	1	2.00
1	1,681	41	1	1	9.00	1	1	3.00
1	3,249	57	0	1	6.00	1	1	5.05
1	361	19	0	0	9.00	1	1	5.00
0	1,764	42	1	1	9.00	1	1	8.00
1	1,225	35	1	0	9.00	1	1	5.05
0	1,849	43	0	1	9.00	1	1	5.00
0	2,500	50	0	1	9.00	1	1	5.00
0	2,304	48	0	1	8.41	1	1	9.00
0	1,936	44	0	1	9.00	1	1	6.00
1	1,296	36	0	1	6.00	1	1	5.00
0	1,681	41	0	1	6.00	1	1	5.00
1	676	26	0	1	9.00	1	1	6.00
0	2,500	50	1	1	9.00	1	1	2.00
1	3,481	59	1	1	6.00	1	1	5.05
1	1,444	38	1	1	9.00	1	1	3.00
0	2,304	48	0	1	6.00	1	1	3.00
1	1,225	35	1	1	9.00	1	1	1.00
1	324	18	1	0	9.00	1	1	6.00
0	1,089	33	0	1	14.00	1	1	2.00
1	2,401	49	1	1	8.41	1	1	5.05
1	841	29	1	1	9.00	1	1	6.00
0	1,764	42	1	1	9.00	1	1	5.05
0	1,764	42	0	1	6.00	1	1	5.05
1	2,025	45	0	1	12.00	1	1	4.00
0	4,225	65	1	1	9.00	0	1	5.05
0	2,304	48	0	1	9.00	1	1	2.00
1	2,025	45	1	1	6.00	1	1	4.00
0	1,444	38	0	1	6.00	1	1	5.05
0	1,089	33	0	1	6.00	1	1	2.00
0	1,600	40	0	1	8.41	1	1	5.05
0	1,681	41	0	1	9.00	1	1	7.00
1	625	25	1	0	9.00	1	1	1.00
0	2,500	50	0	1	8.41	1	1	5.05
0	1,764	42	1	1	6.00	1	1	6.00
1	1,225	35	0	1	9.00	1	1	2.00
0	1,521	39	1	1	6.00	1	1	4.00
1	2,025	45	0	1	6.00	1	1	5.00

（续表）

职 业	年龄平方	年 龄	性 别	婚姻状况	教育程度	健康状况	地 区	农业劳动任务
0	2,809	53	1	1	8.41	0	1	5.00
0	625	25	1	1	9.00	1	1	3.00
0	441	21	1	1	9.00	1	1	5.05
1	1,369	37	0	1	9.00	1	1	5.05
0	1,296	36	1	1	9.00	1	1	4.00
0	4,096	64	0	1	9.00	1	1	2.00
1	4,356	66	1	1	12.00	1	1	5.00
0	3,721	61	0	1	6.00	1	1	5.00
0	1,156	34	1	1	6.00	1	1	5.05
0	1,849	43	0	1	9.00	1	1	2.00
0	400	20	0	0	9.00	1	1	5.00
0	2,025	45	1	1	12.00	1	1	5.05
1	900	30	1	1	9.00	1	1	5.05
0	1,296	36	1	1	8.41	1	1	2.00
0	3,481	59	1	1	6.00	1	1	1.00
1	361	19	1	0	6.00	1	1	5.05
1	400	20	1	0	14.00	1	1	3.00
1	1,936	44	1	1	12.00	1	1	4.00

20.5 EViews 操作

20.5.1 工作对象的创建

（1）创建新的工作文件

在 EViews 主窗口的菜单栏中依次选择 New|Workfile 命令，打开如图 20-1 所示的 Workfile Create 对话框，在 Workfile structure type 下拉列表中选择 Unstructured/Undated 选项，在 Observations 输入框中输入截面数量 3132，单击"确定"按钮，打开如图 20-2 所示的 Workfile 窗口。

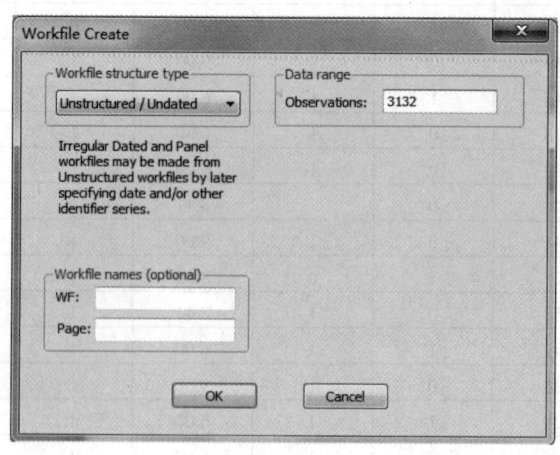

图 20-1 Workfile Create 对话框

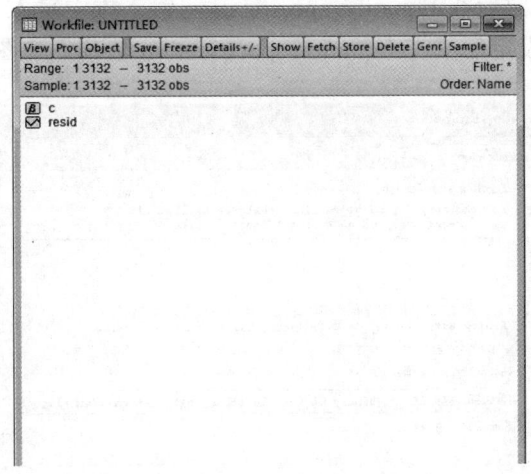

图 20-2　Workfile 窗口

（2）　创建变量序列

在图 18-2 所示的 Workfile 窗口中，单击 Object 按钮并选择 New Object 命令，打开如图 18-3 所示的 New Object 对话框，在 Type of object 选项组中选择 series 选项，并在 Name for object 输入框中输入对象的名称 ZY，单击 OK 按钮即可生成 ZY 序列。按照相同的操作方法，依次生成如图 20-4 所示的其他序列，并将相应的数据导入到各个变量中。

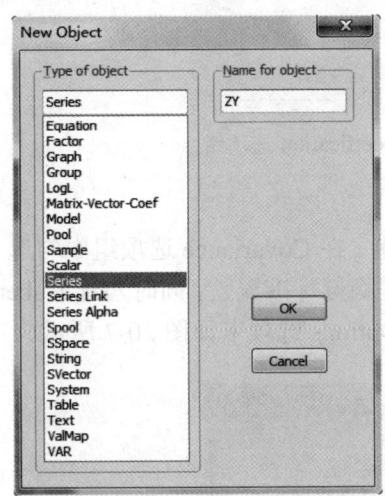

图 20-3　New Object 对话框

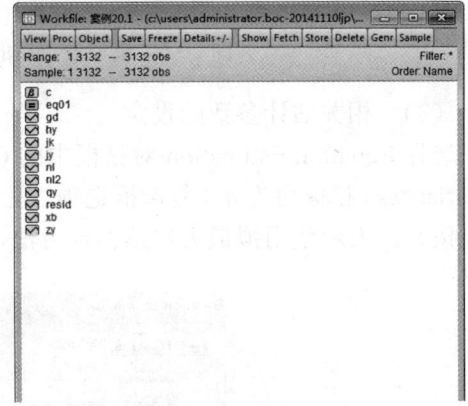

图 20-4　Workfile 窗口

20.5.2　LOGISTIC 模型的估计

（1）　选择估计方法

在 EViews 主窗口的菜单栏中依次选择 Quick | Estimate Equation 命令，打开 Equation Estimation 对话框，在 Method 下拉列表框中选择 BINARY-Binary Choice(logit,probit,extreme value)方法，即可打开如图 20-5 所示的二元选择模型的 Equation Estimation 对话框。

（2）　模型形式设定

在 Binary estimation 选项组中选择 logit 单选按钮，表示使用逻辑斯蒂函数作为连接函数建立 LOGISTIC 模型，设定后在 Equation specification 输入框中输入方程设定命令"zy c gd hy jk jy nl nl2 qy xb"，模型设定后的在 Equation specification 选项组如图 20-6 所示。

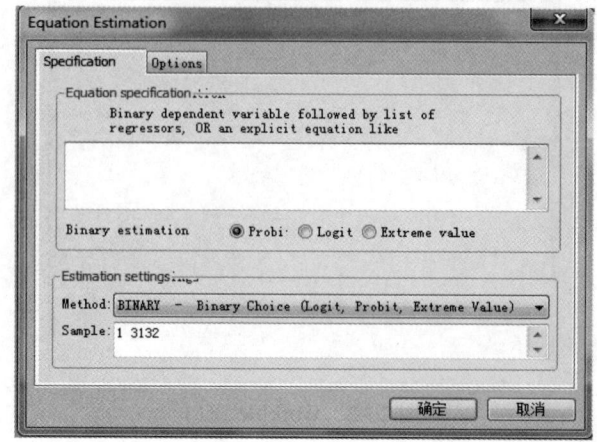

图 20-5　Equation Estimation 对话框

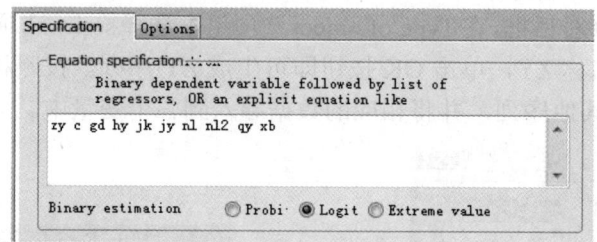

图 20-6　模型设定后的在 Equation specification 选项组

（3）　相关估计参数的设定

选择 Equation Estimation 对话框中的 Options 选项卡。在 Covariance 选项组中勾选 Robust Covariances（稳健协方差）复选框选项，表示使用异方差稳健标准误差，同时勾选 Huber/White 单选按钮，表示使用拟最大似然估计方法，设定后的 Options 选项卡如图 20-7 所示。

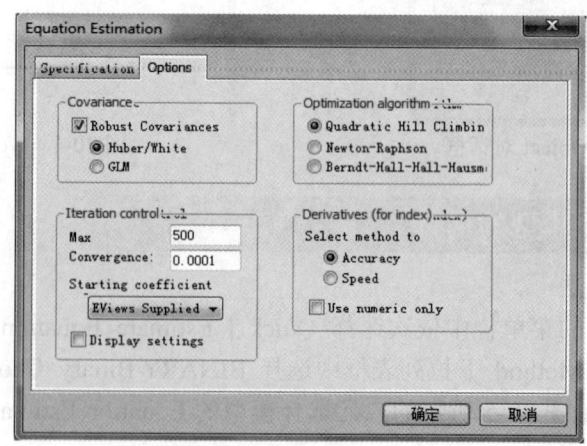

图 20-7　设定后的 Options 选项卡

20.5.3 估计结果的解读

设定完成后，单击"确定"按钮，打开如图 20-8 所示的估计结果窗口。

Dependent Variable: ZY
Method: ML - Binary Logit (Quadratic hill climbing)
Date: 04/06/10 Time: 00:31
Sample: 1 3132
Included observations: 3132
Convergence achieved after 6 iterations
QML (Huber/White) standard errors & covariance

	Coefficient	Std. Error	z-Statistic	Prob.
C	-1.738463	0.608846	-2.855343	0.0043
GD	-0.022504	0.007313	-3.077179	0.0021
HY	-0.489027	0.191867	-2.548786	0.0108
JK	0.280318	0.226643	1.236824	0.2162
JY	0.235876	0.023038	10.23856	0.0000
NL	0.006627	0.026114	0.253753	0.7997
NL2	-0.000595	0.000291	-2.046030	0.0408
QY	-0.157689	0.060537	-2.604846	0.0092
XB	0.685555	0.087849	7.803811	0.0000

McFadden R-squared	0.128782	Mean dependent var	0.286398
S.D. dependent var	0.452150	S.E. of regression	0.416058
Akaike info criterion	1.049284	Sum squared resid	540.6049
Schwarz criterion	1.066668	Log likelihood	-1634.179
Hannan-Quinn criter.	1.055523	Restr. log likelihood	-1875.740
LR statistic	483.1217	Avg. log likelihood	-0.521769
Prob(LR statistic)	0.000000		

Obs with Dep=0	2235	Total obs	3132
Obs with Dep=1	897		

图 20-8　估计结果窗口

通过回归结果可以得到以下结论：

① 在年龄方面，年龄平方项为负，并且在 1%的显著性水平下在统计上是显著的，反映了个体在某一年龄以后，人力资本存量便开始加速下降，证明了农村劳动力的非农参与和年龄之间呈现"倒 U 形"关系的假说。

② 在教育方面，回归系数为 0.23，伴随概率 P 值为 0.000，教育对农村劳动力的非农参与有显著的正向影响，与预期一致，证明了受教育程度的提高将推动农民的非农劳动参与行为的假设。

③ 在性别方面，回归系数为 0.689，伴随概率 P 值为 0.000，性别对农村劳动力的非农参与有显著的正向影响，反映了男性比女性更倾向于参与非农劳动，证明了相对于女性，男性农业劳动力更倾向于非农劳动参与的假设。

④ 耕地数量方面，以耕地量代理家庭的农业劳动量，耕地量对农村劳动力的非农参与有负向影响，与预期一致并且在1%的显著性水平下在统计上是显著的，证明了我们提出的结论。

⑤ 健康方面，虽然其系数符合预期，但是并不显著，提出的假说未能得到验证，反映了我国农村劳动力具有"无条件参与"的非农参与特征。

20.6　研究结论

本案例基于中国家庭健康与营养调查（CHNS）2006 年的成人数据，通过建立 LOGISTIC 模型实证分析了影响农村劳动力非农劳动参与行为。通过对回归模型的分析我们发现：年龄平方项为负，并且在 1% 的显著性水平下在统计上是显著的；教育的回归系数为 0.23，伴随概率 P 值为 0.000，教育对农村劳动力的非农参与有显著的正向影响，性别回归系数为 0.689，伴随概率 P 值为 0.000，性别对农村劳动力的非农参与有显著的正向影响；以耕地量代理家庭的农业劳动量，耕地量对农村劳动力的非农参与有负向影响，与预期一致并且在 1% 的显著性水平下在统计上是显著的；健康系数符合预期，但是并不显著。通过上述的分析，可以得到以下的研究结论：

① 人力资本理论提出的相应结论在中国是符合的，个体在某一年龄以后，人力资本存量便开始加速下降，农村劳动力的非农参与和年龄之间呈现"倒 U 形"关系的假说。

② 受教育程度的提高会增加农民适应非农岗位和城市生活的能力，因此受教育程度的提高会增加农民在非农工作部门找到工作的概率；此外受教育程度的提高由于在非农就业部门具有更大的边际收入提高效应，因此将会提高非农就业的净收益。此外，受教育程度的提高还会通过对城市生活方式和文化融入能力的提高从而通过减少城市生活成本而增加非农就业的净收益，从而促进了农村劳动力的非农参与。

③ 男性比女性更倾向于参与非农劳动，证明了我们提出的相对于女性，男性农业劳动力更倾向于非农劳动参与，传统的观念和女性在家庭中的定位对农村劳动力的非农参与具有重要的影响。

④ 农业劳动任务的增加（例如拥有更大面积的耕地）将通过促进农业就业收入的提高来降低非农产业的相对于农业的净收益。同时，农业劳动任务的增加使得农村的半劳动力无力承担种植业的相关劳动，使得家庭的主要劳动力无法进行非农劳动参与。

⑤ 我国农村劳动力具有"无条件参与"的非农参与特征，健康对农村劳动力的非农参与没有显著的影响。

上机题

	光盘：\录像\第 20 章\上机题\……
	光盘：\上机题\第 20 章\习题\……

已婚妇女的社会地位和家庭地位问题一直是婚姻家庭社会学和伦理学研究的热点问题，妇女对劳动的参与是已婚妇女的社会地位和家庭地位问题的核心问题，对于社会结构和家庭结构有着重要的影响，本文选取了美国社会学家的一项研究数据，研究者选择了一个变量观察影响已婚妇女劳动力参与行为的因素：工作时间（HOURS）、年龄（AGE）、孩子个数（KID）、丈夫收入（HUSIC）和受教育年限（EDU），数据如表 20-3 所示。

表 20-3 已婚妇女劳动力参与行为的影响因素数据

KIDS	HUSINC	HOURS	EDUC	AGE
1.000000	10909.99	1610.000	12.00000	32.00000
2.000000	19500.10	1656.000	12.00000	30.00000
4.000000	10999.91	0.000000	12.00000	35.00000
3.000000	6800.064	456.0000	12.00000	34.00000
3.000000	20000.00	1300.000	14.00000	31.00000

（续表）

KIDS	HUSINC	HOURS	EDUC	AGE
0.000000	6979.024	0.000000	12.00000	54.00000
2.000000	9151.959	2500.000	16.00000	37.00000
0.000000	10499.82	1020.000	12.00000	54.00000
2.000000	8420.097	1458.000	12.00000	48.00000
2.000000	12000.03	1600.000	12.00000	39.00000
1.000000	23999.96	1969.000	12.00000	33.00000
1.000000	19000.00	1960.000	11.00000	42.00000
3.000000	15000.13	240.0000	12.00000	30.00000
2.000000	14400.09	997.0000	12.00000	43.00000
1.000000	22000.88	1848.000	10.00000	43.00000
3.000000	15499.93	1224.000	11.00000	35.00000
2.000000	13199.89	1400.000	12.00000	43.00000
5.000000	13837.05	0.000000	12.00000	39.00000
0.000000	14000.01	2000.000	12.00000	45.00000
4.000000	9999.967	0.000000	12.00000	35.00000
2.000000	13024.96	2215.000	16.00000	42.00000
0.000000	8000.000	1680.000	12.00000	30.00000
0.000000	17478.93	0.000000	13.00000	48.00000
0.000000	9159.980	800.0000	12.00000	45.00000
2.000000	8274.922	1955.000	12.00000	31.00000
2.000000	27000.62	2300.000	17.00000	43.00000
0.000000	15999.88	0.000000	12.00000	59.00000
3.000000	17000.00	1904.000	12.00000	32.00000
1.000000	15000.12	1516.000	17.00000	31.00000
0.000000	9999.936	346.0000	12.00000	42.00000
0.000000	5119.064	1040.000	11.00000	50.00000
0.000000	16499.95	1090.000	16.00000	59.00000
2.000000	13400.00	1880.000	13.00000	36.00000
1.000000	14100.00	1680.000	12.00000	51.00000
3.000000	16146.09	2081.000	16.00000	45.00000
1.000000	10500.05	690.0000	11.00000	42.00000
0.000000	7200.024	4210.000	12.00000	46.00000
1.000000	11000.00	2205.000	10.00000	46.00000
0.000000	14262.09	1952.000	14.00000	51.00000
0.000000	17500.08	2200.000	17.00000	30.00000
3.000000	15500.19	112.0000	12.00000	30.00000
0.000000	15000.06	0.000000	12.00000	57.00000
3.000000	20999.25	1359.000	16.00000	31.00000
2.000000	19993.95	480.0000	12.00000	48.00000
3.000000	14130.03	1900.000	12.00000	30.00000
2.000000	4048.020	576.0000	12.00000	34.00000
2.000000	7145.090	2056.000	16.00000	48.00000
0.000000	5500.044	1984.000	12.00000	45.00000
0.000000	16499.98	2640.000	12.00000	51.00000

（续表）

KIDS	HUSINC	HOURS	EDUC	AGE
2.000000	6351.953	240.0000	12.00000	30.00000
1.000000	13524.93	1173.000	12.00000	46.00000
0.000000	14499.94	0.000000	12.00000	58.00000
8.000000	13499.93	0.000000	12.00000	37.00000
0.000000	8800.070	0.000000	8.000000	52.00000
0.000000	7999.950	1599.000	10.00000	52.00000
0.000000	12500.10	1830.000	16.00000	31.00000
0.000000	11999.92	0.000000	14.00000	55.00000
0.000000	17800.04	2052.000	17.00000	34.00000
0.000000	19333.02	1200.000	14.00000	55.00000
2.000000	12311.93	196.0000	12.00000	39.00000
3.000000	15949.84	2500.000	14.00000	40.00000
4.000000	13000.01	0.000000	12.00000	43.00000
0.000000	10499.99	1840.000	8.000000	48.00000
0.000000	10999.91	320.0000	12.00000	47.00000
4.000000	6800.000	419.0000	12.00000	41.00000
0.000000	11670.01	1880.000	8.000000	36.00000
2.000000	16500.00	2000.000	17.00000	46.00000
0.000000	15499.95	120.0000	12.00000	34.00000
3.000000	14699.91	1885.000	12.00000	41.00000
1.000000	18000.00	240.0000	12.00000	51.00000
0.000000	11899.87	1729.000	12.00000	33.00000
0.000000	26751.65	1850.000	12.00000	52.00000
0.000000	11050.00	0.000000	9.000000	58.00000
6.000000	4399.957	608.0000	10.00000	34.00000
1.000000	5499.900	1153.000	12.00000	31.00000
1.000000	10599.93	2208.000	12.00000	48.00000
2.000000	15660.09	0.000000	12.00000	32.00000
0.000000	5600.023	1800.000	17.00000	49.00000
4.000000	11464.95	90.00000	15.00000	32.00000
0.000000	17999.91	0.000000	12.00000	58.00000
0.000000	12000.03	372.0000	6.000000	50.00000
0.000000	10750.07	0.000000	14.00000	60.00000
1.000000	17344.96	1800.000	12.00000	50.00000
0.000000	24599.57	450.0000	14.00000	56.00000
0.000000	2134.000	720.0000	9.000000	51.00000
1.000000	13500.03	1600.000	17.00000	54.00000
0.000000	10500.08	0.000000	13.00000	59.00000
2.000000	9999.974	1000.000	9.000000	46.00000
1.000000	45199.74	1200.000	15.00000	46.00000
4.000000	8000.256	0.000000	12.00000	39.00000
2.000000	17550.07	2100.000	12.00000	44.00000
2.000000	16999.97	120.0000	12.00000	33.00000
3.000000	13458.92	3000.000	12.00000	33.00000

（续表）

KIDS	HUSINC	HOURS	EDUC	AGE
2.000000	27224.89	1000.000	12.00000	48.00000
4.000000	18749.99	336.0000	12.00000	31.00000
1.000000	12500.00	1216.000	12.00000	45.00000
1.000000	15000.00	988.0000	12.00000	45.00000
2.000000	26001.12	2581.000	13.00000	32.00000
0.000000	11700.10	2030.000	12.00000	47.00000
2.000000	17299.98	413.0000	13.00000	34.00000

由于工作时间只能取大于零的数据，此时需要建立截断因变量模型。其中，HOURS 为被解释变量，只有在大于零范围内才能取得样本观测值。

试通过该模型，研究上述因素对女性劳动力劳动参与的影响。

反侵权盗版声明

电子工业出版社依法对本作品享有专有出版权。任何未经权利人书面许可，复制、销售或通过信息网络传播本作品的行为；歪曲、篡改、剽窃本作品的行为，均违反《中华人民共和国著作权法》，其行为人应承担相应的民事责任和行政责任，构成犯罪的，将被依法追究刑事责任。

为了维护市场秩序，保护权利人的合法权益，我社将依法查处和打击侵权盗版的单位和个人。欢迎社会各界人士积极举报侵权盗版行为，本社将奖励举报有功人员，并保证举报人的信息不被泄露。

举报电话：（010）88254396；（010）88258888

传　　真：（010）88254397

E-mail：　　dbqq@phei.com.cn

通信地址：北京市万寿路 173 信箱

　　　　　电子工业出版社总编办公室

邮　　编：100036